착함 중독

남을 기쁘게 하느라 인생을 낭비하지 마라

착한 중독

헤일리 머기 지음 | 정지현 옮김

STOP PEOPLE PLEASING

Hailey Magee

비즈니스북스

착함 중독

1판 1쇄 인쇄 2026년 4월 6일
1판 1쇄 발행 2026년 4월 13일

지은이 | 헤일리 머기
옮긴이 | 정지현
발행인 | 홍영태
편집인 | 김미란
발행처 | (주)비즈니스북스
등 록 | 제2000-000225호(2000년 2월 28일)
주 소 | 03991 서울시 마포구 월드컵북로6길 3 이노베이스빌딩 7층
전 화 | (02)338-9449
팩 스 | (02)338-6543
대표메일 | bb@businessbooks.co.kr
홈페이지 | http://www.businessbooks.co.kr
블로그 | http://blog.naver.com/biz_books
페이스북 | thebizbooks
인스타그램 | bizbooks_kr
ISBN 979-11-6254-469-3   03190

* 잘못된 책은 구입하신 서점에서 바꾸어 드립니다.
* 책값은 뒤표지에 있습니다.
* 비즈니스북스에 대한 더 많은 정보가 필요하신 분은 홈페이지를 방문해 주시기 바랍니다.

사랑받기 위해
나 자신을 조금도 감출 필요가
없음을 가르쳐 준
에런에게 이 책을 바칩니다.

○

남 눈치 보는 삶은 이제 그만두기로 했다

8월 중순의 보스턴, 나는 두 팔에 갈색 식료품 봉지를 잔뜩 안은 채 번화가 대로변의 인도에 서 있었다. 머리 위로는 뜨거운 태양이 무자비하게 내리쬐고 있었다. 빨리 집으로 달려가 에어컨 앞에 털썩 주저앉고 싶었지만 그린피스 캠페인 활동가에게 붙잡혀 벌써 10분째 북극곰의 고통스러운 현실에 귀 기울이고 있었다.

땀이 이마를 타고 줄줄 흘러내리는 걸 느끼며 나는 애써 북극곰을 걱정하는 표정을 지었다. 세상에 북극곰을 좋아하지 않는 사람이 어디 있을까? 하지만 지금 나는 북극곰에게 내줄 시간도 돈도 없었다. 30분 뒤에 전화 미팅이 잡혀 있었고 이대로라면 분명 늦을 터였다. 그런데도 나는 예의 때문에 그 자리에 서 있었다. 안면도 없고 앞으로 볼 일도 없을 사람이었지만 괜히 무례한 사람으로 보이고 싶지 않았다.

마침내 그녀가 본론을 꺼냈다. "우리 북극곰 친구들을 살리기 위해

30달러를 내주실 수 있을까요?" 나는 죄책감에 못 이겨 지갑을 꺼냈다. 바로 그 순간, 들고 있던 식료품 봉지가 터지면서 통조림이 우르르 바닥으로 쏟아졌다. 나는 연신 사과하며 허둥지둥 통조림을 주워 담았다. 마지막 하나까지 겨우 집어 들었을 때 그 활동가는 이미 다른 사람을 붙들고 있었다.

그리고 몇 주 뒤 친구가 하는 밴드의 공연장에 갔을 때였다. 곧 공연 시간이 되어 가는데 나는 처음 보는 남자에게 붙들려 바에서 벗어나지 못하고 있었다. 그것도 무려 35분 동안이나(5분마다 시계를 힐끔거리며 확인했으니 정확하다)! 그는 자기가 가지고 있는 기타 열두 대에 관한 이야기를 하나하나, 지독할 만큼 세세하게 늘어놓았다.

처음 몇 분 동안은 그의 말에 집중했다. 초면이지만 붙임성 좋은 사람들과 짧게 대화를 나누는 건 언제나 즐거운 일이니까. 하지만 시간은 계속 흘러갔고 나는 온갖 방법을 동원해 더는 그의 이야기에 관심이 없다는 신호를 보냈다. 휴대전화를 힐끗 보기도 하고, 주변을 두리번거리기도 하고, 질문에는 단답형으로 성의 없이 대답했다. 하지만 그는 아랑곳하지 않고 계속 떠들어 댔다.

그 남자가 무섭거나 위협적으로 느껴지진 않았다. 어느 모로 봐도 위험한 인물은 아니었다. 그런데도 이상하게 "대화 즐거웠습니다. 이제 밴드 연주를 좀 들어 볼게요."라고 말할 용기가 나지 않았다. 왠지 목소리가 나오지 않았다. 그가 알아서 나를 놓아주기를 기다릴 수밖에 없었다.

한 달쯤 뒤 온라인에서 알게 된 남자와도 상황은 비슷했다. 시작부터 잘 맞지 않는다는 걸 알았다. 그는 외모부터가 프로필과 전혀 달랐고 관심사도 너무나 달랐다. 게다가 대화 중에 내 말을 자주 끊었다. 디저트를 먹을 즈음에는 주식 시장에 대한 강의까지 장황하게 늘어놓았다. 마침내 데이트가 끝나자 나는 안도의 한숨을 내쉬며 택시에 올라탔다. 어쨌든 끝나서 다행이라고 생각했다. 그런데 한 시간도 채 지나지 않아 문자가 도착했다.

"정말 즐거웠습니다. 또 언제 볼 수 있을까요?"

뭐라고 답해야 할지 난감했다. 솔직히 이렇게 말하고 싶었다. "오늘 나와 주셔서 감사해요. 하지만 제 이상형과는 거리가 있어서 아쉽지만 더 좋은 분 만나시길 바랍니다." 그러나 그렇게 쓰기에는 너무 매정하게 느껴졌다. 도무지 어떤 말을 해야 할지 몰라 결국 답장을 하지 않았다.

사흘 뒤 또 문자가 왔다. 내용은 이랬다.

"답장도 없다니 정말 무례하시네요. 우리 저녁 식사 즐겁게 했잖아요. 참고로 계산은 제가 했죠. 그러니 저는 이유를 들을 권리가 있다고 생각합니다."

그의 이런 태도에 나는 의문조차 품지 않았다. 그런 계산적인 사고방식이 내 가치관과 맞는지 고민해 보지도 않았다. 내가 확실히 아는 건 단 하나, 죄책감이 밀려왔다는 사실뿐이었다. 그래서 솔직하게 말하는 대신 변명을 지어냈고("죄송해요. 요즘 좀 바빴어요.") 두 번째 데이트 약속까지 잡아 버렸다. 결국 네 번째 데이트가 끝난 뒤에야 겨우 용기를 내어 그에게 작별을 고할 수 있었다.

이렇듯 나는 많은 시간을, 아니 거의 대부분의 삶을 타인의 눈치를 보며 살아왔다. 내게는 숨 쉬듯 자연스러운 일이어서 정작 뭐라 표현할 말조차 없다. 누가 내게 무언가를 원하면, 그게 가족이든 친구든 연인이든 심지어 낯선 사람이든 두말없이 주었다. 내가 불편하거나 지치거나 속으로 억울함을 느끼더라도 상관없었다. 회의에 늦는 건 중요하지 않았다. 친구의 밴드 공연을 놓치는 것도 중요하지 않았다. 심지어 다시는 만나고 싶지 않은 사람과 억지로 시간을 보내는 것조차 중요하지 않았다. 나는 늘 내 앞에 있는 누군가를 기쁘게 하려 애썼다. 언제나 나보다 상대방을 먼저 생각했고 거절하지 못했다.

연애할 때도 나는 늘 상대가 듣고 싶어 하는 음악을 들었고, 상대의 친구들과 어울렸으며, 언쟁이 벌어지면 상대의 방식에 휘둘렸다. 가족과의 관계에서는 가족들의 감정을 내 책임으로 여겼고, 내 감정보다 그들의 기분을 살피고 돌보는 데 훨씬 많은 에너지를 쏟았다. 친구들과 있을 때는 스스로 '재미없는 사람'이라고 생각하며 속마음을 털어놓지 못했다. 그래서 말하기보다는 들어 주는 쪽이 훨씬 편했다. 공동체 안에서는 '항상 웃는 사람', '늘 밝은 사람'으로 통했다. 언뜻 칭찬처럼 들리는 그 이름표에는 깊은 슬픔이 숨어 있었다. 아무도 진짜 내 모습을 알지 못한다는, 어쩌면 알고 싶어 하지도 않는다는 아픔이었다.

수년간의 심리치료를 통해 나는 그동안의 내 행동들이 피플 플리징 people pleasing(북미권에서 널리 쓰이는 심리학 용어로, SNS 관련 해시태그를 찾아보면 수백만 건에 이른다. 국내에서는 '착한 아이 증후군'과 유사한 의미로 통용된다 ─ 옮긴이)이었다는 사실을 알았다. 그리고 왜 나 자신보다 남을 먼저 생각하는 사람이 되었는지 그 배경을 이해할 수 있었다. 하지만 그 앎을 실제 행동으로 옮겨 악순환을 끊는 방법은 알지 못했다.

매일 아침 일기장에는 답답한 질문들만 가득했다. "어떻게 해야 남 눈치 보지 않고 내 생각을 말할 수 있을까?", "거절하고 싶은데, 왜 매번 수락하게 될까?", "도대체 언제쯤이면 단 한 번이라도 남보다 나 자신을 먼저 생각할 수 있을까?" 유난히 힘들었던 날에는 분노를 주체하지 못하고 빨간 펜으로 이렇게 적은 적도 있었다. "죽기 전에 내 목소리를 내는 방법을 배울 수만 있다면 행복하게 눈을 감을 것 같다."

그 일기장은 지금도 간직하고 있다. 내가 얼마나 멀리 와 있는지 되새기고 싶을 때마다 꺼내 읽는다. 답답한 마음을 일기장에 쏟아 내고 얼마 지나지 않아, 나는 남을 기쁘게 하려는 습관을 버리기로 굳게 결심했다. 그 무렵 나는 나 자신을 잃어버릴 만큼 푹 빠졌던 연인과 처절한 이별을 겪었다. 그가 사라진 자리에 홀로 남겨진 나는 한 가지 사실을 뼈저리게 깨달았다. 타인의 인정이 내 존재 가치를 결정하는 삶이 앞으로도 계속되는 한 결코 신정한 만족을 얻을 수 없을 거라고. 남을 기쁘게 하려는 습관에서 나를 구해 줄 행동은 아무것도 없다고. 너무도 고통스럽고, 갑작스럽고, 몸으로 와닿을 만큼 선명한 깨달음이었다. 내 행복은 내가 책임져야 했다. 그 누구에게도 맡길 수 없는 과제였다.

이후 나는 몇 해에 걸쳐, 느리지만 의도적으로 내 감정과 필요와 바람과 꿈에 다가가기 시작했다. 처음에는 제자리걸음이었다. 오랫동안 외면당한 탓에 나를 신뢰하지 않았고, 내가 제대로 돌봐 주지 않을 거라는 사실을 학습해 버린 듯했다.

그러나 조금씩 귀 기울일수록 그 목소리들은 점점 분명하고 힘차게 울려 퍼졌다. 나 자신을 돌보면 돌볼수록 다른 이들 앞에서 내 목소리를 내는 일도 한결 자연스러워졌다. 내 요구를 존중할수록 타인과의 관계에서 나를 존중하는 사람들에게 시간과 마음을 쓰는 것이 얼마나 중요한지 깨달았다. 그렇게 나는 서서히 그리고 단단하게 '경계 설정'의 기술을 배웠다. 관계 속에서 내가 받아들일 수 있는 것과 받아들일 수 없는 것을 분명히 하는 일이었다.

내 안의 힘을 되찾은 듯했고 해방감도 느껴졌지만 동시에 불편하기도 했다. 사람들에게 내가 원하는 방식대로 관심을 요구하는 일은 어색했으며, 사랑하는 이들과의 관계에서 단호하게 선을 그을 때는 죄책감이 따랐다. 더는 맞지 않는 관계를 떠나보낼 때는 슬프기도 했다. 그러나 그 모든 성장통의 밑바닥에는 느리지만 묵직하게 울려 퍼지는 북소리처럼 한 가지 분명한 사실이 자리하고 있었다. 오랜 세월이 지나 마침내 내가 당당하게 내 목소리를 내고 있다는 것이었다.

이전에는 알지 못했던 자유와 자기 신뢰가 손에 닿기 시작하자 이제는 나와 비슷한 사람들을 돕고 싶다는 마음이 들었다. 나처럼 타인을 기쁘게 하려고 애써 온 사람들이 변화를 갈망하며 실제로 행동할 준비가 되었을 때, 피플 플리징 습관을 끊고 구체적이며 현실적인 첫걸음을 내디딜 수 있도록 돕고 싶었다.

국제코칭연맹International Coaching Federation 공인 교육 프로그램에 등록하고 1년간의 과정을 마쳤을 때 나는 확신할 수 있었다. 내가 원하는 일은 사람들이 경계를 세우고, 두려움 없이 진심을 표현하고, 기존의 부정적인 패턴에서 벗어나 자기 안의 힘을 되찾도록 돕는 것이었다. 나는 개인 코칭 세션을 진행하는 동시에 피플 플리징에 관한 글을 쓰기 시작했고 그 글을 온라인에 공유했다. 그러자 미국, 인도, 예멘, 프랑스, 아프가니스탄, 뉴질랜드, 수단 등 전 세계에서 이 습관에서 벗어나려 애쓰는 수많은 이들의 메시지가 도착했다. "저만 이런 문제로 힘들어하는 줄 알았어요." 이에 나는 대답했다. "저도 저만 그런 줄 알았어요." 팔로워와 구독자가 하나둘 늘어날 때마다 확신할 수 있었다. '우리는 함께구

나. 나 혼자만 그런 게 아니구나.'

그로부터 5년이 지난 지금, 전 세계 수백만 명이 내 글을 읽었고 수천 명이 피플 플리징과 경계 설정을 주제로 한 워크숍에 참여했다. 이 책은 그동안의 연구와 코칭, 강의 그리고 나처럼 피플 플리징에서 벗어나고자 했던 이들과 함께한 수많은 일대일 대화가 집약된 결과물이다. 남을 기쁘게 하려는 습관을 끊는 데 도움이 되는 심리학 연구를 기반으로 한 행동 중심의 접근법을 제시하며, 자신의 목소리를 되찾고 내면의 힘을 회복할 수 있도록 돕는 실용적인 도구들을 제공한다.

제1부에서는 자신의 감정, 요구, 가치, 자기 개념, 바람을 알아차리고 우선순위에 두는 법을 배운다. 이 다섯 가지를 꾸준히 돌봐야만 타인과의 관계 속에서 나를 자신 있게 대변할 수 있다.

제2부에서는 인간관계 속에서 자신의 요구를 존중하는 법, 타인에게 요청하는 법, 자신을 보호하는 경계를 설정하는 법, 자기 안의 힘과 주체성을 되찾는 법을 배운다. 또한 사람마다 사회적 위치와 특권의 정도에 따라 타인을 기쁘게 하려는 경향이 어떻게 다르게 나타나는지도 함께 살펴볼 것이다.

제3부는 타인을 기쁘게 하려는 패턴을 끊어 내는 과정에서 누구나 겪는 성장통에 동행이 되어 준다. 여기서는 죄책감, 두려움, 분노, 외로움, 슬픔에 맞서 용기를 내고 회복탄력성을 기르는 법, 더는 자신과 맞지 않는 관계를 끊고 어려운 전환기를 헤쳐 나가는 법, 이런 도전을 성장과 변화의 강력한 기회로 새롭게 바라보는 법을 배울 것이다.

제4부에서는 타인을 기쁘게 하려는 패턴에서 벗어나면 삶이 어떻게 더 나아지는지를 보여 준다. 인간관계 속에서 상대방의 눈치를 보며 자

신을 작게 만들지 않는 법, 연인 또는 부부 같은 친밀한 관계에 스며든 패턴을 뿌리 뽑는 법, 놀이의 즐거움과 다시 연결되는 법, 더 섬세하고 통찰력 있게 치유에 접근하는 법, 진정성과 자기 존중을 바탕으로 베풀었을 때의 기쁨을 발견하는 법을 배운다.

이 책을 쓰기 시작할 때 나는 피플 플리징이라는 주제에 대한 담론을 두 가지 측면에서 확장하고자 했다. 하나는 보다 섬세한 시각을 제시하는 것이었고, 다른 하나는 이 중요한 치유 작업에서 피할 수 없는 성장통을 인정하는 것이었다.

오늘날 피플 플리징이나 자기 돌봄 같은 개념이 대중적으로 자리 잡으면서, '경계'처럼 복잡한 개념들은 종종 희석되어 오히려 건강한 관계를 쌓는 데 방해가 되기도 한다. 그도 그럴 것이 요즘은 상대가 내게 사랑과 긍정의 에너지를 주지 않는다면 곧바로 관계를 끊어야 한다거나, 내 의견에 동의하지 않는 사람은 내 마음의 평온을 지키기 위해 무조건 떠나야 한다고, 누군가가 나의 필요를 제대로 채워 주지 못한다면 나는 더 나은 대우를 받을 자격이 있으니 가만히 있지 말라는 식의 조언이 널리 퍼져 있기 때문이다.

하지만 이런 말들은 인간관계가 얼마나 복잡하고 다층적인지를 무시하는 평면적인 조언이다. 우리가 결코 도달할 수 없는 기준을 좇게 해서 치유를 방해한다. 또한 우리가 우리 자신의 불행이나 무력감에 어떤 방식으로 일조하고 있는지 내면을 들여다보지 못하게 만든다.

그래서 이 책은 다른 사람의 눈치를 보는 습관을 끊어 내도록 돕는 한편, 극단으로 치우치지 않고 지속 가능하며 현실적인 인간관계를 만들어 갈 수 있도록 균형 잡힌 시각을 담고자 했다. 이 책은 다음과 같은 질문을 진지하게 탐구한다. 친절한 행동과 피플 플리징은 어떻게 다른가? 어떻게 하면 이런 패턴이 형성된 아픈 배경을 충분히 인식하고 위로하면서도, 그 패턴을 끊어 내기 위해 주체적인 책임을 다할 수 있을까? 자신의 요구를 기꺼이 타협해도 되는 순간은 언제이며, 끝까지 단호하게 지켜야 하는 순간은 언제일까? 타인이 우리의 경계를 침범하는 상황과, 우리가 편안함을 느끼는 수준 이상으로 과하게 베풀면서 스스로 자신의 경계를 무너뜨리는 상황은 어떻게 구별할 수 있을까?

나는 이런 섬세한 뉘앙스 속에 진정한 치유가 있다고 믿는다. 그리고 치유의 과정에서 드러나는 복잡한 감정도 반드시 다뤄져야 한다고 생각한다. 내면의 작업은 분명 자기 안의 힘을 되찾고 자유를 향해 나아가는 과정이지만, 동시에 어렵고 때로는 깊은 불편함을 동반한다. 반복되는 패턴을 끊어 내는 길에서 우리는 아무리 합리적인 상황이라 해도 누군가에게 무언가를 요청하는 일이 두렵게 느껴진다. 또한 아무리 꼭 필요한 경계를 세운 것이라 해도 막상 그렇게 한 뒤에는 죄책감이 따라오곤 한다. 심지어 해로운 관계를 끊을 때조차 그 관계가 얼마나 상처를 주었는지와 상관없이 슬픔이 밀려들기도 한다.

부정적인 패턴에서 벗어나는 과정에서 겪는 성장통은 지극히 정상일 뿐 아니라 피할 수 없는 일이다. 이 아픔을 인정하지 않으면 우리는 우리 자신을 달래 줄 수 없고, 자신을 다독이지 못하면 결국 어렵게 세운 경계를 거두고 다시 침묵 속으로 물러서게 된다. 그래서 이 책은 우리가 우리의 힘을 되찾는 여정에서 마주하는 죄책감, 두려움, 분노, 불확실함, 슬픔 같은 복잡한 감정을 자연스러운 것으로 받아들이고 스스로 다독일 수 있도록 돕는 실질적인 도구들을 제시한다.

어느 무더운 날 보스턴 거리에서 붙들려 있던 나, 공연장에서 모르는 남자의 이야기를 끝없이 들어 주던 나, 거절을 못 해 끔찍한 데이트를 이어 갔던 나. 그 시절의 나는 언젠가 이렇게 노트북 앞에 앉아 내 책의 머리말을 쓰며 내가 정말 남을 기쁘게 하는 패턴에서 벗어났다고 느낄 날이 오리라고는 상상조차 하지 못했다.

아마도 그때 나는 이렇게 생각했을 것이다. '말도 안 돼. 불가능한 일이야.' 하지만 가능하다. 나는 내 안에서 그 변화를 직접 경험했고, 수백 명의 내담자에게서도 봤다. 또한 전 세계 수천 명이 보내온 이메일에서 "제가 해낼 수 있으리라고는 생각도 못 했는데 결국 해냈어요."라는 고백을 통해서도 확인했다.

치유는 한 번으로 끝나지 않는다. 끊임없이 반복해서 자신을 돌보는 과정이다. 자신의 감정과 욕구로 주의를 돌릴 때마다 우리는 치유된다. 죄책감에 휘둘리는 대신 스스로 다독일 때마다 우리는 치유된다. 예전 같으면 침묵했을 상황에서 목소리를 낼 때마다 우리는 치유된다.

이 책에 자신의 이야기를 기꺼이 나눠 준 수많은 이에게 깊은 감사를 전한다. 사생활 보호를 위해 이름과 나이 등 개인을 특정할 수 있는 정보는 수정했지만 그들의 이야기는 모두 실화다.

이 책이 당신의 동반자이자 지지자이자 치어리더가 되기를 바란다. 그 과정은 결코 쉽지 않겠지만 들인 노력보다 백 배는 더 값진 결과를 안겨 줄 것이다.

워싱턴주 시애틀에서

헤일리 머기

차례

시작하며   남 눈치 보는 삶은 이제 그만두기로 했다 · 006

제1부

타인의 기대를 벗어던지고
진짜 나를 찾아라

제01장   착한 사람이 되려다 내가 사라졌다 · 021
제02장   남을 챙기는 데 익숙한 착함 중독자들 · 047
제03장   '아무거나 괜찮아', 사실 괜찮지 않다 · 064
제04장   원하는 게 무엇인지 모르겠다면 가치부터 찾아라 · 079
제05장   나를 찾는 선언, '나는 이런 사람이다' · 099
제06장   나는 원한다, 내게 허락된 모든 것을 · 115

제2부

부드럽고 단호한 선 긋기로
나를 지켜라

제07장   당신은 더 많은 것을 누릴 자격이 있다 · 137
제08장   모든 선 긋기는 나와의 약속에서 시작한다 · 151
제09장   요청하라, 말하지 않으면 아무도 모른다 · 157
제10장   가까울수록 기분 나쁘지 않게, 분명하게 경계 짓기 · 170
제11장   그들의 불만은 내 잘못이 아니다 · 196
제12장   내가 바꿀 수 있는 것과 놓아야 할 것 · 220
제13장   어떤 착함은 때론 살아남기 위한 몸부림이다 · 231

제3부　**기꺼이 거절하고 아파하며
나를 돌보라**

제14장　괴로운가? 잘하고 있다는 뜻이다　• 249

제15장　두려움과 죄책감을 용기와 자신감으로 바꾸는 법　• 258

제16장　더 이상 맞지 않는 관계 떠나기　• 277

제17장　모든 이별과 변화에는 골짜기가 있다　• 296

제4부　**때론 성숙한 어른처럼,
때론 어린아이처럼 나를 풍요롭게 하라**

제18장　나 없는 우리는 없다　• 319

제19장　피플 플리징과 성　• 340

제20장　나를 다시 발견하는 놀이의 즐거움　• 363

제21장　경계를 지키면서도 유연해지는 지혜　• 385

끝내며　사랑받으려 살던 삶에서 나를 사랑하는 삶으로　• 402

감사의 말　• 409

주　• 411

타인의 기대를
벗어던지고
진짜 나를 찾아라

STOP PEOPLE PLEASING

착한 사람이 되려다
내가 사라졌다

피플 플리징은 자기 자신보다 타인의 요구와 바람, 감정을 먼저 챙기는 습관적인 행동을 말한다. 타인의 호감을 얻기 위해 자신을 희생하면서까지 베풀고, 좀처럼 거절하거나 선을 긋지 못한다. 늘 주기만 하는 관계에 익숙해진 탓에 해로운 관계를 알아차리거나 벗어나기도 쉽지 않다. 언제나 다른 사람에게 도움이 되고, 쓸모 있고, 힘이 되어야만 자신의 존재 의미가 있다고 믿는다.

이처럼 자신보다 타인을 우선하는 태도는 타인과의 관계에서 문제가 드러나지만 그 근본적인 원인은 자기 자신과의 단절에 있다. 즉 자신을 돌보지 않는 일종의 '자기 유기'라고 할 수 있다. 이런 사람은 혼자 있을 때조차 자신의 기본적인 요구를 챙기지 않고 감정을 외면하며 혼자 있는 시간을 불편해한다. 당연히 놀이와 창의성, 경이로움, 기쁨과 즐거움의 세계에도 발을 들이지 못한다. 이렇게 자기를 존중하지 못하고 자기와의 연결이 끊어지면 완벽주의에 빠지거나 자신을 늘 부끄러워하거나 끊임없이 자기를 판단한다. 정서적인 고통을 견디기도 어렵고, 자신을 다독이거나 감정을 조절하는 일도 서툴다. 결국 감정을 피하려다 강박적인 행동이나 중독에 빠지기도 한다.

피플 플리징은 정신 질환이나 의학적 진단이 아니다. 일종의 행동 양식으로서 어느 순간에 의식적으로 선택하는 행동이라기보다는 어린 시절부터 자연스럽게 몸에 밴 행동에 가깝다. 이 장에서는 피플 플리징이 어디서 시작되고 이후 인간관계에 어떤 영향을 미치는지 살펴볼 것이다. 또 이런 행동이 배려나 친절과는 어떻게 다른지 그 본질적인 차이도 짚어 볼 것이다. 그리고 여기서 나온 분석과 이해를 바탕으로 이 부정적인 패턴에서 벗어나는 방법을 함께 찾아보고자 한다.

좋은 사람 되려다 쉬운 사람 되는 아이러니

피플 플리징은 성별, 나이, 인종, 소득 수준과 관계없이 누구에게나 나타날 수 있는 행동 패턴이지만 그 모습은 사람마다 제각각이다. 예를 들어 직장에서는 능력 있고 당당하게 자신을 드러내는 사람이 연인과의 관계에서는 한없이 소극적으로 변하기도 하고, 친구들 앞에서는 자기주장을 분명히 하면서도 가족에게는 쉽게 선을 긋지 못해 힘들어하기도 한다. 또 어떤 사람들은 직장, 연애, 우정, 가족, 공동체 등 삶의 거의 모든 영역에서 남에게 맞춰야 한다고 생각하며 살아간다.

실제로 피플 플리징은 다음과 같이 다양한 모습으로 나타난다.

직장에서는 당당하지만 집에서는 그림자 같은 존재

마흔다섯 살의 타냐는 뉴욕에서 일하는 기업 변호사다. 법정에서는 누구에게도 밀리지 않는 강단과 당당함을 보이지만 사적인 관계에서는 종종 자신이 보잘것없고 무력하게 느껴졌다. 사실 그녀는 동거 중인 남자 친구 몫까지 생활비를 혼자 떠안고 있었다. 실직한 데다 새 직장을 구하려는 의지가 별로 없어 보이는 남자 친구가 못마땅했지만 속마음을 드러내지는 못했다. 그리고 매주 주말에는 홀로 지내는 어머니를 방문하기 위해 먼 본가에 다녀왔다. 타냐는 어머니가 "자기중심적이고 강압적인 사람"이라고 말하면서도 차마 등을 돌리지 못했다.

같은 도시에 사는 친구들이 몇 명 있지만 카페에서 만나 커피 한잔할 때마다 타냐는 늘 그들의 상담사가 되었다. 친구들은 각자의 고민을 쏟아 내면서도 정작 타냐의 안부는 묻지 않았다. 타냐는 모든 관계에 의무감과 동시에 깊은 불만을 느꼈다. 생각해 보면 모두 주기만 하고 돌려받지 못하는 관계들뿐이다. 이 패턴을 바꾸고 싶지만 어디서부터 어떻게 시작해야 할지 막막하기만 하다.

가족이라는 이유로 거리를 두지 못할 때

서른다섯 살의 에런은 결혼을 약속한 아이사라는 여자 친구가 있다. 그런데 최근 가족 문제로 두 사람의 관계가 흔들리고 있다. 어린 시절 아버지를 잃은 뒤 에런은 어머니 제이다와 단둘이 살며 서로 의지해 왔기 때문에 모자간 유대가 각별했다. 어머니가 무언가 필요하다고 하면 에런은 곧바로 달려가 해결했다. 어머니는 특별한 용건 없이 하루에도 몇 번씩 전화해서 날씨 이야기나 축구 경기 같은 시시콜콜한 이야기를 늘어놓았다. 에런은 약혼자인 아이사와 데이트 중일 때도 어머니의 전화를 받느라 자주 자리를 비우곤 했다.

이제 에런은 어머니의 집착에 점점 숨이 막힌다. 아이사는 그와 어머니의 관계가 너무 가까워 자신이 끼어들 틈이 없는 것 같다며 결혼을 망설이기 시작했다. 아버지가 세상을 떠난 뒤 어머니의 정서적 안정을 자신이 책임져야 한다는 생각으로 살아온 에런도 이제는 어느 정도 거리를 두고 싶지만 막막하다. 무엇보다 어머니가 상처받을까 봐 두렵다.

내 삶의 방향키를 공동체에 맡긴다

스물아홉 살 레나는 정통파 유대교 가정에서 태어났다. 그러나 성장하면서 유대교 교리, 특히 경직된 성 역할에 점점 더 불편함을 느꼈다. 오랜 시간 고민한 끝에 더는 이 종교 공동체 안에서 살아갈 수 없다는 확신이 섰고 결국 공동체를 떠나기로 마음먹었다.

그러나 공동체를 떠난 뒤 레나는 자기 목소리를 갖기도 전에 잃어버렸다는 사실을 깨달았다. 타인과의 관계에서는 습관처럼 남성에게 주도권을 넘겨주었고, 친구들과 갈등이 생기면 늘 소극적이고 순응적인 태도를 보였다. 오랫동안 자신을 이끌어 준 종교 공동체가 사라지고 나니 이제는 자신이 무엇을 원하는지, 어떤 꿈을 꾸어야 할지, 심지어 자신이 누구인지조차 알 수 없게 되었다. 내면의 나침반을 따라 살고 싶지만 정작 그 나침반이 어디에 있는지 몰라 막막하기만 하다.

행동은 외향형, 마음은 내향형

스물네 살의 논바이너리nonbinary(남성과 여성 어느 쪽에도 속하지 않는 성별 정체성 ─ 옮긴이) 조이는 연극을 전공하는 대학원생이다. 밝고 활기찬 성격으로 금세 사람들과 어울리는 편이며, 커피 모임이나 술자리는 물론 주말마다 새로운 약속들로 일정이 빼곡하다. 하지만 조이는 종종 외딴섬에 혼자 있는 듯한 고립감을 느꼈다. 아무리 사람들과 함께 있어도 진심으로 이해받고 있다는 생각이 들지 않았다.

어린 시절, 조이는 밝고 활기차게 행동하면 무심한 부모의 관심을 끌 수 있다는 사실을 알아차렸다. 그 전략이 성인이 된 지금까지도 이어진 것이었다. 언제나 싹싹하고 활달한 모습으로 사람들과 금방 친해지지만 관계가 깊어지는 일은 좀처럼 없었다. 힘든 일이 있어도 털어놓지 않고 누구에게도 기대지 않았다. 마음속으로는 진정한 연결을 갈망하고 누군가 자신을 알아주길 바라지만, 타인에게 맞추느라 정작 자신의 본모습을 드러내지 않아 가까운 관계로 이어지지 못했다.

타냐, 에런, 레나, 조이는 서로 다른 환경에서 성장했지만 모두가 자기보다 타인을 우선시한다는 공통점이 있다. 이제 이들은 관계 안에서 있는 그대로의 자신을 드러내고 싶어 한다. 자신의 요구를 정확히 이해하고 솔직하게 표현하며, 건강한 경계를 세우고 자신만의 가치와 우선순위에 따라 주체적으로 선택하며 살기를 바란다.

오래되어 습관이 되어 버린 패턴에서 벗어나려면 먼저 그 패턴이 내 삶에 어떻게 자리 잡았는지 이해해야 한다. 그래야만 그것이 본래 자신을 지키기 위해 무의식적으로 만들어진 방어기제였음을 깨달을 수 있다. 이런 이해의 과정은 자기 인식을 넓히고 동시에 자신을 향한 연민을 키우는 든든한 토대가 된다.

왜 나는 나보다 남을 먼저 챙길까

지지받지 못하거나, 안전하지 않거나, 예측할 수 없는 환경에 놓였을 때 이에 대응하기 위해 남을 우선하는 패턴이 형성, 고착된다. 사람들은 어릴 때 무심하거나 곁에 있어 주지 않거나 심지어 학대하는 양육자에게 안전 또는 애정을 얻기 위해 남을 기쁘게 하는 법을 배운다. 유색인종, LGBTQ+ 집단, 신경다양인처럼 사회적 주변부에 속한 이들은 낙인찍힘 또는 괴롭힘으로부터 자신을 지키기 위한 생존 전략으로 이런 패턴이 나타나기도 한다.

과거의 트라우마가 과도한 경계심을 만든다

트라우마를 경험한 사람들은 특히 남을 우선하는 패턴이 나타날 가능성이 더 크다. 2003년 심리치료사이자 트라우마 전문가인 피트 워커 Pete Walker 는 잘 알려진 투쟁fight, 도피flight, 경직freeze이라는 스트레스 반응 모델에 네 번째 반응을 추가했는데, 바로 아첨fawn이다. 이는 생존의 위협을 느낄 때 맞서 싸우거나 도망치거나 얼어붙는 대신 위협의 원인이 되는 대상에게 잘 보이려 하거나, 기쁘게 하거나, 요구에 맞춰 주는 식으로 반응하는 것이다.

아첨 반응은 특히 어린 시절 학대를 겪은 사람들에게서 흔히 나타난다. 워커의 설명에 따르면[1] 그런 사람들은 어린 시절 부당한 대우에 저항하면 오히려 더 심한 보복을 당한다는 사실을 배웠을 가능성이 크다. 그래서 "투쟁 반응을 포기하고 그들의 사전에서 '아니요'라는 단어 자체를 지워 버렸으며, 건강한 자기주장을 펼치는 데 필요한 언어적 기술을 전혀 발달시키지 못했다."

아첨이 어린 시절에 위험한 상황에서 벗어나는 데 도움이 되었다면, 그 방식이 더 이상 안전을 보장하지 못하는 성인이 된 후에도 그 방어 기제를 계속 붙잡고 있을 수 있다. 어른이 된 뒤에도 두려움이나 불안을 불러일으키는 상황에 직면하면 타인의 인정을 받을 수 있다고 여겨지는 방식으로 행동하는 것이다. 밝고 친절한 사람처럼 보이려 하거나, 칭찬을 건네거나, 전혀 관심 없는 일에 동의하는 식이다. 워커에 따르면[2] 아첨 반응을 보이는 사람들은 "타인의 바람, 필요, 요구에 자신을 맞춤으로써 안전을 추구한다. 이들은 무의식적으로 어떤 관계를 맺기 위해서는 자신의 필요와 권리, 선호, 경계를 전부 다 포기해야 한다고 믿는다."

또한 트라우마는 평생 과도한 경계심이 사라지지 않게 해서 상대방의 미묘한 기분 변화나 위험 신호를 세심하게 살피게 한다. 그래서 트라우마 생존자들은 타인의 감정을 읽는 데는 능숙해지지만 정작 자신의 감정을 파악하는 데는 어려움을 겪는 경우가 많다. 시간이 흐르면서 자신의 내면세계와 완전히 단절되기도 한다.[3]

이런 방식으로 트라우마는 자신의 감정과 요구에 접근하거나, 타인의 요구를 거절하거나, 스트레스 상황에서 바람직한 자기주장을 실행하는 능력을 약화시켜 당사자의 일상과 관계에 장기적으로 영향을 미친다.

아이들의 세계는 부모가 보여 주는 세계가 전부다

남을 우선시하는 모든 패턴이 꼭 트라우마 때문만은 아니다. 부모의 양육 태도에 따라 이런 패턴이 형성되기도 한다. 양육자는 우리가 세상과 상호작용하는 방식을 가르친다. 우리의 감정과 요구가 받아들여질 수 있는지, 우리가 사랑받을 자격이 있는지, 그 사랑이 어떤 조건에서만 허락되는지를 가르쳐 준다.

1960년대에 임상심리학자 디아나 바움린드Diana Baumrind는 부모의 양육 태도를 네 가지로 구분했다.[4] 허용적permissive 양육, 방임적neglectful 양육, 권위적authoritative 양육, 권위주의적authoritarian 양육이다. 이 중 권위주의적 양육과 허용적 양육은 아이가 사람들의 비위를 맞추려는 성향을 발달시키는 원인이 될 수 있다.

권위주의적 부모는[5] 높은 수준의 처벌과 통제 성향을 보이고 자녀에게 불합리할 정도로 높은 기대치를 부여한나. 이들은 자녀의 물질적 요구는 충족해 주지만 정서적 지지는 거의 제공하지 않는다. 규칙에 대해 거의 설명하지 않고 타협의 여지도 주지 않으며 통제가 최우선이다.

정서적으로 메마른 환경에서 이런 엄격한 규칙은 아이들로 하여금 타인의 인정을 얻는 유일한 길이 모든 일을 완벽하게 해내는 것뿐이라고 믿게 만든다. 그래서 외적인 동기에 따라 움직이고 부모나 교사, 또래의 인정 속에서 불안하게 자신의 가치를 찾으려 한다.[6] 또한 인정받지 못하는 것을 두려워한 나머지 만성적인 불안을 겪으며 자신을 극도로 비판하게 된다. 실수를 용납하지 못하는 완벽주의자가 되는 경우도 많다. 이렇게 타인의 기대를 충족하는 데만 몰두하다 보니 정작 자기 자신의 감정과 욕구를 알아차리는 데는 어려움을 겪는다. 겉으로는 성실하고 사회적으로 성공한 어른이 되었더라도 실제로는 약한 자기주장, 죄책감, 우울, 불안, 낮은 자존감 때문에 치료를 받는 경우가 많다.[7]

반대편에는 허용적 양육 태도를 보이는 부모가 있다. 이들은 자녀의 감정에 매우 민감하게 반응하지만 기대나 규칙, 문제 행동에 따른 결과를 적용하는 데는 일관성이 없다. 부모라기보다 친구처럼 행동하는 부모도 있다. 이들은 자신의 삶에서 지나치게 사적인 부분까지도 자녀에게 자세히 털어놓거나, 부적절하게도 자녀에게 정서적 지지를 요구하거나, 부부 갈등에 자녀를 끌어들여 자기 편으로 만들기도 한다.

이런 역할 전도는 대개 부모화된 아이parentified children라는 결과를 가져온다. 아이가 나이에 비해 지나치게 많은 책임을 떠맡게 되는 것이다. 이런 아이들은 자신이 받는 사랑이 자기가 얼마나 부모를 지지해 주느냐에 달려 있음을 배운다. 이런 사고방식은 성인이 된 후의 인간관계에도 깊이 스며든다.

자녀가 부모의 지원자이자 상담자의 역할을 맡게 되면 정체성 형성에 어려움을 겪는다. 부모의 요구와 감정은 쉽게 알아차리면서 자신의 요구와 감정은 파악하기 힘들다. 그 결과 허용적 부모 밑에서 자란 자녀는 성인이 된 뒤에도 인간관계에서 구원자, 도우미, 해결사, 희생자 역할을 떠맡는 경우가 많다.

마찬가지로 정서적으로 미성숙한 양육자, 즉 자기감정을 다스리지 못하는 부모는 아이의 감정을 알아차리고 존중하고 공감해 주는 데 어려움을 겪는다. 이런 부모 밑에서 자란 아이들은 자신의 감정과 경험이 의미 있다는 사실을 배우지 못한 채 내면의 세계를 인정받지 못한다. 그 결과 정서적으로 미성숙한 부모의 자녀는 자신의 감정과 요구는 돌보지 않고 늘 남의 이야기를 들어 주고, 도와주고, 문제를 해결하려 드는 어른으로 성장하는 경우가 많다.

마지막으로 부모가 남의 눈치를 보고 비위를 맞추는 모습을 보이면 아이에게 똑같은 성향을 심어 줄 수도 있다. 우리는 어릴 적 부모를 지켜보며 무엇이 정상적인 행동인지 배운다. 부모의 말이나 행동 습관, 선택, 시간을 쓰는 방식 등을 자연스레 눈에 담고 배운다. 늘 저자세이고 수동적이며 자기희생적이고 경계를 세우지 못하는 부모 밑에서 자란 아이는 어른이 되어서 자신도 모르게 부모의 행동을 그대로 되풀이할 수 있다.

돌봄이 필요한 가족에게 과도한 책임감을 느낀다

아이가 필요한 지지를 받지 못하는 이유는 부모의 정서적 미숙함 때문만은 아니다. 부모가 중독 문제에 시달리거나, 다른 가족의 중독 문제에 매달려 있을 때도 아이에게 충분한 지지와 관심, 격려를 건네지 못할 수 있다.

일반적으로 가족 중에 중독자가 있으면 온 가족의 관심은 중독자에게 쏠린다. 가족들은 중독이 있는 구성원의 행동을 감시하고, 회복을 재촉하며, 불안정한 기분을 맞추려 애쓰고, 예측 불가능한 행동이 초래하는 결과를 감당한다. 그 속에서 아이들은 중독자를 돌보는 일이 자신의 가장 중요한 책임이라고 배우게 되고, 정작 자신의 감정과 요구를 알아차리거나 표현하는 데 필요한 지지는 받지 못한다.

중독 환경에서 자란 아이들은 대체로 지나치게 독립적이고 과도할 정도로 책임감이 강한 사람으로 자란다. 그들은 자신이 다른 사람에게 얼마나 도움이 되느냐에 따라 사랑받을 자격이 있다고 믿는다.[8] 연구에 따르면 알코올 중독자의 성인 자녀는 가정이나 직장에서 벌어지는 모든 부정적인 일에 대해 자신이 책임져야 한다고 느끼는 경향이 있다.[9] 그들은 어린 시절 그랬던 것처럼 주변 모든 사람을 책임지고 돌봐야 한다는 압박을 느낀다. 그리고 중독 환경에서 자란 이들은 어른이 되어서도 자신에 대해 잘 모르는 상태로 대개 중독자나 공감 능력이 부족한 파트너와 관계를 맺고 어린 시절의 관계 패턴을 자신도 모르게 되풀이한다.

여성은 돌봐야 하고, 남성은 강해야 한다고 믿는다

이처럼 가족 내 관계 방식이 피플 플리징의 씨앗이 되기도 하지만 사회적 성별 규범 역시 중요한 역할을 한다. 지난 한 세기 동안 성평등은 큰 진전이 이뤄졌지만 여전히 여성은 가정과 공동체 안에서 돌봄을 담당하는 존재로 여겨진다. 이를테면 간호, 교육, 사회복지처럼 돌봄을 중심으로 하는 직업 분야는 불균형적으로 여성에게 집중되어 있다. 가정에서도 여성은 하루 평균 네 시간을 돌봄과 가사에 쓰지만 남성은 두 시간 반을 할애하는 데 그친다.[10]

심리학자 마셜 로젠버그Marshall Rosenberg는 이렇게 썼다. "수 세기 동안 '사랑 가득한 자애로운 여성'의 이미지는 자신을 희생하고 자신의 요구를 억누른 채 다른 이를 돌보는 모습과 연결되었다. 여성은 다른 이를 돌보는 일을 가장 고결한 의무로 여기도록 사회화되었기 때문에 자신의 요구를 무시하는 법을 배운다."[11]

지금도 여전히 여성은 대인 관계에서 노골적으로든 암묵적으로든 타인을 먼저 챙기도록 요구받는다. 여성은 남성보다 감정 노동을 책임지는 경우가 많다.[12] 관계를 유지하고 상대방의 감정을 살피고 모두를 기분 좋게 만드는, 아무런 보상도 따르지 않고 인정도 받지 못하는 일을 떠맡는 것이다. 연구에 따르면 여성은 남성보다 훨씬 더 자주 사과하며 자신의 행동이 상대방을 불쾌하게 했다고 여기고 사과해야 한다고 느끼는 경우가 많다.[13] 또한 여성은 자신감이나 단호함을 드러낼 때 ‘거만하다’라는 평가를 받을 가능성이 더 크다.[14]

요즘에는 여성에게 침묵하거나 자신을 희생하라고 노골적으로 가르치는 일은 드물어졌지만 이런 규범은 여전히 우리 문화 깊숙이 뿌리내리고 있다. 누군가 일부러 소리 내어 말하지는 않더라도 이런 규범은 여전히 사회가 여성에게 기대하는 바, 그리고 여성이 자신에게 기대하는 바에 큰 영향을 끼친다.

남성이 직면하는 성별 규범은 여성의 경우와는 다르다. 하지만 그런 규범 억시 남성에게 감정을 익누르고, 약점을 드러내지 않으며, 한계를 넘어서까지 무리하게 베풀도록 부추김으로써 타인을 우선시하는 패턴을 형성한다. 사회 전반에서 남성은 감정을 억누르고 겉으로 표현하지 않는 무심한 존재여야 한다는 기대가 여전히 존재한다.[15]

2019년 한 연구에 따르면 남성의 58퍼센트가 “정서적으로 강해야 하고 약점을 보여서는 안 된다.”라는 압박을 느낀다고 답했고, 38퍼센트는 “남자답지 못하다.”라는 인상을 주지 않기 위해 자신의 감정을 다른 사람과 나누는 일을 피한 적이 있다고 했다. 이렇게 만들어진 ‘감정 없는 남성’이라는 과장된 이미지는 두 가지 고통스러운 단절을 낳는다. 첫째, 많은 남성이 감정이나 요구를 표현하는 것조차 금지당한 탓에 자신의 내면과 단절된다. 둘째, 친밀하고 서로를 지지하는 관계는 약한 모습을 드러낼 수 있어야 가능한데 남성은 약점을 드러내는 것이 금지되어 타인과 단절된다.

또한 많은 남성이 직장에서 자신의 한계를 넘어설 만큼 에너지를 쏟아부어야 한다는 압박을 받는다. 여성의 경제 활동 참여가 크게 늘었음에도 여전히 남성이 전통적인 가장 역할을 통해 자신의 가치를 증명해야 한다는 의무감을 느낀다. 그렇게 휴식과 회복을 외면한 채 남성적 이상을 좇아 무리해서 일하다가 결국 과도한 스트레스와 수면 부족을 겪는다.[16] 결국 성별 규범은 남성이 자기감정을 받아들이고 친밀한 관계를 맺으며 휴식과 회복의 요구를 존중하는 일을 가로막는다.

집단이 개인보다 중요한 문화에 속해 있다

어떤 문화에서는 남의 눈치를 본다고 여겨지는 행동이 다른 문화에서는 자연스럽게 받아들여지고 오히려 칭송받기도 한다. 결국 타인을 위해 어디까지 베푸는 것이 적절하고 해로운지는 문화에 따라 달라진다.

미국, 영국, 남아프리카 같은 개인주의 문화에서는 타인의 목표를 대신 이루기보다 스스로 정한 목표를 추구하도록 장려한다(물론 앞서 살펴본 것처럼 여성과 소수 집단은 여전히 자신의 요구를 제쳐 두고 타인을 돌보라는 사회적 압력을 받는다).[17] 개인주의 문화에서는 가족이나 집단에서의 소속감보다 자율성, 개별성, 자아실현에 더 큰 가치를 둔다. 그 결과 어떤 이들은 자유와 주체성을 느끼지만 어떤 이들은 기댈 곳이 없는 듯한 고립감을 느낀다.

반면 중국, 한국, 일본, 인도 같은 집단주의 문화에서는 개인보다 집단이나 가족을 우선시하도록 장려한다. 집단주의 문화는 순응, 복종, 충성을 중시하며 가족이나 집단 내 유대가 무엇보다 중요하다고 본다.[18] 그 결과 어떤 이들은 소속감과 안정감을 느끼지만 어떤 이들은 자유를 억압받는다고 느낀다.

집단주의 문화에 속했다가 개인주의 문화로 이주한 사람들은 기존 문화에서 중시하는 이상과 자신의 요구, 열정, 꿈을 우선시하고 싶은 개인적 바람 사이에서 갈등을 겪기도 한다.

사회적 소수자는 생존을 위해 진짜 모습을 감춘다

사회적 소수자가 눈치 보고 태도를 바꾸고 진짜 모습을 감추는 일은 사실 생존을 위한 전략이다. 자기 같은 사람은 기본적인 보살핌이나 존엄, 존중을 받을 자격이 없다고 말하는 환경에서 살아왔다면 권위를 가진 이들에게 순응하는 것은 자신을 위협으로부터 지키는 한 가지 방법이 된다. 특정 정체성 집단을 향해 폭력이나 괴롭힘이 일상직으로 벌어지는 사회라면 최대한 눈에 띄지 않게 자신을 숨기려는 것 자체가 생존 전략이 된다.

실제로 여러 소수 집단이 타인의 기대에 맞추라는 압박을 받는다. 이 주제는 워낙 폭넓어 따로 한 장을 할애해 다룰 예정이다. 제13장에서 사회 구조 전반에 뿌리내린 억압이 개인의 피플 플리징 패턴에 어떤 영향을 주는지 자세히 살펴볼 것이다.

결국 나의 안전을 위해 남을 우선시한다

타인을 우선시하는 태도에는 여러 이유가 얽혀 있다. 하지만 그 모든 것을 하나로 꿰는 공통점은 바로 안전을 추구한다는 점이다. 여기서 안전은 반드시 신체적 위해나 폭력으로부터의 안전만을 뜻하는 것은 아니다. 물론 그런 의미도 포함되지만 실제로는 다음과 같이 더 넓은 의미의 안전을 의미한다.

- **사회적 안전**: '나는 소속감을 느낀다', '사람들이 나를 인정한다.'
- **정서적 안전**: '나는 이해받고 있다', '나는 사랑받는다', '나는 소중한 존재다.'
- **물질적 안전**: '나의 기본적인 필요가 충족된다.'

남을 우선시하고 기쁘게 해주려는 행동은 어린 시절 우리를 지켜 주는 역할을 했을지 모른다. 그러나 이제는 주체성과 독립성을 지닌 성인이 되었으니 침묵이 아니라 목소리를 내는 것이야말로 삶에서 원하는 것과 필요한 것을 얻는 훨씬 더 효과적인 전략임을 기억해야 한다.

눈치는 과학적인 이유로도 설명된다

피플 플리징이 공식적인 정신 질환은 아니지만 여러 심리학 분야에서 이 패턴을 연구해 왔으며, 이를 끊어 내는 데 도움이 되는 다양한 형태의 심리치료가 제시되어 왔다.

인지행동치료의 창시자인 에런 벡Aaron Beck은 '사회적 의존성'sociotropy이라는 용어를 만들었다. 타인의 인정에 지나치게 의존하고 인간관계에 과도하게 몰두하는 성격 특성을 가리킨다. 사회적 의존성 점수가 높은 사람들은 남을 기쁘게 해야 한다는 강박을 느끼고, 자기주장을 잘하지 못하고, 지나치게 남을 챙기고, 자기 요구를 표현하는 데 어려움을 겪는다. 또한 비판이나 거절을 두려워한다.[19] 이렇게 사회적 의존성이 높을수록 우울증에 걸릴 가능성이 큰데,[20] 자기 자신과 세상에 대한 부정적인 사고 패턴에 맞서는 인지치료가 우울 증상을 완화하는 데 효과가 있는 것으로 알려져 있다.

한편 보웬Bowen 가족체계이론은 분화differentiation라는 개념을 강조한다.[21] 이는 자신과 타인의 경계를 명확하게 인지하는 것을 뜻한다. 분화 수준이 높은 사람은 강하고 독립적인 자아감을 지니지만 분화 수준이 낮은 사람은 주변 사람의 인정에 크게 의존한다.[22] 분화 수준이 낮은 사람은 남을 기쁘게 하려고 자신의 행동을 남에게 맞추고 거절을 못하며, 남들과 의견이 다를 때 자기 생각을 고수하지 않는 경향이 있다. 이 이론을 바탕으로 하는 보웬 가족치료는 개인이 분화 수준을 높이고 건강한 경계를 세워 관계를 더 잘 관리할 수 있도록 돕는다.

애착 이론attachment theory을 통해서도 남을 우선하는 패턴을 이해할 수 있다. 이 이론은 어린 시절 양육자와의 관계가 성인이 된 뒤 타인과 상호작용하는 방식에 영향을 미친다고 본다. 불안형 애착 유형은 양육자가 아이의 요구를 일관되게 충족해 주지 못했을 때 형성된다. 아이는 성인이 된 뒤에도 관계의 안정성에 늘 불확실함을 느끼고 더 깊은 친밀감을 갈망하며, 파트너에게 과도한 확신을 요구하는 경향이 있다.

무엇보다 이들은 상대방으로부터 버려질까 두려워하기 때문에 관계를 위협하는 요소가 감지되면 과도하고 예민하게 반응한다.[23] 그리고 불안과 낮은 자존감 때문에 늘 거절당할 것을 예상하며, 이를 막기 위해 자신의 필요나 바람, 감정까지도 희생한다. 애착 중심 치료는 내담자가 자신의 애착 유형을 이해하고 대인 관계에서 보이는 행동을 조정할 수 있도록 돕는다.

마지막으로 중독 연구 분야에서는 공동의존codependence이라는 개념을 제시한다. 이 용어는 원래 1980년대에 알코올 중독자의 배우자들이 보이는 자기희생적 특성을 설명하기 위해 사용되었으나, 이후 중독자와의 관계 여부와 상관없이 만성적으로 자신을 소홀히 하고 타인을 지나치게 우선시하는 모든 사람을 지칭하는 개념으로 확장되었다.[24]

공동의존적인 사람들은 자신의 감정을 알아차리는 데 어려움을 겪고, 자신의 요구를 표현하지 않으려 하며, 의사결정을 힘들어한다. 또한 해로운 관계를 쉽게 끊지 못하고 상대방이 스스로를 돌볼 능력이 없다고 믿는다. 이런 공동의존에서 벗어날 수 있도록 돕기 위해 12단계 프로그램인 '익명의 공동의존자 모임'Co-Dependents Anonymous이 만들어 졌으며 많은 중독 치료 센터에서 공동의존 회복 프로그램을 운영하고 있다.

우울증, 불안장애, 사회불안장애 그리고 다양한 형태의 신경다양성을 가진 사람들 역시 피플 플리징 성향을 보일 수 있다. 이 성향이 구체적으로 얼마나 퍼져 있는지에 대한 통계 자료는 없다. 하지만 외상, 중독, 우울, 불안, 사회적 불평등 같은 피플 플리징의 원인들이 우리 사회 전반에 만연해 있다는 사실은 전 세계 수백만 명이 이 문제를 겪고 있음을 시사한다.

남을 우선시하는 성향은 매우 보편적이고 이를 다루는 여러 이론적 틀도 존재하지만, 여전히 많은 사람이 자신이 습관적으로 지나치게 베풀거나 스스로 희생하는 것을 피플 플리징이라고 인정하기를 주저한다. 어떤 사람들은 이렇게 말한다. "다른 사람의 감정과 필요를 우선시하는 건 누구나 당연히 해야 할 일 아닌가요? 그건 그냥 친절하다는 뜻일 뿐이잖아요." 그 말도 맞다. 타인의 필요와 감정을 돌보는 것은 분명 친절의 형태다. 하지만 그 과정에서 자신을 방치하고 돌보지 않을 때 친절은 피플 플리징이 된다.

당신은 친절을 오용하고 있다

겉으로 피플 플리징은 친절과 비슷해 보일 수 있다. 관대함, 충성심, 연민, 헌신은 모두 건강한 관계의 핵심이기 때문이다. 그러나 친절과 피플 플리징은 분명히 다르다. 심리학자들은 친절(그들이 '건강한 이타심'이라 부르는 것)과 피플 플리징(그들이 '병리적 이타심'이라 부르는 것)이 근본적으로 전혀 다른 동기에서 출발한다는 사실을 발견했다. 똑같은 행동이라도 어떤 사람에게는 피플 플리징일 수 있고 어떤 사람에게는 친절일 수 있다. 그 차이는 왜 그런 행동을 하는지, 그 행동이 자신에게 해로운 영향을 끼치는지 여부에 따라 달라진다.

심리학자들은 병리적 이타심을 "자신에게 해를 끼치면서까지 비합리적으로 타인의 요구를 자신의 요구보다 우선시하는 태도"로 정의한다.[25] 병리적 이타심을 보이는 사람들은 흔히 타인의 행복을 위해 자신을 돌보는 일을 소홀히 하는데, 연구자들에 따르면 그들의 행동은 타인의 인정을 얻고 거절당하지 않으려는 욕구에 뿌리를 두고 있다. 근본적으로 이런 행동은 다음과 같은 심리에서 기인한다.

- **거래**: '내가 이걸 해주면 너도 뭔가를 나한테 줄 거야.'
- **의무**: '이걸 하지 않으면 죄책감이 들 것 같아서 하는 거야.'
- **강박**: '이걸 하지 않고는 도무지 견딜 수가 없어.'
- **손실 회피**: '이걸 하지 않으면 너를 잃을까 봐 두려워.'

많은 사람에게 이 패턴은 암묵적인 계약처럼 여기는 믿음에 기반한다. ‘나는 네게 내 한계를 넘어 베풀 테니 그 대가로 너는 내가 사랑받고 필요하고 소중한 존재라고 느끼게 해줘야 해.’ 문제는 상대가 결코 그런 거래에 동의한 적이 없다는 데 있다. 우리는 상대의 필요에 맞춰 지나치게 베풀면서 그들이 당연히 우리가 갈망하는 사랑과 관심을 돌려줄 것이라 믿는다. 그러나 이런 거래적 사고방식은 관계 속에 보이지 않는 빚더미를 쌓는다.

피플 플리저people pleaser(미국의 설문조사기관 유고브YouGov에 따르면 미국 성인의 약 49퍼센트가 자신을 ‘피플 플리저’라고 정의한다 — 옮긴이)들은 지나치게 베풀고 나서 기진맥진하고 좌절하며 섭섭함을 느낀다. 자신이 바라는 방식대로 상대가 반응하지 않으면 ‘무례하다’, ‘이기적이다’, ‘나를 이용한다’라며 악마화하기도 한다. 결국 이런 행동은 정작 우리가 도우려 했던 사람과의 관계에서 단절감을 느끼게 만든다.

구체적인 사례를 살펴보자. 이사를 앞두고 있는 그웬은 이사 전날 밤, 친구 헤이즐에게 문자를 보내 다음 날 도와줄 수 있는지 물었다. 헤이즐은 그 문자를 받자마자 압박감을 느꼈다. 당장 마감이 급한 업무가 있었고 저녁에는 친구들과의 약속까지 잡혀 있었기 때문이다. 사실 도와줄 시간은 없지만 부탁을 거절하면 죄책감이 느껴질 테고 괜스레 그녀의 눈 밖에 나는 게 싫었다. 그래서 결국 다음 날 오전 10시에 가겠다고 답장을 보냈다.

그날 밤 내내 스트레스와 불만이 헤이즐을 괴롭혔다. ‘어떻게 이사 하루 전날 이런 부탁을 할 수 있지? 마감도 얼마 안 남은 마당에 내일 종일 무거운 상자를 옮겨야 한다니, 말도 안 돼.’

헤이즐의 행동은 친절이 아니라 피플 플리징이다. 그녀가 그웬을 도와주기로 한 이유는 의무감('거절하면 죄책감이 들 거야')과 손실 회피('그 웬의 눈 밖에 나고 싶지 않아')라는 마음이 작용한 결과였다. 이어지는 부분에서 자세히 살펴보겠지만, 부탁을 수락하고 나서 헤이즐이 느낀 불만은 그녀가 한계를 넘어서까지 베풀고 있다는 분명한 신호였다.

건강한 이타심은 모두를 성장시킨다

심리학자들은 건강한 이타심을 "타인의 행복에 기여하면서 비교적 갈등 없이 지속적인 즐거움을 느낄 수 있는 능력"으로 정의힌다.[26] 건강한 이타심을 지닌 사람은 자신의 필요를 충분히 채우면서도 다른 이들의 삶을 더 낫게 만들어 주는 행동을 한다.[27] 그 과정에서 자신의 행복을 희생하지 않는다. 연구에 따르면 건강한 이타심은 새로운 경험을 추구하고 개인적 성장을 열망하는 마음에서 피어난다.[28]

근본적으로 친절한 행동은 다음과 같은 심리에 바탕을 둔다.

- 욕망: '나는 네게 이걸 주고 싶어.'
- 호의: '너를 아끼기 때문에 네 삶을 더 나아지게 해주고 싶어.'
- 선택: '꼭 할 필요는 없지만 내가 하고 싶어서 하는 거야.'
- 풍요: '충분히 나눌 만큼 있으니 네게 주는 거야.'

우리가 친절에서 우러나와 무언가를 베풀 때는 '예스'라고 할 수도 있고 '노'라고 할 수도 있는 상황에서 자유 의지로 '예스'를 택하는 것이다.

그 과정에서 반드시 어떤 보답을 기대하지는 않는다.[29] 우리의 너그러움은 타인의 반응이 아니라 자신의 가치와 일치하는 행동이 주는 내적 만족감에서 비롯된다. 무엇보다 중요한 사실은 겉으로 드러나는 우리의 행동이 내면의 감정과 조화를 이룬다는 점이다. 이렇게 누군가에게 베풀고 나면 피곤하거나 기운이 빠질 수는 있지만 그와 함께 행복감과 따뜻한 마음 그리고 연결감이 뒤따른다.

다시 그웬의 이야기를 살펴보자. 그웬은 헤이즐에게 문자를 보낸 뒤 다른 친구 가브리엘에게도 손을 내밀었다. 가브리엘은 다음 날 일정을 확인해 보니 오후 3시에 친구와 농구 약속이 있는 것 말고는 다른 계획이 없었다. 당연히 도와주고 싶었다. 그래서 그는 이렇게 답장을 보냈다. "2시 45분까지 도와줄 수 있어. 트럭 몰고 10시까지 갈게!"

가브리엘은 답장을 보내고 나서 곤경에 처한 친구를 돕기로 했다는 사실에 만족감을 느꼈다. 그의 승낙은 욕망('그웬을 돕고 싶어')과 선택('꼭 할 필요는 없지만 내가 하고 싶어서 하는 거야')에 근거한 것이었다. 그는 자신이 감당할 수 있는 선에서 힘을 보태겠다고 했기에 그 행동이 자신에게 부정적인 영향을 주지 않았다. 따라서 타인의 비위를 맞추는 피플 플리징이 아니라 진정한 친절이었다.

병리적 이타심과 건강한 이타심은 이타적 행동 동기뿐만 아니라 그로 인해 자신이 어느 정도 해를 입는가에서도 차이가 난다. 심리학자 스콧 배리 코프먼Scott Barry Kaufman과 이매뉴얼 요크Emanuel Jauk는 병리적 이타심에서 벗어나고자 하는 이들에게 '건강한 이기심'을 키우라고 조언한다.[30] 건강한 이기심이란 "자신을 돌보고 삶의 작은 즐거움을 누리는 것은 건강할 뿐 아니라 성장을 돕는 행위"라는 개념이다. 이런 방식으로 자신을 돌보는 방법은 제2장에서 다룰 것이다.

오늘 말하지 않으면 내일도 상처받는다

시간을 낼 수 없는데도 억지로 친구의 이사를 도와주는 것처럼 딱 한 번의 피플 플리징 행동은 크게 해롭지 않을 수도 있다. 하지만 장기적으로는 이렇게 자신을 돌보지 않는 작은 행동이 쌓여 우리의 행복과 인간관계, 미래의 꿈에까지 부정적인 영향을 미칠 수 있다. 어느새 우리는 자기 자신에게소차 낯선 존재가 되어 버린나. 타인의 기분과 감정에는 지나치게 민감하지만 정작 자신의 감정에는 둔하다. 그래서 우리가 무엇을 원하고 무엇을 꿈꾸는지 질문을 받으면 그 답을 알지 못해서 당황한다. 자신의 삶을 설계하기보다 타인의 욕구를 비추는 거울로 살아가기 때문이다.

끊임없이 타인의 필요를 우선하다 보면 자기 자신을 돌볼 시간과 에너지가 거의 남지 않고 결과적으로 신체적, 정신적 건강에 해로울 수 있다. 충분한 휴식, 건강한 식사, 병원 진료 같은 신체적 필요를 소홀히 하거나, 여유도 없는데 돈을 빌려주며 재정적 필요를 외면하기도 한다. 정서적 교류가 이뤄지지 않는 연인이나 친구와 관계를 맺음으로써 자신의 정서적 필요를 방치하기도 한다.

이런 방치에는 대가가 따른다. 감정을 억누르면 불안, 우울, 스트레스가 심해질 수 있다. 연구에 따르면 감정을 억누르는 것은 신체적 질환으로 이어져 심장 질환, 위장 장애, 자가 면역 질환의 위험이 커진다.[31]

자기보다 남을 우선하는 패턴은 관계 속에서 친밀감을 쌓는 것도 어렵게 만든다. 진정한 친밀감은 있는 그대로의 자신을 드러낼 때 형성된다. 하지만 피플 플리징은 마치 가면을 쓰는 것과 같아서, 다른 사람들에게는 항상 쾌활하고 태평한 사람으로 보인다. 어떤 상황에서도 '예스'라고 말하는 사람, 상처를 받아도 말하지 않고 자신에게 필요한 것을 솔직히 드러내지 않는 사람이 된다. 이런 방식으로 관계를 맺으면 단기적으로는 갈등을 줄일 수 있을지 몰라도 시간이 흐를수록 진정한 친밀감을 키우는 데 도움이 되지 않는다. 남을 우선시하는 행동을 하면 할수록 사람들이 나를 알아주지 않고 이해해 주지 않는 것 같은 고통만 커진다.

이런 행동은 결국 억눌린 불만을 낳는다. 헤이즐의 경우처럼 자신의 한계와 경계를 솔직히 말하는 데 불편함을 느끼기 때문에 불만이 생긴다. 우리는 상대가 우리의 필요와 감정, 한계를 말하지 않아도 알아주길 기대한다. 할 일이 꽉 차 있어도 부탁을 받으면 거절하지 못하고 승낙해 버린다. 겉으로는 미소를 짓지만 속으로는 비명을 지른다. '내가 얼마나 바쁜지 당연히 알아야 하는 거 아니야!' 상대의 행동에 상처받았을 때도 말하지 않고 속만 부글부글 끓인다. '내가 어떤 기분인지 당연히 알아야 하는 거 아닌가?' 도움이 필요할 때도 직접 요청하지 않고 상대가 먼저 나서 주지 않으면 속으로 답답해한다. '내가 무엇을 원하는지 당연히 알아야지!'

우리는 어떤 방식으로 보살핌을 받고 싶은지 드러내지 못하고, 사랑하는 이들에게 보이지 않는 기준을 세워 두고 충족되지 않으면 화를 낸다. '나를 어떻게 배려해야 하는지 당연히 알아야 하는 거 아니야!' 이렇게 우리는 자신의 필요와 감정에 대한 책임을 다른 사람에게 떠넘긴다. 가족, 배우자, 친구들은 알지도 못한 채 시험을 치르고 낙제하는 불공정한 상황에 놓이는 것이다.

안타깝게도 이런 행동 패턴은 파급 효과를 일으켜 우리도 모르는 사이 또 다른 사람들에게 본보기가 된다. 사실 우리 대부분은 양육자들이 대인 관계에서 자기희생과 자기부정을 행하는 모습을 보며 이런 파급 효과를 뼈저리게 경험해 왔다. 우리가 부모든, 상사든, 공동체의 리더든 혹은 다른 어떤 위치에 있든 간에 우리를 본보기로 삼는 사람들이 있다. 우리는 행동을 통해 그들에게 자신을 어떻게 가치 있게 여기고, 어떻게 목소리를 내며, 관계에서 무엇을 기대하고 무엇을 받아들여야 하는지를 가르치고 있는 셈이다. 우리가 그들에게 보여 줄 수 있는 본보기는 자기보다 남을 우선하는 태도, 자기희생, 복종일 수도 있지만 자신감, 자기 옹호, 자기 존중일 수도 있다.

이제 남을 우선시하는 행동에 따르는 득보다 실이 더 크다는 사실을 어렴풋이 깨달았을 것이다. 아무도 알아주지 않고 이해받지도 못하고 자기 자신과 사람들로부터 단절된 듯한 기분에 지쳐 있을 것이다. 늘 다른 사람의 기분이나 요구, 욕망에 휘둘리는 삶에도 질렸을 것이다. 강하고 자유로우며 자신을 존중하는 기분을 느끼고 싶을 것이다. 자신의 힘을 온전히 발휘하고 싶을 것이다.

자, 당신은 자기 인생의 주도권을 쥘 준비가 되어 있다. 자기 이야기의 주인공이 될 준비가 되어 있다. 자신의 행동 패턴이 어디서 시작되었는지 이해하는 일은 이 패턴을 끊어 내는 데 꼭 필요한 첫걸음이다. 그러나 진정으로 변하려면 지식만으로는 부족하다. 행동과 꾸준한 실천이 반드시 뒤따라야 한다. 그래서 이 책은 연구와 심리학에 기반을 둔 행동 중심의 접근법을 제시한다. 지금의 모습에서 당신이 원하는 모습으로 나아갈 수 있도록 도와주는 실질적인 도구들을 제공할 것이다.

당신만의 'Why'를 찾아라

남을 우선하는 패턴을 끊어 내는 일은 쉽지 않지만 그만큼 큰 보람이 뒤따른다. 그 여정을 시작하기 전에 먼저 나만의 'Why', 즉 왜 이 길을 가려 하는지 가슴에 가장 크게 와닿는 이유를 분명히 해보자. 중간에 두려움이나 불확실함 혹은 자기 의심과 맞닥뜨릴 때 당신을 이끌어 주는 북극성이 되어 줄 것이다.

나만의 Why를 찾기 위해 이런 질문을 떠올려 볼 수 있다. 이 패턴을 끊어 내고 싶은 가장 중요한 이유는 무엇인가? 나는 어떤 모습의 내가 되기를 가장 간절히 바라는가? 누구에게 본보기가 되고 싶은가?

나는 워크숍에서 수많은 사람에게 이 질문을 해왔는데 돌아오는 대답이 너무 아름다워서 가슴이 뭉클해지곤 한다. 몇 가지를 소개하면 다음과 같다.

- "존경받는 엄마가 되고 싶습니다. 아이들에게 본보기가 되어 주고 싶어요. 아이들이 자기 목소리를 낼 줄 알고, 건강한 인간관계를 맺고, 건강한 경계를 세울 줄 아는 사람이 되는 게 제 꿈이에요."
- "남이 정해 준 삶이 아니라 내가 스스로 선택한 삶을 살고 싶어

요. 늘 그림자 같은 기분을 느끼는 게 지겨워요. 내 인생에서 그 무엇도 진정으로 내 것이라고 느껴지지 않는 그 기분 아시나요? 이제는 바꾸고 싶어요.”

- “꿈을 좇기 위해 자신감과 힘을 키우고 싶습니다. 꼭 도전해 보고 싶은 사업 아이디어가 있는데 지금은 실행으로 옮길 확신이 부족합니다. 원하는 사업에 도전하고, 제 성취를 자랑스럽게 여기고 싶어요. 제 모든 역량을 쏟아부어 그 꿈을 현실로 만들고 싶습니다.”
- “나는 우리 집안 여성들에게 대물림된 침묵 패턴을 끊고 싶습니다. 우리 집안의 여자들은 대대로 희생을 당연하게 여기며 살아왔어요. 어떤 이들은 해로운 관계에서 벗어나지 못했고, 어떤 이들은 끝내 자신의 꿈을 좇을 용기를 내지 못했죠. 자기 목소리를 내지 못한 우리 집안의 수많은 여성을 생각하면 가슴이 아파요. 이제 새로운 길을 열고 싶습니다.”

당신의 Why는 무엇인가? 자기 발견이라는 이 변화의 여정을 시작하기 전에 당신만의 Why를 찾아 글로 적고 가슴에도 소중히 간직하라. 그러면 도중에 힘든 순간이 찾아올 때마다 이 부정적인 패턴을 끊어야 당신의 삶은 물론 사랑하는 이들의 삶까지 바뀔 수 있다는 사실을 새롭게 되새길 수 있을 것이다.

남을 챙기는 데 익숙한
착함 중독자들

오랫동안 다른 사람의 필요와 감정, 선호를 자신의 것보다 우선시하다 보면 자기 자신과는 단절된 상태가 된다. 그래서 이 패턴을 끊는 첫걸음은 경계를 설정하거나 목소리를 내는 게 아니다. 가장 먼저 해야 할 일은 자기 자신과 다시 연결되는 것이다. 그래야만 타인과의 관계에서 자신을 지킬 수 있다. 애초에 자신이 무엇을 원하는지조차 모른다면 어떻게 자신의 요구를 주장할 수 있을까? 자신의 감정을 알지 못한다면 어떻게 진실을 말할 수 있을까? 지켜야 할 자기 자신과 단절된 상태라면 어떻게 자신을 보호할 경계를 세울 수 있을까?

그래서 제1부에서는 다섯 가지 토대와 연결될 수 있는 길잡이를 제시한다. 감정, 요구, 바람, 가치, 자기 이야기가 그것이다. 오랫동안 자신에게 소홀했던 사람이라면 이 다섯 가지 토대에 집중해 보자. 또한 이 다섯 가지 토대는 타인과의 관계 속에서 자신의 진짜 모습을 드러내기 위한 필수 조건이기도 하다. 그중 감정은 첫 번째 토대다. 머리로는 무시하는 습관을 들였더라도 감정은 여전히 우리 몸속에서 일어나기 때문이다. 감정은 직접적이고 즉각적이기에 내면에 귀 기울이는 법을 배우는 출발점으로 적합하다. 감정은 나침반처럼 우리의 요구와 바람, 가치를 가리키며 다른 네 가지 토대를 쌓아 올리는 바탕이 된다.

이 장에서는 우리가 어떻게 감정으로부터 자신을 방어하는지 살펴보고, 몸을 도구로 삼아 감정을 인식하는 방법을 배울 것이다. 또 힘든 감정을 견디는 힘을 키우는 방법도 배우고, 낯설고 어색하게 느껴지더라도 감정과 다시 이어질 수 있는 일상의 습관을 만들어 갈 것이다.

당신의 감정으로부터 도망치지 마라

마흔여덟 살 케일리는 상담을 시작하자마자 그녀의 주변 사람들이 겪고 있는 문제들을 하나하나 늘어놓았다. 남편 데이브는 중요한 마감일을 앞두고 직장에서 스트레스를 받고 있었고, 딸 케이시는 이제 막 대학에 들어가 학교생활에 적응하는 데 어려움을 겪고 있었다. 초등학교 교사인 어머니 루스는 최근 해고를 당했고, 아버지 폴은 청력이 점점 나빠지고 있었다.

"다들 너무 힘들어하고 있어요. 부모님은 인생의 황금기를 보내셔야 할 때인데 직장에서 해고를 당하고 건강 문제와 싸우고 계시죠. 그리고 딸아이는 대학 생활이 힘든가 봐요. 집을 떠나게 되어 그렇게 좋아하더니 지금은 집에 돌아오고 싶어 해요."

나는 케일리의 걱정 어린 목소리를 들으며 고개를 끄덕였다.

"한꺼번에 많은 어려움이 닥쳤네요." 나는 그녀의 말을 긍정해 준 뒤 이렇게 물었다. "많이 혼란스러운 상황인데 케일리는 어떻게 버티고 있나요?"

"아, 전 괜찮아요." 케일리는 성가신 모기를 쫓듯 내 질문을 곧장 흘려보냈다. "걱정되는 건 제가 아니라 가족들이에요." 그녀는 능숙하게 대화의 방향을 틀어 자기감정이라는 불편한 영역에서 벗어났다.

케일리에게 '난 괜찮아'라는 말은 오래된 입버릇이었다. 남들을 자기보다 우선시하는 사람들이 대개 그렇듯 그녀도 '강한 사람'이었다. 어떤 상황이 닥쳐도 감당할 수 있는 사람. 그러나 케일리 같은 내담자들은 주변 사람들이 괴로워할 때 자신의 고통에 집중하는 게 왠지 약해지는 것 같고 이기적이라고 생각한다.

"당신이 가족을 얼마나 아끼는지 잘 알아요." 나는 케일리에게 내 진심이 전달되기를 바라며 말했다. "하지만 지금 이 시간은 당신에게 집중하기 위한 시간이에요."

그러나 케일리의 반응은 시큰둥했다. '또 그 소리군'이라고 생각하는 듯했다. "알아요, 알아." 그녀가 한숨을 내쉬듯 말했다. "그냥 제 감정이 다른 사람들이 겪는 일들에 비하면 너무 하찮게 느껴질 뿐이에요."

나는 고개를 끄덕이며 말했다. "그럼 이건 어때요? 오늘 상담이 끝난 뒤에는 다시 다른 사람들의 감정에 집중해도 돼요. 하지만 앞으로 30분 동안만은 자신에게 허락하는 거예요. 마음속을 들여다보고 이렇게 묻는 거죠. '사람들이 힘들 때마다 항상 내가 받쳐 주는 역할을 해야 한다는 사실에 대해 나는 어떤 기분을 느끼지?'"

케일리는 깊게 숨을 들이쉬었다. 잠시 침묵이 흘렀고 그녀는 낯선 자기감정의 영역으로 돌아간 듯했다. "음…, 글쎄요. 잘 모르겠어요."

나는 케일리가 점점 답답함을 느끼고 있다는 걸 알아차렸다. 케일리 같은 내담자들에게 자신의 감정을 들여다보는 일은 흐릿한 수정구슬을 들여다보는 일과 마찬가지다.

"처음에는 마음에 귀 기울이는 게 쉽지 않을 수 있어요. 서두르지 않아도 괜찮아요." 나는 그녀를 다독였다. "지금 알아차린 것을 잠시 그대로 느껴 보도록 해요."

케일리는 다시 조용해졌다. 10초쯤 흘렀을까, 갑자기 그녀가 감정을 터뜨렸다. "전 지금 너무 지쳤어요!" 조용한 공간에 크게 울려 퍼진 그녀의 목소리에 그녀 자신도 순간 놀란 듯했다. "전 가족을 사랑해요. 남편도, 딸도, 부모님도 너무 소중해요. 하지만 가끔은 힘들어요. 왜냐하면 저도 상처받으니까요."

케일리는 말을 이었다. 말이 점점 더 빨라졌다. "부모님이 나날이 연로해지시는 게 두려워요. 데이브랑 제가 이제 '빈 둥지' 부모가 된 게 슬프고요. 그리고 사실은…, 외로워요. 물리적으로 혼자인 건 아니에요. 남편이 같이 있으니까요. 하지만 마음이 외로워요. 정말 누군가가 곁에 함께 있다는 느낌을 받고 싶어요. 이 모든 걸 혼자 떠안는 게 싫어요."

그녀는 숨을 내쉬었다. 눈에서는 눈물이 흘러내렸다.

자신에게 내면을 들여다봐도 된다고 허락하자 케일리는 비로소 자기 안의 여러 감정을 알아차리고 이름 붙일 수 있게 되었다. 상처, 두려움, 슬픔, 외로움. 잠시나마 늘 흔들림 없이 모든 걸 척척 해내는 역할에서 물러날 수 있었던 것이다.

힘든 감정을 인정하는 일은 고통스럽지만 이제 남은 상담 시간 동안 케일리는 감정의 밑바닥에 놓인 자신의 요구를 마주할 수 있었다. 두려움을 달래 줄 정서적 지지, 외로움을 덜어 줄 동반자 관계 같은 것들 말이다. 상담이 끝날 무렵 케일리는 두 가지를 다짐했다. 하나는 슬픔과 두려움을 더는 혼자 짊어지지 않고 남편 데이브와 나누겠다는 것이었고, 또 하나는 가장 가까운 친구 두 명에게 앞으로 시간 날 때마다 자주 만나자고 문자를 보내는 것이었다.

만약 케일리가 자신의 감정과 연결될 수 있도록 스스로 허락하지 않았다면 자신의 요구를 알아차리지도 못했을 것이고 사랑하는 사람들과의 관계 속에서 이를 지키기 위해 목소리를 내지도 못했을 것이다.

부모를 걱정하며 자란 아이들이 피플 플리저가 되는 이유

피플 플리저들은 정서 지능이 뛰어나서 감정을 깊이 이해하고 공감도 잘한다. 단 타인의 감정에만 그렇다. 정작 자신의 감정에는 이름 붙이기 어려워하며, 깊이 느끼고 헤아리는 것은 더더욱 힘들어한다. 오랫동안 타인의 감정을 우선시해 왔기 때문에 다시 자신과 연결되려면 의도적인 연습이 필요하다.

자기감정을 돌아보는 일은 특히 케일리처럼 가까운 사람들이 상처받거나 힘들어하거나 실망할 때 '돌봄' 충동이 작동하면 더더욱 어려워진다. 우리는 어린 시절 그와 비슷한 순간에 타인의 감정을 우선시하는 법을 배웠다. 자신의 안전이 주변 사람들의 기분에 달려 있었기 때문이다.

심리학자 티안 데이튼 Tian Dayton 은 《관계외상의 치유》에서 이렇게 설명한다.[1] "부모를 걱정하는 아이들은 불안에 찬 작은 돌봄 제공자가 되어 부모에게 무엇이 필요하고 그들이 무엇을 원하는지 늘 그들의 표정과 기분을 살피게 된다. 이런 아이들은 마음의 안정을 얻으려고 늘 다른 사람의 기분을 살피는 습관이 생길 수 있다. 그러면 자기감sense of self이 제대로 발달하지 못한다. 시간이 흐르면서 본인의 자기감이 다른 사람의 자기감과 뒤엉켜 버리기 때문이다."

어른이 되어서도 많은 사람이 여전히 뒤엉킨 상태에 머물러 자신의 감정을 희생하면서까지 다른 사람들의 감정을 돌본다. 때로는 타인의 감정에 지나치게 집중하는 것이 자신의 감정을 있는 그대로 경험하지 않기 위한 방어 수단이 되기도 한다. 끊임없는 돌봄뿐만 아니라 술이나 담배, 약물 사용 혹은 다른 중독 행동을 통해 감정을 피하려 할 수도 있다. 생산성과 성취를 강박적으로 좇거나, TV·팟캐스트·SNS를 끊임없이 소비하거나, 혼자 있는 것을 피하려고 자유 시간을 무조건 다른 사람들과 함께 보내기도 한다.

이런 습관들은 도로 위의 장애물처럼 우리가 감정을 알아차리고 이름 붙이며 온전히 느끼는 일을 가로막는다. 하지만 우리가 이런 방어 수단을 사용하는 데는 나름의 이유가 있다. 어려운 감정을 스스로 달래는 법을 배우지 못했고 때로는 그 감정이 자신을 집어삼킬까 봐 두렵기 때문이다.

심리학자 힐러리 맥브라이드Hillary McBride는 《몸의 지혜》The Wisdom of Your Body에서 이렇게 설명한다.[2] "방어기제는 우리가 혼자서는 감당할 수 없다고 느끼는 정서적 경험이나 다가가기 두려운 경험으로부터 우리를 보호한다. 또한 과거에 특정 감정을 느꼈다는 이유로 가까운 사람이나 문화적 규범에 의해 수치심을 당하거나 처벌받은 적이 있다면 그 감정으로부터도 자신을 지키려 한다."

방어기제를 허무는 첫걸음은 자신이 감정을 피하고 있다는 사실을 알아차리는 것이다. 앞서 언급한 습관들에 빠져 있음을 눈치챌 때 '나는 지금 어떤 감정을 느끼는 게 두려운가?'라고 물어보면 겉으로 드러나지 않은 내면의 감정을 들여다볼 수 있다.

감정이 어렵다면 몸의 말에 귀를 기울여라

그래도 감정을 알아차리기 어려울 때는 신체, 즉 몸을 통로 삼아 감정과 연결될 수 있다. 생각해 보면 우리의 정서적 경험은 머릿속에서만 일어나는 게 아니다. 가슴과 배, 어깨와 다리에 이르기까지 온몸에서 일어나는 일이다.

안타깝게도 대부분의 서구 사회에서는 몸에 깃든 감정의 지혜를 가볍게 여긴다. 17세기에 철학자 르네 데카르트는 몸과 마음이 별개라고 전제하는 이원론을 주장했다. 그는 몸은 결함이 있지만 마음은 완전하다고 믿었다. 이후 근대화와 함께 원시적이고 미성숙한 몸을 순수하고 고등한 정신으로 통제해야 한다는 관념이 서구 사상에 빠르게 뿌리내렸다.

오늘날에도 감정을 피하는 가장 흔한 방어기제 가운데 하나인 주지화intellectualization에서 이런 태도를 볼 수 있다. 주지화는 감정을 몸으로 느끼는 경험을 피하기 위해 생각으로 바꿔 이성이나 논리 혹은 연구로 처리하려는 방어기제를 말한다.

나 역시 20대 초반에 아픈 이별을 겪었을 때 슬픔을 느끼고 싶지 않아서 머리로 처리하려 했다. 혼자가 나은 이유를 조목조목 나열한 목록을 만들고 이별의 아픔을 치유하는 과학적 방법에 관한 팟캐스트를 들었으며, 전 연인의 심리를 이해하려고 닥치는 대로 관련 기사를 읽었다. 몸으로 슬픔의 감정을 온전히 느끼는 일이 너무도 위협적으로 다가왔기 때문에 모든 빈틈을 이성과 논리로 채워 넣었다.

그 무렵 이별의 아픔에서 잠시라도 벗어나고 싶어 단체 명상 모임에 참여하기 시삭했다. 첫 모임은 매사추세즈주 케임브리지의 오래되고 위엄 있는 교회에서 열렸다. 방석에 자리 잡고 앉자마자 명상 지도자가 참가자들에게 보디 스캔을 안내했다. 몸의 모든 부분을 하나씩 천천히, 의식적으로 살펴보며 주의를 기울이는 것이었다. 나는 배가 꽉 조이고 가슴은 막힌 듯 답답하고 목은 옭아맨 듯 죄어 오는 것을 느꼈다.

"만약 여러분의 몸이 말할 수 있다면 지금 뭐라고 할까요?"

명상 지도자가 물었다. 즉각적으로 몸 깊은 곳에서 답이 올라왔다.

"아프다."

그동안 주지화로 눌러 왔던 슬픔이 한꺼번에 밀려들어 나는 소리 없이 눈물을 터뜨렸다. 며칠 만에 처음으로 감정을 생각으로 밀어내지 않고 온전히 그대로 느끼도록 자신에게 허락했다.

고통스러웠다. 조용히 울며 두 팔로 나를 감싸안았다. 약 5분쯤 지나자 격렬한 감정의 파도가 물러가고 놀랍게도 며칠 동안 느껴 본 적 없는 고요함과 평온함이 찾아왔다.

서구 사회에서는 감정을 주지화하는 방식이 흔하지만 다른 문화권에서는 그렇지 않다. 인류학자 로이 그린커Roy Grinker는《정상은 없다》에서 서구 산업 사회에 속하지 않는 대부분 사람은 감정적 고통을 먼저 몸을 통해 경험한다고 설명한다.[3] "불안은 위장 통증으로, 슬픔과 절망은 사지에서 타오르거나 따끔거리는 감각으로 느끼는 식이다."

수 세기 동안 몸의 지혜를 깎아내리는 가르침을 받아 왔지만 사실 서구 사회 사람들도 몸에서 감정을 느낀다. 다만 몸에 귀 기울이는 법을 배워야 할 필요가 있다. 2018년 핀란드의 신경과학 연구팀은 감정이 정확히 우리 몸의 어디에 자리하는지 그리고 그 감정의 고유한 흔적이 모든 사람에게 보편적으로 나타나는지를 알아보기 위한 연구를 시작했다. 연구팀은 다양한 문화권 출신의 참가자 1,000명 이상을 모집해 서로 다른 100가지 감정 경험에 관한 정보를 수집하는 실험을 진행했다.

그중 한 실험에서는 참가자들에게 특정 감정을 하나씩 떠올리게 한 뒤, 인체 윤곽 그림에서 그 감정이 가장 강하게 느껴지는 부위에 색칠하도록 했다. 데이터를 종합한 끝에 연구팀은 거의 모든 감정이 고유한 신체 감각과 연결되어 있다는 명확한 결론에 도달했다.[4] 분노는 주로 가슴과 상체에서 가장 강렬하게 느껴졌고, 사랑과 행복은 온몸에 세차게 번져나가는 물결처럼 느껴졌다.[5] 반면 우울은 전반적인 신체 감각의 둔화와 관련이 있었다.

흥미롭게도 이런 감정의 흔적은 저마다 다양한 문화권의 참가자들 사이에서 동일하게 나타났다. 이는 우리가 어디에서 왔든 몸속에서 감정을 비슷하게 경험한다는 사실을 보여 주며 누구나 몸의 신호를 통해 감정을 알아차릴 수 있음을 뜻한다.

몸의 모든 감각에 주의 집중하기

몸으로 경험되는 감정에 귀 기울이는 일은 언제라도 할 수 있다. 잠시 하던 일을 멈추고 휴대전화를 내려놓은 뒤, 눈을 감고 몸의 안쪽으로 주의를 돌려 보자. 그리고 내가 단체 명상에서 했던 것처럼 스스로 물어보자.

'이 감각은 내게 어떤 감정을 전하고 있는가?'

단 30초라도 시간을 내어 살펴보자. 가슴이 조여 오는가? 관자놀이에 압박이 느껴지는가? 아니면 가슴이 탁 트이는 느낌이 드는가?

행복과 사랑은 대체로 심장이 가벼워지는 느낌이나 가슴이 탁 트이는 느낌 혹은 온몸으로 에너지가 퍼지는 삼각으로 경험된다. 반면 불안은 조여 오는 가슴, 빠르게 뛰는 심장, 뒤틀리는 위장으로 나타나는 경우가 많다. 분노는 대체로 가슴의 긴장, 목과 어깨의 경직, 팔과 다리를 타고 흐르는 폭발적인 에너지로 드러난다. 두려움과 흥분은 심장이 요동치고 시각, 청각, 후각이 예민해지는 경험과 함께 찾아온다.

반대로 감정에서 출발할 수도 있다. 어떤 감정을 느끼고 있음을 인식한 뒤(이를테면 생일 파티에 다녀온 뒤 느끼는 행복) 그 감정이 몸의 어떤 감각과 연결되어 있는지 살펴보는 것이다. 힐러리 맥브라이드는 감정을 알아차렸을 때 이렇게 자문하라고 권한다.[6] "당신이 그런 감정을 느끼고 있다는 것을 무엇이 말해 주고 있는가?"

시간이 지나면 몸의 반응에서 반복적으로 나타나는 일정한 패턴을 발견하게 된다. 친한 친구들과 시간을 보낸 뒤에는 가슴이 탁 트이는 듯한 확장감을 느끼고, 직장에서 발표를 앞두고는 가슴이 조여드는 긴장감을 느낀다. 어떤 사람과의 만남은 따뜻하고 열린 기분을 남기지만,

또 어떤 사람과의 만남은 답답하게 조여 오는 느낌이나 피로해지는 감각을 남기기도 한다. 몸의 경험에 주의를 기울일수록 몸이 끊임없이 감정의 신호를 보내고 있다는 사실을 깨닫게 된다. 그저 잠시 멈춰 귀 기울이기만 하면 된다.

처음부터 다시 시작하는 감정 연습

평생 자신의 감정과 단절되어 살아온 사람은 분노나 슬픔, 상실감, 원망, 불안을 마주하는 일이 두렵고 때로는 도저히 감당할 수 없을 것처럼 느껴지기도 한다. 그러나 이런 힘든 감정을 견딜 힘을 키우는 방법이 있다. 라바의 이야기를 통해 그 방법들에 대해 살펴보자.

서른여섯 살인 라바는 방금 전 통제가 심한 어머니와 길고 지치는 통화를 끝냈다. 평소 같으면 이렇게 통화한 다음에는 어떻게든 자신의 주의를 분산시키려고 했다. 이메일에 답장을 쓰거나 집을 청소하거나 와인 한잔을 마시는 식이다. 그렇게 라바는 마치 감정을 따돌리기라도 하는 것처럼 닥치는 대로 이 일 저 일에 매달리며 정신없이 하루를 보내곤 했다. 하지만 이제 그녀는 더 이상 어려운 감정을 외면하지 않고 대면해 견디는 힘을 기르는 연습을 하기로 했다.

감정과 마주하는 시간을 정하라

처음에는 힘든 감정과 마주하는 시간이 길고 불편하게 느껴질 수 있다. 그러니 2~3분 정도로 시간을 정하고 알람을 맞춰 두자. 편안하게 앉아 심호흡하면서 몸에서 일어나는 감정을 살펴본다. 감각을 알아차릴 때마다 "가슴이 조인다.", "심장이 빠르게 뛴다.", "관자놀이가 뻣뻣하다." 같은 식으로 소리 내어 설명하는 것도 도움이 된다.

이 순간의 목표는 힘든 감정을 바꾸는 것이 아니다. 주의를 분산시키거나 감정을 무디게 하거나 자신을 외면하지 않고, 그저 감정을 느끼면서 감정과 함께 머무는 연습을 하는 것이 목적이다.

라바는 와인 잔을 집어 드는 대신 깊게 숨을 들이마시고 휴대전화에 5분 알람을 맞췄다. 그런 다음 식탁 의자에 앉아 눈을 감고 몸의 감각에 주의를 기울였다. 어머니와의 대화를 떠올리자 가슴에서 분노가 치솟는 것을 느꼈다. 그 분노는 1~2분 동안 강하게 불타오르다 점차 식으면서 피로와 슬픔이라는 차갑고 좀 더 부드러운 감각으로 바뀌었다. 그녀는 당장 이 연습을 멈추고 싶은 충동을 느꼈지만 알람이 울릴 때까지 계속하자고 자신을 다정하게 격려했다.

남에게 하듯이 나에게 따뜻한 말을 건네라

힘든 감정이 강하게 밀려올 때는 다정한 말 한마디가 필요하다. 분노나 두려움, 불안에 휩싸였을 때 '나는 너와 함께 있어', '나는 널 버리지 않아', '힘들지만 난 회복할 수 있어', '이 감정은 영원히 계속되지 않아' 같은 다독이는 말을 자신에게 건네며 마음을 진정시킬 수 있다.

라바는 몸의 감각을 살펴보는 일을 마치고 나서야 어머니와의 통화가 자신에게 얼마나 큰 영향을 끼치는지 한 번도 진지하게 돌아본 적이 없었다는 사실을 깨달았다. 자신의 몸과 마음이 분명히 고통받고 있다는 것을 인정하자 불현듯 자신에 대한 연민이 솟아오르는 것을 느꼈다. 그래서 그녀는 자기 자신에게 다정한 말을 건넸다. '이 감정은 고통스럽지만 내가 널 지켜 줄 거야. 난 항상 여기 있어.'

긴장을 풀고 에너지를 방출하라

빠르게 뛰는 심장에 손을 얹거나, 팔을 부드럽게 쓸어내리거나, 배로 깊이 호흡하는 단순한 동작만으로도 감정의 강렬한 신체 반응을 가라앉힐 수 있다. 또한 앞서서 격렬한 감정을 느낀 뒤에는 몸을 움직여 남은 에너지를 흘려보내는 것이 도움이 된다. 스트레칭을 하거나 달리기를 하거나 산책하거나 음악에 맞춰 춤을 추거나 베개를 샌드백처럼 두드려도 좋다.

감정과 함께 머문 뒤 라바는 몸 안에 흐르는 에너지를 어떻게든 밖으로 배출할 필요가 있다고 느꼈다. 그래서 옷을 갈아입고 달리기를 하러 나갔다.

힘든 감정을 밖으로 표현하라

앞으로 다른 장에서도 살펴보겠지만 힘든 감정을 표현하는 건 일종의 배출구가 될 수 있다. 풍선에서 공기를 빼내듯 감정의 강도를 낮춰주는 것이다. 일기를 쓰거나 친구에게 털어놓거나 심리치료사에게 말하는 등의 방식으로 감정을 표현할 수 있다. 노래나 춤, 그림 같은 예술을 통해서도 감정을 드러낼 수 있다. 감정을 소리 내어 말하는 것만으로도 ("지금 너무 화가 나서 도저히 못 참겠어!") 감정의 강도가 누그러진다.

달리기를 마친 뒤 라바는 언니 레이철에게 전화를 걸어 어머니와의 통화에서 느낀 감정을 털어놓았다. 라바와 레이철은 무척 가까운 사이

고, 라바는 언니가 누구보다도 자신의 답답함을 이해해 줄 것이라 믿었
다. 두 사람은 잠시 이야기를 나눴고, 레이철이 몇 마디 위로와 살가운
농담을 건넸다. 전화를 끊은 라바는 자신이 혼자가 아니라는 안도감을
느꼈다.

라바는 평소처럼 이메일과 와인으로 감정을 묻어 버리던 방식과 오늘
처럼 감정에 반응한 방식을 나란히 떠올렸다. 평소라면 어머니와 통화
를 마친 뒤 일부러 바쁘게 몸을 움직였을 것이고, 그럼에도 속에서 은
근히 끓어오르는 분노가 몇 시간이나 가시지 않았을 터였다. 그러나 오
늘은 분노가 치솟았다가 잦아드는 것을 느꼈고, 분주한 활동으로 도망
치지 않고 삼성과 친구가 되었나는 사실을 깨달았다.

이 과정을 통해 라바는 자신이 힘든 감정을 충분히 견딜 수 있고, 또
회복할 수 있다는 것을 배웠다. 이어지는 장에서는 라바가 이렇게 얻은
분노에 대한 이해를 바탕으로, 앞으로 어머니와의 통화에서 자신의 요
구와 요청 그리고 경계를 어떻게 표현할 수 있을지 살펴볼 것이다.

트라우마는 반드시 전문가와 상담하라

강한 트라우마로 남은 기억을 치료사의 도움 없이 마주하면 신경 체
계가 압도될 수 있다. 여기서 제안하는 연습 방법은 비교적 덜 강렬한
경험에 수반되는 감정을 다루는 데 초점을 둔다. 트라우마 전문 치료사
는 어려운 감정을 느리지만 지속 가능한 속도로 들여다보도록 이끌어
트라우마와 관련된 고통을 견딜 수 있도록 도와준다.

일상에서 내 감정이 말해 주는 메시지 찾기

감정에 귀 기울이는 일은 단번에 이뤄지는 목표가 아니라 장기적인 훈련이다. 시간과 의도, 반복과 함께 조금씩 나아질 수 있다. 다음은 감정과의 연결을 강화하기 위해 일상에서 할 수 있는 몇 가지 간단한 연습이다.

하루 세 번, '지금 나는 어떤 감정을 느끼고 있지?'

하루에 세 번 알람을 설정한다. 그리고 알람이 울릴 때마다 자신에게 물어보자. '지금 이 순간 내가 느끼는 감정은 무엇인가?' 알람 설정이 어렵다면 휴대전화를 확인할 때나 냉장고를 열 때, 밖으로 나갈 때마다 이 질문을 떠올리는 습관을 들인다.

요즘 오드리는 눈코 뜰 새 없이 바쁘다. 직장 업무도 늘어난 데다 세 아이의 방과 후 활동을 뒷바라지하느라 쉴 틈이 없는데, 이제 막 수술을 마치고 회복 중인 여동생도 돌봐야 한다. 예전 같으면 오드리는 이렇게 바쁜 시기에 자기 자신과는 완전히 단절된 채 다른 사람들의 감정과 필요에만 신경을 썼을 것이다.

하지만 이번에는 과거의 패턴에서 벗어나기 위해 자신의 감정에 주의를 기울이겠다고 다짐했다. 그녀는 매일 오전 10시, 오후 2시, 오후 6시에 알람이 울리도록 설정했다.

처음에 알람이 울렸을 때는 깜짝 놀랐다. 무언가에 몰두하는 중이라 알람에 뜨는 '지금 이 순간 내가 느끼는 감정은 무엇인가?'라는 메시지가 당황스럽게 느껴졌다. 그녀의 마음은 늘 다른 사람들의 문제로 가득 차 있어서 처음에는 자신의 감정을 찾는 데 시간이 좀 걸렸다. 스트레스, 압도감, 원망. 하지만 자신의 감정을 알아차리자 그 감정이 어떤 필요를 알리는 신호인지 궁금해졌고, 또 그 필요를 채우기 위한 행동을 취할 수 있게 되었다.

알람이 계속 울릴수록 오드리가 자신의 감정을 표현할 수 있는 말을 찾아내는 속도도 빨라졌다. 나흘째가 되자 오드리는 알람이 울리기도 전에 자신에게 물었다. '지금 나는 어떤 감정을 느끼고 있지?' 이 연습을 통해 그녀는 자신의 감정을 있는 그대로 인정하는 데 점점 더 능숙해졌다. 바쁜 일정 속에서도 남을 우선하는 습관을 고치려는 사람에게는 결코 쉽지 않은 일이었다.

"잘 지내?"라는 인사에 '지금 나는 잘 지내고 있나?'

친구나 지인이 "잘 지내?"라고 물어 올 때 잠시 멈추고 자신의 감정에 귀 기울여 보자. '나는 지금 정말로 어떤가?' 진짜 답을 상대와 나눌지는 전적으로 당신의 선택이다. 중요한 것은 감정을 스스로 인식하고 이름 붙이는 일이다.

혼자만의 장소에서 '지금 나는 괜찮은가?'

때로는 친구와 시간을 보내거나, 파티에 가거나, 가족을 만나는 등 사회적 만남이 피플 플리징 성향을 자극할 수 있다. 온통 다른 사람들의 감정과 문제, 에너지에 둘러싸여 있으면 자신과 단절되기 쉽다. 다음에 이런 자리에 있을 때는 잠시 자리를 벗어나 보자. 밖으로 나가거나 화장실에 다녀오면서 잠깐이라도 자기 감정에 귀 기울이는 시간을 갖는 것이다. 혼자 있게 된 순간을 틈타 다른 사람들과 함께 있을 때 억누르거나 무시했던 감정이 있는지 살펴보자. 몸의 신호로 감정에 대한 정보를 얻을 수도 있다는 점을 기억하라.

라스는 최근 이혼했고, 결혼 후 처음으로 연휴에 부모님 댁을 방문하기로 했다. 부모님이 올해도 어김없이 마련한 크리스마스이브의 가족 모임에는 친척들과 친구들로 가득했다. 라스는 가족과 친척들을 사랑하지만 내성적인 성격이라 이런 대규모 모임은 좀 부담스러웠다. 그래서 부모님이 디저트를 내오는 사이, 몰래 어린 시절의 자기 방으로 들어가 조용히 문을 닫았다.

몇 시간 동안 사람들과 웃으며 어울리는 동안 이혼 생각을 애써 억눌렀던 그는 비로소 가면을 벗고 있는 그대로의 모습으로 있을 수 있었다. 그는 깊게 숨을 들이마시고 자신의 몸에 귀 기울였다. 어깨가 잔뜩 뭉쳐 있고 턱에도 힘이 들어가 있었다. 라스는 턱을 가만히 문질러 근육을 풀어 주고 크게 한숨을 내쉬면서 자신의 감정을 돌아봤다. 그는 이혼이 슬펐고 전 아내가 그리웠다.

이 감정들이 아프게 다가왔지만 동시에 그는 안도감을 느꼈다. 사람들 앞에서 썼던 가면을 내려놓고 온전히 슬퍼할 수 있었다. 이렇게 잠시 자리를 벗어나 감정을 마주하는 것은 강력한 자기 돌봄의 행위다. 감정과 연결되면 그 순간 자신에게 무엇이 필요한지 알려 주는 감정의 메시지에 귀 기울일 수 있다.

제03장

'아무거나 괜찮아',
사실 괜찮지 않다

감정은 그 아래에 숨어 있는 요구needs를 가리키는 신호다. 행복, 평온, 즐거움 같은 감정은 우리의 요구가 충족되고 있음을 보여 준다. 반대로 원망, 좌절, 압도감 같은 불편한 감정은 지금 우리에게 필요한 것이 없거나 부족하다는 신호일 수 있다.[1]

자기보다 타인을 우선시하는 패턴을 끊으려면 지금 무엇이 필요한지 알아차리는 일에 익숙해져야 한다. 자신의 요구를 우선순위에 두지 않는다면 다른 사람에게 주장하기가 훨씬 더 어려울 수밖에 없으니 말이다. 그러나 피플 플리저들은 '요구'라는 단어 자체를 부정적으로 바라본다. 무언가를 필요로 한다는 사실 자체를 타인에게 의존하는 약함의 증거로 여기기 때문이다. 어린 시절 양육자가 아이의 요구를 존중해 주지 않았다면 아이는 자신의 요구를 부끄럽게 여기고 독립심과 자급자족 뒤에 감추는 법을 배웠을지도 모른다. 그래서 피플 플리저들은 자기는 거의 아무것도 필요하지 않다는 사실을 자랑스럽게 여기고 대신 다른 사람들의 어려움에 더 주의를 기울인다. 필요한 것을 얻으려는 것 자체가 까다롭고 부담스럽고 이기적인 사람이라는 뜻처럼 느껴지기도 한다.

그러나 자신의 요구가 중요하지 않다고 생각하고 무시하면 시간이 지나면서 신체적, 정신적 건강에 치명적인 결과를 가져온다. 휴식, 영양, 진정한 유대감 같은 기본적인 요구가 충족되지 않으면 우리는 불행해지고, 에너지가 고갈되고, 만성적으로 번아웃에 시달리게 된다. 피플 플리저들은 이 고통스러운 상태에 대해 잘 알 것이다. 극단적인 경우 이런 자기 방치는 위생 소홀, 신체적, 정신적 질환, 빈곤으로까지 이어질 수 있다.[2] 이렇게 자신의 요구를 돌보지 않는 대가는 치명적이다. 따라서 요구는 다섯 가지 토대 중에서도 가장 핵심적이라 할 수 있다.

피플 플리저들은 자신의 요구를 우선하는 것이 이기적인 행동이라는 생각을 떨쳐 내기가 쉽지 않다. 하지만 확신이 서지 않는다면 이 사실을 기억하라. 아이러니하게도 자신을 우선시해야 더 좋은 친구, 더 좋은 파트너, 더 좋은 가족이 될 수 있다. 연구에 따르면 건강한 자기중심성을 실천하는 사람들, 즉 자신의 요구와 건강과 행복을 존중하는 사람들이 더 긍정적인 관계를 맺고 타인에게 더 따뜻한 태도를 보인다.[3]

지칠수록 우리는 더 쉽게 산만해지고 좌절하며 피로에 시달린다. 쓰러지기 직전인 상태에서는 다른 사람들을 배려하고 세심하게 대하기가 힘들다. 하지만 자신의 필요에 집중해 에너지를 채우면 비로소 자신과 타인을 제대로 돌볼 수 있게 된다.

이번 장에서는 요구가 무엇을 의미하는지 살펴보고, 감정을 지금 무엇이 필요한지 알려 주는 신호로 활용하는 방법을 탐구할 것이다. 또한

우리가 흔히 자신의 요구를 하찮게 여기는 다섯 가지 전형적인 태도에
대해서도 알아보고, 요구를 대하는 새로운 방식을 찾을 것이다. 마지
막으로 일상에서 자신의 요구에 귀 기울이는 것이 습관으로 자리 잡을
수 있도록 돕는 방법을 알아본다.

요구는 생존만큼이나 웰빙을 위한 것

우리는 당장 신체적 생존에 꼭 중요한 것만이 요구에 해당한다고 믿는
다. 그러나 실제로 우리의 요구는 그보다 훨씬 더 넓다. 메리엄-웹스터
Merriam-Webster 사전은 'need'를 유기체의 안녕을 위한 생리적 또는 심리
적 요건으로 정의한다.[4] 이처럼 요구는 단순히 목숨을 부지하는 차원을
넘어 신체적, 정서적 안녕을 유지하는 것과 관련이 있다.

자기보다 타인을 더 우선시하는 사람들은 긴급하거나 생명을 위협하
는 수준이 아니라면 자신의 요구는 무시하거나 대수롭지 않게 여기는
경향이 있다. 자신을 돌볼 만한 경제적 여유가 있어도 이렇게 생각하곤
한다. '요즘 허리가 자꾸 아프지만 굳이 병원에 갈 필요는 없어', '우울
감이 점점 심해지고 있지만 치료가 필요한 정도는 아니야. 그냥 버티면
돼', '내가 혼자 집안일을 다 해도 남편이 전혀 고마워하지 않지만 그래
도 괜찮아. 사랑한다고 말해 주니까 그걸로 충분해.'

나에게 필요한 것을 뒷전으로 미루는 태도는 개인의 웰빙에 부정적
인 영향을 미친다. 신체적 편안함, 경제적 안정, 정신 건강, 관계의 상호
성은 우리가 건강하고 강인하며 온전한 상태로 살아가기 위해 꼭 필요

한 것들이다. 이는 단순한 요구가 아니라 필수 요소다. 남을 우선시하는 패턴에서 벗어나기 시작하면 자신이 그저 최소한의 생존만 유지하는 것이 아니라 좋은 삶을 살 가치가 있는 존재라는 믿음이 생긴다.

모든 인간에게 공통으로 있는 기본적인 요구에는 다음과 같은 것들이 있다.

내 몸에 필요한 것

- 주거
- 음식
- 깨끗한 물
- 깨끗한 공기
- 수면
- 휴식
- 성적 접촉·표현
- 의료 서비스
- 정신 건강 관리
- 자연과의 연결

내 관계에 필요한 것

- 공동체
- 수용
- 소속감
- 지지
- 사랑
- 소통
- 존중
- 공감
- 연민
- 친절
- 상호성
- 정직
- 인정

내 자립에 필요한 것

- 자율성
- 자존감
- 중요성
- 결정할 자유
- 삶을 통제한다는 감각

내 삶의 의미에 필요한 것

- 목적
- 평온
- 균형
- 창의성
- 놀이
- 애도와 축하

이 목록은 앞으로 이어지는 장들에서 계속 언급되기 때문에 따로 표시해 두자.

지나치지 않다, 얼마든지 '요구'하라

피플 플리저들은 자신의 요구를 너무 오랫동안 무시해 온 탓에 쉽게 알아차리지 못할 수 있다. 따라서 피플 플리징을 멈추는 순간부터 해야 할 과제는 그동안 타인을 우선시하는 습관이 켜켜이 쌓이며 깊숙이 묻힌 요구를 파헤쳐 드러내는 일이다. 이 연습은 시간이 지나면서 습관이 된다. 그 과정을 돕는 몇 가지 전략이 있다.

몸이 보내는 신호에 귀를 기울여라

감정과 마찬가지로 자신의 요구에 귀 기울이는 가장 단순한 방법은 신체적 요구부터 살피는 것이다. 타인의 참여가 필요한 관계적 요구와 달리, 신체적 요구는 대체로 스스로 충족할 수 있어 시작점으로 삼기에 부담이 덜하다.

매일 자신에게 이렇게 물어볼 수 있다. '나는 춥거나 덥지 않은가? 스웨터나 담요가 필요한가? 배가 고픈가? 냉장고에 먹을 것이 있는가? 장을 보러 가야 할까? 목이 마른가? 피곤한가? 휴식이 필요한가? 잠을 충분히 자고 있는가? 안절부절못하며 몸을 계속 움직이는가? 운동이나 산책이 필요한가? 어깨가 뭉쳐 있는가? 스트레칭이나 요가를 해야 할까?'

아밋은 말기 파킨슨병과 싸우는 노모를 여섯 달째 돌보고 있다. 어머니를 챙기는 것은 신체적으로도 정서적으로도 지치는 일이지만 아밋은 기꺼이 감당하고 있었다. 어머니가 얼마 남지 않은 시간을 요양원이나 노인 시설이 아니라 집에서 편안하게 보내시게 하는 것이 그에게는 무엇보다 중요했기 때문이다.

어느 날 다른 지역에 사는 동생 로한이 형에게 잠깐 쉬는 시간을 주려고 방문했다. "형은 좀 쉬어야 해. 며칠 동안 어머니는 내가 돌볼 테니까 형은 자신을 돌보도록 해."

아밋은 동생의 말대로 짐을 챙겨 몇 달 만에 자신의 아파트로 돌아왔다. 그러나 집에 들어선 지 몇 분도 안 돼 마음이 불안해졌다. 어머니를 돌보지 않아도 되는 지금, 정작 자신에게 무엇이 필요한지 전혀 알수 없었기 때문이다. 아밋은 모든 생각을 내려놓고 안락의자에 앉아 자신의 몸이 느끼는 감각에 집중하기로 했다. 마음이 차분하게 가라앉아 온전히 집중할 수 있을 때까지는 몇 분이 걸렸지만 이윽고 몇 가지 뚜렷한 감각을 알아차렸다.

첫째, 춥다. 집에 돌아와 보일러를 켜는 것을 잊었다. 둘째, 배가 고프다. 편하게 앉아서 제대로 된 식사를 한 게 언제였는지조차 기억이 나지 않았다. 셋째, 가장 깊은 곳에는 뼈가 부서질 듯한 피로가 깔려 있었다. 그는 며칠째 네 시간 이상 잔 적이 없다는 사실을 깨달았다.

몇 달 동안 온통 어머니에게만 집중했던 그는 이렇게 자신에게 필요한 것을 알아차리는 순간 오랜만에 자신과 다시 연결되는 듯한 상쾌한 기분을 느꼈다. 그는 자리에서 일어나 보일러를 켜고, 길모퉁이에 있는 중국 음식점에 음식 배달을 주문했다. 그러고는 오늘 밤에 자기가 할 일은 든든하게 식사하고 푹 자는 것뿐이라고 생각했다. 아밋은 배고픔과 탈진의 심각함을 온몸으로 느낀 지금, 앞으로 곁에서 어머니를 돌볼 때도 틈틈이 시간을 내어 자신의 이런 필요를 어떻게든 챙겨야겠다고 다짐했다.

기본적인 신체적 요구를 충족하는 일은 사소하게 느껴질 수 있지만 꾸준히 자신을 돌보다 보면 자신에 대한 믿음이 조금씩 커진다. 가장 기본적인 차원에서 스스로를 돌볼 수 있다는 확신을 배우는 것이다. 그러면 연결이나 삶의 의미 같은 더 깊은 차원의 요구에도 훨씬 쉽게 다가갈 수 있다.

불편한 감정일수록 마주하라

불편한 감정은 달갑지 않을 수 있지만 내게 꼭 필요한 것이 충족되지 못했음을 알려 주는 신호다. 그래서 불편한 감정을 피하지 않고 마주하는 법을 배우는 것이 중요하다. 그래야만 감정이 전하려는 메시지를 들을 수 있다.

불편한 감정을 마주하면 그 감정에 대해 많은 것을 알 수 있다. 더 큰 안전이 필요할 때 우리는 불안을 느끼고, 깊은 소속감을 갈망할 때 우울감이 찾아온다. 관계가 서로 주고받는 것이 아닌 일방적으로 흘러갈 때는 상대에게 서운함이 생기고, 에너지를 소진시키는 사람과 함께할 때는 쉽게 피로해진다. 그래서 불편한 감정이 밀려올 때 '지금 내게 필요한 것은 무엇일까?'라고 스스로 묻는 것만으로도 자신의 요구에 귀 기울이는 효과적인 연습이 된다.

우리는 어떤 식으로 요구를 외면하는가

내게 필요한 것이 무엇인지 인식하기 시작하면 이를 내가 어떻게 외면하고 있는지도 보이기 시작한다. 오랫동안 자신은 최소한만 돌보고 타인을 우선시해 왔기 때문에 자신의 요구를 드러내는 일이 처음에는 거부감이 들 수도 있다.

우리가 흔히 자신의 요구를 외면하는 방식은 다음과 같다.

무언가를 바라는 자신을 탓한다

켈리와 엠마는 초등학교 때부터 친구였다. 늘 먼저 연락해 약속을 잡는 쪽은 켈리고, 엠마는 언제나 흔쾌히 응하지만 먼저 나서는 일은 없었다. 켈리는 불안했다. 그녀는 두 사람의 우정이 지속되도록 엠마도 노력을 기울여 주길 바라면서도 그런 기대를 하는 자신을 탓했다. '그래도 만나면 엠마도 항상 즐거워하잖아. 내가 괜히 예민한 거야.'

필요한 게 생기면 약점이 생겼다고 생각한다

마르코는 반년 전 대학을 졸업한 이후 정신적으로 힘든 시간을 보내고 있다. 직장 생활은 벅차고 대학 친구들과는 멀어졌으며 파트너 세드

릭과도 다툼이 잦아졌다. 상담 치료를 받아보고 싶다는 생각이 들었지만 곧바로 나약한 자신을 꾸짖었다. '부모님은 힘든 이민 생활도 불평 없이 버텨 내셨어. 나도 혼자서 이겨 낼 만큼 강해.'

타인의 어려움을 내세워 자신의 요구를 무시한다

멜은 남편 존과 결혼한 지 5년이 되었다. 대체로 행복한 결혼 생활을 하고 있지만 도저히 참기 힘든 한 가지가 있었다. 바로 존이 가끔 그녀의 몸무게를 두고 농담을 던진다는 것이었다. 멜은 겉으로는 웃어넘기지만 사실 속으로는 큰 상처를 받고 있었다. 멜은 이 문제를 남편에게 꺼내야 할지 고민하다가도 어려움을 겪고 있는 친구들을 띠올리곤 했다. 한 친구는 폭력적인 남편과의 관계에 묶여 있고 다른 친구는 연애 자체에 어려움을 겪고 있었다. 멜은 그들을 떠올리며 자기 자신을 다독였다. '적어도 나는 그런 일을 겪는 건 아니잖아. 존 같은 남편이 있다는 것만으로도 감사해야지.'

요구가 받아들여지지 않으리라 단정한다

로리는 업계에서 손꼽히는 마케팅 회사에서 일한다. 최근에 상사 케니가 그녀에게 수익 규모가 큰 대형 고객들을 배정했다. 로리는 기회를 얻어 들떴지만 새로운 업무를 처리하다 보니 날마다 궁금한 점이 쏟아졌다. 케니와 매주 회의하면 궁금증을 해소하는 데 큰 도움이 되겠지만, 로리는 그의 일정이 바쁘다는 걸 잘 알고 있었다. 부탁을 하더라도 케니가 그럴 시간이 없을 것 같아 계속 말을 꺼내지 못하고 홀로 벅찬 고객 업무를 감당하고 있다.

'너무 번거롭다'며 자신의 필요를 외면한다

리나는 10년째 같은 매트리스를 사용하고 있다. 처음에는 편안했지만 시간이 지나면서 탄력이 사라져, 아침마다 허리가 아파서 통증을 풀기 위해 스트레칭으로 하루를 시작해야 했다. 새 매트리스를 살 형편이 되는데도 그녀는 상품을 검색하고 직접 매장에 가서 결정을 내리고 배송받기까지의 과정을 생각하다가 그냥 포기해 버리곤 했다. '너무 번거로워. 그냥 참고 쓰지 뭐.'

당신은 필요한 것을 원해도 된다

자신이 어떤 식으로 필요를 외면하는지 한번 살펴보라. 나는 무엇을 누릴 자격이 있는가? 나는 무엇은 그냥 감내해야 하는가? 나는 나 자신에게 어떤 이야기를 되풀이하고 있는가? 그 이야기는 낯설지 않을지도 모른다. 어쩌면 어린 시절 주 양육자에게 들었던 말과 비슷할 수도 있고, 과거의 연인이나 친구에게서 들었던 말과 비슷할 수도 있다.

자신도 모르는 사이 우리는 과거에 들었던 부정적인 메시지를 되풀이한다. 어린 시절 "그냥 참고 넘어가."라거나 "너무 예민해."라는 말을 들었다면 그 말이 자신을 깎아내리는 내면의 목소리로 자리 잡았을지도 모른다. 마찬가지로 과거의 연인이 당신이 단순한 요구를 표현할 때마다 "까다롭다." 또는 "과한 것 같아."라고 했다면 관계가 끝난 뒤에도 오랫동안 메아리처럼 남아 당신을 따라다닐 수 있다.

자신보다 타인을 우선시하는 패턴을 끊기 위해서는 이런 이야기를 새롭게 써야 한다. 오래된 이야기는 우리가 무언가를 필요로 한다는 이유만으로 우리를 비난하고 수치심을 안기고 하찮은 존재라고 느끼게 했다. 이제는 요구를 당연한 것으로 받아들이고 이를 우선시하는, 어려우면서도 꼭 필요한 일을 해내는 자신을 높이 평가하는 새로운 이야기를 써야 한다.

- 오랫동안 나를 방치했지만 앞으로 나의 신체적, 정서적 요구를 우선하는 것이 나 자신을 돌보고 존중하는 방법이다.
- 나는 생존에 필요한 최소한의 것보다 많은 것을 요구해도 괜찮다. 내게는 삶 전체의 안녕감을 높이는 것들을 요구할 자격이 있다.
- 타인이 힘든 일을 겪고 있다고 해서 내 요구의 정당성이 사라지지 않는다. 내 필요를 돌본다고 타인의 고통을 외면하는 것은 아니다.
- 나 자신을 잘 돌봐야만 좋은 친구, 좋은 파트너, 좋은 가족이 될 힘과 에너지가 생긴다.

처음에는 이런 새로운 이야기가 어색하거나 전혀 사실처럼 느껴지지 않을 수도 있다. 하지만 전적으로 믿을 필요까지는 없다. 대신 자신에게 이렇게 물어볼 수 있다. '내가 이 새로운 이야기를 진심으로, 완전히 믿는다면 어떻게 행동할까?' 그 답이 앞으로 나아갈 길을 안내할 것이다.

제5장에서 살펴보겠지만, 때로는 감정이 행동을 이끌 때까지 기다리는 대신 새로운 감정을 불러올 행동을 먼저 해야 할 때가 있다. 그러면 서서히 자신을 탓하던 흔적은 사라지고 믿음으로 자신을 먼저 돌볼 때 솟아나는 만족감과 자기 존중이 그 자리를 채운다.

일상에서 지금 나에게 필요한 것 알아차리기

자신의 필요를 알아차리는 연습을 해보자. 아래에 제시된 구체적인 사례를 살펴보고, 이를 바탕으로 다음과 같은 간단한 연습을 일상생활에 자연스럽게 끼워 넣어 보자.

불편한 감정은 목록으로 적기

지난 한 주 동안 느꼈던 불편한 감정들을 목록으로 적는다. 예를 들어 분노, 슬픔, 좌절감, 원망 등이 있을 수 있다. 감정을 느낀 순간마다 그 밑바닥에 충족되지 않은 어떤 요구가 있는지 찾아보라. 필요하다면 앞(67~8쪽)에 실린 기본 요구 목록을 참고한다.

자신에게 필요한 것을 채우는 일을 자꾸 미루는 습관이 있다면 이렇게 물어보자. '나는 구체적으로 어떤 신체적, 정서적, 관계적 요구를 자주 뒤로 미루는가?' 그런 뒤 떠오르는 것들을 적는다.

이 목록에는 병원 예약하기, 생활용품 사기, 신선한 식료품 구입하기, 추울 때 난방 올리기, 계절에 맞는 옷 마련하기 같은 것이 들어갈 수 있다. 그중에서 습관적으로 미루는 한 가지를 골라 한 주 동안 최우선으로 챙기겠다고 다짐하라.

러레인은 병원에서 일하는 간호사다. 12시간 근무를 마치고 나면 녹초가 되어 휴게실에서 그래놀라 바를 저녁으로 대충 때운다. 퇴근길에는 와인을 사서 간호복 차림 그대로 텔레비전 앞에서 곯아떨어지곤 한다. 쉬는 날에도 그녀는 쌍둥이 언니의 두 아이를 돌보는 일을 돕는다. 그녀는 사람들을 진심으로 아끼며 남을 돌보는 데 탁월한 재능이 있지만, 정작 자신을 돌보는 데는 에너지를 쏟지 못한다.

최근 몇 달 동안 러레인은 갈수록 무기력이 심해지고 에너지가 완전히 소진되는 기분을 느꼈다. 머지않아 번아웃이 될 것 같은 불길한 생각이 들기도 했다. 그래서 휴일에 모처럼 시간을 내어 그녀는 자신에게 필요하지만 습관적으로 미뤄 온 것들을 돌아보았다. 곰곰 생각해 보니 그동안 장을 보지 않아 냉장고는 텅 비어 있었고, 몇 달 사이 점점 심해진 허리 통증으로 병원 진료를 받아야 했다. 매번 바쁜 한 주를 보냈지만 소진된 에너지를 충전하기 위해 온전히 자신만을 위해 하루를 써 본 게 언제였는지도 기억나지 않았다.

목록을 적고 난 직후 러레인은 병원에 전화를 걸었다. 진료 예약을 잡고 나니 그동안 미뤄 온 일을 드디어 해냈다는 낯설지만 뿌듯한 감정이 밀려왔다. 여기에 힘을 얻어 그녀는 근처 슈퍼마켓까지 걸어가 장을 보고 냉장고를 채워 넣었다.

러레인처럼 우리도 오랫동안 미뤄 둔 요구를 챙길 때 큰 힘을 얻는다. 요구를 미루면 자신과의 신뢰가 깨진 듯한 감각이 찾아온다. 해야 할 일이 있는데도 하지 않았다는 사실은 자책으로 이어지고, 아이러니하게도 차라리 그 일을 해냈을 때보다 훨씬 더 버겁게 느껴질 수 있다. 그러나 단 하나의 요구라도 시간을 내어 충족시키면 우리는 우리 자신을 돌볼 수 있다는 확신을 얻는다. 그리고 이 경험은 또다시 자신을 돌보고 싶다는 동기를 불러일으킨다.

기존의 이야기 알아차리기

내가 평소 드러내기를 꺼리는 요구가 있는지 살펴보자. 연인과의 관계에서 더 많은 애정을 원한다든지, 바쁜 일정 속에서 더 많은 휴식을 원한다든지, 친구와 가족에게서 떨어져 보내는 시간을 원할 수도 있다. 그렇다면 자신에게 물어보라. '왜 나는 이 요구를 누릴 자격이 없다고 믿을까?'

이 질문에 대한 당신의 답이 혹시 어린 시절 양육자에게서 들었던 메시지를 되풀이하고 있지는 않은지 살펴보라. 그런 다음 앞에서 만든 새로운 이야기로 기존의 이야기를 바꾸는 연습을 하라.

어릴 적부터 마이아는 큰 소음과 사람들로 북적거리는 환경에 예민했다. 그런 환경에 놓일 때마다 감당하기 어려운 느낌이 들곤 했다. 이제 성인이 된 마이아는 친구들이 클럽이나 라이브 콘서트에 가는 걸 좋아한다는 사실을 알게 되었다. 하지만 그런 자리에서 그녀는 좀처럼 즐거움을 느끼기 어려웠다.

마이아는 친구 테사가 금요일 밤에 클럽에 가자고 했을 때 자신은 좀 더 조용한 환경을 원한다고 말하려다 주저했다. 그리고 자기 자신에게 물었다. '왜 나는 이 요구를 누릴 자격이 없다고 생각할까?'

그녀는 그 답을 너무도 잘 알고 있었다. 어린 시절, 부모가 쇼핑몰이나 식당이나 파티 장소처럼 시끄럽고 사람이 많은 곳에 데려가면 마이아는 울음을 터뜨리곤 했다. 하지만 부모는 그녀를 달래기보다 "너무 예민하구나."라거나 "마음을 편히 가져라."라고 말하며 나무라기만 했다. 결국 그녀는 자신의 감각적 요구를 진짜 요구로 여기지 않게 되었고, 고쳐야 할 불편한 성격이라고 생각하게 되었다.

하지만 이제 마이아는 자신의 요구를 존중하려 애쓴다. 그녀는 '예민한 내가 문제야'라는 오래된 이야기를 새로운 이야기로 바꾸었다. '나는 생존에 필요한 최소한의 것보다 많은 것을 원해도 괜찮다. 나는 삶 전체의 안녕감을 높이는 것들을 원할 자격이 있다.'

마이아는 잠시 숨을 고르며 자신이 느끼는 긴장감을 인정한 뒤 테사에게 문자를 보냈다. "나 사실 클럽은 너무 시끄럽고 힘들어. 대신 술 마실래? 그동안 밀린 얘기도 나누고 싶고." 테사의 답장은 의외로 다정했다. "물론 괜찮지! 길 건너 그 집 가자."

내 요구를 돌본 순간을 기록하기

일기장이나 휴대전화에 특별히 충족하기 어려웠던 요구를 돌봤던 순간을 기록하라. 미뤄 두었던 병원이나 치과 진료를 우선순위에 두었다든지, 꼭 필요했던 생활용품을 구매했다든지, 바쁜 일정 속에서 휴식을 위한 시간을 따로 마련했다든지 등. 필요할 때마다 적어 둔 내용을 다시 보며 자신이 얼마나 성장했는지 확인하자.

원하는 게 무엇인지
모르겠다면 가치부터 찾아라

감정과 요구를 존중함으로써 자기 돌봄의 기반을 마련했다면 이제는 자신에게 중요한 가치가 무엇인지 찾아 자기 자신과 한층 깊이 연결될 시간이다. 감정과 요구가 우리 안에 살아 있듯, 가치도 늘 우리 안에 존재한다. 단지 주의를 기울이지 않았을 뿐이다. 가치는 당신의 행동을 이끄는 핵심 원칙이다. 충성심, 진정성, 강인함, 자유, 친절함 같은 것들이 그 예가 될 수 있다.

하지만 타인에게 맞추기 위해 끊임없이 행동을 바꾸다 보면 자신의 가치대로 살지 못하게 된다. 정직과 자기주장, 자기 존중의 가치를 중요하게 여긴다고 생각하는 사람도 막상 중요한 순간이 다가오면 확신이 사라진다. 진정성 있는 행동보다 다른 사람들에게 인정받는 것이 더 중요하게 느껴지기 때문이다.

이런 패턴에서 벗어나려고 할 때 자신에게 중요한 가치를 되찾는 일은 매우 중요하다. 그 이유에는 세 가지가 있다. 첫째, 연구에 따르면 자신의 가치에 따라 행동할 때 우리는 자기 자신과 더 깊은 연결감을 느낀다.[1] 둘째, 감정은 하루의 기분, 상황에 따라 쉽게 달라지지만 가치는 시간이 지나도 변하지 않는다.[2] 그래서 가치야말로 우리의 의사결정을 이끄는 확실한 길잡이가 된다. 셋째, 행동을 가치와 일치시킬 때 스트레스 상황도 훨씬 수월하게 다룰 수 있다.[3] 가치는 삶의 길에 놓인 장애물을 넘어서게 하고 부정적 패턴의 굴레를 끊을 지속적인 원동력이 된다.

가치는 닻과 같아서 감정이나 상황 또는 관계가 변하더라도 우리를 굳건히 지탱해 준다. 이번 장에서는 가치가 왜 중요한지 살펴보고 집단의 가치와 개인의 가치를 구분하는 방법, 이미 우리가 실천하고 있는 가치와 앞으로 실천하고 싶은 가치를 드러내는 방법을 알아볼 것이다. 또한 어떻게 가치가 미래에 대한 비전을 세우고 어려운 결정을 내리며 흔들림 없이 중심을 잡을 수 있도록 도와주는지도 살펴볼 것이다.

인생의 키잡이가 되어 줄 나의 가치는 무엇인가?

사람마다 제각기 중요하게 여기는 가치가 있지만 대다수는 명확히 짚어 보지 않은 채로 살아간다. 상담 교사로 일하면서 주말마다 노인을 돕는 자원봉사를 하는 사람은 아마도 봉사와 연민을 중요하게 여길 것이다. 자영업을 하며 혼자 사는 사람이라면 독립, 자율성, 개성 같은 가치를 추구할 것이다. 이처럼 가치는 인생의 나침반이 가리키는 좌표와도 같아서 무엇이 우리에게 진정으로 의미 있는지를 드러낸다. 다음에 나오는 보편적 가치 목록은 이 장을 읽는 내내 당신의 판단과 행동을 결정하는 기준점이 될 것이다. 목록을 하나씩 살펴보면서 특히 마음에 와닿는 것이 있다면 표시해 두자.

보편적 가치

감사	논리	성취
강인함	능숙함	소통
개방성	단순함	수용
개성	대담함	신념
건강	도전	신뢰성
결단력	독립	씩씩함
겸손	동기부여	안정성
고독	리더십	에너지
고요함	만족	연결
공감	명예	연대
공동체	배움	연민
관대함	봉사	열의
관용	불굴의 정신	열정
권력	비전	영감
균형	사랑	영성
기쁨	성공	용기
끈기	성과	우아함
끈질김	성장	위대함

유일무이함	조화	친절
의지	존엄	침착함
이해	존중	탁월함
인내	중용	투지
일관성	즐거움	평등
자각	지구력	평온
자선	지성	평화
자신감	지식	행복
자유	지위	헌신
자유권	진솔함	혁신
장난스러움	진실성	현실에 머무르기
재미	진심	협동
적응력	질서	호기심
전념	창의성	활력
절제	창조	효율성
정신	책임 있는 관리	희망
정의	책임감	
정직	추진력	

모두의 가치가 나의 가치는 아니다

가치는 개인 차원에서도, 집단 차원에서도 존재한다. 그래서 남을 우선시하는 패턴을 벗어나려 할 때 과거 성장 과정에서 받아들인 집단의 가치와 지금 새롭게 파헤치는 개인적 가치 사이에 충돌이 일어나기도 한다.

국가, 문화, 종교, 조직, 공동체, 심지어 기업에도 무엇을 우선시할지 결정하는 가치가 존재한다. 예를 들어 미국은 독립, 자유, 해방을 중시한다. 퀘이커 교도들은 단순함, 평화, 공동체를 중시하며 알코올 중독자 자조 모임인 '익명의 알코올 중독자들'은 회복, 연대, 봉사의 가치를 중시한다.

가정에도 저마다의 가치가 있다. 어떤 가정은 유머를, 어떤 가정은 신앙이나 근면함을, 또 어떤 가정은 아름다움이나 완벽함을 중시한다. 우리는 태어나자마자 자신이 속한 가정이나 문화에서 사회화되면서 그 집단의 가치를 받아들인다. 그리고 한번 받아들인 가치는 시간이 지나도 잘 변하지 않는다. 하지만 인생의 큰 전환점을 맞이하거나 기존의 공동체를 떠나거나 해로운 행동을 멈출 때는 변하기도 한다.

가족의 가치는 암묵적으로 드러난다

많은 사람이 오랜 세월 동안 무심코 가족의 가치를 따라 살아왔다. 이는 우리가 미처 깨닫지 못하는 사이에 우리의 행동과 선택, 믿음을 좌우해 온 힘이었다. 그런데 이제 독립적인 자아를 형성하면서 개인의 가치가 가족의 가치와 상당히 다르다는 사실을 깨닫게 된다.

한편 어떤 가정에서는 "우리 집은 열심히 일하는 걸 자랑으로 여긴다."라든지 "남보다 자기를 챙기는 건 이기적인 행동이다." 같은 말로 가족이 추구하는 가치를 분명히 드러낸다. 그러나 대부분 가족의 가치는 암묵적으로 드러난다. 즉 가족이 시간을 어떻게 보내는지, 어떤 행동이 칭찬을 받고 어떤 행동이 벌을 받는지, 어떤 성향은 환영받고 어떤 성향은 거부되는지, 어떤 이야기가 거듭 전해져서 가족 서사를 이루는지 등을 통해서 말이다.

어린 시절을 돌아보며 다음과 같은 질문을 던져 보면 가족의 가치를 찾는 데 도움이 된다. 집에서 가장 중요했던 규칙은 무엇이었는가? 어떤 성취가 가장 크게 주목받고 칭찬받았는가? 가족 안에서 '영웅' 취급받은 사람은 누구였고, '골칫거리'로 여겨진 사람은 누구였는가? 부모가 반복해서 들려준 기억이나 이야기는 무엇이었는가? 그 답들 속에 숨어 있는 암묵적인 가치를 파헤쳐 보라.

공동체를 떠날 때 생기는 일들

30세의 코빈은 모르몬교를 떠난 직후 내게 연락했다. 그는 평생을 독실한 모르몬교도로 살아왔지만 점차 이 종교의 엄격한 측면, 특히 육체적 순결과 금주, 전통적인 성 역할을 고수하는 측면에 의문을 품기 시작했다.

코빈은 나이가 들어 교회 밖의 사람들과 교류하면서 실은 자신이 자유로운 성향을 지녔다는 사실을 발견했다. 개성과 열린 마음, 탐구심이 자신에게 소중한 가치라는 사실을 자각할수록 전통과 순종, 정절을 중시하는 모르몬교의 가치와 점점 더 어긋난다고 느꼈다. 갈등은 감당하기 어려울 만큼 커졌고 결국 그는 모르몬교를 완전히 버렸다.

그 과정은 코빈에게 무척 고통스러웠다. 교회를 떠난 탓에 몇몇 친구들과의 관계가 끝났고 평생 자신이 속해 있다고 여겼던 공동체에서도 환영받지 못했다. 몇 달 동안 그는 옛 관계가 끊어지고 새로운 관계는 아직 시작되기 전의 길을 잃은 듯한 혼란스러운 과도기에 표류했다.

하지만 코빈은 이 시간을 헛되이 보내지 않으려 노력했다. 직장 동료들이 퇴근 후 술 한잔하자고 하면 초대를 받아들였다. 열린 마음을 유지하고자 명상 모임, 사운드 배스sound bath, 식물 치료 의식(아야와스카처럼 환각 성분이 있는 식물을 사용한 영적 치료 의식 — 옮긴이) 같은 대체 영성 관련 모임에도 참석했다. 심지어 모르몬교와는 상관없는 배경의 여성들과 데이트를 하기도 했다.

자신의 가치관을 삶 속에서 하나씩 실천하면서 코빈은 조금씩 자기 자신과 이어지는 감각이 느껴지기 시작했다. 무엇보다도 과거에는 모르몬교에 진심인 척 애쓸 때마다 자신을 속이고 있다는 불편한 감정이 늘 따라다녔는데, 이제는 그런 고통에서 자유로워지고 자신을 찾은 것이 가장 값진 변화였다.

비록 종교를 저버린 적까지는 없더라도 많은 사람이 코빈의 이야기에 공감할 것이다. 집단의 가치와 개인의 가치가 충돌하는 경험은 누구나 할 수 있기 때문이다. 오래 몸담았던 공동체나 동네나 직장을 떠날 때, 고향을 벗어나 낯선 도시로 이사할 때, 부모에게서 독립해 어른의 삶을 시작하며 새로운 삶의 방식과 세계관을 접할 때도 우리는 이런 갈등을 경험한다.

내가 추구하는 나의 가치 세우기

개인적 가치는 체화된 가치와 지향하는 가치, 두 가지로 나눌 수 있다.

체화된 가치embodied values는 우리가 이미 일상에서 지속적으로 실천하고 있는 것이고, 지향하는 가치aspirational values는 지금은 결여되어 있지만 앞으로 실천하고자 하는 것이다.

체화된 가치 찾기

자신의 생활 방식, 습관, 인간관계를 돌아보면 체화된 가치를 발견할 수 있다. 이 장 앞부분에서 소개한 보편적 가치 목록을 다시 살펴보고 그중 자신에게서 가장 두드러지게 나타나는 가치를 6~8가지 골라 보자. 이때 다음과 같은 질문을 해보면 도움이 될 것이다.

- 내가 선택한 직업은 무엇인가? 그 직업은 어떤 가치를 내포하고 있는가? 예를 들어 교사는 봉사나 공동체나 연민을, 음악가는 창의성, 진정성, 자기표현을, 변호사는 정의, 명성, 권력을 중요하게 생각할 수 있다.
- 여가 시간을 어떻게 보내는가? 그 활동은 어떤 가치를 드러내는가? 스포츠를 즐기는 사람은 놀이, 끈기, 재미를 중시할 수 있다. 정원을 가꾸는 사람은 균형, 고요함, 자연을 가치 있게 여기고 독서를 즐기는 사람은 학습, 호기심, 고독을 가치 있게 여길 수 있다.
- 나는 인간관계에서 어떤 특징을 보이는가? 그 특징은 어떤 가치를 드러내는가? 다정하고 세심한 사람은 연민, 공감, 사랑을 중시할 수 있다. 분위기를 주도하는 사람에게는 연결, 유머, 적응성이 중요하며 조용하고 사려 깊은 사람은 성찰, 이해, 존재감을 중요하게 여길 수 있다.

- 기본적인 생활비를 제외하고 나는 돈을 어디에 쓰는가? 그 지출은 어떤 가치를 드러내는가? 여행에 돈을 쓰는 사람은 새로움, 모험, 탐구를 중시하는 경향이 있다. 집 안을 꾸미는 데 지출하는 사람은 아름다움이나 고급스러움을 추구하는 경우가 많다. 첨단 기술에 투자하는 사람에게는 혁신, 성장, 생산성이 중요할 수 있다.

- 어떤 주제가 내 호기심을 가장 자극하는가? 그 관심사는 어떤 가치를 드러내는가? 종교에 관심 있는 사람은 헌신, 영성, 신앙을 중시할 수 있다. 우주에 관심 있는 사람은 발견, 학습, 모험을 가치 있게 여길 수 있다. 개인적 성장에 관심 있는 사람에게는 자기 인식, 진실성, 균형 같은 가치가 중요할 것이다.

지향하는 가치 찾기

지향하는 가치는 아직 충분히 실현하지 못했지만 앞으로 이루고 싶은 가치다. 남을 우선시하는 패턴을 벗어나는 과정에서 많은 사람이 진정성, 자기 존중, 자기주장, 정직, 진실성 같은 가치를 추구하고 싶어 한다. 앞의 보편적 가치 목록에서 앞으로 가장 실현하고 싶은 가치 6~8가지를 골라 보자. 이때 도움이 될 만한 질문은 다음과 같다.

- 훗날 임종을 앞두고 삶을 돌아본다고 상상해 보자. 지난 세월을 돌아볼 때 내가 어떤 삶을 살아왔기를 바라겠는가? 그리고 그런 삶이 드러내는 가치는 무엇인가?

- 내가 존경하는 두 사람을 떠올려 보라. 그들의 어떤 점이 존경스러운가? 그 특성은 어떤 가치를 보여 주는가?

- 내게 소중한 무언가를 위해 기꺼이 곤경에 처하거나 미움을 감수했던 경험을 떠올려 보자. 그 중요한 것은 무엇이었는가? 그것은 어떤 가치를 드러내는가?

가치를 찾았다면 이용할 차례다

자신의 가치를 찾았는가? 이제는 이 가치를 통해 인생의 비전 혹은 삶에서 어려운 결정을 내리고 치유를 향한 다짐 속에서 흔들림 없이 중심을 지킬 수 있다.

가치를 이용해 비전 세우기

가치는 미래의 자신을 그리는 든든한 토대를 제공한다. 지향하는 가치 목록에서 하나를 골라 5년 뒤 그 가치를 실현하고 있는 자신의 모습을 상상해 보라. 그때의 삶은 어떤 모습인가? 당신은 여가 시간을 어떻게 보내는가? 자신과의 관계는 어떻게 달라져 있는가? 당신의 인간관계는 어떤 모습이며, 어떤 분위기인가? 갈등은 어떻게 헤쳐 나가는가?

마사지 치료사이자 두 아이의 엄마인 롤라는 자기 존중의 가치를 지향한다. 그녀는 5년 뒤 삶의 모든 영역에서 그 가치를 실현하는 자신의 모습을 상상해 봤다. 미래의 롤라는 제약에서 벗어나 자유로운 삶을 살고 있다. 근무 시간과 개인 시간의 경계를 분명히 정하고 자신이 제공하는 서비스의 전문성에 걸맞은 대가를 받는다. 남편이 마음을 상하게 하는 말을 하면 분명하게 자신의 의견을 밝힌다. 미래의 롤라는 여가 시간을 온통 소셜 미디어를 스크롤하며 보내지 않고 오랫동안 가슴속 깊이 묻어 둔 열정을 꺼내 수채화를 그리고 피아노를 연주한다.

이 연습을 하면서 나온 답 중에서 가장 마음을 설레게 하는 것이 무엇인지 주목하라. 미래의 내 모습에서 어떤 점이 가장 마음에 드는가? 그 삶의 어떤 부분이 가장 큰 영감을 주는가?

가치를 이용해 어려운 결정 내리기

가치는 미래를 그려 보는 것을 도와줄 뿐 아니라 현재를 살아가는 길잡이가 되어 주기도 한다. 특히 지향하는 가치는 낯설거나 어려운 결정을 마주했을 때 나침반처럼 올바른 방향을 제시해 준다. 어려운 상황이나 관계 속에서 어떻게 대응할지 고민될 때 지향하는 가치 중 하나를 선택해 이렇게 물어보라. '내가 이 가치를 완벽히 구현한다면 어떻게 행동할까?' 때로는 이 질문에 대한 답이 미처 생각하지 못한 새로운 길을 밝혀 줄 수 있다.

내가 처음 피플 플리징 패턴에서 벗어나려고 애쓰던 시기에 친구 로리가 친구들을 초대해 포틀럭 파티를 열었다. 그녀가 두 달 정도 가볍게 만나 온 남자 친구 제롬을 소개해 주려는 자리였다. 로리와 오랜 친구인 만큼 나는 그녀의 새로운 연인을 만난다는 생각에 들떠 있었다. 모두가 정성껏 준비해 온 음식으로 멋진 저녁 식사가 마련되었다. 하지만 나는 식사를 하는 동안 제롬이 로리의 외모를 은근히 깎아내리는 농담을 하고 심지어 그녀가 만든 (맛있는) 요리까지 흠잡는 것을 알아차렸다.

당일에는 아무 말도 하지 않았다. 다음 날 아침 로리에게서 문자가 왔다. "제롬 어땠어? 솔직하게 말해 줘." 사실 포틀럭 파티가 끝난 뒤

나는 걱정에 사로잡혀 있었다. 솔직하게 말해서 로리를 속상하게 할지, 아니면 마음에 드는 척해야 할지 망설여졌다. 그 순간 나는 내가 가장 열심히 실천하려 애쓰던 가치인 진실함을 떠올리며 나 자신에게 물었다. '진실함을 지키기 위해서는 어떻게 행동해야 할까?'

내게 진실함이란 정직하고 일관되며 내 안의 생각과 밖으로 드러내는 행동이 조화를 이루는 것이었다. 이 관점으로 바라보자 가장 진실한 행동은 로리에게 사랑을 담아 솔직한 피드백을 전하는 것이었다. 그래서 이렇게 답했다. "솔직히 어제 제롬이 널 비난하는 모습이 별로였어. 널 존중하고 아껴 줄 사람인지 잘 모르겠더라."

로리는 내 피드백을 고맙게 받아들였다. 사실 그녀 역시 제롬에 대해 비슷한 생각을 하고 있었지만 혹시라도 자신이 예민한 건 아닌지 고민하고 있던 참이었다. 만약 내가 솔직하지 않게 "정말 마음에 들더라!"라고 말했다면 로리는 자신의 직감을 의심했을 것이다.

가치를 비교해 더 어려운 결정 내리기

어떻게 행동할지 결정하는 또 다른 방법은 그 행동이 여러 가치와 일치하는지 살펴보는 것이다. 하지만 좀 더 어려울 수 있다. 서로 다른 가치가 서로 다른 방향을 가리킬 수 있기 때문이다. 이를테면 우리는 관대함과 균형, 자기주장과 조화, 신념과 열린 마음 사이에서 갈등할 수 있다. 이런 상황에서는 두 개의 가치 바퀴를 나란히 놓고 비교해 보면서 어떤 방향이 내 핵심 가치들과 잘 어울리는지 살펴보면 된다.[4]

이 연습을 설명하는 예로, 디네이의 경우를 살펴보자. 서른 살인 디네이는 얼마 전 언니 미셸과 크게 다퉜다. 디네이가 10대였을 때부터 미셸은 동생의 생활 방식과 인간관계에 대해 곱지 않은 말을 늘어놓곤 했다. 수년 동안 언니의 빈정거림을 참고 넘겨 온 디네이는 언니의 그런 행동이 자신에게 얼마나 상처가 되는지 솔직히 털어놓았고, 그 결과 둘 사이에 심한 말다툼이 벌어졌다. 이후 두 사람은 석 달 동안 연락하지 않았다. 그리고 곧 해마다 열리는 가족 모임이 다가오고 있었다.

디네이는 불편한 상황을 피하고 싶었지만 그렇다고 가족 모임에 빠지면 다른 가족들이 서운해할 터였다. 그래서 그녀는 두 개의 가치 바퀴를 대비해 보며 어떤 선택이 자신의 가치와 더 잘 맞는지 살펴보기로 했다. 두 개의 가치 바퀴를 비교하는 방법은 다음과 같다.

1. 원을 그리고 피자처럼 여덟 조각으로 나눈다. 각 조각의 가장자리에 자신의 가치를 적는다. 이 원은 선택 A를 나타낸다.
2. 옆에 똑같은 원을 하나 더 그리고, 마찬가지로 가장자리에 가치를 적는다. 이것은 선택 B를 나타낸다.
3. 선택 A부터 바퀴에 적힌 각 가치에 질문을 던진다. 1점부터 10점

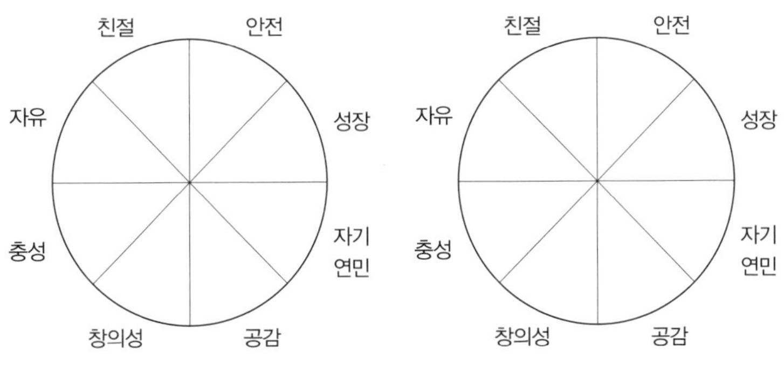

A. 가족 모임에 참석한다 　　**B. 가족 모임에 참석하지 않는다**

까지 점수를 매긴다면 선택 A는 이 가치를 얼마나 반영하는가? (예를 들어 당신의 가치가 '친절'이라면 이렇게 묻는다. '1점부터 10점까지 점수를 매긴다면 선택 A는 친절을 얼마나 반영하는가?')

4. 답에 따라 조각을 안쪽부터 색칠한다. 점수가 10점이면 조각 전체를 칠하고 5점이라면 절반만 칠하면 된다. 첫 번째 바퀴에서 친절은 10점 만점에 9점이고, 안전은 2점이다.

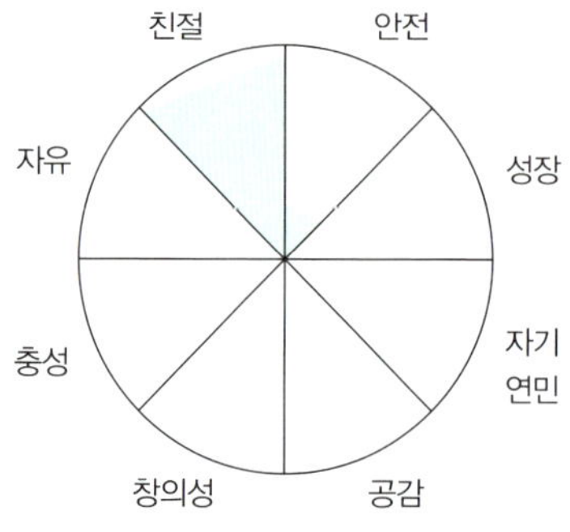

A. 가족 모임에 참석한다

5. 선택 A의 모든 조각에 이 과정을 반복한다. 특정 가치가 현재의 결정과 어떻게 연결되는지 잘 모르겠다면 그 조각은 선으로 표시한다. 이렇게 하면 선택 A가 당신의 가치를 얼마나 반영하는지를 시각적으로 확인할 수 있다.

6. 이제 선택 B에 대해서도 같은 과정을 거친다. 끝마친 뒤 두 개의 바퀴를 비교해 보면 어떤 결정이 전반적으로 더 많은 가치를 반영하는지 확인할 수 있다.

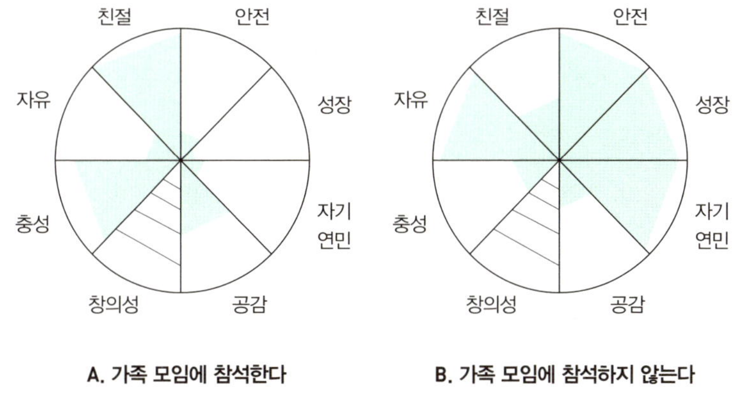

A. 가족 모임에 참석한다   **B. 가족 모임에 참석하지 않는다**

디네이는 두 개의 가치 바퀴를 살펴본 결과 가족 모임에 가지 않는 편이 자신의 가치를 더 많이 반영한다는 사실을 알게 되었다. 그래서 부모님께 올해 모임에는 참석하지 않겠다는 문자를 보냈다.

가치를 이용해 감정의 소용돌이에서 중심 잡기

자신의 한계를 넘어서까지 과도하게 베푸는 습관을 멈추고 자신을 우선으로 생각하고 행동하기 시작하면 처음에는 두려움이나 분노, 불확실함, 불안 같은 감정을 마주할 수 있다. 그런 혼란스러운 감정 속에서 우리는 스스로 정한 경계를 허물거나, 감당하기 힘들 만큼 베풀거나, 어떻게든 다시 인정받으려는 유혹에 빠질지도 모른다. 바로 그 순간에 가치는 닻 역할을 한다. 치유를 위한 다짐이 흔들리지 않도록 단단히 묶어 주는 것이다.

리앤은 최근에 새로운 직장에 취직했다. 그녀는 친구 지나에게 새로운 업무 때문에 스트레스가 심해서 충분한 휴식 시간이 필요하다고 설명하면서 예전처럼 자주 만나기 어려울 것 같다고 조심스럽게 선을 그었다. 이렇게 경계를 설정함으로써 리앤은 정직, 균형, 성실이라는 자신의 가치를 실천했다. 하지만 안타깝게도 지나의 반응은 좋지 않았고 리앤은 죄책감을 느꼈다.

리앤이 이 상황을 오직 '감정'을 근거로 판단한다면, 즉 지나가 보인 슬픔이나 자신의 죄책감만으로 판단한다면 자신이 선을 그은 게 잘못된 행동이었다고 결론지을지도 모른다. 하지만 불편한 감정이 느껴진다고 해서 우리가 내린 선택이 잘못되었다는 뜻은 아니다. 사실 그런 감정은 오랫동안 지속된 과도한 희생의 패턴을 깨뜨리는 과정에서 필연적으로 겪는 성장통이기도 하다.

하지만 '가치'를 기준으로 같은 상황을 바라본다면 리앤은 스스로 떳떳하게 여길 만한 선택을 내렸다는 사실을 깨달을 것이다. 이렇게 가치를 닻으로 삼으면 변화의 과정에서 감정의 소용돌이를 만나도 계속 앞으로 나아갈 힘을 얻을 수 있다.

일상에서 가치 찾기 연습

일상 속에서 자신이 지향하는 가치를 찾고 이를 적용하기 시작할 때 다음과 같은 방법을 활용해 보자.

지향하는 가치 목록을 점검하라

자신이 지향하는 가치를 돌아보며 그간의 성장을 기뻐하는 연습을 하자. 하루를 끝마치고 가치 목록을 다시 살펴보면서 이런 질문을 던져 보라. '오늘 나는 어떤 식으로 정직을 실천했는가? 오늘 내가 용기를 드러낸 방식은 무엇이었는가?' 아무리 사소한 행동이라도 좋다!

경험을 다시 써라

최근에 자신이 지향하는 가치를 실천하지 못했던 일을 떠올리며 이렇게 물어보자. '만약 이 경험을 내가 (특정 가치를) 온전히 실천한 이야기로 다시 써 본다면 나는 어떻게 행동했을까?' 답을 글로 적어 보자. 뭐라고 말하고 어떻게 행동했을지 구체적으로 써야 한다. 한 가지 방식만 있는 것은 아니다. 그 상황을 다르게 풀어 갈 수 있는 여러 가지 시나리오가 떠오른다면 모두 적어도 된다.

제시는 회사 휴게실에서 동료인 마크와 루디와 함께 점심을 먹고 있었다. 그런데 마크가 사무실에서 비서를 맡고 있는 베로니카에 대해 뒷말을 시작하더니, 이내 그녀의 사생활에 관한 저속한 농담을 하고 옷차림을 헐뜯었다. 제시는 마음이 불편했지만 따라 웃었다. 마크의 말이 마음에 들지 않았지만 어떻게 반응해야 할지 몰랐기 때문이다.

그날 밤 제시는 자신의 행동에 답답함을 느꼈다. 진실함의 가치를 실천하려고 노력하는 그녀이기에 그 상황에 제대로 대처하지 못한 게 아쉬웠던 것이다. 그녀는 일기에 그 경험을 다시 써 보기로 했다.

● 시나리오 1

나는 마크와 루디와 함께 점심을 먹고 있다. 마크가 베로니카에 대해 저속한 농담을 늘어놓기 시작한다. 나는 조금 어색했지만 이렇게 말한다. "그만해, 마크. 베로니카는 자기가 입고 싶은 대로 옷을 입고, 자기가 살고 싶은 대로 살 권리가 있어. 아, 혹시 새 매니저에 대해 들은 거 있어?"

- 시나리오 2

나는 마크와 루디와 함께 점심을 먹고 있다. 마크가 베로니카에 대해 저속한 농담을 늘어놓기 시작한다. 나는 이렇게 말한다. "난 이런 식으로 뒤에서 험담하는 거 싫어. 기분이 안 좋아. 우리 다른 얘기 하자."

- 시나리오 3

나는 마크와 루디와 함께 점심을 먹고 있다. 마크가 베로니카에 대해 저속한 농담을 늘어놓기 시작한다. 나는 대화에 끼어들지 않고 자리에서 일어나 이렇게 말한다. "난 내 자리에서 먹을게. 이따 봐."

다 쓴 다음에 제시는 세 가지 시나리오를 다시 살펴봤다. 선택지를 이렇게 눈앞에 펼쳐 두니 행동으로 옮기기가 불가능한 일처럼 느껴지지 않는다. 이미 일어난 일을 바꿀 수는 없지만 앞으로 비슷한 상황이 생긴다면 어떻게 반응할 수 있을지 미리 생각해 본 덕분에 제시는 훨씬 마음이 편해졌다.

다가올 상황을 미리 그려 보라

곧 다가올 일 중에서 긴장되는 상황을 떠올려 보자. 상사와의 대화일 수도 있고 까다로운 가족 구성원과의 만남일 수도 있으며 부담스러운 모임일 수도 있다. 그 상황에서 실천하고 싶은 가치를 하나 고른 뒤 일기에 이렇게 써 보자. '만약 내가 이 상황에서 그 가치를 제대로 실천한다면 어떻게 행동하고 어떤 말을 할까?' 답은 가능한 한 구체적으로 적는다.

가치를 나에게 적용하라

잠시 시간을 내서 나 자신과의 관계에서 어떻게 하면 가치를 더 제대로 실천할 수 있을지 생각해 보자. 남을 우선하는 피플 플리징 패턴에서 벗어나려는 이들에게는 관대함, 공감, 연민, 친절, 수용, 존중 같은 가치가 특히 도움이 된다. 자신에게 이렇게 물어보자.

'오늘 어떻게 하면 나 자신과의 관계에서 이 가치들을 더 많이 실천할 수 있을까?'

피플 플리징 패턴에 갇혀 있었을 때 나는 내가 연민의 가치를 중요하게 여긴다고 생각했지만 사실 이를 실천한 건 타인과의 관계에서뿐이었다. 나 자신에게는 늘 비판적이고 인내심이 없었다. 조그만 실수에도 나를 책망했고, 이미 지쳐 있는데도 더 열심히 하라고 다그쳤다. 차분하지 않다고, 행복하지 않다고, 순간에 충실하지 못하다고 나 자신을 몰아붙였다.

어떻게 하면 연민의 태도로 나를 대할 수 있을까 고민하다가 나는 실수했을 때 사랑하는 사람에게 하듯 사려 깊고 다정하게 말해 주기로 했다. 얼마 후 친구가 진행하는 팟캐스트에 게스트로 초대받았다. 녹음 당일, 나는 잠을 제대로 자지 못해 머릿속이 흐릿했다. 말이 잘 풀리지 않아 몇 가지 중요한 생각을 제대로 전달하지 못했고 전반적으로 특별한 인상을 주지 못했다. 노트북을 닫자마자 습관처럼 자기비판이 밀려왔다. '너 오늘 팟캐스트에서 너무 둔했어! 잘했어야지. 이 방송 들은 사람은 아무도 너랑 일하고 싶어 하지 않을 거야!'

그런데 사실 나는 바로 그 팟캐스트에서 친구와 함께 가치를 실천하는 일의 중요성에 관해 이야기했었다. 문득 나 자신에게 자비를 베풀겠다고 다짐한 일이 떠올랐다. 나는 나를 몰아붙이는 대신 마치 친구에게 하듯이 다정하게 내게 말을 건넸다. '넌 평소 팟캐스트에 나가면 늘 재치 있고 활력이 넘치잖아. 이번은 예외일 뿐이야. 잠을 못 자서 피곤했던 거니까 괜찮아. 누구도 항상 완벽할 순 없어.'

이긴 평소 내가 나에게 말하던 방식과 너무 달라서 나조차 놀랐다. 자기비판이 완전히 사라진 건 아니었지만 내 안의 비판적인 목소리는 한결 잦아들었다. 실수한 자신에게 친절하게 말하는 연습을 거듭하자 곧 습관으로 자리 잡았고, 나는 점차 내가 친절함과 연민을 받을 자격이 있는 존재라는 사실을 믿게 되었다.

제05장

나를 찾는 선언,
'나는 이런 사람이다'

가치가 우리의 행동을 이끄는 원칙이라면 자기 개념self-concept은 정체성에 대한 감각이다.[1] 스스로에 대해 어떻게 느끼는지, 무엇을 할 수 있다고 생각하는지, 무엇을 누릴 자격이 있다고 믿는지를 의미하는 이 자기 개념은 분명히 자각될 수도 있지만 깊숙이 숨어 잘 드러나지 않을 수도 있다. 자신이 과하게 넘치는 사람이라고 생각하거나 반대로 한없이 부족한 사람이라고 생각할 수도 있다. 유능한 사람이라고 여기거나 게으른 사람이라고 여길 수도 있다. 열정적이라고 믿거나 무기력하다고 생각할 수도 있다. 자기가 선한 사람이라고 생각할 수도 있고 나쁜 사람이라고 생각할 수도 있다.

중요한 사실은 자기 개념이 반드시 '사실'에 근거하지는 않는다는 것이다. 자기 개념은 어린 시절 양육자나 가까운 사람들에게서 받은 메시지가 쌓여서 이뤄진 결과물이다. 어린 시절의 우리는 그 메시지를 평가하

거나 의문을 제기할 능력이 없었기에 그대로 진실이라고 받아들였다.[2]

우리가 의식하지 못할 때조차 자기 개념은 강력한 힘을 발휘한다. 우리의 선택에 영향을 끼치고 가능성에 대한 인식을 제한하기 때문이다. 사람들은 자기 개념과 일치하지 않는 행동을 피한다. 자신이 게으른 사람이라고 믿는다면 시험공부를 피할 것이고, 남의 눈치를 보는 사람이라고 믿는다면 경계 설정이나 자기주장을 피할 것이다.

자기보다 타인을 우선하는 패턴을 끊으려면 바로 이런 이유로 자기 개념을 새롭게 해야 한다. '친절이 과한 사람', '지나치게 희생하는 사람', '돌보는 사람', '중재하는 사람' 같은 낡은 정체성을 내려놓고 '진정성 있는 사람', '자신을 존중하는 사람', '사랑받을 자격이 있는 사람'이라는 새로운 정체성을 받아들여야 한다. 자신을 위해 목소리를 내기 시작하는 것은 단순히 새로운 습관을 기르는 일이 아니라 새로운 정체성을 배우는 과정이다. 새로운 정체성은 새로운 습관이 자리 잡도록 도와주므로 긍정적인 흐름이 만들어진다.

이 장에서는 자기 개념이 왜 중요한지, 어떻게 발견할 수 있는지 살펴볼 것이다. 그리고 과거의 패턴을 끊는 과정에서 자기 개념을 확장하는 단계별 계획을 세우는 방법도 함께 다룰 것이다.

나는 내가 믿는 대로 된다

심리학자 레이먼드 버그너Raymond Bergner와 제임스 홈스James Holmes에 따르면 자기 개념은 크게 세 가지 측면에서 우리에게 영향을 미친다.

1. 행동을 제한한다. 스스로 사랑받을 수 없는 존재라고 믿는다면 그 믿음이 결국 행동에도 드러난다.[3]

2. 어떤 행동은 애초에 생각조차 못 하게 만든다. '나는 이 관계를 절대 끝낼 수 없어'라든가 '내게는 나 자신을 위해 맞설 힘이 없어' 같은 식이다.

3. 세상을 바라보는 관점이 된다. 자신이 사랑받을 수 없는 존재라고 믿는 사람은 연인과의 이별을 그 증거로 받아들이거나 누군가의 다정한 마음 표현을 도저히 믿을 수 없다며 거부한다.

안정적인 자기 개념, 즉 자신이 누구인지에 대한 안정적이고 일관된 감각은 세상을 살아가는 데 꼭 필요하다. 우리는 본능적으로 일관성을 추구하기 때문에 무의식적으로 자기 개념의 변화를 거부한다.[4] 우리는 타인이 나를 보는 방식이 나의 자기 인식과 맞아떨어지기를 원하며, 이는 스스로에 대한 부정적 판단조차 예외가 아니다.

예를 들어 자신이 사랑받을 수 없는 존재라고 믿는 사람은 의식적으로든 무의식적으로든 자신을 바로 그렇게 대하며 그 믿음을 굳히는 상대에게 끌린다. 이런 현상을 자기확인 이론self-verification theory이라고 부른다.[5] 우리는 자신이 누구인지, 세상이 어떻게 돌아가는지에 대한 믿음에 현실을 짜 맞추며 살아간다.

그러니 긍정적인 자기 개념을 발전시키면 이로운 점이 매우 많다. 자신과의 관계가 더 건강해지고 선택할 수 있는 행동의 폭이 넓어지며 세상을 더 자애로운 시선으로 바라볼 수 있게 된다. 자신을 긍정적으로 바라봐야만 타인의 보살핌과 사랑, 존중도 받아들일 수 있다.

자기 개념을 업데이트하는 다섯 단계

타인을 우선하는 패턴을 끊으려면 자기 개념을 새롭게 해야만 한다. 우리는 '늘 자신을 희생하는 사람' 또는 '호구'가 아니라 경계를 세우는 사람이다. 우리는 우리 자신을 존중하는 사람이다. 단호하고, 자신감 있고, 강한 사람이다. 다행히 자기 개념은 고정된 것이 아니라 의식적인 노력과 작은 행동의 변화를 통해 새롭게 바꿀 수 있다.

자기 개념을 업데이트하는 방법은 다음과 같다.

1. 변화의 증거 보으기

2. 기존의 부정적 이야기 찾아내기

3. 새로운 이야기 찾기

4. 새로운 이야기를 뒷받침할 근거 찾기

5. 새로운 자기 개념을 행동으로 옮기기

이 다섯 단계를 설명하는 예로, 평생을 피플 플리저로 살아온 마흔다섯 살 첼시의 사례를 살펴보자.

첼시는 평소 분노를 과격하게 표출하는 아버지 밑에서 자라면서 조용하고 수동적으로 지내야 안전할 수 있다는 사실을 배웠다. 성인이 된 이후에는 늘 상대를 자기 뜻대로 조종하려 드는 브라이언이라는 남자와의 관계에 오랫동안 얽매여 있었고 여섯 달 전에야 겨우 그 관계를 끝냈다. 그녀는 그 결혼 생활을 그렇게 오래 유지한 자신에 대해 부끄러움을 느낀다. 이제는 자신에게 가장 든든한 아군이 되고 싶지만 한편으로는 과거에 그랬던 것처기 평생 남에게 휘둘리며 살아갈 운명일지 모른다는 걱정에 사로잡혀 있다.

1단계: 변화의 증거를 모아라

연구에 따르면 자기 개념을 바꾸는 데 가장 중요한 전제 조건은 자신이 변할 수 있다는 믿음이다.[6] 수십 년 동안 다른 사람을 돌보고 남의 뜻에 맞추기만 해왔다면 지금 바로 행동을 바꿀 수 있다고 믿기가 쉽지 않을 것이다. 단호하게 자기주장을 펼치는 모습이 까마득히 멀게 느껴질 수도 있다. 하지만 다행히도 변할 수 있다는 믿음이 당장 없어도 된다. 직접 겪은 경험에서 나온 증거를 믿으면 되기 때문이다.

이 책을 읽고 있는 당신은 분명 인생에서 커다란 변화를 경험해 본 적이 있을 것이다. 힘든 일을 꿋꿋하게 견디고, 중요하고도 어려운 결정을 내리고, 아픈 상실을 겪고, 삶의 방식을 바꾸거나 오래된 습관을 없앤 적도 있을 것이다. 힘든 시간도 많았겠지만 어쨌든 지금 당신은 이 책을 읽으며 앞으로 나아가고 있다. 즉 당신은 중요한 변화를 이룰 수 있다는 증거가 이미 있다.

지나온 시간을 되짚어 보며 그동안 자신이 긍정적으로 변해 온 모습을 적어 보자. 꼭 피플 플리징과 관련된 변화일 필요는 없다. 예를 들어 생활 방식을 바꿨다든지(식습관이나 소비 습관 등), 새로운 도시로 이주해 정착했다든지, 새로운 공동체에 들어가거나 새 직장에 취직했다든지, 가족이나 직장에서 새로운 역할을 맡게 된 경험도 포함된다.

첼시는 인생을 살아오는 동안 자신이 어떻게 변해 왔는지 돌아봤다. 일단 커리어에서 여러 변화를 겪었다. 회사에서 그녀는 업무 보조로 시작해 프로젝트 매니저가 되었고 부팀장 자리에까지 올랐다. 지난 삶을 돌아볼수록 더 많은 변화가 떠올랐다. 스물한 살 때는 어린 시절부터 이어진 손톱 물어뜯는 습관을 고쳤고, 대학을 졸업한 뒤에는 새로운 도시로 이사해 정착하기도 했다. 가장 뚜렷한 변화는 여섯 달 전 남편과의 결혼 생활을 끝낸 일이다. 불과 몇 년 전만 해도 자신에게 그런 힘이 있을 거라곤 상상도 하지 못했다.

첼시는 평소 자신의 삶을 이렇게 전체적으로 돌아보는 일이 거의 드문데, 적이 내려긴 변화들을 보니 자부심이라는 낯신 김징이 들있다. 돌이켜 보면 그녀는 정말 많은 일을 겪었고 힘든 변화도 이미 여러 번 이겨 낸 경험이 있었다.

자신이 변할 수 없으리라는 비관적인 마음이 들 때 첼시처럼 이런 기억을 떠올려 보자. 변화를 이루기 전과 후의 삶이 어떻게 달라졌는지 기억하라. 시작했다가 중간에 그만둔 적도 있었고 변화를 이루기까지 시간도 꽤 걸렸을 것이다. 그러나 결국은 해냈다는 것도 분명히 기억하라. 마음속의 비판적인 목소리가 '넌 절대 변하지 못해!'라고 속삭일 때 이 증거들을 내세워 자신 있게 반박하라.

2단계: 부정적인 이야기를 찾아라

자기 개념을 새롭게 하려면 먼저 스스로에 대해 품고 있는 부정적인 이야기들을 알아차려야 한다. 피플 플리징 패턴을 깨고자 할 때 내 안의 어떤 냉소적인 태도가 방해물로 작용할까? 자신의 인격에 대한 비판, 변화에 대한 의심, 나의 성실함이나 근면함에 대한 걱정 같은 것이 있을 수 있다.

노트에 자신에 대한 의심이나 부정적인 믿음을 적어 보자. 아래 문장들의 빈칸을 채워 보면 도움이 될 것이다.

- 나는 피플 플리징 패턴을 끊기엔 너무 _______ 하다.
- 나는 피플 플리징 패턴을 끊기엔 충분히 _______ 하지 않다.
- 나는 절대로 _______ 할 수 없다.
- 나는 변하기엔 너무 _______ 해서 변할 수 없다.

첼시는 스스로에 대한 부정적인 생각을 적었다. '나는 항상 남들에게 끌려다닌다. 나는 내 의견을 당당히 말하지 못한다. 나는 타인의 시선을 너무 의식해서 나 자신을 먼저 챙기지 못한다.'

3단계: 긍정적인 이야기를 찾아라

앞에서 적은 부정적인 이야기마다 그에 대응하는 긍정적인 이야기를 찾아보자. 예를 들어 '나는 재미없는 사람이다'라는 이야기는 '나는 재밌는 사람이다'로 바꿀 수 있다. 당장 이 긍정적인 대안을 믿을 필요는 없다. 일단은 눈에 띄게 적어 두기만 하자.

부정적인 이야기	긍정적인 이야기
나는 나쁜 친구다.	나는 좋은 친구다.
나는 재미없는 사람이다.	나는 재밌는 사람이다.
나는 트라우마에 지배당한다.	나는 트라우마를 극복한다.
나는 변할 만큼 강하지 않다.	나는 변할 만큼 강하다.
나는 내 의견을 당당히 말할 자신이 없다.	나는 내 의견을 당당히 말할 자신이 있다.

첼시는 다음과 같이 자신의 이야기에 긍정적인 대안을 세웠다.

부정적인 이야기	긍정적인 이야기
나는 항상 남들에게 끌려다닌다.	나는 자기주장이 뚜렷한 사람이다.
나는 내 목소리를 내지 못한다.	나는 내 목소리를 낼 수 있고 실제 내고 있다.
나는 타인의 시선을 너무 의식해 나를 먼저 챙길 수 없다.	타인의 시선은 내 삶이나 선택의 기준이 되지 않는다.

첼시는 긍정적인 이야기를 적는 게 쉽지 않았다. 왠지 그 이야기들이 자신과 한참 동떨어진 느낌이 들고 사실도 아닌 것 같아 일기장에 쓰는 것조차 망설여졌다.

이런 거부감은 누구에게나 흔히 나타나는 반응이다. 하지만 그동안 살아오면서 긍정적인 이야기 속의 모습대로 행동했던 적이 분명 여러 번 있었을 것이다. 기억하지 못할 뿐이다. 그도 그럴 것이 마음은 자기 개념에 의문을 던지는 증거들을 무시하기 위해 세 가지 방법을 쓴다. 선택적 주의, 선택적 기억, 선택적 해석이다.[7]

예를 들어 자신이 형편없는 학생이라고 믿는다면, 수업 시간에 떠든다고 선생님께 꾸중 들을 때는 귀 기울이지만 질문에 올바르게 대답했다고 칭찬받을 때는 흘려듣는다(선택적 주의). 과제 점수를 두 번이나 망친 기억은 뚜렷하게 남지만 최종 성적에서 A를 받았다는 사실은 잊어버린다(선택적 기억). 선생님이 수업 시간에 나를 칭찬할 때 그대로 받아들이지 않고 '그냥 좋게 말해 주는 거겠지'라고 생각한다(선택적 해석).

이렇게 이야기의 한쪽 면만 떠올리려는 습관을 바로잡기 위해 사회심리학자 헤이즐 마커스Hazel Markus와 엘리사 워프Elissa Wurf는 경험적 증거를 모으라고 권한다.[8] 과거에 긍정적인 이야기와 일치하는 행동을 했던 경험을 구체적으로 떠올리고 기록하는 것이다.

4단계: 근거를 제시하라

첼시는 '나는 내 목소리를 낼 수 있고 실제 내고 있다'라는 새로운 이야기를 믿어 보기 위해 실제로 여러 다양한 상황에서 목소리를 낸 경험을 떠올려 봤다. 직장에서, 친구들이나 가족들에게, 지하철에서, 우체국 집배원과의 대화에 이르기까지 아주 사소한 기억이라도 모두 소중한 증거가 될 수 있기 때문이다. 이를테면 바리스타에게 주문이 잘못됐다고 말했던 일이나 누군가가 자신의 이름을 잘못 발음했을 때 바로잡았던 일이 있을 수 있다. 첼시는 아주 오래전 다섯 살 때 놀이터에서 당당하게 할 말을 한 기억을 떠올렸다. 이처럼 아무리 오래된 기억이라도 상관없다. 전부 다 증거가 된다.

이 단계에서 긍정적인 이야기와 일치하는 행동을 한 기억이 전혀 없다고 느낄 수도 있다. 대개 그 이유는 앞에서 설명한 선택적 기억 때문이다. 우리는 기존의 자기 개념과 일치하지 않는 일은 잘 기억하지 못하는 경향이 있다. 따라서 가까운 사람들에게 객관적인 시선을 빌리는 것도 도움이 된다. 친한 친구나 가족에게 이렇게 메시지를 보내 보자. "내가 자신 있게 행동했거나 내 입장을 당당히 밝힌 적이 있는지 기억나는 게 있으면 알려 줄래? 아무리 작은 거라도 좋아."

긍정적인 기억이 떠올라도 요행이나 우연 혹은 내 동세를 벗어난 외부 상황 때문에 가능한 일이었다고 단정 지을 수도 있다. 하지만 그것이 우연이었든, 단 한 번뿐이었든, 그때는 해냈지만 지금은 자신 없다고 느끼든 중요하지 않다. 중요한 것은 새로운 내 모습이 절대 불가능한 일이 아니라 이미 경험해 본 일임을 그 기억이 증명한다는 점이다.

일기장을 앞에 둔 첼시는 당당하게 목소리를 냈던 경험을 찾아 과거를 더듬었다. 한참 시간이 걸렸지만 마침내 떠오른 일들이 있었다. '많이 늦긴 했지만 나는 결국 브라이언과의 관계를 끝냈어. 초등학교 3학년 때는 반에서 친구를 괴롭히던 아이에게 그만하라고 말했지. 지난해에는 주문한 액세서리가 일주일 만에 망가져 환불을 요구했어. 그리고 올해 초에는 상사가 업무량이 너무 많지 않으냐고 물었을 때 그렇다고 대답한 일도 있었지.'

첼시는 자신이 적은 목록을 살펴봤다. 뿌듯하긴 하지만 더 길었으면 하는 아쉬움이 있었다. 그래서 동생 애널리스에게 문자를 보내 생각나는 게 있느냐고 물었고 애널리스는 이렇게 답해 왔다. "응, 몇 개 생각 나. 고등학교 때 내가 통금 어기고 집에 늦게 들어왔을 때 아빠가 무섭 게 화냈는데 그때 언니가 나서서 날 지켜 줬잖아. 또 브라이언이랑 헤어 진 뒤로 데이트 신청한 사람들도 거절했고. 또 생각나는 거 있으면 말 해 줄게."

첼시는 애널리스가 말한 그날 밤 일을 까맣게 잊고 있었다. 곧바로 목록에 추가했다. 데이트 신청을 거절한 것도 자신을 지킨 행동이라고 생각하지 못했는데 돌아보니 동생의 말이 맞았다. 상대의 기분을 상하 게 하기 싫어서 승낙할 수도 있었으니까.

첼시처럼 떠오르는 기억을 하나도 빠짐없이 기록해야 한다. 아무리 적어도 이런 데이터는 우리가 긍정적인 행동을 해낼 수 있다는 증거가 되어 준다. 이미 해본 경험이 있으니 다시 해낼 수도 있는 것이다.

5단계: 지금까지와는 반대로 행동하라

이제 긍정적인 이야기를 찾고 정말로 할 수 있다는 확신까지 얻었으 니 이 새로운 방식에 따라 살아가야 한다. 변증법적 행동치료dialectical behavioral therapy, DBT의 핵심 대처 기술은 '반대 행동'이다. 불편한 감정이 시키는 것과 정반대 행동을 의식적으로 선택하는 것이다. 예를 들어 수 치심을 느낄 때 우리는 자신을 고립시키거나 가혹하게 대한다. 그렇다 면 이런 행동과 반대되는 행동은 친구들과 시간을 보내거나 거품 목욕 을 하거나 자신을 위해 맛있는 음식을 만드는 것일 수 있다. 이런 반대 행동은 우리가 새롭게 쓴 긍정적인 이야기를 실제로 행동에 옮기도록 도와주는 도구다.

1. 부정적인 행동을 찾아라

우선 자신이 부정적인 이야기를 진짜라고 믿을 때 어떤 행동을 하는지 돌아보자. '나는 내가 재미없는 사람이라고 믿기 때문에 모임이나 파티에서 입을 열지 않는다', '내가 나쁜 친구라고 생각하기 때문에 친구들의 문자나 전화를 받지 않는다', '마음속 깊이 내가 나쁜 사람이라고 여기기 때문에 괜찮은 사람임을 증명하려고 쉴 새 없이 애쓴다.' 이처럼 부정적인 행동은 결국 기존의 부정적인 믿음을 더 굳힌다는 사실을 알 수 있다.

첼시는 마음속에 자리한 부정적인 이야기와 그로 인한 행동을 돌아보며 이렇게 적었다. "나는 늘 남에게 휘둘린다고 믿기 때문에 다른 사람들과 함께 있을 때 제안이나 의견을 꺼내지 않고, 남들이 이끌어 가도록 내버려 둔다. 나는 결코 내 의견을 말할 수 없다고 생각하기 때문에 음악이나 장식, 음식처럼 사소한 것에서조차 취향을 드러내지 않는다. 나는 타인의 시선을 지나치게 의식해 나를 먼저 챙길 수 없다고 여기기 때문에 만약 자신을 우선시한다면 어떤 말과 행동을 하고 무엇을 추구할지 상상해 본 적조차 없다."

2. 반대 행동을 찾아라

다음으로 반대 행동을 한다는 게 어떤 모습일지 생각해 보자. 부정적인 믿음이나 감정이 시키는 것과 정반대로 행동하는 것이다. '내가 재미없는 사람이라고 믿기 때문에 모임이나 파티에서 입을 열지 않는다면, 그 반대 행동은 저녁 식사 자리에서 이야깃거리를 꺼내는 것이다.' 이렇게 반대 행동을 꾸준히 실천하면 새롭고 긍정적인 자기 개념에 부합하는 삶을 살 수 있다.

첼시는 자신의 부정적인 이야기마다 반대 행동이 어떤 모습인지 생각해 봤다.

부정적인 이야기	평소 행동	반대 행동	긍정적인 이야기
나는 항상 남들에게 끌려다닌다.	나는 늘 남에게 휘둘린다고 믿기 때문에 다른 사람들과 함께 있을 때 제안이나 의견을 꺼내지 않고, 남들이 이끌어 가도록 내버려 둔다.	사람들과 함께할 계획을 세울 때 무엇을 할지, 어디에 갈지 내가 먼저 제안한다.	나는 자기주장이 뚜렷한 사람이다.
나는 내 목소리를 내지 못한다.	음악이나 장식, 음식처럼 사소한 것조차 취향을 드러내지 않는다.	음악이나 장식, 음식에 관한 대화에서 솔직한 내 의견을 표현한다.	나는 내 의견을 말할 수 있고 또 실제로 말하고 있다.
나는 타인의 시선을 지나치게 의식해 나를 먼저 챙길 수 없다.	만약 나 자신을 우선시한다면 어떤 말과 행동을 하고 무엇을 추구할지 상상해 본 적조차 없다.	나는 내 바람과 꿈에 대해 글로 기록하는 시간을 따로 마련한다.	타인의 시선은 내 삶이나 선택의 기준이 되지 않는다.

제2장에서 살펴본 것처럼 많은 사람이 새로운 행동을 하려면 먼저 그에 맞는 감정을 느껴야 한다고 잘못 생각한다. 그러나 실제로는 먼저

행동해야 새로운 감정 상태가 뒤따라온다. 심리학자이자 철학자인 윌리엄 제임스William James는 이렇게 썼다.[9] "행동은 감정을 따르는 것처럼 보이지만 실제로는 행동과 감정이 함께 간다. 의지로 더 직접적으로 조절할 수 있는 것은 행동이므로, 행동을 조절함으로써 직접 통제하기 어려운 감정 또한 간접적으로 조절할 수 있다."

긍정적인 자기 개념을 전적으로 믿을 만큼 완벽한 자신감이 생길 때까지 기다릴 필요가 없다. 이를 뒷받침하는 행동은 지금 당장 시작할 수 있다. 반대 행동 목록에 적힌 항목들은 그 순간 어떤 기분이든 상관없이 실행할 수 있는 단순하고 명확한 단계들이다. 작지만 자신을 아끼는 행동이 하나씩 쌓일수록 긍정적인 이야기를 받아들이기도 훨씬 수월해질 것이다.

자신의 긍정적인 자기 개념과 일치하는 행동을 했을 때 이를 알아차려라. 그리고 일기장이나 휴대전화처럼 쉽게 볼 수 있는 곳에 기록해 둔다. 의욕이 꺾일 때마다 변화할 수 있다는 증거가 담긴 이 목록을 다시 읽어 보라.

일상에서 변호사처럼 나를 위해 말하고 행동하기

다음의 방법들은 자기 개념이 서서히 변하기 시작할 때 당신이 중심을 잃지 않고 동기를 유지하는 데 도움이 될 것이다.

자신을 설명하는 방식을 바꿔라

다른 사람들과 대화할 때 내가 나에 관해 어떻게 말하고 있는지 주의 깊게 살펴보라. 혹시 "내가 얼마나 남에게 잘 휘둘리는지 알잖아."라든가 "난 절대로 저렇게 말하지 못할 거야!" 같은 자기비하적인 말을 하고 있지는 않는가? 그런 익숙한 표현을 이제는 새로운 긍정적 이야기로 바꿔 보자. 방법은 간단하다. 예를 들어 "나는 자기주장을 전혀 못 하잖아."라는 말은 "요즘은 내 의견을 말하려고 노력하고 있어."로 바꾸면 된다.

가까운 친구에게 피드백을 구하라

때로는 가까운 사람들이 나보다 더 정확하게 나를 파악하고 있을 수도 있다. 내게는 미처 보이지 않는 가장 아름다운 면모까지도 말이다. 믿을 수 있는 몇몇 친구들에게 당신을 묘사하는 형용사 다섯 가지를 적어 보내 달라고 부탁해 보라. 그 형용사들 가운데 무엇이 당신의 긍정적인 자기 개념과 일치하는지, 당신을 놀라게 하거나 기쁘게 하는지 기록해 보자. 그리고 친구들에게 왜 그런 모습으로 봤는지, 어떤 행동 때문에 그렇게 느꼈는지도 물어보자.

시시콜콜 기록하라

잠자리에 들기 전, 그날 어떤 행동으로 긍정적인 이야기를 실천했는지 적는다. 아무리 사소한 행동이라도 다 적어야 한다. 한 달 동안 노트나 문서에 기록하고 한 달이 지나면 시간을 내어 그 내용을 처음부터 끝까지 읽어 본다. 당신이 새로운 자기 개념대로 살아가기 시작했다는 증거가 거기에 가득할 것이다.

첼시는 휴대전화에 메모장을 만들어 긍정적인 이야기를 행동으로 실천한 순간을 적었다. 처음에는 "동생에게 새로 생긴 식당에 가 보자고 제안했다."나 "시장에서 토마토 값을 깎았다." 같은 일을 기록하는 게 우스꽝스럽게 느껴지기도 했지만 하루하루 지날수록 목록은 점점 길어졌다. 어떤 날은 적을 만한 것이 떠오르지 않기도 했고, 어떤 날은 "브라이언의 변호사에게 그렇게 적은 금액의 위자료는 받아들일 수 없다고 말했다."처럼 중요한 사건을 기록하기도 했다.

한 달 후 첼시는 일요일 아침에 시간을 따로 내어 커피를 마시며 그 목록을 읽어 봤다. 메모징을 열어 본 순간 길어져 있는 기록을 보고 뿌듯함이 솟아올랐다. 이제 '나는 내 의견을 말할 줄 아는 사람이다'라는 긍정적인 이야기가 그렇게 불가능한 일처럼 느껴지지 않는다. 오히려 진실에 가까워진 것처럼 느껴진다.

롤모델을 흉내 내라

당신의 긍정적인 자기 개념을 온전히 보여 주는 롤모델을 찾아라. 예를 들어 평화를 실천하고 있다면 간디를 떠올릴 수 있고, 당당한 태도를 위해 노력하고 있다면 비욘세를 떠올릴 수도 있다. 하루를 보내며 어떤 행동을 할 때마다 그 롤모델을 떠올리며 스스로 이렇게 물어보자. '이 상황에서 그 사람이라면 어떻게 행동할까? 시간을 어떻게 보낼까? 이 갈등을 어떻게 해결할까?' 이 질문에 대한 답이 예상치 못한 새로운 길을 보여 줄 것이다.

제06장

나는 원한다,
내게 허락된 모든 것을

자신의 감정을 인정하고 채워지지 않는 요구를 충족하고 가치를 파헤치고 자기 개념을 새롭게 할수록 자존감은 서서히 높아진다. 온전한 존재로서의 자신을 존중하는 법을 배우는 것이다. 이때부터는 단순히 자신의 요구를 인정하는 데 그치지 않고, 바람want 또한 인정할 줄 알아야 한다. 자신이 생존에 필요한 최소한의 것보다 많은 걸 원할 자격이 있는 존재라고 스스로 믿어야 한다.

사람들은 바라거나 선호하는 것이 필요한 것만큼 절박하지 않다는 이유로 대수롭지 않게 여긴다. 그러나 피플 플리징 패턴에서 벗어나려는 이들에게 무언가 바란다는 것은 대단히 중요한 의미를 지닌다. 바람은 개인의 고유한 정체성이 드러나는 방식이며, 오랫동안 타인을 자신과 동일시하며 살아온 사람이 다시 자기 자신과 연결되는 길이기 때문이다. 생존을 위해 기본적으로 필요한 것은 모든 사람이 똑같지만 바라는 것은 각자의 열정과 취향, 취미와 즐거움에 따라 색채가 달라진다. 피플 플리저들에게 바람은 단순한 선호가 아니다. 독립적인 자아로 나아가는 디딤돌이다.

자신이 원하는 것을 알고 충족할 때 우리의 삶은 더 풍요롭고 넓어지며 즐거움도 커진다. 이 장에서는 오랫동안 타인을 우선시하며 살아오느라 잊고 지냈던 바람을 어떻게 발견할 수 있을지, 어떻게 하면 내 일상을 내가 바라는 대로 보낼 수 있을지를 살펴볼 것이다.

서로 다른 걸 바란다고 해서 관계가 끝나진 않는다

바람의 종류는 모래알만큼이나 많아서 전부 다 나열하기란 불가능하다. 내가 바라는 게 물질적인 것일 수도 있고(물건이나 소유물) 관계적인 것일 수도 있으며(관계 속에서 원하는 특성), 시간과 관련된 것일 수도 있고(시간을 어떻게 보내고 싶은지) 신체적인 것일 수도 있다(몸이 어떻게 느끼기를 바라는지, 즉 음식, 음료, 접촉, 마사지, 성관계에 대한 욕구). 내 바람이 감정적일 수도 있고(어떤 감정을 느끼고 싶은지) 심미적일 수도 있으며(무언가가 어떻게 보이기를 원하는지), 영적일 수도 있고(신앙이나 우주, 신과의 연결감을 원하는 경우) 목적과 관련될 수도 있다(세상에 기여하고 싶거나 삶의 의미를 찾고 싶은 것). 물론 그 밖에도 엄청나게 많은 종류의 바람이 있다.

바람의 유형에 따라 우리가 느끼고 대하는 방식이 달라지는 것은 당연하다. 어떤 사람은 신체적 바람은 스스럼없이 말할 수 있지만 정서적 바람은 제대로 짚어 내기조차 힘들어한다. 또 어떤 사람은 자신이 원하는 것을 쉽게 나열할 수 있지만 남에게 털어놓는 일에는 부끄러움을 느낀다.

많은 사람이 어린 시절 양육자에게 원하는 것을 표현했다가 무시당하거나, 부정적인 평가를 받거나, 수치심을 느낀 경험이 있다. 그 결과 무언가를 원한다는 것을 이기적이거나 사랑받을 자격이 없다는 뜻으로 여기게 되었고, 안전을 위해 자신의 바람을 부정하게 되었다. 그렇게 성인이 되어서는 자신의 바람을 알면서도 인정하기를 두려워하거나, 아예 자신이 무엇을 원하는지조차 알지 못한다. 그래서 자신의 선호가 아니라 타인의 선호를 따라간다. 그렇게 하면 상대가 기꺼이 받아 줄 것임을 알고 있기 때문이다.

동료들이 태국 음식을 좋아하니까 나도 태국 음식점을 찾는다. 연인이 스포츠를 즐기니까 팀 이름을 전부 외운다. 타인의 선호에 맞추는 것이 꼭 나쁜 일만은 아니다. 건강한 관계란 서로의 열정을 존중하고 관심을 표현하는 것을 포함하기 때문이다. 하지만 그러는 과정에서 정작 자신의 선호는 잃어버릴 수 있다. 삶이 온통 다른 사람의 취미와 관심사로만 채워질 때 우리는 점차 자신의 바람과 단절되고 결국 자기 자신과도 멀어진다.

태국 음식을 좋아하지만 사실은 멕시코 음식이 더 먹고 싶을 수도 있다. 스포츠를 좋아하지만 사실은 정원에서 시간을 보내는 것이 더 즐겁다고 느낄 수도 있다. 피플 플리징 패턴에서 벗어나려고 할 때 우리는 주변 사람들과 원하는 것이 다르다고 해서 나쁜 게 아님을 깨닫는다. 오히려 친구 또는 사랑하는 이들과의 관계에 다양성과 풍성함을 더해

준다는 걸 알게 된다. 작은 바람을 인정하고 허락하는 일은 나를 존중하고 내가 중요한 존재임을 내게 가르쳐 주는 방법이다.

내가 무엇을 원하는지 나도 모르겠다면

내가 무엇을 원하는지 알아보려고 할 때 처음에는 마치 텅 빈 공간을 들여다보듯 막막하게 느껴질 수 있다. 어디서부터 시작해야 할지 전혀 감이 오지 않을 수도 있다. 다음에 소개하는 연습들은 두려움을 이겨내고 내면을 들여다보며 숨겨진 바람을 드러내도록 도와줄 것이다. 이어지는 내용에서는 이렇게 발견한 바람을 일상에서 행동으로 옮기는 방법을 살펴본다.

여기서는 세라의 이야기를 통해 이 방법들을 알아보자. 서른아홉 살인 세라는 세 아이를 키우는 전업주부이자 교회에서 활발하게 활동하는 교인이다. 남편 그레고리와는 어린 시절부터 친구 사이였으며 함께 자라 온 동네에서 가정을 꾸렸다. 세라는 공동체 속에서 안정적으로 살아가는 게 좋지만 어머니이자 교인이자 공동체의 일원으로서 매일이 똑같은 삶에 답답함을 느낀다. 그리고 다른 사람들을 돌보는 데 너무 많은 시간을 쓰다 보니, 정작 자신의 바람은 잊고 살았다.

완전한 수용을 상상하라

피플 플리저들은 인정과 소속감을 얻기 위해 타인의 관심사를 내 것처럼 받아들이고 살아왔다. 그래서 자신이 원하는 것을 드러내면 비난

받거나 따돌림당할까 봐 두려워하기도 한다. 이런 두려움은 욕망의 씨앗을 발라 내고 스스로 무엇을 원하는지 알아차리기 어렵게 만든다. 이럴 때는 타인을 우선시하는 패턴을 잠시 무력화하는 상상 훈련을 통해 두려움을 비껴갈 수 있다.

이런 상상을 해보자. 당신이 내일 아침 눈을 떴을 때 세상 모든 게 지금과 똑같지만 한 가지 중요한 변화가 일어난다. 즉 당신이 무엇을 하든 주변 사람들이 온 마음으로 즐겁게 받아 준다. 당신의 말과 행동, 결정, 제안 전부 다 말이다. 법의 질서는 그대로 적용되고 불법적이거나 폭력적인 행동은 허용되지 않는다. 달라진 점은 오직 세상이 온전히 당신의 무대가 되었다는 것이다.

이 세상에서는 해산물을 싫어하는 연인에게 생선과 감자튀김을 먹으러 가자고 제안해도 열정적으로 반기면서 "좋아!"라고 대답한다. 친구 10명을 집으로 초대해 각자 음식을 가져와 영화를 보는 파티를 열어도 모두가 당신이 만든 음식과 당신이 고른 영화에 환호한다. 이곳은 당신의 바람이 그 누구의 시선과 평가에도 얽매이지 않고 자유로이 드러나는 세상이다. 모든 사람이 당신의 선택에 기쁨으로 응답한다.

만약 이런 세상에서 내일 아침 눈을 뜬다면 당신은 어떤 바람을 실현하겠는가? 자유 시간은 어떻게 보낼 것인가? 다른 사람들에게 무엇을 하자고 제안하겠는가? 타인의 평가에 대한 두려움이 사라지면 그 아래 숨어 있던 당신의 욕망이 고개를 내밀 것이다.

세라는 일기장을 펴고 앉았다. 처음에는 아무것도 떠오르지 않았지만 자신에게 조금 더 시간을 주면서 지켜봤다. 마침내 그녀는 이렇게 적었다. "등산 가기." 남편 그레고리는 야외 활동을 좋아하지 않는 데다 아이 셋을 데리고 토요일마다 등산을 가기도 쉽지 않다. 그러나 세라는 자연이 그리웠다. 10대 시절 등산을 자주 했던 그녀는 자연과 이어지는 그 감각을 간절히 원하고 있었다.

곧이어 다른 바람들이 쏟아져 나왔다. 세라는 쑥스러워하며 이렇게 적었다. "교회 성가대 그만두기." 아버지가 성가대 지휘자라 그만두면 큰 죄책감을 느낄 터였다. 하지만 모든 것이 받아들여지는 이 상상 속에서 그녀는 성가대 활동이 더는 즐겁지 않다는 사실을 솔직히 인정할 수 있었다.

마지막으로 세라는 이렇게 적었다. "이탈리아 여행 가기." 어린 시절부터 그녀는 베네치아의 운하와 접시 가득 담긴 시칠리아 파스타를 늘 꿈꿔 왔다.

이렇게 모든 것을 받아 주는 세상에서 산다고 상상하고, 떠오르는 커다란 욕망부터 작은 바람까지 모두 기록해 보자.

질투를 길잡이로 삼아라

우리는 다른 사람이 가진 무언가(그들의 성품이든, 성취든, 소유물이든, 삶의 방식이든)를 욕망할 때 질투를 느낀다.[1] 질투는 대체로 부정적인 감정으로 인식되지만 한편으로는 우리가 아직 자각하지 못한 소망을 비춰 주는 창이 될 수 있다. 한 연구에 따르면 질투는 변화를 이끄는 강력한 추진력으로 작용해 현재의 상황을 개선하고 마음속 간절한 소망을 실현하도록 자극하기도 한다.[2]

잠시 모든 것을 멈추고 지금의 삶을 살펴보라. 질투 나는 사람이 있는가? 그 사람이 가진 것 가운데 당신이 원하는 것은 무엇인가? 성격적 특성인가? 소유물인가? 친밀한 관계인가? 경력인가? 취미인가? 인간관계인가? 생활 방식인가? 질투를 느끼는 것이 무엇인지 가능한 한 구체적으로 적어 보자. 그 답은 당신이 진정으로 원하는 바를 가리키는 화살표가 될 것이다.

세라의 머릿속에 가장 먼저 떠오른 사람은 같은 교회에 다니는 매기였다. 세라가 볼 때 매기는 흥미로운 삶을 산다. 결혼도 하지 않았고 아이도 없으며 일 때문에 이곳저곳 여행을 다니느라 교회에 빠지는 일도 잦다. 지역에 머물 때는 연극이나 콘서트를 보러 다니고 지역 커뮤니티 센터에서 스퀘어댄스까지 즐긴다. 그리고 매기는 세라가 상상조차 할 수 없을 정도로 당당하게 자기표현을 한다.

세라는 가끔 자신도 매기처럼 될 수 있었으면 좋겠다고 생각한다. 물론 남편과 아이들을 그 무엇과도 바꾸고 싶지 않을 만큼 사랑한다. 그러나 일기를 쓰면서 그녀는 자신이 일상에서 더 많은 자유와 모험, 새로움을 갈망하고 있다는 사실을 깨달았다.

상상의 나래를 펼쳐라

상상의 나래를 펼쳐도 된다고 자신에게 허락하는 것은 상상을 실행에 옮기지 않더라도 '원한다'라는 감각에 익숙해지는 부담 없는 방법이다. 상상의 나래를 펼치는 순간에는 일상의 제약이 적용되지 않기에 내면을 탐구할 수 있는 자유로운 장이 마련된다. 다음 페이지에 제시된 문장들을 불씨 삼아 상상의 나래를 펼쳐 보고 그 과정에서 드러나는 당신의 바람을 적어 보라.

- **아침에 눈을 떠 보니 완전히 새로운 세상이 되어 있다.** 이 세상에서는 당신의 바람이 자유롭게 드러나고 하루는 일과 의무가 아니라 욕구와 즐거움에 따라 흘러간다. 이런 세상은 어떤 모습일까? 당신은 시간을 어떻게 보낼까? 가능한 한 구체적으로 그려 보자.

- **아침에 눈을 떠 보니 복권에 당첨된 사실을 알게 되었다.** 당신은 원하는 대로 쓸 수 있는 1,000만 달러를 손에 넣었다. 다만 한 가지 조건이 있다. 그 돈을 타인이 아니라 오직 자신만을 위해 써야 한다는 것이다. 당신은 이 돈을 어떻게 쓸 것인가?

- **아침에 눈을 떠 보니 평소 부러워하던 사람과 몸이 바뀌었다.** 당신은 단 하루 동안 그 사람으로 살 수 있다. 하루 중 어떤 순간이 가장 즐겁게 느껴질까? 나중에 다시 반복해서 경험하고 싶은 일은 무엇일까?

세라는 일기를 마무리하며 자신이 복권에 당첨된 모습을 상상했다. 세라와 남편은 이미 경제적으로 안정된 상태였다. 그레고리의 직업 덕분에 풍족한 생활을 누리고 있지만 은행에 1,000만 달러가 있다면 훨씬 많은 가능성이 열릴 것이다. 세라는 곧바로 이렇게 적었다. "여행하기. 베이비시터를 자주 불러서 남편과 둘만의 데이트를 하기. 새로운 식당에 가 보기."

세 가지 주제에 대해 상상한 내용을 돌아보면서 세라는 공통된 흐름을 발견했다. 그녀는 정말로 모험과 새로움을 갈망하고 있었다. 가끔 일상의 틀에서 벗어나 등산을 가고, 새로운 레스토랑에 가 보고, 남편과 데이트를 즐기고 싶었다. 교회 공동체를 사랑하지만 지금보다 조금 덜 활동하고 지역의 예술과 문화 행사에 더 많은 시간을 쓰고 싶다는 바람도 있었다.

이전까지 세라는 이런 바람들을 생각하는 것조차 못 했다. 교회나 남편, 아이들이 바라는 것에 맞춰 살아가는 게 훨씬 더 쉬웠기 때문이다. 그러나 이제 그녀는 진짜 자신의 세계에 눈길을 돌려야 한다는 사실을 깨달았다.

'이렇게 하고 싶다'는 마음에 단계를 두어라

마음속 바람을 알아차렸다면 절반은 다 된 것이다. 이제는 그 바람을 현실로 옮겨야 할 차례다. 어떤 바람은 스스로 충족할 수 있다. 자신에게 허락만 해주면 된다. 또 어떤 바람은 대인 관계적인 성격을 띠기에 다른 이들의 참여가 필요하다. 그럴 때는 단순히 요청하면 된다. 일단은 우리가 혼자서 다룰 수 있는 바람에 집중해 보자. 대인 관계에서 바람을 요청하는 방법은 제8장에서 다룰 것이다.

앞서 적은 크고 작은 바람들, 당신의 삶을 바꿀 만큼 큰 바람부터 가볍고 소소한 것까지 모두 모아 보자. 앞으로의 과제는 이 바람들을 실현하는 것이다.

바람의 사다리 만들기

원하는 것을 실현하는 데 도움이 되는 '바람의 사다리'를 만들어 보자. 바람의 사다리는 우리의 바람을 가장 성취하기 쉬운 것부터 가장 어려운 것까지 단계적으로 정리해 준다. 사다리의 맨 아래에는 낮게 달린 열매가 있다. 이는 약간의 의지만 있으면 간단히 실현할 수 있는 것이다. 사다리의 맨 위에는 현실적으로나 정서적으로 이루기 쉽지 않은 바람들이 자리한다. 예를 들면 다음과 같이 정리할 수 있다.

바람의 사다리

나는 몇 주 동안 유럽으로 여행을 가고 싶다.

나는 사람들과 더 많이 교류하고 싶다.

나는 마사지를 받고 싶다.

나는 일상에서 영성에 더 깊이 닿고 싶다.

나는 책을 사고 싶다.

나는 따뜻한 물에 목욕하고 싶다.

사다리를 채웠다면 각 사다리에 적은 항목을 실현하기 위해 필요한 단계를 구체적으로 세분화한다. 예를 들어 마사지를 받으려면 다음과 같은 단계가 필요할 수 있다. 온라인에서 마사지 치료사를 찾아보고 마음에 드는 사람 고르기, 자신의 일정을 확인하고 전화 걸어 예약하기, 마사지 받을 시간에 아이 봐줄 사람 구하기, 이동 교통편 마련하기.

연구에 따르면 큰 목표를 더 작은 하위 목표로 나눌 경우 그 목표가 어렵지 않게 느껴지고 동기가 커진다.[3] 단계별 로드맵을 세우면 막연하고 흐릿하던 바람이 명확하고 구체적인 계획으로 바뀐다.

이제 이 사다리를 바탕으로 목표를 세우고 자신에게 동기를 부여해 보자. 이렇게 자문해 보라. '오늘 내 사다리의 가장 낮은 단계를 실천하겠다고 다짐할 수 있을까? 오늘이 어렵다면 이번 주 안에는 가능할까? 연말까지 사다리에 적은 바람 중 과연 몇 가지를 이루겠다고 할 수 있을까? 또 매일 15분씩 시간을 내어 사다리에서 다음 단계의 바람을 우선순위에 두고 실천할 수 있을까?'

가장 좋은 목표는 바람을 다루는 방식을 단번에 바꿀 수 없다는 사실을 인정하는 목표이자 익숙한 경계를 살짝 벗어나게 해주는 목표다. 처음에는 새 책을 사고 싶다거나 따뜻한 물로 목욕을 하고 싶다는 바람에까지 규율과 체계를 적용하는 것이 우스꽝스럽게 느껴질 수도 있다. 하지만 이렇게 원하는 것을 이루기 위해 노력을 기울이는 순간 우리는 그것들이, 나아가 우리 자신이 소중하다는 사실을 자신에게 보여 주는 것이다.

세라가 만든 사다리는 다음과 같다.

바람의 사다리

나는 이탈리아로 여행을 가고 싶다.

나는 교회 성가대를 그만두고 싶다.

나는 자신감을 기르도록 도와줄 라이프 코치를 고용하고 싶다.

나는 아이들 없이 친구들끼리만 주말여행을 가고 싶다.

나는 베이비시터에게 아이들을 맡기고 그레고리와 둘이 데이트를 하고 싶다.

나는 콘서트에 가고 싶다.

나는 등산을 가고 싶다.

다짐을 실천하기 위해 세라는 이달 안에 등산을 가고 연말까지 사다리 아래쪽의 네 가지 바람을 실현하겠다는 목표를 세웠다.

나의 바람에는 어떤 믿음이 숨어 있는가

무언가를 원한다는 것 자체가 부끄럽거나 이기적이거나 불필요한 일이라고 여기는 사람들이 많다. 어린 시절에 어떤 가르침을 받으며 자라왔는지를 돌아보면, 오늘날 우리가 자신의 바람을 존중하기 어려워하는 까닭을 이해하고 자신을 연민 어린 시선으로 바라볼 수 있다. 다음의 질문들에 답하다 보면 당신이 원하는 것 아래에 당신도 자각하지 못했던 숨은 믿음이 드러날 것이다.

- 당신의 양육자는 무언가를 원하는 일에 어떤 태도로 대했는가? 자신의 바람을 표현했는가? 표현했다면 어떤 방식으로 표현했는가?
- 당신의 양육자는 자신의 바람을 존중했는가? '불필요하다', '하찮다', '말도 안 된다'라며 무시했는가?
- 당신의 양육자는 타인의 바람에 어떻게 반응했는가? 지지하고 격려했는가 아니면 무시했는가?
- 당신의 양육자는 당신의 바람에 어떻게 반응했는가? 어린 시절 당신이 무언가를 원한다고 표현했을 때를 떠올려 보라. 가정의 재정적, 물질적 자원이 부족해서 가족들이 당신의 바람을 인정하거나 충족하지 못한 경우가 있었는가?

이 질문들에 대한 답은 바람에 대한 당신의 태도가 어디에 뿌리를 두고 있는지 보여 줄 것이다.

과거를 돌아보면 다음과 같은 믿음이 우리 안에 자리 잡았음을 깨달을 수 있다. '내가 원하는 것은 다른 사람이 원하는 것만큼 중요하지 않다. 다른 누군가의 바람과 내 바람이 충돌하면 내 것은 제쳐 두고 상대를 우선시해야 한다. 내가 원하는 것을 표현하면 조롱당할 테니, 차라리 아무것도 원하지 않는 편이 더 안전하다. 원하는 것을 표현한다는 건 이미 가진 것에 감사해하지 않는다는 뜻이다. 생존에 필요한 것을 충족하는 건 중요하지만 나머지는 중요하지 않다.'

세라는 어린 시절을 떠올렸다. 당시 세라의 어머니는 집 밖의 관심사나 취미가 전혀 없었고 자녀들과 교회가 전부였다. 그래서 지금 세라의 마음 한편에는 어머니이자 아내로서 아이들, 배우자와 무관한 무언가를 바라는 것은 이기적이라는 믿음이 있다. 교회에서도 행복한 아이들과 남편만으로도 만족해야 한다고, 그 밖의 바람은 불필요한 사치라고 가르쳤다. 자신이 어머니의 길을 고스란히 따라왔음을 세라도 분명히 느낀다. 그녀는 지금의 삶에 대체로 만족하지만 온전한 충만함은 누리지 못하고 있다는 사실을 조금씩 자각하기 시작했다.

내가 원하는 것에 대한 이야기를 새롭게 써라

자기 자신보다 타인을 우선시하는 패턴에서 벗어나려면 바람을 둘러싼 이야기를 새로 써야 한다. 그리고 새로운 이야기는 자신의 바람을 당연한 것으로 받아들이고 이를 우선으로 삼는 어려운 일을 해낸 자신을 높이 평가하는 내용이어야 한다. 이를테면 이런 이야기가 될 수 있다. '나는 삶에서 최소한의 것 이상을 원할 권리가 있다. 나의 바람은 나만의 고유한 정체성을 드러내며, 이를 위해 시간을 낼 때 나는 나 자신과 더 깊이 연결된다.' 또 이런 내용일 수도 있다. '나는 다른 사람들이 원하는 것과 다른 걸 원해도 된다.'

세라는 새로운 이야기에 대해 생각해 보고 이렇게 적었다. "엄마이자 아내인 사람도 무언가를 원할 수 있다. 내가 나의 바람을 돌봐도 된다고 허락하는 일은 오히려 아이들에게 좋은 본보기가 되고 남편에게 더 나은 배우자가 되는 길일지도 모른다. 나의 바람을 존중하고 시간을 들일수록 나는 나 자신의 정체성과 모험심에 더 가까이 다가갈 수 있을 것이나."

마음에 가장 깊이 와닿는 새로운 이야기를 떠올려 보자. 내가 원하는 것에 더 많은 시간을 할애할수록 새로운 이야기는 더 진정성 있게 다가오고 큰 동기를 불러일으킬 것이다.

무언가를 원해도 삶은 위태로워지지 않는다

세라같이 타인을 우선시하는 사람들은 자신이 원하는 것이 번번이 손에 닿지 않아서 아예 원하지 않게 된 경우가 많다. 실망이 주는 마음의 상처로부터 자신을 지키기 위해 원하는 것을 외면해 버리고 차라리 아무것도 원하지 않는 게 더 안전하다고 믿는 것이다.

이 장에서 제시한 방법을 연습하다 보면 너무 오랫동안 자신이 원하는 것과 단절된 채로, 그래서 삶의 원동력을 잃어버린 채로 살아왔다는 사실에 슬픔이 느껴질 수도 있다. 무언가를 원하는 것이 안전하지 않으며 자신은 원할 자격도 없다고 생각하게 된 어린 자신이 안타까울 것이다. 그러나 이 아픔과 슬픔은 치유의 징표다. 이제 자신을 생존에 필요한 최소한의 것보다 더 많은 걸 누릴 자격이 있는 존재라고 바라보기 시작했다는 증거니까 말이다.

두려움이 느껴질 수도 있다. 마침내 자신에게 무언가를 원할 권리를 허락하는 순간 그것을 손에 넣지 못할 수도 있다는 가능성도 마주해야 하기 때문이다. 그래서 무언가를 원한다는 걸 인정하는 일은 본질적으로 매우 용기 있는 행동이다. 과거의 패턴에서 벗어나려면 실망을 감수할 준비가 되어 있어야 한다. 무언가를 원하고 갈망하는 삶이 주는 기쁨을 느끼려면 말이다.

일상에서 원하는 것을 허용하는 연습

다음은 자신이 무엇을 원하는지 발견하고 허용하는 연습에 효과적인 방법들이다.

어려운 일일수록 차라리 지금 먼저

이 장의 앞부분에서 바람을 몇 가지 범주로 나눠 살펴봤다. 물질적 바람, 관계적 바람, 시간적 바람, 신체적 바람, 정서적 바람, 심미적 바람, 영적 바람, 목적과 관련된 바람 등. 어떤 유형은 쉽게 인정할 수 있지만 어떤 것은 훨씬 어렵게 느껴질 수도 있다. 가장 다가가기 힘든 유형을 골라 그 유형에 해당하는 작은 바람 세 가지를 찾아보자. 그리고 그중에서 최소한 하나는 이번 주가 끝나기 전에 꼭 이루겠다고 마음먹어 보자.

개인적으로 내가 가장 어렵다고 느낀 것은 물질적 바람이었다. 형편이 빠듯했던 대학 시절에는 원하지 않는 것이 문제가 되지 않았다. 오히려 장점이었다. 안정적인 수입이 보장되는 직장에 들어가고 나서는 금전적 여유가 생겼지만 문제는 내가 물질적으로 원하는 것이 무엇인지 전혀 알지 못한다는 점이었다.

친구들을 저녁 식사에 초대할 때는 집에 포크가 두 개뿐이라('난 혼자 사니까 하나만 있어도 되잖아!'라고 생각했다) 각자 식기를 가져오라고 부탁하곤 했다. 그뿐만이 아니었다. 몇 년째 중고가게에서 산 옷만 입었고, 욕실의 손 닦는 수건도 하나뿐이었지만 그냥 자주 빨아서 썼다. 새 물건을 살 여유가 분명 있었지만 내가 그것을 누릴 자격이 있다는 생각이 들지 않았다.

이런 성향을 자각한 뒤 일기장에 작은 물질적 바람 세 가지를 적어 보기로 했다. 친구들과의 저녁 식사를 떠올리며 목록에 가장 먼저 '커트러리 세트'라고 썼다. 솔직히 손님들에게 포크를 챙겨 오라고 부탁하지 않아도 된다면 참 좋을 터였다.

잠시 빈 페이지를 바라보며 앉아 있다가 아이디어를 얻으려고 집 안을 둘러봤다. 그때 주방 선반 위에 놓인 킨들이 눈에 들어왔다. 얼마 전 아주 훌륭한 전자책을 읽었는데 너무 좋아서 종이책으로도 갖고 싶다는 생각이 들었다. 보통은 '전자책이 훨씬 싼데 굳이?'라는 이유로 그런 지출을 정당화하기 어려웠지만, 손에 만져지는 묵직한 느낌이 좋아서 결국 그 책의 양장본도 목록에 올렸다.

마지막으로 적은 것은 새 무선 이어폰이었다. 쓰고 있던 무선 이어폰은 제멋대로 소리가 커졌다 작아졌다 했다. 불편을 참고 쓰고 있었지만 매일 달리기를 하면서 팟캐스트 듣는 걸 좋아했기에 새로 장만하면 운동이 훨씬 즐거워질 것이었다.

잠시 후 목록을 살펴보니 커트러리 세트, 도서 양장본, 무선 이어폰 중 커트러리 세트가 가장 현실적이고 실용적으로 느껴졌다. 곧장 온라인에서 24피스짜리 세트를 주문했고 다음 날 배송을 받았다. 상자를 열어 하나하나 꺼내 서랍에 정성스레 넣는 순간 전에는 느껴 본 적 없는 풍요로움이 가슴을 채웠다. 그 경험에 힘입어 나는 결심했다. 아무리 사소하더라도 매주 하나씩 나를 위한 선물을 챙기면서 무언가를 원한다는 감각이 주는 즐거움을 받아들이기로 말이다.

'그것도 나쁘지 않지만 나는' 화법

사람들과 함께 무엇을 할지 정하는 상황이라면 잠시 멈춰 자신이 원하는 것이 무엇인지 주의를 기울여 보자. 예를 들면 어디에서 식사할지, 그날 오후에 무엇을 할지, 독서 모임에서 어떤 책을 읽을지를 정하는 상황일 수 있다. 누군가가 먼저 의견을 내놓으면 속으로 잠시 이렇게 물어보자. '나는 무엇을 원할까?' 굳이 말로 표현하지 않더라도 이런 질문을 습관처럼 던져 보면 내면의 목소리에 귀 기울이는 힘을 기르는 데 큰 도움이 된다.

베라는 앰버와 사귄 지 2년이 되었다. 그녀는 점점 앰버와의 관계에서 자신을 잃어 가고 있다고 느꼈고, 함께 있을 때 자신의 바람에 좀 더 주의를 기울이기로 마음먹었다. 어느 날 앰버가 집에 놀러 왔을 때 두 사람은 넷플릭스에서 볼 영화를 고르기 시작했다. 앰버가 공포 영화를 보자고 제안했다. 평소 같으면 그냥 앰버의 제안에 동의했겠지만 이번에 베라는 속으로 물었다. '나는 무엇을 원하지?'

베라는 공포 영화도 괜찮지만 코미디 영화를 더 보고 싶다는 걸 깨달았다. 그러나 그 마음을 앰버에게 드러내기가 망설여졌다. 둘의 관계에서 자신의 취향을 표현해 본 적이 거의 없어서 앰버가 어떻게 반응할지 확신할 수 없었다. 하지만 베라는 스스로 격려했다. '베라, 코미디가 보고 싶다고 그냥 말해. 최악의 경우 싫다고밖에 더하겠어? 우리가 함께한 지도 벌써 2년이잖아. 넌 내 목소리를 낼 자격이 있어.'

베라는 용기를 내어 말했다. "그것도 나쁘지 않지만 나는 코미디 영화가 보고 싶어." 앰버는 순간 놀라는 눈치를 보였다. 베라가 의견을 내는 모습이 낯설었기 때문이다. 하지만 앰버는 기꺼이 그 제안을 받아들였다. 한 시간 뒤 두 사람은 영화를 보며 깔깔 웃고 있었다. 베라는 오늘 밤의 분위기를 자신이 이끌었다는 사실에 기분이 좋았다.

자화자찬은 최대한 오래

원하는 것을 이룬 후에는 곧장 다음 목표로 넘어가지 말고 잠시 그 노력과 성취를 기뻐하는 시간을 가져라. 오랫동안 자신을 억눌러 온 사람은 자신을 위해 적극적으로 추구하는 일 자체가 대단한 성취다. 이를 이뤘을 때 마음과 몸, 생각에 어떤 감각이 느껴졌는지 가까운 친구와 이야기를 나눠 보는 것도 좋다.

나라는 토대 위에서 살아가는 것

감정과 필요, 가치와 바람을 꾸준히 우선순위에 두기 시작하면 오랫동안 (때로는 몇 시간, 며칠, 몇 해 동안) 자신에게서 멀어진 채 살아왔던 삶에서 드디어 벗어나기 시작한다. 그리고 마침내 자기 안에 단단하게 머무르며 살아가게 된다.

내면에 귀 기울이는 일은 도착지가 아니라 과정이다. 어떤 날은 자기 자신에 대한 감각이 또렷해져서 자신의 필요와 바람을 온전히 따르며 살아갈 것이다. 하지만 힘든 날에는 기존의 패턴이나 타인의 평가에 휘둘려 자신에게서 멀어지기도 한다. 그러나 이 또한 과정이다. 지금 우리는 여러 해 혹은 여러 세대를 거쳐 내려온, 자신보다 타인을 중요시하는 패턴을 끊어 내려 하고 있다. 타인의 감정과 타인의 원하는 것에서 내가 느끼는 감정과 내가 원하는 것으로 의식적으로 주의를 돌릴 때마다 자기 부정의 반복적인 굴레를 허물고 피플 플리징을 멈추기 위한 단단한 토대를 쌓아 갈 수 있다.

바로 이 자아감을 시작점으로 삼아야만 진정으로 자신을 대변할 수 있다. 무엇을 지켜야 하는지 모른다면 자신을 보호할 수 없다. 이제 다섯 가지 토대가 단단히 세워졌으니 우리는 우리가 원하는 것을 분명하게 요청하고 단호한 경계를 세우고 앞으로 다루게 될 중요한 작업을 시작할 수 있다.

부드럽고
단호한 선 긋기로
나를 지켜라

STOP PEOPLE PLEASING

당신은 더 많은 것을
누릴 자격이 있다

자기 자신과의 관계가 견고하게 다져졌으니 이제 타인과의 관계 속에서도 목소리를 내고 자신을 보호할 때다. 이 과정의 첫걸음은 관계적 요구를 분명히 하는 것이다. 가족, 친구, 연인, 동료와의 관계에서 내가 구체적으로 무엇을 원하는지 알아야 한다는 뜻이다.

제1장에서 살펴본 것처럼 많은 피플 플리저가 어릴 적 방치나 학대를 경험했거나 양육자가 정서적 요구를 채워 주지 못한 환경에서 자랐다. 이런 어린 시절의 경험을 통해 타인에게 아무것도 요구하지 않는 것이 그리고 최대한 다른 사람들에게 맞춰 호감을 사는 것이 안전을 보장받는 길이라고 배웠다. 그렇게 인간관계 속에서 최소한의 필요만 충족한 채 살아가는 법을 익힌 것이다.

하지만 이제 우리는 자신의 감정과 필요, 바람, 가치를 존중하기 시작했으므로 타인과의 관계에서도 같은 존중을 원해야 한다. 주기만 하고 받지 못하는 불균형한 관계, 타인의 잔만 채워 주고 정작 내 잔은 텅 빈 관계 속에서 서서히 불만이 차오를 것이다. 이는 내가 더 많은 것을 누릴 자격이 있다고 믿기 시작했다는 신호다.

당신은 서서히 조금씩 깨닫는다. 자신에게 애정과 존중, 친절이 필요하다는 걸, 서로가 노력하는 공정하고 상호적인 관계가 필요하다는 걸. 이런 요구를 스스로 인정하는 것이야말로 타인에게도 자신의 요구를 주장할 수 있는 첫걸음이다.

이 장에서는 이런 관계적 요구를 어떻게 찾을 수 있는지, 스스로 '터무니없다'라거나 '과하다'라고 속삭이는 내면의 목소리를 어떻게 잠재울 수 있는지 살펴볼 것이다. 이어지는 장들에서는 이런 요구를 관계 속에서 어떻게 지키고 표현할 수 있는지 알아본다.

관계적 요구를 알려 주는 신호

오랫동안 최소한의 필요만 충족하며 살아온 사람은 자신의 관계적 요구를 알아차리기가 쉽지 않다. 이때는 제3장에서 살펴본 것처럼 신호를 알면 도움이 된다. 이 신호는 내 안에 충족되지 않은 요구가 있다는 것을 말해 주는 특정한 감정과 행동으로, 마치 깜박이는 빨간 불빛처럼 우리에게 묻는다. '여기서 무엇이 달라져야 할까?'

상대방과의 관계에서 느끼는 원망, 상처, 분노, 압도감이나 소진, 이용당했다는 느낌은 모두 충족되지 않은 요구를 알리는 신호일 수 있다. 원망은 억울하거나 착취당했거나 잘못된 대우를 받았다고 느낄 때 생긴다. 내가 감당할 수 있는 한도 이상으로 남에게 퍼 줄 때, 누군가가 헛된 약속을 하거나 합의를 어길 때도 원망이 싹튼다. 원망의 감정은 대체로 존중, 상호성, 공정함, 친절, 평등에 대한 목마름이 해소되지 않았음을 드러내는 신호다.

상처는 흔히 부당한 대우를 받거나 외면당하거나 무시당했을 때 드러나는 반응으로 주의, 인정, 친절, 배려, 지지가 결핍되었음을 뜻한다. 그런가 하면 분노는 부당한 대우를 받았다는 억울함에서 터져 나온다. 이는 강력한 자기 보호의 감정이다. 지금 일어난 일이 옳고 그름에 대한 내 감각과 어긋난다는, 내면 깊숙한 곳에서 울려 퍼지는 외침이다. 이런 분노의 감정은 존중, 상대의 성의, 자율성, 공정함, 배려에 대한 요구가 충족되지 않았음을 알리는 신호일 수 있다.

압도감이나 소진은 현재 자신이 맡은 의무가 너무 많고 휴식은 턱없이 부족할 때 찾아온다. 또한 타인의 감정을 지나치게 떠안아 책임지려 할 때 정서적으로 압도당하는 기분을 느끼기도 한다. 압도감과 소진은 대체로 휴식, 여유, 균형, 공정함, 지지에 대한 요구가 채워지지 않았음을 보여 준다.

또 누군가가 나의 친절이나 너그러움을 이용하고 있다고 느낀다면 자신이 감당할 수 있는 한도 이상으로 퍼 주었다는 분명한 신호다. 이용당했다는 느낌은 평등, 공정함, 상호성, 배려, 지지에 대한 요구가 충족되지 않았음을 나타낸다.

특정한 행동도 신호가 될 수 있다. 같은 상황에 대해 끊임없이 하소연한다든지, 과거에 했어야 했다고 생각되는 말을 머릿속에서 반복적으로 떠올린다든지, 어떤 사람이나 공동체를 피한다든지, 심지어 관계 자체를 끊어 버리는 행동 등은 그 관계가 지금의 형태로는 나의 요구를 충족시키지 못하고 있다는 것을 보여 준다.

같은 상황에 대해 끊임없이 하소연하고 있다면 이는 지속적인 고통을 받고 있다는 뜻이다. 하나 이상의 요구가 충족되지 않고 있으며 무언가가 바뀌어야 한다는 신호다. 과거에 했어야 했다고 생각되는 말을 머릿속으로 계속 되뇌는 것은 중요한 감정이나 요구를 제때 표현하지 못했다는 뜻이다. 그 요구가 충족되지 못한 상태로 아직 남아 있으므로 지금이라도 다뤄져야만 한다.

스물아홉 살 베서니는 남자 친구 롭 때문에 답답함을 느끼고 있다. 두 사람은 따로 살고 있지만 지난 6개월 동안 롭은 거의 매일 베서니의 집에서 지내다시피 했다. 그는 베서니의 집에서 샤워하고 커피를 마시고 식사도 해결하지만 정작 집세나 생활비를 보태겠다고 제안한 적이 한 번도 없다.

베서니는 몇 주째 친구들에게 롭에 대한 불만을 털어놓고 있었다. 그러던 어느 날 또다시 자신의 돈으로 장을 보고 집으로 돌아오던 길에 그녀는 롭에게 이용당하는 것 같은 감정을 느끼고선 친구 빈스에게 전화를 걸었다.

"마트에서 또 150달러 넘게 썼어." 그녀가 푸념했다. "도대체 롭은 왜 생활비를 낼 생각도 안 하는 거지? 내 집에서 살다시피 하면서. 만약 반대로 내가 그의 아파트에서 살다시피 했다면 진작에 생활비를 보태겠다고 했을 거야."

빈스는 친구의 말을 잘 들어 주는 편이지만 이 하소연을 이미 수없이 들어 온 터였다. 그는 형식적으로 몇 번 공감하며 맞장구를 쳐 주었다.

전화를 끊고 나서 베서니는 똑같은 불평을 친구들에게 반복해서 늘어
놓은 자신이 부끄럽게 느껴졌다. 그러다 문득 떠올랐다. 같은 상황을 끊
임없이 하소연한다는 건 충족되지 않은 요구가 있다는 신호라는 걸. 베
서니는 롭과의 관계에 변화가 필요하다는 사실을 부정할 수 없었다.

어떻게 해야 네 마음이 아니라 내 마음이 편할까?

감정이 신호라는 사실을 알았다면 마음을 들여다보며 이렇게 물어야
한다. '이 상황에서 충족되지 않은 나의 요구는 무엇일까?' 답이 쉽게
떠오르지 않는다면 질문을 다음과 같이 바꿔 보는 것도 도움이 된다.
'이 감정이나 행동이 해결되려면 무엇이 달라져야 할까? 무엇이 멈춰야
만 내 마음이 편해질 수 있을까? 내가 안전하다고 느끼려면 무엇이 더
필요할까?'

베서니는 자신의 충족되지 않은 요구를 알아내기 위해 다음과 같이
자문했다. '내가 느끼는 원망의 감정이 가라앉으려면 무엇이 달라져야
할까?' 곧바로 답이 떠올랐다. '롭이 지금처럼 내 집에서 지낼 거라면
생활비를 보태야 해.'

하지만 그녀는 이를 인정하면서도 두려움과 의구심이 밀려드는 걸 느
꼈다. 머릿속이 복잡해졌다. '나는 롭을 사랑하고, 그와 내 집에서 함께
시간을 보내는 게 좋은데…. 돈을 요구하다니 너무 치사하게 구는 것
같아. 게다가 돈 이야기를 하기도 쉽지 않잖아. 만약 내가 말을 꺼냈는
데 그가 거절한다면? 내 요구가 지나친 건 아닐까?'

베서니 같은 사람들에게 가장 큰 걸림돌은 자신의 요구가 터무니없거나 과도할지도 모른다는 두려움이다. 터무니없다고 여겨질까 봐, 다른 사람들이 비웃거나 무시할까 봐, 해도 결국 충족되지 않을까 봐 겁이 나는 것이다. 이런 걱정이 너무 깊숙이 자리 잡으면 그 존재조차 깨닫지 못한 채 그저 요구를 표현할 수 없다고만 느낀다.

이 두려움에 맞서는 방법은 곧 살펴볼 것이다. 하지만 지금은 필요한 것을 표현하는 연습을 하는 단계이므로, 결과에 대한 걱정 때문에 솔직해지지 못하는 일이 없도록 하는 것이 중요하다. 앞서 제6장에서 배운 방법 '완전한 수용을 상상하기'를 활용해 두려움 아래 숨은 요구를 드러내 보자.

누구에게도 방해받지 않는 시간에 머릿속으로 이런 상상을 해보자. 당신이 내일 아침 눈을 떴을 때 세상 모든 게 지금과 똑같지만 한 가지 중요한 변화가 일어난다. 즉 당신이 무엇을 하든 주변 사람들이 온 마음으로 즐겁게 받아 준다. 당신의 말과 행동, 결정, 제안 전부 다 말이다! 물론 이 세상에서도 법의 질서는 그대로 적용되고 불법적이거나 폭력적인 행동은 허용되지 않는다. 달라진 점은 오직 세상이 온전히 당신의 무대가 되었다는 것이다.

이 세상에서는 돌봄, 애정, 균형, 상호성, 이해, 친절, 존중 등 어떤 요구라도 표현할 수 있고 그 모든 것이 환영받으며 즉시 충족된다. 이런 조건에서 당신의 감정 신호 아래 숨어 있는 충족되지 않은 요구를 찾아본다면 그것은 과연 무엇일까?

지나친 건 내가 아니라 피플 플리징이다

제3장에서 살펴본 것처럼 어린 시절과 성인기의 관계에서 우리의 요구가 어떻게 받아들여졌는지가 지금 우리가 요구를 드러내고 우선시하는 의지에 큰 영향을 미친다. 만약 과거에 요구를 표현했을 때 비난이나 경멸 혹은 무관심이 돌아왔다면 타인의 비난이 두려워 아예 드러내지 않으려 할 수도 있다.

앞으로 이어질 장에서 살펴보겠지만 자신이 원하는 것이 정당하다는 믿음이 없으면 상대에게 요구하고 경계를 세우는 일이 무척 어려워진다. 그 믿음을 키우려면 다음을 기억해야 한다.

정당한 요구 목록

평생을 자신보다 남을 먼저 챙기며 살아왔다면 아주 기본적인 요구조차도 지나친 것처럼 느껴지기 마련이다. 이런 사람은 최소한의 요구가 아닌 이상 전부 다 사치처럼 느껴진다. 따라서 자신의 '과하다'라는 기준이 한참 왜곡되어 있다는 사실을 아는 게 중요하다. 아래의 요구 목록은 피플 플리저들이 '지나치다'라고 느끼지만 사실은 지극히 당연한 관계적 요구의 예시다(이 목록이 전부가 아니라는 점도 기억하자).

- 나는 안전하다고 느낄 필요가 있다.
- 나는 신체적, 언어적 폭력으로부터 자유로울 필요가 있다.
- 나는 존중받을 필요가 있으며 여기에는 모욕이나, 굴욕을 당하지 않는 것이 포함된다.

- 나는 내 외모에 대한 비난에서 자유로울 필요가 있다.

- 나는 친절을 받아야 할 필요가 있다.

- 나는 애정과 고마움을 표현받아야 할 필요가 있다.

- 나는 다른 사람으로부터 함께 시간을 보내자고 먼저 제안을 받을 필요가 있다.

- 나는 나와 내 삶에 대한 다른 사람의 관심을 받을 필요가 있다.

- 나는 일관된 관계가 필요하며, 소통이 어려울 때 그 이유를 설명받을 필요가 있다.

- 나는 다른 사람이 내 말을 도중에 끊거나 끼어드는 일이 없이 하고 싶은 말을 다 할 필요가 있다.

- 나는 내 열정과 관심사를 무시받지 않을 필요가 있다.

- 나는 다른 사람의 동의 없이도 내 신념 그 자체로 존중받을 필요가 있다.

- 나는 다른 사람들로부터 내 시간을 존중받을 필요가 있다.

- 나는 혼자만의 공간이 필요하다.

- 나는 있는 그대로의 나로 존중받을 필요가 있다.

- 나는 상대가 나에게 솔직하게 대해 줄 것이라는 믿음이 필요하다.

- 나는 어떤 잘못에 대해 사과했을 때 내 사과가 기꺼이 받아들여질 필요가 있다.

- 나는 갈등 상황에서 상대와 내가 함께 관계를 회복하려고 노력할 필요가 있다.

- 나는 경제적 책임, 가사, 양육을 다른 사람과 공정하고 균등하게 나눌 필요가 있다.

- 나는 강요나 죄책감 없이 스킨십에 대한 내 생각을 존중받을 필요가 있다.

이 목록을 쭉 살펴보면 머리로는 정당한 요구라는 데 동의하면서도 마음속에서는 왠지 거부감이 느껴질 수 있다. 다른 사람들에게는 정당한 요구이지만 나 자신에게는 그렇지 않은 것처럼 느껴질지도 모른다. 특히 이런 대우를 받아 본 경험이 드물다면 내가 과연 이런 대우를 받을 자격이 있는지 의문이 들 것이다.

자신이 더 많은 것을 누릴 자격이 있다는 믿음은 하루아침에 생기지 않는다. 이는 점진적인 과정이다. 자신의 감정과 요구를 우선시할수록 타인과의 관계 속에서도 이를 우선시할 가치가 있다는 믿음이 커진다. 당신이 더 많은 것을 누릴 자격이 있다고 믿게 해줄 영웅이나 권위자는 나타나지 않는다. 때로는 스스로 용기를 내어 과감하게 발을 내디디는 수밖에 없다. 내가 나의 영웅이 되어 내가 더 많은 것을 누릴 자격이 있는 사람이라는 것을 행동으로 알려 줘야 한다.

지나친 요구가 아니라 '정당한' 요구다

만약 자신을 방치하거나 공감해 주지 않거나 회피적인 사람들과 살아왔다면 공정함이나 애정, 친밀감, 지지 같은 것을 바라는 기본적인 요구조차 터무니없는 것이라 여길 수 있다. 가장 가까운 사람들이 그 요구를 충족시켜 주지 못했기 때문이다.

나는 공감 능력이 부족한 사람들과 연애를 거듭하다 보니 "사랑해.", "난 널 아껴.", "넌 내게 소중한 사람이야." 같은 확인의 말을 바란다는 게 터무니없는 일처럼 느껴지기 시작했다. 한번은 연인에게 말로 애정을 표현해 달라고 간절히 부탁하기도 했다. 그는 친구들에게는 따뜻한 말을 자주 하면서 연인인 내게는 그렇지 못했다.

나는 그에게 조심스럽게 부탁했다. 성격이든 옷차림이든 웃음이든 상관없으니 가끔은 나를 칭찬하는 말을 해줄 수 없겠냐고. 하지만 그는 그렇게 해주지 않았다. 나를 사랑한다고 고백한 지 몇 달이 지나서부터는 사랑한다는 말도 하지 않았다. 서로 "사랑해."라고 말하는 것이 내게 얼마나 중요한 일인지 설명했을 때 그는 동의했지만 그 말을 입 밖에 내지는 않았다.

한동안 나는 사랑받고 있다는 확신과 안정감을 느끼기 위해 이런 말을 꼭 들어야 하는 내가 잘못된 건 아닐까 고민했다. 연인에게서 다정한 말을 바라는 것이 지나친 기대는 아닐까 의심스러웠다.

그러나 타인이 당신의 요구를 채워 주지 못하거나 채워 주려 하지 않는다고 해서 그 요구 자체가 과하다는 뜻은 아니다. 중요한 것은 타인의 부족함을 곧바로 자신이나 자신의 요구에 대한 객관적 진실로 받아들이지 않는 것이다. 어떤 이유에서든 당신의 요구를 충족해 주지 못하는 사람이 있는가 하면 기꺼이, 열정적으로, 주저 없이 채워 주는 사람도 있다. 누군가에게는 '지나친' 요구가 다른 사람에게는 '지극히 정당한' 요구일 수도 있다.

남과 다르다고 잘못된 요구는 아니다

사람마다 성장 환경, 트라우마 이력, 민감성, 성격, 바람, 의사소통 방식이 다르다. 이런 요소가 전부 모여 개인의 고유한 관계적 요구를 형성한다. 내향적인 사람은 외향적인 사람보다 혼자 있는 시간이 더 많이 필요할 것이다. 어렸을 때 양육자에게 공감받지 못한 사람은 세심한 양육자 아래에서 성장한 사람보다 연인에게 더 많은 확신을 필요로 할 수 있다. 언어로 마음을 표현하는 데 익숙한 사람은 그렇지 않은 사람보다 더 많은 대화가 필요할 것이다.

내게는 다른 사람에게 없는 요구가 있고, 다른 사람에게는 내게 없는 요구가 있을 수 있다. 그렇다고 어느 쪽이 '잘못된' 것은 아니다. 그저 서로 다를 뿐이다.

때로는 내 행동을 바꾸는 것이 더 빠르다

내게 필요한 것이 무엇인지 파악했다면 이제 충족할 방법을 생각해 봐야 한다. 요구는 대체로 광범위하고 추상적이다(예: 사랑, 존중). 반면 전략은 구체적인 행동과 실천이다(예: 칭찬의 말 건네기, 고마운 마음 표현하기). 요구를 충족하는 전략은 여러 가지가 있을 수 있고 오직 하나의 방법만 효과가 있을 수도 있다.

어떤 경우에는 직접 행동해서 요구를 충족할 수 있다. 예를 들어 바쁜 한 주를 보낸 뒤 휴식이 필요하다면 일찍 잠자리에 들거나 저녁 약속을 취소하거나 하루 휴가를 내는 전략을 쓸 수 있다. 일에 집중하느라 삶의 균형이 깨졌다고 느낀다면 친구들과 보내는 시간을 늘리거나 예술과 창작을 위한 시간을 따로 마련하거나 짧은 여행을 떠나는 것이 방법일 수 있다.

제나의 언니 릴리아는 석 달 전에 힘겨운 이혼을 겪었다. 그 뒤로 제나는 하루도 빠짐없이 언니에게 전화를 걸어 안부를 물었고 그렇게 매번 몇 시간씩 통화를 이어 갔다. 처음에는 그렇게 긴 시간 동안 언니의 이야기를 들어 줄 마음의 여유가 있었지만 이제 제나는 서서히 지쳐 가고 있었다. 잠시 언니와 거리를 둘 필요가 있었다.

이 경우는 제나가 매일 릴리아에게 전화를 걸고 몇 시간씩 대화에 응하는 행동 자체가 자신에게 필요한 휴식을 가로막고 있다. 여기서 벗어나는 전략으로는 언니에게 전화 거는 횟수를 줄이거나 통화 시간을 줄이는 방법이 있다.

남을 지나치게 배려하는 것이 문제라면 내적 경계를 세워야 한다. 내적 경계란 자신의 행동과 다짐에 대해 자신에게 하는 약속이다. 이 유형의 경계에 대해서는 다음 장에서 살펴볼 것이다.

앞 사례에서 베서니는 남자 친구 롭이 그녀의 집에서 거의 살다시피 하자 답답함을 느끼고 앞으로 어떤 방식으로 생활비를 분담해야 공정할지 고민했다. 그리고 결국 그녀는 롭이 식비의 절반과 집세 일부를 부담해야 한다는 결론에 이르렀다.

물론 의심의 목소리가 여전히 맴돌지만('너무 치사한 행동 아닐까? 지나친 요구 아닐까?') 베서니는 롭이 사실상 자신의 아파트에서 살고 있다는 사실을 다시 한번 떠올렸다. 따라서 이 요구는 공정했다. 그녀는 연인을 경제적으로 책임지는 관계가 편하지 않았고, 말하지 못한 불만이 롭과의 관계를 망치는 것도 원하지 않았다. 몇 달 동안 속으로 원망을 삭여 온 그녀는 자신의 요구를 입 밖에 내는 것이 앞으로 나아갈 유일한 길임을 깨달았다.

하지만 사랑, 연민, 지지, 존중 같은 관계적 요구는 타인의 참여가 있어야만 충족될 수 있다. 만약 내가 힘든 시간을 보내고 있어 연인의 따뜻한 위로가 필요하다면 연인이 실행할 수 있는 전략은 안부 전화를 걸거나, 집에서 요리를 해주거나, 소파에서 함께 꼭 껴안고 시간을 보내주는 것이 있을 수 있다. 가족이 나를 험담하거나 모욕하는 말을 한다면 내 존중 요구를 충족하는 유일한 전략은 그들이 그런 상처 주는 행동을 멈추는 것뿐이다.

어떤 전략이 요구를 충족해 줄 수 있을지 가늠하기 어려울 때도 있다. 그럴 때는 그 전략이 어떻게 흘러갈지 처음부터 끝까지 한 편의 영화처럼 상상해 보는 방법이 효과적이다. 그 영화가 끝났을 때 어떤 기분이 드는가? 그 전략이 효과가 있었는가? 원래 느꼈던 분노나 압도감 같은 감정이 줄어든 것을 느꼈는가? 이런 연습은 전략의 효과를 미리 가늠하는 데 도움이 되지만 어떤 경우에는 실제로 시도해 보기 전까지 확실히 알기 어려울 때도 있다.

남을 지나치게 배려하고 퍼 주는 행동, 예를 들면 시간이 없는데도 약속을 잡거나, 심적으로나 경제적으로 여유가 없는데도 베푸는 행동을 계속하면 소진되거나 버겁거나 원망 같은 감정을 경험할 수 있다. 이런 경우 나 자신을 돌보려면 내 행동 자체가 달라져야 한다.

일상에서 관계에 필요한 것을 찾아내는 세 단계

관계적 요구를 알아차리는 습관을 기르려면 다음 세 단계를 활용하라.

1. 신호를 포착하라

현재 원망, 상처, 분노, 버거움, 소진, 이용당한다는 느낌이 드는 구체적인 상황을 떠올려 보라. 같은 문제를 두고 반복해서 불평하거나, 과거에 하지 못했던 말을 마음속으로 되풀이하거나, 특정 인물이나 공동체를 피하거나, 아예 관계를 끊어 버린 상황도 여기에 해당한다.

2. 충족되지 않은 요구를 찾아라

앞서 떠올린 상황을 바탕으로 자신에게 물어보자. '지금 충족되지 않은 나의 요구는 무엇인가?' 앞에서 소개한 요구 목록을 참고해도 된다. 만약 요구를 징확히 짚어 내기가 이렇게 느껴진디면 이렇게 자문해 보자. '만약 반드시 충족된다고 전제하고 생각해 본다면 지금 충족되지 않은 요구는 무엇인가?'

3. 구체적인 전략을 세워라

충족되지 않은 요구를 찾았다면 이제 이를 충족할 전략을 세워야 한다. 다음 질문에 답해 보자. '나의 요구를 충족해 줄 구체적인 행동은 무엇인가?' 어떤 전략이 효과적일지 판단하기 어렵다면 그 전략이 흘러가는 과정을 처음부터 끝까지 영화처럼 상상해 보라. 그리고 떠오르는 모든 전략을 기록한다. 물론 하나의 전략만으로도 괜찮다.

지금까지 충족되지 않은 요구를 어떻게 알아차릴 수 있는지 살펴봤다. 앞으로는 내적 경계를 세우는 법, 요청하는 법, 타인과의 경계를 활용해 나를 돌보는 법에 대해 알아볼 것이다.

제08장

모든 선 긋기는
나와의 약속에서 시작한다

내 요구가 충족되기 위해 타인의 행동이 바뀌어야 할 때도 있다. 그러나 앞에서 말한 제나의 경우처럼 원망과 소진, 피로와 버거움은 남을 지나치게 배려하는 데서 비롯되기도 한다. 이런 상황에서는 내적 경계를 단단히 세워 자기 자신을 돌볼 수 있다. 내적 경계란 자신의 행동과 다짐에 대해 스스로 하는 약속이다.

이미 지쳐 있는 상황에서 새로운 일과 책임을 받아들이면 정작 자신에게 필요한 휴식과 여유, 균형, 정서적 안정에는 소홀해진다. 원하는 것보다 더 많은 시간을 다른 사람들과 보내거나, 감당하기 힘든 만큼 타인의 감정을 떠안거나, 불편한 주제를 놓고 대화를 이어 가거나, 사실은 원하지 않는 일(두 번째 데이트, 친구와의 약속, 성적 접촉 같은 일)에 동의하는 것이다.

이렇게 자신의 한계를 넘어서까지 타인을 배려하면 우리를 함부로 대하는 것은 타인이 아니라 바로 우리 자신이다. 문제는 밖이 아니라 안에 있다. 이런 상황에서 자신을 돌보는 일은 오롯이 내부의 과제가 된다. 이번 장에서는 내적 경계를 세워 자신의 한계를 지키고 과도한 배려의 패턴을 끊어 원망의 감정에서 벗어나는 법을 배울 것이다. 그리고 내적 경계를 바탕으로 타인과의 경계를 세우는 법도 알아본다.

사실 당신은 이용당하지 않았다

다른 사람이 내 시간이나 친절, 너그러움을 이용하는 것처럼 느껴질 때가 있다. 하지만 사실은 내가 나의 경계를 넘어 지나치게 베풀었다는 신호일 때가 많다. 하지만 우리는 남에게 맞추려 자신에게 소홀했던 책임은 돌아보지 않고, 오히려 상대가 내게 필요한 건 알아주지 않고 나를 이용했다고 원망하곤 한다.

타인은 내가 얼마나 바쁜지 모른다

질은 5학년 쌍둥이를 둔 싱글 맘이다. 집에서 사업을 운영하고 있고 아이들을 축구 연습장과 친구 집에 데려다주느라 항상 바쁘다. 그러던 어느 날 쌍둥이의 담임교사인 베카가 질에게 학부모회에 참석해 달라고 부탁했다.

질은 이미 일정이 꽉 차 있었지만 베카가 자신의 양육 방식과 참여도를 좋게 봐 주기를 바라며 승낙했다. 하지만 그날 저녁 질은 친구에게 전화해서 아이들의 담임이 자신이 바쁜 걸 뻔히 알면서도 학부모회에 참석해 달라며 자신의 친절을 이용했다고 불평했다. 하지만 실제로는 그녀 자신이 여유가 전혀 없는 상황에서 새로운 일거리를 받아들여 그녀에게 필요한 휴식을 저버린 것이다. 여기서 질이 세울 수 있는 내적 경계는 이렇다. '이미 일정이 가득 찼을 때는 새로운 일거리를 받아들이지 않겠다.'

경제적 지원은 감당할 수 있을 만큼만 하라

포스터와 에밀리에게는 스물네 살 난 아들 제러미가 있다. 제러미는 3년 전 대학을 졸업한 뒤 기타리스트의 길을 걷기로 했다. 가끔 공연 기회가 생기긴 하지만 아직 집세를 감당할 만큼의 돈을 벌지는 못한다. 포스터와 에밀리는 아들이 꿈을 좇는 동안 생활비를 보태 주기로 했지만 3년이 지난 지금은 재정적으로 부담을 느끼기 시작했다. 그럼에도 죄책감 때문에 경제적 지원을 끊지 못하고 계속 돕고 있는데, 친척들과 통화할 때는 제러미가 자기들의 도움을 당연하게 여긴다며 불평을 늘어놓곤 했다.

포스터와 에밀리는 그들이 한계를 넘어 베풀고 있다는 사실을 인정하지 않고 부담과 불편한 마음을 아들에게 돌리고 있다. 실제로는 그들의 한계를 그들 스스로 침해하고 있는 것이다. 그들이 세울 수 있는 내적 경계는 이렇다. '우리는 감당할 수 없는 상황에서는 제러미를 경제적으로 지원하지 않겠다.'

내적 경계를 세운 뒤에는 타인에게도 그 경계에 대해 알릴 필요가 있다. 우리는 사랑하는 이들의 부탁을 거절하거나, 책임을 받아들이지 않거나, 더는 예전처럼 도와줄 수 없다는 사실을 전해야 할 때가 있다. 타인과의 이런 경계를 어떻게 세워야 하는지는 제10장에서 다룰 것이다.

명심하자. 받는 사람이 한계를 정하는 일은 없다. 자신을 지킬 책임은 결국 자신에게 있다.

일상에서 나를 지키는 첫걸음, 내적 경계 세우기

제7장에서 살펴본 것처럼 원망이나 버거움, 소진 같은 감정 신호는 우리가 관계에서 지나치게 베풀거나 과도하게 헌신하고 있다는 사실을 알려 준다. 내적 경계를 설정하려면 현재 당신이 처한 상황을 잘 살펴봐야 한다. 현재 당신의 삶에서 다음과 같은 부분이 있는가?

- 시간, 여유, 휴식의 필요성을 의식적으로 외면하고 있는가?
- 감당할 수 있는 것보다 많은 책임을 떠안고 있는가?
- 속으로는 분명 거절하고 싶은데 억지로 승낙하고 있는가?
- 피곤하거나 지치고, 결국 소진 상태에 이를 때까지 타인을 돕는가?
- 마음이 편치 않은데도 누군가를 돕고 있는가?
- 누군가에게 호감을 얻으려고 무언가를 해주고 있지만 결국은 원망이 드는가?

위 상황에 해당한다면 반드시 내적 경계를 정해야 한다. 자신의 한계를 존중하기 위해 스스로 하는 약속이다. '나는 밤 10시 전에 잠자리에 들겠다', '마음의 여유가 없어 통화가 힘들 때는 상대에게 솔직하게 말하겠다. 그게 친구든, 연인이든, 부모님이든 말하겠다’, ‘업무가 버겁게 느껴질 때는 상사에게 솔직하게 말하겠다’ 등 무엇이든 좋다.

칼라는 인스타그램과 틱톡에 영상을 올리는 것이 직업인 소셜 미디어 인플루언서다. 그녀는 매일 영상을 게시한 뒤에도 몇 시간씩 앱을 스크롤하면서 곧바로 기억에서 사라져 버릴 수백 개의 영상을 소비한다. 과도한 디지털 기기 사용은 그녀의 정신 건강에 큰 부담을 주고 있다. 칼라는 소셜 미디어에 거리를 둘 필요가 있다. 그녀의 경우 이런 내적 경계를 세울 수 있다. ‘하루에 소셜 미디어에 쓰는 시간을 두 시간으로 제한한다.’

루이스는 인생의 반려자를 만나고 싶다는 바람으로 몇 달째 데이팅 앱을 사용하고 있다. 그는 진지한 관계를 원하지만 외롭다 보니 가벼운 만남만 원한다고 밝힌 여성들에게도 계속 ‘좋아요’를 누른다. 결과는 늘 같다. 두어 번의 데이트 후 그 여성들과의 관계는 끝나고 루이스는 전보다 외로움이 커진 상태로 다시 새로운 상대를 찾는다. 더는 실망하는 일도 없고 진지한 관계를 원하는 자신의 바람을 우선시하기 위해 그가 세울 수 있는 내적 경계는 다음과 같다. ‘나처럼 진지한 관계를 원하는 사람과만 데이트를 하겠다.’

내적 경계를 세웠다면 이제 남은 과제는 실천에 옮기는 것이다. 때로는 제3장에서 살펴본 것처럼 스스로 자신을 돌보는 것으로 충분하다. 또 어떤 경우에는 상대에게 요청하거나 타인과의 경계를 세움으로써 자신의 요구를 표현해야 하는데, 이에 대해서는 이어지는 장들에서 살펴볼 것이다. 내적 경계는 행동으로 옮길 때만 효과가 있다. 그러려면 쉽지 않을 때도 이를 우선순위로 두어야 한다. 다음에 제시하는 전략들은 내적 경계를 더욱 굳건히 지킬 수 있도록 도와줄 것이다.

잘 보이는 곳에 두어라

내적 경계를 글로 써서 잘 보이는 곳에 두면 마음을 새롭게 다질 수 있다. 종이에 적어 냉장고나 욕실 거울, 자동차 계기판 위에 붙여도 좋고 휴대전화 배경 화면으로 설정하거나 아침과 저녁에 짧은 주문처럼 되뇌어도 된다.

주변에 알려라

연구에 따르면 사신이 중요하게 여기는 사람과 목표를 공유히면 그 목표를 달성할 가능성이 커진다.[1] 내적 경계를 지키기 위해 친구나 가족 혹은 치료사와 그 다짐을 나눠 보라. 내적 경계를 지킨 이야기를 들려주며 함께 성공을 축하하라.

더 멀리 보라

앞으로 1년 동안 내적 경계를 잘 지킨다면 당신의 삶이 어떻게 달라져 있을지 일기장에 적는다. 몸과 마음의 건강은 어떻게 나아질까? 다른 사람들과의 관계에서 원망은 얼마나 줄어들까? 자신과의 관계는 어떻게 달라질까? 또 어떤 이점을 경험하게 될까?

요청하라,
말하지 않으면 아무도 모른다

우리가 관계 속에서 무엇이 필요한지 분명히 깨달으면 이를 얻기 위해서는 상대의 변화가 따라야 한다는 결론에 이르기도 한다. 더 많은 대화나 애정, 균형이 필요할 수도 있고, 반대로 무례해지거나 소극적 공격을 하거나 함께 보내는 시간을 줄여야 할 수도 있다.

이제는 요청해야 할 때다. 상대방에게 원하는 것을 말하고 행동을 바꿔 달라고 해야 한다. 요청은 다음과 같이 표현할 수 있다.

- "나한테 말할 때 목소리를 조금 낮춰 줄래?"
- "가끔은 네가 먼저 만나자고 해줄 수 있을까?"
- "지금은 좀 피곤해서 잠깐 혼자 있어도 될까?"
- "네가 지금 어떤 기분인지 말해 줄래?"
- "그 이야기를 더 이상 농담거리로 삼지 말아 줄래?"

요청을 통해 자신의 요구를 말로 표현하는 것은 내 요구가 중요하다는 사실을 타인과 나 자신에게 보여 주는 것이다. 이번 장에서는 굳이 말하지 않아도 타인이 내 요구를 알아야 한다는 생각이 왜 잘못되었는지 짚어 보고, 요구를 말로 옮기는 구체적인 표현 방법을 살펴본다. 또한 요청이 어떤 결과로 이어지는지, 상대가 내 요청을 들어줄 수 없으면 어떻게 해야 하는지도 함께 다룰 것이다.

상대는 그걸 꼭 말로 해야 안다

요청을 가로막는 가장 큰 장벽 중 하나는 상대방이 내가 무엇을 필요로 하는지, 어떻게 돌봐주고 사랑해야 하는지를 말하지 않아도 당연히 알아야 한다는 생각이다. 배우자는 내가 더 많은 애정을 원한다는 사실을, 상사는 내가 너무 많은 업무에 치이고 있다는 사실을, 친구들은 몇 주씩 내 집에서 머물게 해줄 수 없다는 사실을 '말하지 않아도' 알아야 한다고 믿는 것이다.

하지만 모든 사람이 같은 방식으로 관심이나 배려, 사랑을 표현하는 것은 아니며 애정이나 자기만의 시간, 휴식을 원하는 정도도 제각각이다. 자라온 가정환경, 문화적 배경, 성격, 민감함의 정도 모두가 개인이 타인과 관계 맺는 방식에 영향을 끼친다. 내가 원하는 방식을 말하지 않고 상대가 정확하게 알아주기를 바라는 건 비현실적일 뿐 아니라 결국 서운함과 원망으로 이어지기 쉽다. 내가 원하는 것을 분명히 말로 표현했을 때만 상대가 알고 있어야 한다고 주장할 수 있다.

요청은 속마음을 그대로 드러내는 것처럼 불안하게 느껴질 수도 있지만 상대가 나를 제대로 돌볼 수 있도록 필요한 정보를 건네는 일이다. 물론 그 정보를 듣고 상대가 행동으로 옮길지는 장담할 수 없다. 하지만 요청을 통해 우리는 상대에게 기회를 주었으니 적어도 해야 할 일은 다 했다고 안심할 수 있다.

요청은 솔직하게, 부드럽게, 직접적으로 하라

요청은 비교적 단순명료하다. 보통 요청에는 다섯 가지 형태가 있다. 상대에게 새로운 행동을 시작해 달라고 하거나, 기존의 행동을 더 많이 해달라고 하거나, 줄여 달라고 하거나, 멈춰 달라고 하거나, 다른 방식으로 해달라고 하거나다. 처음에 요청할 때는 장황하게 설명을 덧붙이거나 별로 상관없는 세부 사항까지 늘어놓고 싶은 유혹을 느낄 수 있다. 대개는 긴장감 때문이며, 자신의 요구를 정당화하기 위해 충분히 그럴 만한 이유를 제시해야 한다는 생각 때문이다.

요청은 다음 세 가지 방법으로 접근할 수 있다.

단순함이 가장 효과적

무언가를 해달라고 할 때는 이렇게 말할 수 있다.

- "_______ 해 줄 수 있을까?"
- "나는 _______가 필요해. 도와줄 수 있을까?"
- "_______ 해도 괜찮을까?"

무언가를 하지 말아 달라고 요청할 때는 이렇게 말할 수 있다.

- "______를 그만해 줄 수 있을까?"
- "______ 하지 말아 줄래?"
- "앞으로는 ______ 하지 말아 줄 수 있을까?"

맥락을 좀 더 분명하게 하고 싶다면 핵심 요구를 함께 전할 수도 있다. 예를 들면 이렇게 말할 수 있다. "나는 좀 더 우리에게만 집중하고 싶어. 둘이 있을 때는 가능하면 핸드폰을 보지 말아 줄래?", "솔직히 아이를 봐 달라고 부탁할 때가 많아서 부담스러워. 한 달에 한 번 정도로 줄여 줄 수 있을까?"

네 개가 한 세트, '나' 전달법

미국의 심리학자 토머스 고든 Thomas Gordon 이 1970년에 고안한 '나' 전달법I-Statement 은 네 가지 요소로 이뤄진 의사소통 도구로, 감정과 요구를 명확하고 직접적으로 표현할 수 있도록 도와준다. 나 전달법의 네 가지 요소는 다음과 같다.

나는 네가 (행동)을 할 때 그로 인해 (영향)이 와서 (감정)이 느껴져. (필요한 것)을 해줄 수 있을까?

요청은 분명하고 직접적으로 하라. "둘이 있을 때 네가 핸드폰을 너무 자주 보면(행동) 둘만의 시간에 집중하지 못하게 돼서(영향) 나는 속상함을 느껴(감정). 우리 둘한테 집중하고 싶어. 둘만 있을 때는 핸드폰을 보지 말아 줄래?(필요한 것)", "네가 아이를 자주 맡아 달라고 해서(행동) 나는 좀 부담스러워(감정). 내 일정이 수시로 틀어지기 때문이야(영향). 날 조금만 더 배려해 줬으면 좋겠어. 아이를 봐 달라는 부탁을 일주일에 한 번 정도로 줄여 줄 수 있을까?(필요한 것)"

가감 없는 '솔직히' 전달법

관계 속에서 오랫동안 이어져 온 패턴을 바꿔 달라고 요청해야 할 때도 있다. 지금 우리가 원하는 것이 과거에 원했던 것과 다를 수 있기 때문이다. 그리고 이런 우리의 요청은 때로 상대가 받아들이기 어려운 내용일 수도 있다.

가감 없이 솔직한 접근법은 필요한 것을 상대방에게 요청할 때 굳이 차갑거나 담담한 척하거나 완벽하게 자신감 있는 태도를 가장할 필요가 없다는 믿음에 기반한다. 오히려 이 요청이 새롭거나, 예상치 못했거나, 심지어 꺼내기 두렵다는 사실을 인정하고 상대가 불편할 수도 있다는 점을 밝힘으로써 상대와 더 솔직하고 공감 어린 대화를 할 수 있다.

가감 없이 솔직하게 요청하는 방법은 다음과 같다.

- "이 말을 꺼내기가 쉽진 않지만 솔직히 말하고 싶어. ＿＿＿＿＿＿ 는 더는 내게 맞지 않아. 대신 ＿＿＿＿＿＿ 해 줄 수 있을까?"
- "예전에는 내가 ＿＿＿＿＿＿ 를 원했던 건 알아. 하지만 지금은 내가 원하는 게 달라졌다는 걸 깨달았어. 솔직히 ＿＿＿＿＿＿ 가 필요해. 도와줄 수 있을까?"

- "솔직히 예전에는 ＿＿＿＿가 괜찮다고 생각했어. 이제는 나 자신을 더 잘 돌보려고 하다 보니 ＿＿＿＿가 더는 내게 맞지 않는다는 걸 알게 됐어. 그러니까 ＿＿＿＿는 그만해 줄 수 있을까?"
- "네가 상처받을까 봐 두렵지만 솔직히 네가 ＿＿＿＿할 때 나는 ＿＿＿＿를 느껴. 앞으로는 ＿＿＿＿해 줄 수 있을까?"
- "이 말을 꺼내려니 긴장되지만 내가 사랑하는 사람에게는 솔직히 말하고 싶어."

가감 없는 '솔직히' 전달법은 신뢰할 수 있는 사람에게 가장 효과적이다. 나의 행복과 평안을 진심으로 바라고, 솔직함 속에 드러난 연약함을 결코 무기로 삼지 않을 사람에게 사용할 때 가장 큰 효과를 발휘한다.

혼자만의 시간이 필요했던 남자의 선택

데블린과 그의 연인 JD는 2년간의 연애 끝에 함께 살기 시작했다. 데블린은 공사 현장 감독으로 일하고 JD는 집에서 일하는 프리랜서 작가다. 아홉 시간의 근무를 마치고 집에 돌아오면 데블린은 지칠 대로 지쳐서 긴 대화를 나누기보다는 샤워를 하고 쉬고 싶었다. 한편 JD는 종일 혼자 집에서 일하다 보니 데블린이 돌아오면 드디어 대화할 사람이 생겨 기뻤다. 그래서 데블린이 퇴근하고 집에 오면 질문을 연달아 쏟아 내곤 했다. "오늘 하루 어땠어? 프로젝트는 잘 돼 가? 언제쯤 끝날 것 같아?"

데블린은 성의 있게 대답하려고 애썼지만 점점 마음속으로 불만이 커지는 걸 느꼈다. '왜 JD는 내가 퇴근하자마자 질문을 퍼붓는 거지?

내가 종일 일하고 녹초가 되어서 돌아온다는 걸 알면서.'

그러나 이렇게 수다스러운 모습은 JD가 늘 데블린을 맞이하던 방식이었다. 각자 따로 살면서 연애할 때도 저녁 식사나 술자리에서 JD의 활기차고 호기심 넘치는 모습은 사실 데블린이 사랑해 마지않던 것이었다. 하지만 이제 상황이 달라졌다. 두 사람이 함께 살게 된 후로 예전 같으면 혼자 조용히 쉬면서 충전하던 시간이 이제는 함께하는 시간이 되었다. 데블린은 이런 상황이 두 사람 모두에게 처음이라는 걸 인정했다. 자신에게는 혼자만의 시간이 필요하다는 사실을 JD가 알게 하려면 직접 말하는 수밖에 없다는 것도 깨달았다.

데블린은 JD의 기분을 상하게 하고 싶지 않았고 자신이 원하는 것을 전달할 일이 걱정되었다. 막 함께 살기 시작했고 모든 게 순조롭게 흘러가고 있는데 분위기를 깨뜨리고 싶지 않았다. 조심스러운 접근이 필요하다고 느꼈고 가감 없는 '솔직히' 전달법을 쓰기로 했다. 어느 날 저녁 식사 자리에서 그는 JD에게 잠깐 할 말이 있다고 했다.

"무슨 일이야?" JD가 말했다.

데블린은 잠시 머뭇거리다 조심스럽게 입을 열었다. "음…. 이 말을 꺼내기가 쉽지 않은데, 솔직히 난 퇴근하고 집에 오면 너무 피곤해. 네가 종일 혼자 있으니 나와 얘기하고 싶어 한다는 건 알아. 그런데 나는 긴 대화를 하기 전에 먼저 샤워도 하고 조금은 쉬는 시간이 필요해."

그는 점점 자신감을 얻어 말을 계속했다. "하루가 어땠는지나 프로젝트에 관한 질문은 그 이후로 미뤄 줄 수 있을까? 그러면 내가 여유 있게 대화할 수 있을 거야. 그때 너의 하루에 대해서도 물어볼게."

JD는 포크로 음식을 건드리며 듣고 있다가 대답했다. "아, 그래서 퇴근하면 퉁명스러워 보였던 거구나.”

데블린이 천천히 고개를 끄덕이며 말했다. “종일 밖에서 일하다 돌아오면 잠시 혼자만의 시간이 필요해. 그때는 너와의 대화에 집중하기가 힘들거든.”

JD는 얼굴을 찌푸리며 한동안 말이 없다가 마침내 입을 뗐다. “알겠어. 이해해. 근데 왠지 불안해져. 우리가 같이 사는 게 너한테는 부담스러운 게 아닌가 싶어서.”

데블린은 식탁 너머로 손을 내밀어 JD의 손을 잡았다. “JD, 난 너와 함께 사는 게 정말 좋아. 진심이야. 지금 우리에게는 서로 적응해야 하는 과정이 필요하잖아? 처음이니까 네가 무엇을 원하고 내가 무엇을 원하는지 서로 배워 가는 거야.” 그는 JD의 눈을 바라보며 말했다. “내가 원하는 걸 솔직하게 말했으니까 너도 네가 원하는 걸 편하게 말해 줘.”

마침내 JD가 미소를 지으며 대답했다. “알겠어. 솔직하게 말해 줘서 고마워. 당연히 네가 퇴근하고 좀 쉴 때까지 기다릴 수 있지.”

요청한다고 만사가 해결되지는 않지만

본질적으로 요청은 협력의 시도다. 요청은 상대가 나에 대해 더 잘 알게 되고 내가 무엇을 원하는지 이해하게 되어 나와 진지하게 마주할 기회를 준다. 이렇게 요청하고 나면 보통은 다음과 같은 결과 중 하나를 경험하게 된다.

상대가 요청대로 해준다

가장 단순한 경우로, 상대가 나의 요청을 열린 마음으로 받아들인다. 데블린과 JD의 경우처럼 상대가 내가 바라는 대로 하는 데 기꺼이 응하면 모든 일이 순조롭게 흘러간다.

상대가 요청을 들어주고 행동도 바꾸지만 완벽하지는 않다

내가 요청하는 것이 관계 속에서 이미 굳어진 패턴을 바꿔야 하는 일일 수도 있다. 그래서 상대가 요청을 받아들였어도 가끔은 다시 상기시켜야 할 수 있다.

니푼은 테크 스타트업에서 일한 지 석 달이 지나서야 마침내 용기를 내어 상사에게 자신의 이름을 잘못 발음하고 있다는 사실을 말했다. 상사는 바로 사과했고 발음을 고치려 노력했다. 그러나 몇 주 동안은 가끔 무심결에 잘못 발음하기도 했다.

전업주부인 리나는 배우자 코아에게 집안일에 좀 더 참여해 달라고, 특히 설거지를 더 자주 해달라고 부탁했다. 코아는 흔쾌히 받아들였고 대부분 설거지를 했지만 가끔은 일에 몰두하다가 잊어버리기도 했다.

사람은 완벽하지 않다. 가끔 잊거나 실수하는 것은 지극히 자연스러운 일이다. 니푼과 리나는 상대가 요청을 깜빡할 때마다 다시 짚어 줄 수도 있고, 자신의 요구가 대체로 충족되고 있다고 판단해 굳이 언급하지 않고 넘어갈 수도 있다.

상대가 나의 요구를 이해해 주지만 방식에는 응하지 않는다

때로는 상대가 내 요구(연결감, 친밀함, 신뢰, 연민 등)에는 공감하면서도 내가 요청한 구체적인 방식은 거부하거나 응하지 못할 수도 있다.

나탈리와 조지프는 1년째 연애 중이다. 두 사람은 일주일에 이틀을 함께 보내는데 나탈리는 더 많은 시간을 함께하고 싶었다. 그래서 조지프에게 이렇게 부탁했다. "난 우리가 더 가깝게 느껴졌으면 해. 일주일에 사흘을 함께 보내면 안 될까?"

조지프 역시 나탈리와 더 가까워지고 싶지만 그녀가 제안한 방식은 현실적으로 어려웠다. 직장에서 바쁜 데다 지금으로서는 일주일에 이틀 이상을 함께 보내는 것이 부담스럽기 때문이었다. 그렇다고 해서 나탈리가 자신과 함께 있고 싶은 마음을 외면하고 싶은 것은 아니었다.

이렇게 여건이 맞지 않는 상황에서는 함께 머리를 맞내고 협력하는 과정이 필요하다. 어떻게 하면 핵심 요구를 충족할 수 있을지 다른 방법을 찾아봐야 한다. 예를 들면 서로 떨어져 있는 날에는 전화로 대화를 나눌 수도 있다. 매주 조지프가 친구들과 함께하는 모임에 나탈리를 초대하는 방법도 있을 것이다. 이런 대안적인 방법이 과연 나탈리의 요구를 채워 줄 수 있는지는 그녀가 판단해야 한다.

상대가 요청을 받아들였지만 행동하지는 않는다

때로는 상대가 내 요청을 받아들인다고 말하면서도, 시간이 지나도 실제 행동은 전혀 달라지지 않는 경우가 있다. 이런 상황은 답답함과 혼란을 불러일으킨다. '저 사람이 내가 바라는 대로 해줄 수 있을까 없을까?'

모나는 아버지가 화를 주체하지 못하고 터뜨리는 행동을 볼 때마다 불안해진다고 어느 날 조심스레 말했다. 그러자 아버지는 귀 기울여 들고 감정을 잘 다스리겠다고 약속했다. 그러나 그 후 몇 달 동안 아버지는 계속 예전만큼 자주 감정을 폭발하는 모습을 보였다.

1년 전 페니는 바이올렛에게 자신의 아파트로 들어와 함께 살자고 권했다. 그런데 최근 들어 바이올렛의 술버릇이 감당하기 어려울 만큼 심해졌고, 페니는 밤새 술에 취해 비틀거리며 집 안을 돌아다니는 사람과 한집에서 사는 것이 불편해졌다. 페니가 술을 좀 줄여 달라고 요청하자 바이올렛은 알겠다고 했지만 시간이 지나도 전혀 나아지는 기미가 보이지 않았다.

이런 상황에서는 상대의 말과 행동이 서로 다르므로 상대의 행동에서 읽은 정보를 신뢰해야 한다. 이런 엇갈린 메시지는 시간이 지남에 따라 신뢰를 무너뜨리고 원망을 키운다.

상대가 요청을 받아들이지 않는다

때로는 요청이 통하지 않을 때가 있다. 상대가 행동을 바꾸려 하지 않거나 바꿀 수 없는 경우다. 어떨 때는 단순히 "그렇게는 못 해."라는 직접적인 거절로 나타나고, 어떨 때는 비웃음이나 비난의 형태로 나타나기도 한다.

애초에 요청은 억지로 강요할 수 없는 법이다. 우리가 요청한다고 해서 꼭 상대가 들어주는 것은 아니다. 하지만 결과가 어떻든 우리는 자신의 의사를 상대방에게 충분히 전달했다는 사실만으로도 앞으로 나아갈 수 있다. 상대가 요청을 들어줄지 말지는 우리가 통제할 수 없는 부분이다. 하지만 힘들게 요청했는데 막상 받아들여지지 않으면 막막할 수도 있다. '이제 어떻게 해야 하지?'

요청이 처음이라면 "초밥 대신 파스타"부터

안타깝게도 많은 사람이 상대가 자신의 요구를 들어줄 수 없거나 그럴 의지가 없다는 사실을 드러낸 뒤에도 똑같은 요청을 계속한다. 대개는 요청하는 것만으로도 어떻게든 상대의 의지를 바꿀 수 있을 거라는 착각 때문이다. 바로 그렇게 끝없는 요청의 굴레에 갇힌다.

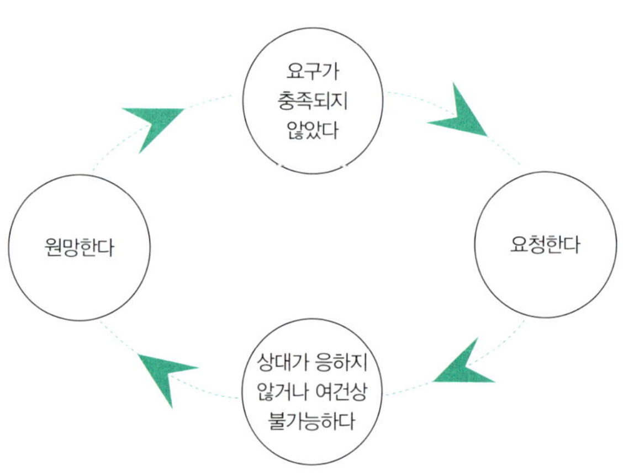

이 굴레 속에서는 아무리 거듭 요청해도 우리의 요구는 끝내 충족되지 않은 채 남는다. 상대는 변하지 않고 우리는 무력감을 느낀다. 타인의 행동과 선택의 희생자가 된 듯한 기분에 사로잡힌다. 요구가 충족되지 않는 현실에 원망은 커지지만 정작 상황을 바꿀 만한 의미 있는 행동은 하지 않는다. 그저 같은 요청을 계속 반복할 뿐이다.

변화가 없는데도 계속 부탁할 때 이 굴레에 빠진다. 애정, 존중, 다정함을 보여 달라고 하거나, 중독적이거나 파괴적인 행동을 멈추라고 하거나, 상처 주는 말을 반복하지 말라고 하거나, 육아와 재정과 집안일에 기여해 달라고 한다.

끝없는 요청의 굴레는 언젠가는 상대가 마침내 내가 원하는 방식으로 나를 돌봐 주기를 바라는 절실하고도 애절한 욕망에서 비롯된다. 이 갈망은 너무도 강렬해서 눈앞의 현실, 즉 상대가 변하지 않는다는 사실을 보지 못하게 만든다. 그래서 끝없는 요청의 굴레는 좌절과 상심으로 이어지는 막다른 골목이다. 결국 우리는 스스로 선택하고 행동할 수 있는 힘과 완전히 단절된 듯한 기분을 느낀다.

상대의 행동에 변화가 없다는 사실을 있는 그대로 받아들일 때 우리는 비로소 힘을 되찾아 이 굴레에서 벗어날 수 있다. 그리고 그다음에는 의식적으로 선택할 수 있다. 지금의 상황을 감수하고 계속 그대로 머물지, 아니면 이 사람과의 관계가 내 요구를 충족시키지 못한다는 사실을 인정하고 경계를 세울지 선택하는 것이다.

경계를 세운다고 관계를 완전히 끊어야 한다는 뜻은 아니다. 관계의 틀이나 기대치 혹은 친밀도의 정도를 조정하는 방식이 될 수도 있다. 다음 장에서는 어떻게 하면 연민과 자신감의 태도로 경계를 설정할 수 있는지 알아볼 것이다.

요청에 익숙해지려면 시간과 연습이 필요하다. 처음에는 긍정적인 반응이 돌아올 만한 작은 부탁부터 시작하자. 이를테면 초밥 대신 파스타를 먹으러 가자고 하거나, 저 프로그램 말고 이 프로그램을 보자고 제안하는 식이다. 장황한 설명을 피하고 상대가 쉽게 받아들일 수 있도록 최대한 간단하게 요청하는 것이 좋다. 그리고 비록 사소한 것일지라도 요청이 성공했을 때는 피플 플리징에서 벗어나려는 당신의 노력을 지지해 주는 친구와 함께 그 성과를 꼭 축하하라.

제10장

가까울수록 기분 나쁘지 않게, 분명하게 경계 짓기

가장 단순하게 말하면 경계는 이것과 저것을 가르는 선이다. 울타리는 두 땅의 경계고 피부는 몸속 기관과 외부 세계를 가르는 경계다. 경계란 하나가 끝나고 다른 것이 시작되는 지점이다.

어떤 사람과의 사이에 경계를 세운다는 것은 일정한 거리를 둔다는 뜻이다. 경계는 마치 방패처럼 우리를 지켜 주는 역할을 한다. 상대의 무례함, 나를 감정 쓰레기통처럼 취급하는 태도, 원치 않는 신체 접촉, 내가 감당할 시간이나 여유가 없는 약속들로부터 나를 지켜 준다. 경계는 우리에게 이로운 것과 그렇지 않은 것을 가려 내고, 우리 자신의 한계를 존중하고, 그에 맞춰 삶과 관계를 설계할 수 있도록 도와준다.

결국 경계란 타인의 말과 행동은 통제할 수 없어도 내가 어떻게 반응할지는 내가 정할 수 있다는 깨달음에서 시작된다. 이것이 경계의 본질이다. 경계는 단기적으로는 거리를 두는 것처럼 보이지만 사실은 모든 관계를 건강하게 유지하기 위한 필수적인 요소다.

이 장에서는 경계와 요청의 차이를 분명히 알아보고, 효과적으로 경계를 설정하고 지키는 방법을 살펴본다. 또한 자신이 원치 않는 상호작용에서 벗어나는 것도 경계 설정의 한 형태라는 것을 배우고, 타인이 내가 세운 경계를 달가워하지 않거나 거부할 때 어떻게 대응할지도 함께 알아볼 것이다.

노골적인 무례에 대처하는 법

서른세 살인 나오미와 서른한 살인 동생 아리아는 성격은 많이 다르지만 사이가 무척 좋은 자매다. 나오미는 조용하고 신중한 성격이고, 아리아는 명랑하고 자신감 넘치고 모험을 즐기는 성격이다. 같은 도시에 사는 두 사람은 서로 의견이 맞지 않는 부분이 많아도 일주일에 한 번은 꼭 만나 커피를 마시거나 저녁을 먹는다.

작년에 아리아는 켄이라는 남자와 결혼했다. 켄 역시 아리아처럼 존재감이 큰데 불같은 성격에 자기주장이 강하다. 그러나 그의 강한 자기주장은 무례함으로 이어질 때가 많았고 특히 성차별적인 발언을 자주 해서 나오미를 몹시 불편하게 만들곤 했다.

아리아가 수년간 열심히 노력해 드디어 승진에 성공했을 때도 켄은 그녀의 육감적인 몸매 덕분 아니냐며 농담을 던졌다. 가족이 함께하는 저녁 식사 자리에서도 그는 여자들이 있어야 할 곳은 직장이 아니라 부엌이라고 우스갯소리를 했다. 나오미가 반려견을 잃고 슬픔에 잠겨 동생 집을 방문했을 때 켄이 내뱉은 첫마디는 "슬프겠지만 그렇게까지 슬플 일은 아니죠. 혹시 생리 중이에요?"였다.

나오미는 동생을 사랑하지만 제부와의 만남은 끔찍했다. 그의 언행에 대해 아리아에게 말해 줘도 아리아는 대수롭지 않게 어깨를 으쓱할 뿐이었다. "그이, 그냥 농담이야. 별 뜻은 없어."

나오미는 어떻게 해야 할지 막막했다. 동생과의 관계가 나빠지는 걸 원하지는 않지만 켄과 마주쳐야 하는 건 생각만 해도 견딜 수 없었다. 나오미는 몇 번이나 켄을 따로 불러 조용히 이야기하기도 했다. 그의 발언이 왜 불쾌한지 부드럽게 설명했고, 그런 농담이 자신을 불편하게 하니 그만두라고 요청하기도 했다. 그러나 매번 켄은 "너무 예민하다."라거나 "가끔은 웃어넘길 줄도 알아야 한다." 같은 말로 넘기면서 전혀 진지하게 받아들이지 않았다.

나오미는 답답했다. 여러 차례 부탁해도 통하지 않으니 이제는 경계를 세워야 할 때가 되었다고 생각했다.

경계 설정과 요청의 차이

요청은 상대에게 행동을 바꿔 달라고 부탁하는 것이다. 하지만 경계 설정은 나와 내 요구, 감당할 수 있는 선을 지키기 위해 나 자신의 행동을 바꾸는 것이다. 앞 장에서 살펴본 것처럼 요청은 본질적으로 협력적인 행위다. 요청이 성공하려면 상대가 자신의 행동을 바꿔야 하기 때문이다. 반면 경계 설정은 타인의 참여가 필요하지 않다. 다음의 예시는 요

상황	요청	경계 설정
아버지가 술에 취해 전화를 하는 것이 불편하다.	"술 드시지 않았을 때만 전화해 주시겠어요?"	"아버지가 술에 취한 상태로 전화하면 통화하지 않을 거예요. 제가 내일 전화할게요." (전화를 끊는다.)
배우자가 말다툼 중에 목소리를 높인다.	"나와 말할 때는 목소리를 좀 낮춰 줄 수 있겠어?"	"당신이 소리를 지를 때는 대화를 하지 않겠어." (대화를 중단하고 자리를 뜬다.)
시어머니가 원치 않는 육아 조언을 계속한다.	"어머니, 제 나름의 방식이 있는데 그 방식을 존중해 주시면 좋겠습니다."	"계속해서 육아에 대해 이래라저래라 하시면 저는 이 주제에 대해 더는 이야기하지 않겠습니다." (아예 반응하지 않거나 자리를 뜬다.)

청과 경계 설정의 차이를 잘 보여 준다.

이 예시들에서 볼 수 있듯이 경계 설정이란 다른 사람을 바꾸려는 게 아니라 내가 받아들일 수 있는 것과 받아들일 수 없는 것을 분명히 하는 일이다. 그렇기에 경계는 상대에게서 무언가를 더 얻어 내기 위한 도구가 아니다. 경계를 정한다고 상대에게 애정이나 관심, 친절, 협력을 끌어낼 수는 없다. 더 많은 것을 부탁하는 건 요청이다. 궁극적으로 경계 설정은 우리의 요구가 받아들여지지 않는 상황이나, 우리를 불안하게 만들거나 존중하지 않거나 어떤 식으로든 상처 입히는 관계로부터 우리 자신을 분리하는 것이다.

나오미는 이미 켄에게 여러 차례 요청했다. "내 앞에서 그런 농담은 하지 말아 주겠어요?"라든가 "내가 있을 때는 그런 말은 삼가 주세요."라고 부탁했지만 켄은 전혀 받아들이지 않았고 행동 또한 바뀌지 않았다. 나오미는 켄을 통제할 수 없다는 결론에 이르렀다. 그는 그녀의 요청을 받아들이지 않을 것이었다. 나오미는 자신에게 필요한 게 경계임을 깨달았다. 켄이라는 사람과 더는 참을 수 없는 그의 행동으로부터 거리를 두어야 했다.

경계의 여섯 가지 유형

경계의 유형에는 신체적, 물질적, 정서적, 시간 관련, 재정적, 정신적 경계가 있다. 나오미는 켄이 성차별적인 농담을 할 때 자리를 떠나는 방식으로 신체적 경계를 세울 수 있고, 그와 함께 보내는 시간을 줄임으로써 시간적 경계를 세울 수 있으며, 침묵하지 않고 반대 의견을 드러내는 것으로 정신적 경계를 세울 수 있다.

유형	설명	예시
신체적 경계	신체와 관련된 경계	"나는 첫 데이트에서 키스하지 않아. 포옹은 괜찮아."
물질적 경계	소유물과 소지품에 관한 경계	"주말 동안 차를 빌려 주는 건 곤란해."
재정적 경계	돈과 관련된 경계. 얼마를, 무엇에, 누구를 위해, 어떤 이유로 쓰는지에 관한 것이다.	"생활비를 똑같이 부담하지 않겠다면 더는 함께 살 수 없어."

시간적 경계	일정과 약속에 관한 경계	"이제 전화 끊어야겠다. 내일 얘기 하자."
감정적 경계	자신의 감정은 스스로 책임지되 타인의 감정까지 떠맡지 않도록 하는 경계. 나와 타인의 영역을 구분하는 데 필요하다(감정적 경계에 대해서는 다음 장에서 더 자세히 살펴볼 것이다).	"앞으로는 부부 문제로 나한테 하소연하지 않았으면 좋겠어."
정신적 경계	자신의 신념, 의견, 가치와 관련된 경계. 건강한 정신적 경계는 상대와 의견이 다를 때도 자신의 생각을 지키는 동시에 배움과 호기심, 성장에 대해 열린 태도를 유지하게 해준다.	"이 부분은 서로 생각이 다르다는 걸 인정하자."

상황에 따른 경계를 표현하는 법

우리가 경계를 어떻게 표현하는지는 상황에 따라 달라진다. 사용할 수 있는 방법은 다음과 같다. 요청하는 방법에서 하나만 더 기억하면 된다.

단순함이 가장 효과적

단순하고 부드러운 접근법은 내가 들어줄 수 없거나 들어주고 싶지 않은 부탁을 받았을 때 가장 효과적이다. 이를테면 여동생이 차를 빌려 달라고 하거나, 데이트 상대가 자기 집에 가자고 하거나, 이웃이 동네 바자회에 봉사자로 참여해 달라고 부탁할 때다. 이런 경우 분명하고 간단하게 선을 그으면 된다.

- "안 돼."
- "괜찮아."
- "못 해."
- "시간 없어."
- "오늘은 안 돼."
- "나한텐 무리야."
- "지금 그럴 시간 없어."
- "지금은 곤란해."
- "나중에."

네 개가 한 세트, '나' 전달법

앞서 보았듯, '나' 전달법은 네 가지 요소로 이뤄진 의사소통 도구로, 감정과 요구를 명확하고 직접적으로 표현할 수 있도록 도와준다.

- 나는 네가 (행동)을 할 때 그로 인해 (영향)이 와서 (감정)이 느껴져. (필요한 것)을 해줄 수 있을까?

경계를 세울 때 나 전달법은 이렇게 표현할 수 있다. "나는 싸운 직후 곧바로 대화를 이어 가는 게 어려워. 내 방식대로 정리할 시간이 없기 때문이야. 최소 한 시간 동안 마음을 가라앉힌 다음에 다시 이야기하고 싶어.", "나는 내 정신 건강 문제를 가족들과 이야기하는 게 불편해. 내 사생활이 침해되기 때문이야. 나는 사생활을 존중받고 싶으니까 앞으로 내 정신 건강에 관한 정보는 나만 알고 있을 거야."

나오미는 이렇게 말할 수 있다. "나는 제부가 여성에 대해 농담할 때마다 불편해요. 그건 성차별적이고 모욕적이니까요. 나는 그런 행동과 선을 긋고 싶어요. 또 그런 농담을 하면 자리를 뜰 거예요."

가감 없는 '솔직히' 전달법

경계를 세울 때도 가감 없이 솔직한 접근법을 활용할 수도 있다. 이 방법은 믿을 수 있는 사람에게 사용할 때 가장 효과적이다. 나를 진심으로 아끼고 내가 솔직할 때 연약해지는 것을 약점으로 삼지 않을 사람들에게 적합하다.

- "이런 말을 하는 게 쉽지 않지만 솔직히 말하고 싶어."
- "예전에는 내가 그랬지만 솔직히 이제 나 자신을 더 위하고 싶어. 앞으로는 그렇게 하지 않을 거야."
- "솔직히 네가 상처받을까 봐 두렵지만 우리 사이에는 솔직함이 중요하다고 생각해. 나는 더 이상 할 수 없다는 얘길 하고 싶어."
- "솔직히 이 말을 하려니까 긴장되지만, 사랑하는 사람들에게 더 솔직해지려고 노력 중이니까 말해야겠어. 나는 할 수 없어."

나오미는 켄에게 부탁할 때마다 그가 늘 무시하는 태도를 보였기 때문에 그와 대화할 때 가감 없는 '솔직히' 전달법을 쓰는 것이 편하지 않았다. 그러나 새로운 경계를 동생 아리아에게 알릴 때는 이 방식을 사용할 수 있을 것 같았다. "아리아, 이런 말을 하는 게 쉽지 않지만 솔직히 말하고 싶어. 난 켄의 성차별적인 농담을 참을 수 없어. 더는 안 될

것 같아. 우리가 함께 있을 때 그가 그런 농담을 하면 나는 자리를 뜰
거야.”

요청은 부드럽게, 경계 설정은 단호하게

때로는 자신의 신념을 알리기 위해 단호하게 목소리를 내고 싶을 때
가 있다. 특히 상대가 동의할 수 없는 가치관이나 이상을 드러낼 때 내
목소리를 내는 것은 자신의 진실성을 지키는 동시에 정신적 경계를 세
우는 방법이 된다. 상대의 신념과 내 신념 사이에 경계를 분명히 하는
것이다. 단호하게 입장을 밝히는 접근법은 이렇게 표현할 수 있다.

- “나는 동의하지 않아.”
- “그 의견에는 공감하지 않아.”
- “사실 나는 _______ 라고 생각해.”
- “네 말은 성차별적/인종차별적/동성애 혐오적 발언으로 느껴져.”

나오미는 이렇게 말할 수 있다. “나는 제부의 의견에 동의하지 않아
요. 여성들에게 극도로 무례한 발언이라고 생각해요.”, “제부, 그건 성
차별적인 발언이에요. 나는 그 말에 전적으로 반대해요.”

경계를 짓는다는 것은 나를 통제하는 것

상대의 어떤 행동과 선을 긋겠다고 마음먹었다면 그 행동이 실제로 드

러날 때는 반드시 그 상황에서 벗어나야 한다. 그렇지 않으면 그 경계는 우리를 지켜 주지 못하는 공허한 선언에 지나지 않는다.

가령 험담에 끼지 않기로 했다면 누군가 험담을 시작하는 순간 자리를 떠나는 것이 곧 경계를 실행하는 일이다. 어머니에게 근무 시간에는 전화를 받을 수 없다고 전했다면 회의 중 걸려 온 전화를 음성사서함으로 넘기는 것이 그 경계를 실행하는 일이다. 배우자가 고함을 치는 상황에서는 대화를 이어 가지 않기로 했다면 실제로 배우자의 목소리가 높아지는 순간 자리를 떠나는 것이 그 경계를 실행하는 일이다.

다른 사람들이 당신의 경계를 마음에 들어 하지 않거나 거부 반응을 보일 수도 있다. 이 부분에 대해서는 곧 다루겠지만, 결국 경계는 우리의 행동과 관련 있으므로 경계를 실행하는 일은 언제나 당신의 통제 아래에 있다.

경계를 항상 말로 드러내야 할까?

모든 경계를 굳이 말로 표현할 필요는 없다. 다만 내가 무엇을 원하는지 상대에게 처음으로 알릴 때, 기존의 관계 패턴에 변화를 가져오는 경계라서 상대에게 알려야 할 때, 상대의 행동이 내 행동에 끼치는 영향을 상대가 아는 것이 중요할 때는 경계를 직접 말로 전하는 것이 도움이 될 수 있다.

그러나 굳이 경계를 말로 전달하지 않고 바로 행동으로 옮길 수도 있다. 이미 자신이 바라는 것을 여러 차례 밝혔지만 아무 소용이 없었던 경우, 과거 경험상 이 사람에게 선을 그으면 늘 거센 반발만 돌아오는 경우, 지금의 상황이 시급해서 경계에 대해 길게 대화할 감정적 여유가 없는 경우가 그렇다.

나오미는 이미 자신의 감정과 요구를 드러냈으므로 굳이 경계를 다시 말로 표현할 필요가 없다. 곧바로 행동으로 옮기면 된다. 켄이 불쾌한 농담을 하면 자리를 떠나거나 켄이 참석하는 가족 모임에 빠지는 식으로 행동하는 것이다.

단절도 경계를 세우는 것이다

단절은 자신에게 해로운 상호작용에서 빠져나오는 것을 뜻한다. 단절을 통해 우리는 타인의 행동을 통제할 수는 없어도 그 관계에서 자신이 맡은 역할은 통제할 수 있다는 사실을 알 수 있다. 줄다리기를 계속하지 않고 아예 줄을 놓아 버리는 것이다.

오랫동안 나는 단절을 통해 경계를 설정한다는 생각이 낯설게 느껴졌다. 목소리를 내는 법을 배우려고 노력하고 있는데 단절은 그와 정반대처럼 보였다. 참여를 중단한다니, 피플 플리저들이 갈등을 회피하는 것이나 다름없을까 봐 걱정스러웠다. 그러나 피플 플리징을 위한 단절과 경계 설정을 위한 단절이 전혀 다르다는 것을 알게 되었다.

내 가족 중 한 사람은 다른 이들의 체중에 대해 아무렇지 않게 깎아내리는 말을 하곤 했다. 그럴 때마다 나는 마음이 불편했다. 나 자신도 오랫동안 체중 문제로 힘들어했고, 주변에도 같은 상처를 지닌 이들이 많았기에 그런 말들이 더욱 잔인하고 인간성을 깎아내리는 듯 느껴졌다. 제발 그만두라고 그 가족을 수없이 설득했지만 소용이 없었다. 돌아오는 건 오히려 "네가 예민한 거다.", "너무 심각하게 받아들인다." 같은 핀잔을 주는 말뿐이었다. 화를 내도, 부드럽게 타일러도 그 가족의 태도는 끝내 변하지 않았다.

만날 때마다 이어지는 논쟁이 힘들었다. 대화가 끝날 때마다 좌절과 분노가 밀려왔고 마음이 진정되기까지 몇 시간이 걸렸다. 결국 나는 바뀌지 않을 사람을 바꾸려 애쓰느라 오히려 나 자신을 해치고 있다는 사실을 깨달았다. 그래서 더는 목소리를 내지 않고 단절하는 쪽을 선택하기로 했다. 그가 다른 사람의 체중에 대한 말을 꺼내면 나는 대꾸하지 않았다. 문자 메시지에 답하지 않았고, 전화를 끊었으며, 자리를 떠났다. 상대의 행동을 통제할 수는 없지만 내 참여와 존재로 그 행동에 의미를 부여할지 말지는 전적으로 내가 통제할 수 있었다.

반면에 피플 플리징을 위한 단절은 두려움에 기반한다. 두려움 때문에 단절할 때는 이렇게 생각한다. '내가 목소리를 내면 저 사람이 나를 좋아하지 않을까 봐 두려워', '괜히 분란 일으키고 싶지 않으니 조용히 있어야겠다', '내가 이런 걸 바란다는 사실을 알면 사람들이 나쁘게 생각할까 봐 겁나. 그러니 아무 말도 하지 말아야지.'

하지만 경계를 위한 단절은 힘에 기반한다. 선을 긋기 위해 단절할 때는 이런 생각이 뒤따른다. '상대가 나를 어떻게 대할지는 내가 통제할 수 없지만 부정적인 대우를 받아들일지 아닐지는 내가 정할 수 있어', '내 소중한 시간과 에너지를 이런 말싸움에 허비하지 않겠어', '무례한 말을 상대해 주는 건 그 말에 가치를 부여하는 거니까 아예 대꾸하지 말자.'

상대의 행동이 너무 큰 상처라서 관계 자체를 완전히 끊는 수밖에 없을 때도 있다. 그런가 하면 불편한 상호작용에 참여하는 것을 중단하고 점차 친밀함의 정도를 줄임으로써 오히려 관계가 유지되기도 한다. 여기서는 경계 설정을 위한 단절에 활용할 수 있는 단기적인 전략 세 가지와 장기적이고 근본적인 전략 세 가지를 소개한다. 물론 모든 방법이 모든 상황에 다 맞는 것은 아니며 모든 방법이 당신에게 맞는다고 느껴지지 않을 수도 있다.

단기적인 관계 변화 전략

단기 전략 1: 상호작용에서 벗어나기(공간을 떠날 수 있을 때 효과적)

상호작용에서 벗어난다는 것은 불편한 상황에서 물리적으로든 언어적으로든 빠져나오는 것을 뜻한다. 물리적으로 벗어난다는 것은 방을 나가거나, 불편한 행동을 하는 사람과 공간적 거리를 두거나, 아예 그 자리를 떠나 모임이나 장소를 완전히 벗어나는 것을 말한다. 언어적으로 벗어난다는 것은 메시지나 전화에 답하지 않거나, 전화를 끊거나, 논쟁을 부추기는 말에 휘말리지 않고 침묵을 선택하는 것을 뜻한다.

나오미의 경우 켄이 저속한 농담을 할 때 방이나 모임 자리에서 나가버리거나, 불쾌한 내용이 담긴 켄의 문자 메시지에 답하지 않는 식으로 대응할 수 있다.

단기 전략 2: 회색 바위 되기(공간을 떠날 수 없고 대화가 반복될 때 효과적)

2012년 스카일라라는 블로거가 만든 회색 바위gray rock 기법은 누군가와의 상호작용에서 물리적으로는 벗어날 수 없지만 참여를 최소화하고 싶을 때 활용할 수 있는 전략이다.[1] 회색 바위 되기란 상대의 말과 행동에 가능한 한 무반응과 무표정을 보이는 것을 말한다. 불편한 행동을 마주했을 때 상대가 원하거나 기대하는 반응을 보여 주지 않는다. 상대와 눈을 마주치지 않고 짧게 한두 마디로 대답하거나 아예 관심 없는 듯한 태도를 보이는 것이다.

회색 바위 되기는 처음에 피플 플리징과 비슷하게 느껴질 수도 있다. 갈등을 피하려고 침묵하는 것처럼 보이기 때문이다. 다시 말하지만 두 방식의 차이는 우리의 의도와 마음가짐에서 나온다. 피플 플리징에서 나오는 침묵은 두려움이 바탕에 깔려 있다. 반면 회색 바위가 되어 경계를 세우는 것은 '나는 이 상호작용에 의미를 부여하지 않겠다'라는 선언이다.

비크람의 가족은 20년 전 인도에서 미국으로 이민 왔다. 이제 스물다섯 살이 된 비크람은 자유분방한 성격으로 자랐지만 그의 부모는 전통적인 가치관을 고수했다. 그들은 끊임없이 그의 연애 생활을 캐묻고 결혼을 권유하곤 했는데, 비크람이 아무리 그만하라고 해도 그들의 태도는 변하지 않았다.

함께 저녁 식사를 하고 집으로 돌아오는 차 안에서 그들은 또다시 지인의 딸을 만나 보라고 비크람을 설득했다. 이미 수없이 들어온 잔소리라 답답하지만 자동차 안이라 대화를 피해 자리를 뜰 수도 없었다. 그래서 비크람은 회색 바위가 되기로 했다. 창밖을 바라보며 "네.", "알았어요." 정도로 모든 질문에 짧막하게만 대답한 것이다. 결국 그들도 지쳐서 화제를 돌렸다.

단기 전략 3: 타인과 나를 구분하기(서로 가치관이 다를 때 효과적)

분화란 자신과 타인의 경계가 어디에서 끝나고 시작되는지를 아는 능력이다.[2] 우리가 근본적으로 서로 다른 존재라는 사실을 인식하는 것이다. 분화 수준이 높을수록 타인과의 관계 속에서 더욱 견고하고 독립적인 정체성을 유지할 수 있다. 이렇게 자신을 타인과 분명히 구분할 수 있을 때 타인의 생각이나 감정이 나와 다르더라도 덜 위협적으로 느껴진다. 그리고 스스로에 대한 확신이 있으면 타인의 동의나 인정에 대한 의존도가 약해진다.

분화가 잘 이뤄지지 않으면 상대가 내 의견에 동의하고 나를 인정해 주어야 한다고 생각하지만, 분화가 잘 이뤄지면 상대가 인정해 준다면 좋겠지만 꼭 필요한 건 아니라고 생각하게 된다. 분화 수준이 낮으면 갈등이나 의견 차이를 참을 수 없다고 생각하지만, 분화가 잘 이뤄지면 서로 다른 사람이니까 항상 의견이 일치할 순 없다고 받아들인다. 분화가 잘 이뤄지지 않으면 '나는 상대가 느끼고 말하고 행동하는 모든 것에 반응할 수밖에 없어'라고 생각하지만, 분화가 잘 이뤄지면 '상대의 행동이 나를 불편하게 하더라도 거기에 반응할지 말지는 내가 선택할 수 있어'라고 생각하게 된다.

분화를 이용해서 경계를 세우고 지킬 때는 상대의 행동에 반응하지 않고 그냥 지켜본다. 상대가 동의할 수 없는 말을 하면 이 사실을 떠올린다. '저 사람의 행동에 내가 꼭 반응해야 하는 건 아니야', '저 사람의 신념이 마음에 들지는 않지만 누구든 자기 마음대로 생각할 권리가 있어', '저 사람의 감정을 내가 나서서 해결해 줄 필요는 없어.'

나 역시 서로 정치적 신념이 다른 가족들에게 이 전략을 여러 번 적용했다. 예전에는 그들의 생각을 바꾸려고 치열하게 논쟁을 벌였다. 설득력 있는 통계나 가슴 아픈 사례까지 들이밀었지만 소용없었다. 결과는 늘 똑같았다. 그들은 전혀 변하지 않았다. 결국 화가 나고 지치는 사람은 나였다. 무엇보다 연결이 끊긴 듯한 느낌만 남았다. 내가 그들을 바꾸려 애쓸수록 우리의 관계는 더 나빠졌다.

나는 생각이 일치하는 것보다 관계를 유지하는 것이 더 중요하다는 결론에 이르렀다. 그래서 가족들이 정치적인 의견을 밝힐 때마다 분화를 실천하기 시작했다. 의식적으로 반응하지 않으려 애쓰며 머릿속으로 이렇게 되새겼다.

'가족들은 이미 내 의견을 잘 알고 있어. 우리는 서로 다른 사람이고 모든 의견이 일치할 필요는 없어. 내 정치적 신념과는 다르지만 가족들 역시 자기만의 믿음을 가질 권리가 있어.'

가족 내에서 중요한 대의를 지지하거나 다른 영역에서 변화를 만들어 가는 일은 여전히 가능했다. 하지만 가족들의 정치적 신념을 바꾸려는 시도는 번번이 실패로 끝났고, 득은 전혀 없고 실만 가득했다. 그러나 분화를 실천하자 또다시 원치 않는 논쟁에 휘말리는 대신 내 안의 중심을 단단히 지킬 수 있었다.

근본적인 관계 변화 전략

불편한 상호작용을 단절하는 것은 단기적으로 우리를 지켜 주지만 시간이 지날수록 지칠 수 있다. 때로는 단순히 거리를 두는 것만으로는 부족하다. 관계 자체에 근본적인 변화를 줘야 할 때도 있다.

다음과 같은 근본적인 관계 변화 전략들은 전반적으로 그 관계에 참여하는 비중을 줄여 받아들이기 어렵거나 불편한 행동으로부터 더 많은 여유와 시간, 거리를 확보할 수 있게 해준다. 때로는 참여를 줄이는 것만으로도 그 관계에서 느끼는 불편함이 견딜 만한 수준으로 약해지기도 한다. 그러나 어떤 경우는 온전히 안전하다고 느끼기 위해 관계를 완전히 끊어야 할 때도 있다.

근본 전략 1: 친밀도 줄이기(해로운 관계여도 유지하고 싶을 때 효과적)

상대가 행동을 바꿀 의사가 없다면 우리는 그 사람을 바꿀 수 없다. 다만 그들과 얼마나 가깝게, 얼마나 친밀하게 지낼 것인지는 선택할 수 있다. 그다음에 구체적으로 관계에 변화를 주면 된다. 얼마나 자주 그리고 오래 함께 시간을 보낼지, 어떤 방식으로 소통할지(전화, 문자, 이메일 등), 어떤 주제에 관해 이야기할지, 어떤 식으로 얽힐지(사업, 반려동물 돌봄 등) 등을 결정하는 것이다. 복잡한 관계라 할지라도 점차 함께하는 시간을 줄이고 대화의 주제와 방식에 변화를 주면 부담도 덜하고 관계를 유지하기도 수월해진다.

나오미는 이 방법을 이렇게 실천할 수 있을 것이다. 동생 아리아에게 이제는 매주 저녁을 함께하기는 어렵고 한 달에 한 번만 가능하다고 말한다. 만일 만나길 원한다면 켄이 함께하지 않을 때만 가능하다고 못 박는다. 켄과 아리아의 집에 머무는 시간도 최대 두 시간으로 제한한다. 그리고 명절에 본가를 찾을 때는 켄과 부딪히지 않도록 아예 호텔에 머무른다.

나오미는 아리아와의 관계를 이어 가려면 어쩔 수 없이 켄을 가끔은 마주해야 한다는 사실을 잘 알고 있다. 그러나 짧은 시간 동안만, 제한된 범위 안에서만 접한다면 켄과의 만남이 주는 부담을 조금은 덜 수 있을 것이다. 물론 켄과 함께 있는 자리가 여전히 답답하고 불편하겠지만 관계를 완전히 끊어 동생과의 사이가 멀어지는 것보다는 이 방법이 낫다고 그녀는 생각한다.

근본 전략 2: 기대치 조정하기(실망과 원인을 반복하게 되는 관계에 효과적)

관계를 이어 가고 싶다면 상대가 실제로 보여 주는 태도와 정서적 성숙의 수준을 반영해 기대치를 조정하는 것이 무엇보다 중요하다. 계속 상상 속의 이상적인 모습을 기준으로 상대를 바라본다면 우리는 실망과 원망에서 벗어날 수 없다. 현실적인 기대치를 세울 때 비로소 바라는 모습이 아니라 지금의 관계 그대로를 인정하고 감사해할 수 있다. 이 방법은 관계의 친밀도를 조절하는 등 다른 경계 설정과 함께 쓰이기도 한다.

기대치를 조정한다는 건 이렇게 내가 상대에게 가지고 있었던 믿음을 바꾸는 일이다. '언젠가 저 사람은 내가 원하는 애정을 다 줄 거야'라는 기대를 '저 사람은 내가 바라는 방식으로는 애정을 보여 주지 않을 수도 있어'라는 깨달음으로 바꾸는 것이다. 또 '저 사람은 내 선택을 받아들이고 인정해 줄 거야'라는 믿음을 '저 사람은 끝내 나를 온전히 이해하거나 지지하지 않을 수도 있어'라는 인정으로 바꾸는 것이다. 그 외에도 '언젠가 우리는 다른 가족들처럼 아주 돈독해질 거야'라는 바람은 '우리는 아마 다른 가족들처럼 가깝게 지내지 못할 수도 있어'라는 현실의 수용으로 바꿀 수 있다.

때로 우리는 수많은 반대 증거가 있는데도 언젠가는 상대가 우리가 바라는 모습으로 변할 것이라고 기대한다. 그러나 이런 식으로 현실을 외면하면 자신에게 꼭 필요한 경계를 세우지 못한다.

나오미는 오랫동안 켄과의 갈등을 해결해 줄 마법 같은 해결책을 찾으려 애썼다. 켄에게 여러 차례 말했지만 스스로 경계를 세우는 것은 피했다. 마음속으로 '이런 농담이 얼마나 해로운지 켄이 스스로 깨달을 거야. 아리아는 분명 저런 남자와 헤어질 거야'라고 생각하면서 행동을 미뤘다.

안타깝게도 이런 원망 섞인 생각들은 아무런 변화를 가져오지 못했다. 나오미는 마침내 켄의 행동에 대한 자신의 반응을 바꾸는 것만이 유일한 해결책임을 받아들이기 시작했다. 기대치를 조정하기 위해 그녀는 머릿속으로 이렇게 되새겼다. '아무리 설득하고 부탁해도 켄은 변하지 않을 거야. 나는 아마도 그와 함께 있는 시간이 절대로 편해지지 않을 거야. 그 사람은 내 동생의 남편이니까, 내가 내 경계를 지키려면 가족 모임에 가지 말아야 할 수도 있어. 아리아와 다른 가족을 생각하면 괴롭지만 어쩔 수 없는 현실이야.'

근본 전략 3: 완전히 끊어 내기(모든 방법을 써봤지만 소용 없을 때 효과적)

관계를 끝내는 것은 매우 개인적인 선택이다. 명백하게 해로운 영향을 끼치거나 부당한 대우를 받고 있다면 관계를 끊는 것이 자신의 건강과 안녕을 지킬 수 있는 유일한 경계일 수도 있다. 하지만 관계를 끝낼지 말지 늘 분명하게 판단할 수 있는 것은 아니다. 가끔 불편하긴 하지만 나를 진심으로 챙겨 주는 친구라면 어떨까? 정치적 혹은 종교적 신념은 도저히 받아들일 수 없지만 오랜 시간을 함께해 온 가족이라면? 대화할 때는 배려심이 부족하지만 그 외 다른 부분에서는 다정함을 보여 주는 연인이라면?

불만을 입력하면 관계를 이어 가야 할지 끝내야 할지 단번에 명쾌한 답을 내주는 장치 같은 건 존재하지 않는다. 최종 결정은 자신에게 달려 있다. 이 관계를 완전히 떠나야 할지 고민할 때 다음 질문들은 답을 찾는 데 도움이 될 것이다.

- 이 관계는 나에게 이로운 점보다 해로운 점이 더 많은가?
- 이 관계는 내 정신적, 신체적 건강에 계속해서 부정적인 영향을 끼치고 있는가?
- 이 관계가 유지될 수 있도록 여러 가지 경계를 시도해 본 적이 있는가? 그것들이 전부 효과가 없었는가?
- 내가 이 관계를 이어 가고 있는 유일한 이유는 외부적인 것(예: 다른 사람의 인정을 얻기 위해, 비난을 피하기 위해, 타인을 만족시키기 위해)인가?

실망스럽다는 말에도 괜찮을 수 있는 이유

나오미는 켄과의 관계에서 자신이 세운 경계를 실천하기 시작했다. 그다음 주 아리아와 켄은 부모님과 나오미를 저녁 식사에 초대했다. 다

같이 디저트를 먹을 때 나오미는 주식 투자로 돈을 잃었다는 이야기를 꺼냈다. "정말 속상해. 전망이 괜찮은 회사였는데 이번 주에 완전히 폭락했어. 돈을 다 날렸어."

부모님과 아리아는 위로의 말을 건넸다. 그런데 켄은 기지개 켜듯 두 팔을 머리 위로 뻗으며 한숨을 내쉬었다. "처형, 내가 뭐랬어요? 이래서 투자는 남자들한테 맡겨야 하는 거야."

순간 나오미의 얼굴이 화끈 달아올랐다. '더는 못 참아.' 그녀는 잠시 눈을 감고 깊게 숨을 들이쉰 뒤 자리에서 일어섰다. "저녁 잘 먹었어. 난 이만 가 봐야겠어."

접시를 들고 부엌으로 가는데 켄이 소리쳤다. "세상에, 처형! 셔우 농담 하나 때문에 이 자리를 망치겠단 거예요?"

순간 나오미는 이런 질문이 떠올랐다. '내가 너무 예민하게 구는 걸까?' 하지만 가슴에서 치솟는 불길이 그렇지 않다고 말했다. 그녀는 켄의 도발에 아무 대꾸도 하지 않았다. 조용히 접시를 싱크대에 내려놓고 조리대에서 가방을 집어 들고는 현관문을 열고 밖으로 나갔다.

차에 도착했을 때 나오미는 몸이 떨리고 있었다. 한편으로는 식사 도중에 자리를 박차고 나와서 죄책감이 들었고, 가족들이 자신에게 실망했을까 봐 걱정도 되었다. 그러나 다른 한편으로는 강해진 자신을 느꼈다. 켄의 말을 듣고 있기만 했을 때의 무력감과 달리 지금은 안에서 힘이 느껴졌다.

다음 날 동생 아리아가 나오미에게 전화해서 답답한 듯 말했다. "언니가 켄의 유머 감각을 싫어하는 건 알지만 꼭 그렇게 중간에 가야 했어? 분위기만 어색해졌잖아."

"아리아, 난 널 사랑하지만 그럴 수밖에 없었어. 그런 말을 옆에서 듣는 게 너무 불편해."

아리아는 한숨을 내쉬었다. 나오미는 말을 이었다. "솔직히 앞으로는 되도록 너랑 둘이서만 만나는 게 좋을 것 같아. 그래도 한 달에 한 번 정도는 저녁을 먹으러 가겠지만 지금처럼 매주 만나는 건 더 이상 못하겠어."

아리아는 잠시 침묵하다가 조용히 대답했다. "생각해 볼게. 하지만 언니가 내 남편을 싫어한다는 사실이 너무 마음 아파."

전화기 너머에서 아리아의 실망이 전해졌다. 동생이 자신에게서 위로를, 그러니까 사실은 켄을 싫어하지 않는다는 확인을 받고 싶어 한다는 것도 알았다. 그러나 나오미는 예전처럼 분위기를 맞추려고 마음에도 없는 말을 하는 습관에 빠지지 않으려고 안간힘을 썼다.

"네가 곤란한 입장이라는 걸 알아, 아리아." 나오미가 말했다. "켄이 언젠가 성차별적인 발언을 멈춘다면 다시 매주 저녁 식사를 같이 할 수 있을 거야."

잠시 후 두 사람은 전화를 끊었다. 아리아는 다음 주에 단둘이 커피를 마시자는 제안을 받아들였다. 전화를 마친 나오미는 익숙한 두 가지 감정을 동시에 느꼈다. 죄책감 그리고 자부심. 아리아에게는 실망스러운 일이 되었겠지만 나오미는 가족의 평화를 지키기 위해 자신을 배신하지 않았다는 확신을 얻었다. 그것만으로도 앞으로 계속 경계를 세우고 지켜야겠다는 용기가 생겼다.

경계에 반발하는 사람 다루는 법

어떤 사람들은 경계를 기꺼이 받아들인다. 어떤 사람들은 실망하거나 상처받을 수 있지만 결국에는 행동으로 존중하는 모습을 보여 준다. 그리고 어떤 사람들은 우리의 경계를 못마땅해하면서 어떻게든 무너뜨리려 한다.

경계에 대한 반발은 이처럼 여러 모습으로 나타난다. 우리가 경계를 세우는 것에 대해 누군가가 모질거나 불공평하다고 말하거나, 그 경계를 두고 언쟁을 벌이려 하거나, 분노와 적대감을 드러내서 우리의 마음을 바꾸려 한다. 혹은 죄책감을 불러일으켜 경계를 포기하게 만들거나("네가 크리스마스에 집에 안 오면 모두의 연휴를 망치는 거야.") 가스라이팅을 시도할 수도 있다("너 이상해! 내가 언제 그랬어?").

이런 저항과 반발을 마주하면 평화를 지키고 싶다는 마음에 경계를 허물고 싶어질지도 모른다. 하지만 결코 물러서서는 안 된다. 경계를 허무는 대신, 경계에 대해 반발하는 상대에게 일일이 대응하거나 해명하려는 시도를 점차 줄여 나가야 한다. 그러기 위해서는 다음과 같은 전략을 활용할 수 있다.

먼저 공감하고 한 번 더 단호하게

공감하되 단호한 태도를 보이는 것은 상대가 느끼는 좌절감이나 상처, 실망을 알아주면서도 자신의 경계는 유지하는 방법이다. 이는 신뢰하는 사람, 평소 진심으로 우리를 위하고 아껴 주는 사람과의 관계에서 가장 효과적이다.

예를 들면 이렇게 말할 수 있다. "당연히 실망했겠지. 하지만 내가 안전함/편안함/균형감을 느끼려면 꼭 필요한 일이야.", "네가 속상한 거 알아. 하지만 이건 내게 중요한 일이고, 우리 관계에서도 내가 더 편안해질 수 있을 거야.", "이 일로 네가 상처받았다는 걸 알아. 나는 너를 아끼고 우리의 관계가 오래 이어지길 바라. 이렇게 하면 장기적으로 우리 관계를 더 잘 지킬 수 있을 거야."

고장 난 레코드처럼 말하기 기법

고장 난 레코드 기법은 마누엘 스미스Manuel Smith가 처음 제시한 것으로 자기주장을 위한 의사소통 방식이다.[3] 이 방법은 논쟁이나 말싸움에 휘말리지 않기 위해 같은 메시지를 반복해서 전달하는 것이다. 예를 들면 다음과 같다.

나오미: 매주 너희 집에 저녁 먹으러 갈 수 없어.

아리아: 언니, 우리는 가족이잖아. 켄의 농담에 그렇게까지 예민하게 반응하는 건 좀 우습다고 생각하지 않아?

나오미: 넌 그렇게 생각할 수도 있어. 어쨌든 이제부터 매주는 못 가.

아리아: 못 오는 거야, 아니면 안 오는 거야? 이런 사소한 일로 이렇게까지 할 필요가 있어?

나오미: 매주는 못 가.

상호작용에서 벗어나기

상대가 당신의 경계에 반발할 때 상호작용을 중단하는 것은 충분히 정당한 대응이다. 지나치게 단호하게 느껴질 수 있지만 이 사실을 기억하자. 상대는 이미 행동으로 내 경계를 존중할 의사가 없음을 보여 주었다. 이때 우리의 책임은 상대의 감정에 맞춰 주는 것이 아니라 자신을 지키는 것이다. 상황에서 벗어나는 것은 방을 나가 버리는 것, 전화를 끊는 것, 문자 메시지에 답하지 않는 것과 같은 행동으로 실천할 수 있다.

마음이 약해질 때마다 한 가지 사실만 기억하라

관계 선문 코치이사 치료사인 실비 쿠카시안Silvy Khoucasian은 이렇게 말한다. "한 사람의 경계가 다른 사람의 요구와 양립할 수 없을 때가 있다."[4] 우리가 세운 경계는 때로 나와 상대방이 바라는 바가 근본적으로 다르다는 사실을 드러내며 이는 해당 관계를 지속되게 어렵게 하는 요인이 되기도 한다.

우리는 누구나 타인과의 사이에서 경계를 세울 권리가 있고 타인 역시 그 경계가 자신에게 맞는지 판단할 권리가 있다. 어떤 친구는 우리의 경계에 불쾌감을 느껴 우정을 끝내기로 할 수도 있다. 당신의 연인은 새롭게 세운 기준이 자신에게는 도저히 맞지 않는다며 거부할 수도 있다. 가족은 차라리 그 경계 안에서 관계를 이어 가기보다는 완전히 단절하는 쪽을 선택할 수도 있다.

이런 경우 관계를 이어 갈 수 있는 유일한 길은 예전처럼 타인을 우선시하는 피플 플리저로 돌아가는 것뿐이다. 나오미처럼 어떻게든 평화를 지키고 싶다는 유혹을 느낄지도 모른다. 그러나 자신을 희생해야만 유지되는 관계는 결국 우리에게 해롭다는 사실을 잊지 말아야 한다. 그런 관계가 정신적, 육체적으로 얼마나 큰 대가를 치르게 하는지 우리는 이미 오래도록 지켜봤다.

오랜 침묵과 소극적인 태도 끝에 세우는 경계는 자신을 지켜 낼 수 있다는 믿음을 되찾는 출발점이 된다. 경계는 본질적으로 자기 존중의 선언이다. 더 이상 부당한 대우나 기울어진 관계, 무시를 용납하지 않겠다는 뜻이다. 처음에는 경계가 어색하고 불편할 것이다. 하지만 경계에 점점 익숙해질수록 관계를 오직 타인의 조건에만 맞춰 이어 갈 필요가 없다는 사실을 깨닫게 된다. 그리고 마침내 나도 내 목소리를 낼 수 있다는 것을 알게 된다.

제11장

그들의 불만은 내 잘못이 아니다

앞 장에서 살펴본 경계가 타인의 행동과 나 사이에 거리를 두는 것이라면, 감정적 경계는 타인의 감정과 내 감정을 따로 구분하는 것이다. 감정적 경계가 없으면 타인의 감정이 물에 잉크가 번지듯 나에게로 밀려든다. 상대방의 스트레스, 불안, 좌절, 슬픔에 집어삼켜져서 정작 내가 무엇을 느끼고 무엇을 필요로 하는지조차 알기 어려워진다.

자기보다 타인을 우선하는 이들은 대체로 감정적 경계가 제대로 형성되지 않은 경우가 많다. 어릴 적부터 타인의 감정을 짊어지는 것이 안전함을 느끼는 방법이라고 배웠기 때문이다. 이들은 어른이 되어서도 감정적 경계가 없어서 타인의 문제를 자신이 해결해 주어야 한다는 책임감을 느끼고, 상대가 원치 않는 충고를 건네며, 자신과 무관한 갈등에 끼어들고, 의견 차이를 받아들이지 못하며, 어떻게든 상대의 분노와 좌절과 불안을 가라앉히려 애쓴다.

이런 정서적 유기가 계속되면 결국 내가 무엇을 느끼고 무엇을 원하는지조차 알아차리지 못한다. 나중에는 내 삶이 내 것이 아닌 것처럼 느껴지고, 타인을 기쁘게 하려고 내게 해로운 행동을 하기도 한다.

반대로 감정적 경계가 단단하면 안정과 독립, 자율성이 커진다. 타인의 불편함에 공감은 하되 이를 해결할 책임까지 짊어지지는 않는다. 부당한 책임감에서 벗어나 비로소 남보다 자신을 우선할 수 있는 여유가 생기는 것이다. 어릴 적부터 타인의 감정을 떠맡아야 한다고 배워 온 피플 플리저에게 감정적 경계는 무엇보다도 가장 큰 해방감을 안겨 주는 경계다.

이 장에서는 타인의 감정을 떠맡아야 한다는 생각에서 벗어나는 방법, 타인의 감정에 대해 느끼는 공감과 책임감을 구분하는 법, 친구, 연인, 가족, 사랑하는 이들과의 관계에서 건강한 감정적 경계를 세우는 네 가지 단계를 살펴본다.

가장 가까운 관계에서 감정 노예가 될 때

소피아에게는 두 명의 성인 자녀가 있다. 스물다섯 살 에이미와 서른 살 노아다. 다정하고 활달한 성격의 딸 에이미는 늘 엄마와 사이가 좋다. 반면 아들 노아는 내성적인 성격에 감정 기복이 심해서 애정은 있지만 늘 팽팽한 긴장감이 흐른다.

노아는 다른 지역의 대학에 진학하면서 집을 떠났지만 에이미는 가족 곁에 있고 싶어서 집과 가까운 대학을 선택했다. 지금도 에이미는 일주일에 한 번은 부모님 집에 저녁을 먹으러 가고 소피아와는 거의 매일 통화하다시피 한다.

그런데 에이미가 어릴 때부터 소피아와 나누던 대화에는 늘 노아에 대한 소피아의 불만이 끼어 있었다. 소피아의 푸념은 그때그때 달랐는데, 그녀는 노아의 무례한 태도에 화를 내기도 했고, 아들과 더 가까워지고 싶다는 바람을 드러내기도 했으며, 그의 새 직업이나 여자 친구를 못마땅해하기도 했다. 수년 동안 에이미는 안쓰러운 마음에 엄마의 하소연을 들어 주고 조언도 건넸다. 자신이 엄마의 든든한 조력자이자 속마음을 나눌 수 있는 사람이라는 사실이 감사하게 느껴지기도 했다.

하지만 나이가 들면서 엄마의 하소연이 섬섬 버겁게 느껴시기 시작했다. 엄마가 노아에 대해 불평을 늘어놓을 때마다 엄마의 불행이 자신을 옭아맨 것처럼 답답함을 느꼈다. 에이미가 아무리 조언해도 소피아는 바뀌지 않았으며 불만을 노아에게 직접 말한 적도 없었다.

에이미는 엄마와의 대화가 답답하고 무의미하게 느껴지기 시작했다. 그녀는 엄마와의 관계가 노아 이야기가 아니라 엄마와 자신에게 집중되길 바랐다. 원망이 쌓여 가고 결국 에이미는 감정적 경계가 필요하다는 사실을 깨달았다. 이제는 엄마의 하소연을 받아 주는 역할이 더는 편하지 않았다.

그들의 감정은 내 책임이 아니다

피플 플리저들은 늘 타인의 감정을 우선시하고 떠안거나 맞추려 하고 눈치를 보며 산다. 왜냐하면 마음 깊은 곳에서 이렇게 믿기 때문이다. 주변 사람들의 기분을 좋게 해줘야 하고, 사람들이 불편함을 느끼면 내가 안전하지 않으며, 타인의 감정에 맞춰야만 그들의 애정을 받을 수 있고, 내 감정에 집중하면 사랑받을 수 없을 거라고 말이다.

어쩌면 우리도 에이미처럼 감정적으로 지나치게 의지하는 보호자의 비밀을 들어 주고, 상담자가 되어 주고, 끝없는 하소연을 받아 주며 살아왔을지 모른다. 이렇게 뒤바뀐 부모-자녀 관계는 자녀가 자신의 감정을 희생하면서까지 타인의 감정을 돌봐야 한다는 잘못된 인식을 남겼을 수 있다.

어쩌면 보호자가 중독이나 정신 건강 문제 혹은 다른 어려움이 있어서 그 고통을 덜어 주기 위해 늘 밝은 척하며 살아야 했을지도 모른다. 다른 사람의 기분을 좋게 해주는 것이 자신의 책임이라고 믿으면서 말이다. 혹은 보호자가 감정을 제대로 조절하지 못하고 스트레스, 슬픔, 불안, 분노에 쉽게 휘둘리는 사람이었을 수도 있다.

린지 깁슨Lindsay Gibson은《감정이 서툰 어른들 때문에 아팠던 당신을 위한 책》에서 이런 환경에서 자란 아이들이 어떻게 미성숙한 감정적 경계를 갖게 되는지 설명한다.

감정적으로 미숙한 부모는 지나치게 개입하다가도 냉정하게 등을 돌려 버린다. 그들은 두렵게 느껴질 정도로 불안정하고 예측 불가능하다. 불안에 압도되면 안정을 얻기 위해 타인에게 의지한다.

그들은 사소한 일에도 쉽게 화를 내며 그럴 때면 가족 모두가 나서서 그들을 진정시켜야 한다. … 이런 부모 밑에서 자란 아이들은 타인의 감정에 자신을 맞추는 법을 배운다. 이들은 부모의 폭풍 같은 감정 기복에 늘 대비하며 자라 온 탓에 타인의 감정과 기분에 지나치게 민감하며 이는 결국 자기 자신을 해치는 결과로 이어진다.[1]

이런 아이들은 보호자의 분노, 불안, 스트레스가 폭발할 때마다 이를 진화하는 소방수 역할을 해야만 안전할 수 있다고 배웠을 것이다. 이제는 보호자가 자기감정을 돌보는 책임을 어린 당신에게 떠넘긴 것이 잘못이었다는 사실을 먼저 알아야 한다. 아이는 불안정한 보호자의 분노를 누그러뜨리거나 우울한 기분을 달래 줄 책임이 없다. 부모가 자녀에게 부모의 감정을 돌보고 힘든 감정을 사라지게 하고 가성의 화목을 지키도록 압박을 가한 것은 의도했든 아니든 공정하지도, 현실적이지도, 아이의 나이에 걸맞은 요구도 아니었다.

우리의 책임감이 과거의 부당한 기대 때문이었다는 사실을 알면 지금 느끼는 책임감을 올바른 방향으로 돌릴 수 있다. 어른은 누구나 자기감정을 스스로 다스릴 책임이 있다. 물론 여건이 된다면 타인에게 지지와 연민, 친절을 베푸는 것은 가능하지만(그래야만 하고!) 그렇다고 우리가 그들의 감정을 돌보는 역할을 떠맡아야 하는 것은 아니다. 근본적으로 타인의 감정은 그들의 책임이고 내 감정은 내 책임이다.

에이미는 잠시 멈춰서 오랫동안 품어 온 믿음을 되짚어 보다가 깜짝 놀랐다. 엄마를 향한 낯선 분노가 불쑥 치밀어 올랐다. 그동안 수없이 이어진 자신과 엄마의 전화 통화와 저녁 식사, 차 안에서의 대화는 사실상 엄마와 노아의 문제를 해결하기 위한 자리였다.

그리고 에이미는 어린 시절의 자신을 떠올렸다. 갈래머리에 찍찍이 운동화를 신은 그 작은 아이는 자기보다 훨씬 큰 어른인 엄마가 털어놓는 고민을 진지하게 듣고 있었다. 에이미는 엄마가 에이미를 돌보는 데 썼어야 할 그리고 쓸 수도 있었던 시간을 고스란히 엄마의 감정을 달래는 데 써 온 기억을 되짚었다.

문득 에이미는 엄마에게 화가 난다는 것 자체가 배신이자 금기를 깨뜨리는 일처럼 느껴졌다. 그러나 이 분노는 감정적 분리가 시작되었다는 중요한 신호다. 엄마와의 관계에서 자신의 요구가 충족되지 못했다는 사실을 에이미가 비로소 인정하기 시작한 것이다.

에이미는 이렇게 생각했다. '나는 줄곧 엄마와 노아의 관계를 내가 책임지고 해결해야 한다고 믿어 왔어. 내가 혼자서 둘의 관계를 바로잡을 수 있다고, 엄마가 이 문제로 지지를 받을 수 있는 유일한 길은 나와 대화하는 것뿐이라고 생각했어. 이제 나는 엄마와 노아의 관계는 엄마가 책임져야 할 일이라고 믿으려 애쓰고 있어. 그 관계를 회복할 수 있는 사람은 엄마와 노아뿐이고, 엄마는 아빠와 대화를 나누거나 상담 치료를 받는 등 더 적절한 방법으로 지지를 받을 수도 있어.'

하지만 이런 새로운 믿음은 아직 낯설고 어색하게 느껴진다. 이 믿음이 이성적으로는 옳다는 걸 알면서도 에이미의 마음속 깊은 곳에는 여전히 엄마의 감정을 자신이 책임져야 한다는 생각이 남아 있다. '엄마 입장에서는 아들과의 사이가 저런 게 얼마나 괴로울까. 난 여전히 엄마를 보살피고 마음을 써 주고 싶어.'

에이미가 감정적 경계를 세우려면 엄마의 감정에 연민을 느끼는 것과 이를 책임지는 것을 구분해야 한다. 대부분의 감정적 경계 설정이 그런 식이다.

연민과 책임의 차이

감정적 경계의 목표는 타인의 감정을 아예 신경 쓰지 않는 것이 아니다. 타인의 감정에 연민을 느끼는 것은 지극히 자연스럽고 건강한 일이다. 사랑하는 사람이 슬퍼하면 나도 조금 슬퍼지고, 어려움을 겪으면 마음이 쓰인다. 사실 친밀한 관계의 성공은 이런 공감에 달려 있다고 해도 과언이 아니다.

그러나 내가 타인의 감정을 책임져야 한다고 생각하면 문제가 생긴다. 그렇게 되면 타인의 감정이 우리의 삶을 지배하기 시작하고, 내가 무엇을 느끼고 무엇을 원하는지 분명하게 알기가 어려워진다. 내가 정해 놓은 선을 넘으면서까지 상대방을 돌봐야 한다는 의무감에 사로잡히고 결국 그 관계에서 주체성을 잃게 된다.

타인을 향한 연민은 진심으로 그들의 평온을 바란다는 뜻이다. 그들의 어려움에 공감하고, 친절을 베풀고, 자신의 경계 범위 안에서 지지를 건넬 수 있다. 기꺼이 도움의 손길을 내밀되 궁극적으로 상대방의 감정을 돌봐야 할 주인은 내가 아니라 그 사람임을 인식하는 것이다.

책임감이 아니라 연민을 바탕으로 건강한 감정적 경계를 세우면 타인의 감정을 돌봐야 한다는 부담 없이 친절과 사랑, 지지를 건넬 수 있다. 타인의 감정을 내 감정처럼 떠안지 않고 지켜볼 수 있고, 타인의 어려움에 대해 내가 제공할 수 있는 지지의 한계를 설정할 수도 있다. 또한 서로 다른 감정 상태를 받아들이고(예를 들면 연인이 불안감을 느껴도 나는 차분함을 유지하는 것처럼) 타인의 감정을 고려하되 그것이 내 결정의 유일한 기준이 되지 않도록 할 수 있다.

에이미는 과거를 돌아보며 자신이 어떤 하루를 보내고 어떤 감정을 느끼든 늘 엄마의 감정을 우선시했다는 사실을 깨달았다. 엄마의 감정은 곧 그녀의 감정이 되어 버렸다. 돌이켜 보니 단순히 엄마를 향해 연민을 느낀 것이 아니라 엄마의 감정을 떠맡은 것이었다. 이제부터 에이미는 자신의 감정과 엄마의 감정을 분리하는 경계를 세우겠다고 다짐했다.

에이미는 이제 타인의 감정을 책임지고 싶은 충동을 알아차리고, 자신과 타인의 감정을 구분하는 감각을 기르며, 경계를 행동으로 옮기고, 장기적인 이로움을 기억하는 단계를 밟아 나갈 것이다.

감정적 경계 설정 1단계: 타인의 감정을 책임지려는 충동을 알아차려라

경계 설정의 첫걸음은 경계가 필요하다는 사실을 자각하는 것이다. 하지만 처음에는 타인의 감정을 책임지려는 충동을 알아차리기가 쉽지 않다. 그 충동이 너무 많은 상호작용 속에 스며들어 있기 때문이다. 마치 물고기가 물을 의식하지 못하듯, 우리 역시 그 충동을 쉽게 인식하지 못한다. 다음과 같은 행동들은 감정적 경계가 필요하다는 사실을 알려 주는 중요한 신호가 될 수 있다.

타인의 문제를 해결해 주려고 한다

당신은 에이미처럼 가족 간의 갈등을 해결하려 드는가? 친구들 사이가 틀어졌을 때 가장 먼저 나서서 분위기를 수습하려 하는가? 누군가 개인적인 고민을 털어놓으면 내 조언만이 그들을 괴로움에서 구할 수 있다고 생각되는가?

타인의 갈등을 해결하려는 시도 밑바탕에는 그들이 스스로 문제를 다루고 감정을 견딜 수 있다고 믿지 않는다는 사실이 숨어 있다. 상대가 혼자서는 감당하기가 어려워 보여 나서는 것일 수도 있고, 내가 가장 좋은 해결책을 알고 있다고 믿어서일 수도 있다.

보통 이런 해결사 역할을 떠맡는 이유는 근본적으로 타인의 불편함을 지켜보는 것이 몹시 불편하기 때문이다. 물론 돕고 싶은 마음은 진심이다. 하지만 타인의 불편함이 마치 내 불편함처럼 느껴져서 없애고 싶어 한다. 그 불편함이 내 감정의 영역까지 스며든 것이다. 그래서 때로는 상대방의 영역을 침범하면서까지 어떻게든 그 불편함을 없애려 애쓴다.

아무 잘못이 없는데도 상대 때문에 행동을 바꾸려고 한다

우리는 자기에게 필요한 것과 바람, 가치관에 따라 신중하게 결정을 내리기보다 다른 사람의 불편한 기색이 너무 분명해 마음이 불편해져서 상대가 원하는 대로 해버리는 경우가 있다.

싱글 맘인 마고는 6개월 만에 처음으로 친구들과 만나 놀기로 계획을 세웠다. 그동안 회사 일이 눈코 뜰 새 없이 바빠서 잠시 숨을 고르며 친구들과 노는 시간이 절실했다. 약속 당일 저녁, 남자 친구 브루스가 마고에게 집으로 올 수 있느냐고 물었다. 마고가 친구들과 약속이 있다고 하자 브루스는 실망한 기색을 드러냈다. "당신이 워낙 회사 일로 바빠서 우리 일주일에 한 번 겨우 볼까 말까였잖아. 친구들은 다음에 만나면 안 될까?"

간절히 기다려 온 특별한 외출이었지만 마고는 실망하는 브루스의
모습을 보니 마음이 불편해져서 약속을 취소할까 하는 생각이 들었다.
이는 감정적 경계가 필요하다는 분명한 신호다.

의견 차이를 받아들이기 힘들다

감정적 경계가 없으면 나와 타인을 구분하기가 힘들어진다. 두 사람
이 아니라 하나의 존재인 것처럼 느껴질 수 있다. 물론 둘의 관계가 조
화로울 때는 그 일체감이 기분 좋게 느껴지지만 감정이나 신념이 다르
면 불편함이 커진다.[2] 자신과 타인을 하나의 존재로 여기면 크고 작은
문제에서 반드시 의견을 맞춰야 한다는 강박적인 요구가 생길 수 있다.
그 과정에서 자기감정과 생각은 뒷전으로 밀려난다.

클레이와 할리가 교제한 지 여섯 달째 되었을 때, 클레이가 할리를
자신의 회사 연말 파티에 초대했다. 두 사람은 멋지게 차려입고 클레이
의 동료들과 함께 음식과 술을 즐기며 유쾌한 저녁 시간을 보냈다. 두
사람은 집으로 돌아오는 차 안에서 손을 꼭 잡은 채 인상 깊었던 순간
들을 함께 떠올리며 이야기를 나눴다.

클레이는 할리에게 팀원들에 대한 인상을 물었다. 할리는 만난 사람
들에 대해 대부분 호의적으로 말했지만 릭은 조금 불편하게 느껴졌다
고 솔직히 털어놓았다. 클레이는 의외라는 듯 놀랐다. 할리의 의견에 동
의할 수 없었기 때문이다. 클레이가 이유를 묻자 할리는 몇 가지 근거
를 댔지만 납득할 수 없었다.

"난 그렇게 생각 안 해. 릭은 그런 사람이 아니야." 클레이가 단호하
게 맞받아쳤다. 그러자 할리는 어깨를 으쓱하며 대답했다. "알았어. 그

냥 그에 대한 내 생각이 그렇다는 거지, 기분 상하게 하려던 건 아니야. 이제 이 얘기는 그만하자.”

하지만 클레이는 이 대화를 계속하고 싶은 충동을 느꼈다. 그는 할리에게 푹 빠져 있었고 두 사람은 거의 모든 면에서 의견이 잘 맞았다. 그래서 릭에 대한 생각이 다르다는 사실이 더더욱 마음에 걸렸다. 그러나 이런 의견 차이는 크게 중요하지 않은 사소한 일이다. 두 사람이 주변의 모든 사람이나 모든 상황에 대해 똑같이 느낄 필요는 없다. 의견 차이를 있는 그대로 받아들이지 못하는 클레이의 태도는 더 단단한 감정적 경계가 필요하다는 신호다.

선택을 확인받으려 너무 많은 에너지를 쏟는다

타인의 감정에 지나치게 반응하면 자기 안에서 솟아나는 열정이나 직관만으로는 부족하다고 느낀다. 반드시 다른 이의 인정을 받아야 한다고 생각되는 것이다. 그래서 어떤 결정을 앞두고 가까운 친구들에게 모조리 전화를 걸어 조언을 구하고 싶어진다. 연인이 보이는 아주 작은 의심, 못마땅한 기색, 사소한 이견에조차도 우리는 생각이 흔들린다. 끊임없이 인정을 구하는 습관은 우리가 자기감정의 중심에서 멀어졌다는 신호이며 더 단단한 분리 감각이 필요하다는 증거다.

내 가치를 거스르면서까지 타인의 감정을 책임지려고 한다

감정적 경계가 없으면 눈앞의 불편한 기운을 어떻게든 없애려는 충동에 휩쓸려, 끝내 자신에게 가장 이로운 선택을 버리게 된다. 이를테면 마음이 없으면서도 상대의 기분을 상하게 하고 싶지 않아 두 번째 데이트에 응하는 것, 어색한 분위기를 피하려 불쾌한 농담에 억지로 웃어 주는 것, 시간이 없는데도 프로젝트를 돕겠다고 나서는 것, 진심이아니라 죄책감이나 의무감 때문에 누군가나 어떤 일에 돈을 보태는 것, 상대가 거절당했다고 느낄까 봐 원치 않는 성적 접촉을 받아들이는 것(이 내용은 제19장에서 더 자세히 다룰 것이다), 상대가 속상해한다는 이유만으로 경계를 내려놓는 것 등이 그렇다.

감정적 경계 설정 2단계: 내 감정과 타인의 감정을 구분하라

정신과 의사 빅터 프랭클은 이렇게 말했다. "자극과 반응 사이에는 공간이 있다. 그 공간 속에 우리가 반응을 선택할 수 있는 자유와 힘이 있다."[3] 우리가 타인의 감정을 책임지려는 충동을 느낄 때, 그 사실을 알아차린 뒤 곧장 예전의 습관적 행동으로 달려가지 않고 잠시 멈춰 설 수 있다. 바로 그 멈춤의 순간에 타인의 감정은 곧 나의 감정이 아님을 떠올리고, 성인이라면 누구나 자기감정을 느끼고 돌볼 책임이 있다는 사실을 되새길 수 있다.

감정적 경계는 일종의 보호막과 같아서 나의 감정을 안쪽에 그대로 두고 타인의 감정은 바깥쪽에 그대로 머물게 한다. 잠시 시간을 내어 이 보호막의 이미지를 마음속에 그려 보면 감정적 분리라는 개념을 구체적으로 받아들이는 데 도움이 된다. 격한 논쟁 한가운데서 자신을 둘러싼 보호막을 떠올리는 일이 우스꽝스럽게 느껴질 수도 있지만 효과는 확실하다! 시각적 비유가 문제를 이해하고 새로운 해결책을 떠올리는 데 실제로 도움이 된다는 것은 과학적으로도 증명된 사실이다.[4] 필요할 때 쉽게 떠올릴 수 있다는 장점도 있다.

경계의 보호막은 여러 가지 모습으로 상상할 수 있다. 자신에게 가장 와닿는 이미지를 떠올리면 된다. 당신은 어떤 이미지가 더 와닿는가? 안전하다고 느껴지는 반투명한 거품? 머리부터 발끝까지 온몸을 감싸는 반짝이는 힘의 장? 해자에 둘러싸인 견고한 성? 바닥에 굵게 그려진 당신을 감싼 동그라미?

경계의 보호막을 상상할 때 간단한 짧은 문구를 곁들이면 도움이 된다. '우리는 서로 다른 두 사람이다', '나는 내 보호막 안에서 평온히다', '저 감정은 내 것이 아니다', '저 사람의 감정은 내 보호막을 뚫고 들어올 수 없다', '나는 내 보호막 안의 감정만 책임지면 된다'.

타인의 감정에 휩쓸리기 전에 미리 경계의 보호막을 떠올리면 자신을 지킬 수 있다. 예를 들어 명절에 본가를 방문해 부모의 스트레스를 고스란히 떠안을 때, 매번 감정적인 문제를 호소하는 친구와 만나기로 했을 때, 연인과 서로의 불만에 관해 이야기할 때, 직장에서 불편한 회의에 들어갈 때 등.

에이미는 엄마가 또 전화를 걸어 노아에 대한 불평을 늘어놓자 잠시 마음을 가다듬고는 반짝이는 물방울이 자신을 감싸고 있다고 상상했다. 그 물방울 안은 오직 에이미만의 공간으로 그 안에서 그녀는 평온하다. 엄마의 말소리는 들리지만 물방울 안으로 들어오지는 않는다. 빗방울이 지붕에 떨어져 그대로 흘러내리듯, 그 말소리는 그녀를 감싼 커다란 물방울에 닿아 천천히 흘러내릴 뿐이다. 이 상상 속 이미지는 어머니를 대하는 불편한 감정 속에서도 에이미가 중심을 잃지 않도록 단단히 붙잡아 주었다.

잠시 자리를 피하는 것도 감정의 분리를 기억하는 데 도움이 된다. 상대의 감정에 책임을 져야 한다는 충동이 드는 순간 잠시 멈추고 그 상황에서 잠시 벗어나는 것이 좋다. 대화에서 벗어나 잠시 혼자 있을 수 있는 조용한 공간을 찾는다. 10분 정도 머무르며 심호흡하면서 몸에서 느껴지는 감각에 집중한다. 타인의 감정에서 한걸음 물러나는 이 짧은 휴식은 다시 자신과 연결되고 자기감정을 있는 그대로 느낄 수 있게 해준다.

<h2 style="text-align:center">감정적 경계 설정 3단계:
경계를 세워 행동을 바꿔라</h2>

감정적인 거리를 확보했다면 이제 눈앞의 상황에 어떻게 대응할지 결정해야 한다. 예전 같았다면 원치 않는 조언을 늘어놓거나, 문제를 대신 떠안거나, 갈등에 끼어들거나, 상대의 분노·좌절·불안·죄책감을 덜어주려 애썼을 것이다. 하지만 이제는 새로운 방식으로 반응할 것이며 그 반응은 내적 경계나 외적 경계의 형태로 나타날 것이다. 상대의 감정을 책임져야 한다고 믿는 사람이 나 자신뿐이라면 내적 경계만으로 충분하다. 그러나 상대방이 내가 자신의 감정을 돌보고 해결해 주기를 기대한다면 외적 경계 또한 분명히 세워야 한다.

근본적으로 감정적 경계는 내적 경계다. 더 이상 타인의 감정을 돌보거나 해결하려 들지 않겠다고 스스로 약속하는 것이다. 내적인 감정적 경계는 다음과 같은 모습으로 나타난다.

상대가 문제 해결보다는 공감을 원할 때

데버라와 딸 페마는 매우 사이가 좋다. 대학 신입생인 페마는 집을 떠나 생활하면서 겪는 어려움을 엄마에게 전화로 털어놓곤 한다. 어떤 운동팀에 들어갈지 고민되거나 과제와 공부량을 감당하기가 버겁다는 등 하소연을 하면 데버라는 곧바로 문제 해결 모드로 돌입한다. 하지만 페마는 엄마에게 그런 점이 답답하다고 한다. 해결책을 바로 내놓기보다 그냥 들어 주고 공감해 주었으면 좋겠다는 것이다.

이때 데버라에게 필요한 것은 내적 경계다. 페마의 문제를 책임져야 한다고 생각하는 사람은 데버라 자신뿐이기 때문이다. 그녀는 딸의 문제를 해결해 주려는 충동을 억제할 필요가 있다. 데버라는 이렇게 내적 경계를 세울 수 있다. '나는 페마의 문제에 원치 않는 해결책을 제시하지 않을 것이다. 그저 들어 주고 공감할 것이다. 만약 페마가 내 조언을 구한다면 그때 조언해 줄 것이다.'

자신의 목표가 상대방의 기대와 다를 때

대학교에 다니는 시에나는 남자 친구 브래드와 6개월째 사귀고 있다. 시에나는 한 학기 동안 프랑스로 유학을 떠날 예정이다. 브래드는 그녀의 선택을 지지해 주지만 오랫동안 떨어져 지내야 한다는 사실에 슬퍼하고 있다. 그런 남자 친구의 모습에 마음이 편치 않은 시에나는 계획을 취소해야 할지 고민된다.

데버라의 경우와 마찬가지로 시에나에게 필요한 것도 내적 경계다. 브래드의 불편한 감정을 자신이 해결해야 한다고 생각하는 사람은 시에나 자신뿐이기 때문이다. 그녀는 자신의 목표와 꿈이 주변 사람들의 기대와 일치하지 않더라도 우선순위에 두는 법을 배워야 한다. 시에나는 이렇게 내적 경계를 세울 수 있다. '브래드가 나와 떨어져 있는 걸 슬퍼하더라도 나는 내 꿈을 추구할 것이다. 한 학기 동안 외국에 유학 가게 되어 설레는 마음에 집중하자.'

내적 경계를 세우기 전과 후

내적 경계를 세운다는 것은 자신의 기대와 행동을 바꾸는 일이다. 실제로는 다음과 같이 나타날 수 있다.

내적 경계 전	내적 경계 후
연인의 문제에 해결책을 제시한다.	이야기를 공감하며 들어 주고 스스로 해결할 수 있다고 격려한다.
분위기가 나빠질까 봐 불쾌한 농담에도 웃는다.	불쾌한 농담에 침묵으로 반응한다.
죄책감에 떠밀려 행동을 바꾼다.	흔들리지 않고 선택을 밀고 나간다.
내 관점을 이해시키려고 끝없이 논쟁을 이어 간다.	흔들림 없는 확신 속에서 서로의 차이를 인정하며 대화를 마무리한다.

외적 경계 세우기

사람들이 자기감정을 대신 다뤄 주거나 해결해 주기를 기대할 때는 외적 경계를 세워 더는 그 역할을 맡지 않겠다고 알릴 수 있다. 외적 경계는 지금까지 상대에게 해오던 정서적 보살핌을 거둘 때도 유용하다.

클로이의 오랜 연인 벤은 직장에서 상사와 사이가 좋지 않아 늘 스트레스를 안은 채 퇴근하곤 했다. 저녁 식탁에 앉으면 그는 어김없이 클로이에게 직장에서 있었던 일을 털어놓으며 조언을 구했다. "이럴 땐 어떻게 해야 할까?", "뭐라고 말하는 게 좋을까?" 처음에 클로이는 기꺼이 귀 기울였지만 이런 대화가 날마다 이어지자 답답함과 불만이 쌓여 갔다. 이제는 매일 반복되는 고민 상담에 더는 끼어들고 싶지 않았다.

클로이의 경우 외적 경계를 세워 벤에게 이렇게 말할 수 있다. "회사에서 그렇게 고생하는 게 안쓰럽네. 나도 도와주고 싶지만 상사 얘기를 매일 듣는 건 내게는 좀 버거워. 일주일에 한 번 정도라면 기꺼이 들어 줄 수 있어." 혹은 이렇게 말할 수도 있다. "벤, 회사에서 그런 일을 겪고 있다니 정말 안타까워. 내가 해결책을 줄 순 없지만 네 얘기를 들어 줄 수는 있어."

마흔 살인 헬가는 종종 부모님과 함께 시내에서 저녁을 먹는다. 그런데 아버지 진은 까다롭고 성격이 거칠어 어느 식당에 가더라도 트집을 잡고 큰소리로 불평을 늘어놓곤 한다. 그럴 때마다 헬가와 어머니 엘리는 그의 무례함에 책임을 느끼며 식당 직원들에게 대신 사과하곤 했다.

하지만 최근 헬가는 감정적 경계를 세우는 연습을 시작했다. 아버지의 행동이 부끄럽게만 느껴졌고 더는 중재자 역할을 떠맡고 싶지 않았다. 그리고 곧 다시 같은 일이 벌어지자 헬가는 불편함을 자각하며 자신을 감싸는 보호막을 떠올리고는 외적 경계를 세웠다.

"아버지, 직원들에게 그렇게 소리를 높이는 모습을 보면 저는 몹시

당황스러워요. 제게는 무례하게 보이고 저녁 자리마저 불편해집니다. 이런 일이 계속된다면 저는 아버지와 함께 자리에 있지 않겠습니다."

만약 아버지가 불평을 멈추지 않는다면 헬가는 식당을 나와 집으로 돌아가거나 아예 부모님과의 저녁 자리에 발길을 끊을 수도 있다.

같은 상황, 다른 경계

어떤 상황은 내적 경계로도, 외적 경계로도 해결할 수 있다. 어느 쪽이든 선택하면 된다. 이 경우 다음의 두 가지 중에서 선택해야 한다. 첫째, 상대의 행동이 너무 괴로워서 그 자리에서 벗어난다. 둘째, 그 행동으로부터 충분한 감정적 거리를 두어 같은 공간에 있어도 크게 영향을 받지 않는다. 다음 예시는 동일한 상황에서 내적 경계와 외적 경계를 어떻게 적용할 수 있는지를 보여 준다.

오텀과 남편 제프에게는 스물아홉 살 난 아들 콜린이 있다. 콜린은 지난 5년 동안 약물을 끊었다가 다시 시작하기를 반복했고 그로 인해 가족은 깊은 고통을 겪고 있었다. 어느 날 밤, 그는 부모의 방에서 돈을 훔치다 들켰다. 충격에 빠진 오텀과 제프는 아들에게 두 가지 선택지를 내밀었다. 경찰에 신고해 법의 심판을 받거나, 부모가 비용을 대줄 테니 6주간 중독 재활 시설에 들어가라는 것이었다.

재활 시설에 들어간 지 2주째가 된 콜린은 매일 어머니 오텀에게 전화를 걸었다. 다급한 목소리로 사과를 쏟아 내고 동료 환자들에 대한 불평을 늘어놓으면서 자신을 집으로 데려가 달라고 애원했다. 그런 아들을 지켜보는 일은 너무도 괴로웠지만 오텀은 콜린이 끝까지 재활 과정을 마쳐야 한다는 사실을 누구보다 잘 알고 있었다.

감정적 경계가 약하다면 오텀은 힘들어하는 아들의 모습에 마음이 흔들려 결국 집으로 데려오는 쪽을 선택할지도 모른다. 그러나 그녀는 내적 경계를 세움으로써 다른 길을 선택할 수 있다. 콜린의 불평에 공감하며 귀 기울이고 아들을 사랑한다는 마음을 확인시켜 주되, 시설에서 나가게 해달라는 요청에는 단호히 동의하지 않는 것이다. 통화를 마친 뒤에는 자신을 다독이며 마음을 지탱한다.

또한 오텀은 외적 경계를 세울 수도 있다. 매일같이 애원하는 말을 듣는 것이 힘들다고 솔직히 말하고 전화를 끊는 것이다.

두 경우 모두 오텀이 아들을 재활 시설에서 집으로 데려오지 않음으로써 경계를 지키는 방법이다. 내적 경계를 세울 때는 상호작용을 이어가되 마음속으로 감정적 거리를 두고, 외적 경계를 세울 때는 대화 자체를 중단함으로써 감정적 거리를 확보한다.

스물네 살 클레오는 고향 캔자스를 떠나 뉴욕에서 새로운 직장 생활을 시작했다. 그녀와 어머니 신디는 각별한 사이였기에 클레오가 집을 떠난 뒤 신디는 큰 허전함을 느꼈다. 두 사람은 매일 전화 통화를 하는데, 신디는 전화를 끊기 전마다 어김없이 클레오에게 고향으로 돌아오라는 말로 딸의 죄책감을 불러일으키곤 했다.

감정적 경계가 약하다면 클레오는 이런 상황에서 자신이 떠난 일을 사과하거나 형편이 되지 않는데도 서둘러 고향을 방문할 일정을 잡으려 할지도 모른다. 그러나 그녀는 어머니와의 관계에서 내적 경계를 세울 수 있다. 떨어져 지내는 것이 힘들다는 데는 공감하되 자신이 뉴욕으로 온 이유의 중요성을 상기시키고, 죄책감을 자극하는 말이 나오면 자연스럽게 화제를 돌리는 것이다.

외적 경계를 세우는 방법도 있다. 예를 들면 이렇게 말할 수 있다. "엄마, 내가 뉴욕으로 온 건 우리 둘 모두에게 받아들이기 쉽지 않은 변화야. 그런데 엄마가 자꾸 죄책감이 들게 하는 말을 하면 힘들게 내린 이 결정이 더 버겁게 느껴져. 매번 통화가 이런 식으로 끝난다면 앞으로는 자주 통화하기 어려울 것 같아."

두 경우 모두 클레오는 어머니의 감정을 무조건 달래 주려 하지 않음으로써 자신의 경계를 지킬 수 있다. 내적 경계를 세울 때는 통화를 이어 가되 자신을 힘들게 하는 부분에는 휘말리지 않고, 외적 경계를 세울 때는 죄책감을 불러일으키는 말이 계속 이어지면 앞으로 통화를 줄이겠다고 분명히 알리는 것이다.

머릿속에 경계의 보호막을 그려라

어느 날 아침 소피아가 에이미에게 전화를 걸어 소식을 전했다. 노아가 사는 지역을 방문할 계획이었는데, 하루 전날 노아가 전화를 걸어 갑작스럽게 취소한 것이다. 직장에 급한 일이 생겼다는 이유였다. 사실 이런 식의 취소는 처음이 아니었지만 소피아는 큰 상처를 받았다. 그녀는 노아가 좀처럼 자신과 가깝게 지내려 하지 않는 것 같다며 에이미에게 속상한 마음을 쏟아 냈다.

에이미는 어머니의 답답한 마음에 공감하며 조언을 해주거나 갈등에 개입하고 싶은 충동을 느꼈다. 하지만 곧 이 상황이 감정적 경계가 필요하다는 신호임을 떠올렸다. 그녀는 잠시 마음을 가다듬고 머릿속으로 경계의 보호막, 즉 자신을 감싸며 지켜 주는 빛나는 막을 떠올렸다. 에이미는 소피아에게 부드럽게 말했다.

"노아가 취소했다니 안타깝네. 엄마 많이 속상했겠다. 이 얘기가 나와서 말인데, 나 엄마한테 꼭 하고 싶은 말이 있어."

"그래, 무슨 일이니?" 소피아가 물었다. 에이미는 숨을 가다듬으며 마음속에서 두려움이 밀려오는 것을 느꼈다. 하지만 용기를 내어 말을 이었다.

"솔직히 꺼내기 쉬운 얘기는 아니야." 에이미는 목소리가 떨리는 걸 느꼈다. "사실 나는 엄마가 노아 때문에 속상한 얘기를 할 때마다 내가 두 사람 사이에 낀 것 같아 곤란해. 둘 다 내겐 소중한 사람이야. 엄마를 사랑하고 도와주고 싶지만 앞으로는 이 문제 말고 다른 얘기를 하는 게 더 좋을 것 같아."

말을 마치고 나서 에이미는 자신의 손이 떨리고 있다는 걸 깨달았다. 심장이 쿵쾅거리는 소리가 귀에까지 들리는 듯했다. 수화기 너머에서는 그녀가 생각했던 것보다 훨씬 길게 침묵이 이어졌다.

"엄마? 듣고 있어?" 에이미가 조심스레 물었다.

"미안하다, 에이미." 소피아가 말했다. 왠지 아득하게 들리는 목소리였다. "내가 너를 곤란하게 만들고 있었다니…. 전혀 몰랐어. 그런 얘길 할 때마다 네가 항상 힘이 되는 말을 많이 해줘서 내가 너를 아프게 하고 있었다는 걸 정말 몰랐어."

에이미는 엄마의 대답에 가슴이 저렸다. 그렇잖아도 노아 때문에 힘든 엄마가 더 큰 상처를 받는 건 바라지 않았다. 하지만 에이미는 곧바로 달려들어 엄마의 감정을 책임지려는 충동을 꾹 눌렀다.

대신 그녀는 부드럽게 말했다. "알아, 엄마. 사실 나도 최근에야 깨달았어. 엄마가 일부러 그런 건 아니라는 거 잘 알아."

에이미는 소피아가 동요했지만 애써 내색하지 않으려 한다는 것도 알수 있었다. 두 사람은 늘 하던 대로 "사랑해."라는 말과 함께 통화를 끝냈다. 하지만 전화를 끊은 뒤 에이미는 마음이 무거웠고 죄책감을 느꼈다. 엄마에게 상처를 준 건 아닐까 두려웠다. 엄마에게 다시 전화를 걸어 방금 세운 경계를 거둬들이고, 엄마가 무엇을 원하든 들어주고 싶다는 충동을 억누르려고 안간힘을 썼다.

감정적 경계 설정 4단계: 장기적인 이로움을 기억하라

에이미의 이야기가 보여 주듯 감정적 경계를 세우는 일, 특히 과도한 배려라는 오래된 패턴을 끊는 일은 쉽지 않다. 경계를 세운 뒤에는 사랑하는 사람에게 상처를 준 건 아닐까 걱정하거나 죄책감에 휩싸일 수도 있다. 하지만 그럴 때일수록 이 감정적 경계가 장기적으로 나 자신과 상대방 그리고 관계 전체에 어떤 이로움을 가져다줄지를 떠올리며 흔들리지 말아야 한다.

스스로 이렇게 물어볼 수 있다. 과거에 다른 사람의 감정을 책임지려 했을 때 나는 무엇을 잃었는가(정서적으로, 정신적으로, 경제적으로, 에너지 측면에서)? 타인의 감정은 지나치게 떠안으면서 정작 나 자신에 대한 책임은 어떻게 소홀히 해왔는가? 내가 나서서 감정을 떠안지 않는다면 상대방이 성장하거나 독립심이 커지지 않을까? 내가 그들의 감정을 책임지지 않는다면 단기적으로든 장기적으로든 어떤 긍정적인 결과가 생길까? 시간이 흐르면서 우리의 관계는 이런 감정적 경계 덕분에 어떤 혜택을 누리게 될까?

어머니와 불편한 통화를 마친 뒤 에이미는 이런 질문들을 곱씹으며 몇 가지 안도할 만한 결론에 이르렀다.

첫째, 자신이 세운 경계 때문에 소피아가 좌절감을 다스릴 더 적절한 방법을 찾도록 이끌 수 있다는 사실을 깨달았다. 어쩌면 소피아는 남편과 더 많은 대화를 나눌지도 모른다. 노아에게 직접 답답함을 전할 수도 있다. 어쩌면 에이미의 부재가 소피아의 성장에 필요한 자극이 될 수도 있다. 그리고 장기적으로는 이 경계가 엄마와의 관계를 더 건강하게 만들어 줄지도 모른다. 엄마와의 대화에서 노아 이야기를 걷어 내면 더 즐겁고 유쾌한 이야기들로 채울 수 있을 것이다.

에이미는 엄마에게 자신의 일과 친구들에 대해 더 많이 들려주고 싶고, 엄마가 열정을 쏟고 있는 여러 관심사에 대해서도 더 많이 듣고 싶다. 이런 대화들은 불평이 아닌 서로의 관심사와 호기심을 바탕으로 친밀감을 더해 줄 것이다. 에이미는 이런 생각들을 일기에 적으면서 자신이 세운 감정적 경계에 대한 확신이 흔들릴 때마다 꺼내 읽으며 마음을 다잡았다.

그 후 몇 주 동안 에이미와 엄마는 여전히 자주 통화하고 만났다. 한동안은 어색한 분위기가 감돌았다. 엄마가 에이미의 경계를 지키려 애쓰고 있다는 게 느껴졌고 에이미도 노아와의 상황이 어떤지 묻고 싶은 충동을 억눌러야 했다. 때로는 대화가 낯선 침묵 속으로 빠지기도 했다. 이제 노아 이야기를 꺼낼 수 없게 되자 두 사람 모두 무슨 이야기를 해야 할지 막막함을 느꼈다. 에이미는 엄마와의 사이에 흐르는 불편한 기류를 의식하면서 조심스레 침묵을 메웠다. 친구들에 관한 이야기를 들려주었고 엄마가 요즘 하는 일들에 대해서도 물었다.

몇 달 동안 통화가 이어지고 만남이 쌓이면서 두 사람은 조금씩 새로운 소통 방식을 만들어 갔다. 어색한 분위기도 점점 사라졌다. 에이미는 자신이 세운 경계 덕분에 그동안 쌓여 있던 원망과 답답함이 사라졌다는 것을 깨달았다.

그들은 여전히 모녀였고 가끔 갈등과 의견 충돌, 말다툼도 있었다. 하지만 예전처럼 모든 책임을 짊어져야 한다는 부담감은 이제 느껴지지 않았다. 그 빈자리를 대신한 것은 엄마와 더 솔직하고 즐겁게 연결될 수 있다는 깨달음이었다. 에이미는 여전히 엄마와 노아의 관계가 나아지기를 바라지만 결국 그건 자신이 어떻게 할 수 있는 일이 아니라는 사실을 알고 있다.

이처럼 감정적 경계는 도착지가 아니라 과정이다. 감정적 경계의 보호막은 시간과 헌신, 시행착오를 거치며 점점 더 단단하고 분명해진다. 이는 우리를 감싸고 지켜 주는 보호막이 된다. 시간이 흐를수록 더는 타인이 씌우는 죄책감의 굴레에 발목 잡히지 않고, 타인의 갈등에도 쉽게 흔들리지 않게 된다. 그리고 마침내 오랫동안 외면해 왔던 자신의 감정에 돌봄과 주의를 기울이게 된다.

내가 바꿀 수 있는 것과
놓아야 할 것

자기보다 타인의 필요와 바람을 우선하는 피플 플리저들은 대체로 통제를 다루는 방식이 어긋나 있는 경우가 많다. 앞 장에서 언급했듯이 이들은 타인의 행동과 감정을 책임지고 통제하는 데 지나치게 많은 에너지를 쏟으면서 정작 자신의 요구와 경계를 책임지고 통제하는 데는 너무 적은 에너지를 쓴다.

이번 장에서는 이 거꾸로 된 통제 방식을 살펴보고, 타인에게 영향을 미치는 것과 타인을 통제하는 것을 어떻게 구분할 수 있는지 짚어볼 것이다. 또한 주의를 자기 안으로 돌림으로써 어떻게 다시 힘을 되찾을 수 있는지, 결국 타인을 통제할 수 없다는 사실(받아들이기는 어렵지만 우리를 자유롭게 해주는 진실)을 어떻게 받아들일 수 있는지도 살펴볼 것이다.

상대를 통제할 수 있다는 환상을 깨라

어느 일요일 아침 브런치 자리에서 재러드는 3년 동안 함께해 온 연인 윌리엄의 이별 통보를 받았다. 자신은 이 관계가 더 이상 행복하지 않으며, 그런 지 벌써 한참이나 되었다고 말이다. 순간 재러드는 시간이 멈춘 듯했다. 포크와 접시가 부딪치는 소리가 아득히 멀리서 들리는 것 같았고 심장이 미친 듯이 뛰었다.

"알겠어." 재러드는 천천히 말했다. "우리 관계를 어떻게 회복할 수 있을지 이야기해 보자. 전에 말한 적 있지만 커플 상담이 도움이 될 수 있을 것 같아."

"난 커플 상담도 원하지 않고 우리 관계를 위해 노력하고 싶지도 않아." 윌리엄은 어깨를 으쓱하며 대답했다.

요즘 들어 윌리엄은 두 사람의 관계에 대한 이야기가 나오면 무관심한 태도로 일관했다. 지난 3년 동안 두 사람은 수없이 다투었고 다음 날 해가 뜰 때까지 밤새도록 싸움이 이어지는 경우도 많았다. 예전에 윌리엄은 갈등에 적극적으로 나서서 해결책을 찾으려 했지만 지난 1년 동안 상당히 무심해졌다. 재러드는 마음이 아팠지만 윌리엄의 침묵을 깨뜨리고 조금이라도 그의 관심을 얻으려고 애써 왔다.

이날 재러드는 자신에게 두 가지 선택지가 있음을 깨달았다. 윌리엄의 말을 있는 그대로 받아들이고 그가 관계를 회복할 의지가 없음을 인정하거나, 아니면 혼자서라도 삐걱거리는 관계를 고치려 애쓰거나. 상실에 대한 두려움이 너무 컸던 그는 결국 후자를 택했다. 그날 밤부터 재러드는 침대 머리맡에 연애 상담 책들을 쌓아 두고 읽다가 잠들었다.

윌리엄에게 값비싼 선물을 사 주고 근사한 저녁 식사를 대접했다. 혼자 받기 시작한 심리 상담에서는 윌리엄의 가족사와 친밀감에 대한 두려움을 털어놓았고 그의 마음을 돌릴 방법을 구했다.

윌리엄이 냉담하게 거리를 두는데도 재러드는 답답한 속마음을 전혀 드러내지 않았다. 완벽하게 평온한 환경을 만들면 윌리엄이 다시 자신을 사랑할 거라 믿으며 모든 것을 감췄다. 재러드는 두 달 동안 모든 걸 통제하려 들면서, 자신의 방식대로만 하면 윌리엄의 사랑이 다시 타오를 거라 굳게 믿었다. 그러나 결국 윌리엄이 관계를 완전히 끝내 버렸을 때 재러드는 그동안 자신이 쥐고 있다고 믿었던 통제감이 사실은 처음부터 환상에 불과했음을 깨달았다.

누군가 재러드에게 그동안 무엇을 한 거냐고 물었다면 그는 아마 망설이지 않고 대답했을 것이다. "난 우리 관계를 지키려고 노력했어." 하지만 실제로 재러드가 한 일은 자신이 통제할 수 없는 것들을 억지로 통제하려는 시도였다. 윌리엄의 행동, 감정, 심지어 변하려는 의지까지도 말이다.

자기를 바꾸지 않고 타인을 바꾸려 애쓴다면

재러드와 같이 타인을 통제하려는 시도는 보통 세 가지 유형으로 나타난다. 첫째, 타인의 반응을 관리하기 위해 자기 자신을 먼저 지워 버린다. 상대가 나를 어떻게 받아들일지 세세하게 통제하려다 보니, 갈등을 피하려 자신의 상처와 요구를 숨기고 상황에 맞춰 자기 모습을 바꾼다.

'분위기를 망치지' 않으려 억지로 행복한 척하거나, 사랑을 얻기 위해 솔직한 감정을 드러내지 않는 식이다. 때로는 요구를 직접 말하는 대신 삐치거나 빈정대는 수동 공격적인 신호를 보내며 상대가 알아서 움직여주길 기대하기도 한다.

둘째, 타인의 결정과 행동에 과도하게 개입하며 그 영역을 침범한다. 상대가 원치 않는 조언을 쏟아 내거나, 상대의 행동이 불러온 부정적인 결과에서 기어이 그를 구해 내려 애쓴다. 상대가 변화할 의사가 없음을 이미 드러냈는데도 같은 부탁을 반복하거나, 실제로 실행할 마음도 없는 최후통첩을 내걸며 상대의 건강하지 못한 행동을 억지로 고치려 들기도 한다. 예컨대 "술을 끊지 않으면 너를 떠나겠다."라거나 "분노 조절 문제를 고치지 않으면 함께할 수 없다."라는 식이다. 심지어 자신과 아무 관련 없는 갈등에 끼어들어 중재자 역할을 자처하며 타인의 인간관계까지 관리하려 든다.

마지막으로 이들은 타인의 한계와 경계를 외면한다. 재러드가 윌리엄의 거부 의사를 무시했던 것처럼, 거절당한 요청을 거듭하거나 상대가 변할 의지가 없다는 사실을 알면서도 자신의 방식을 억지로 받아들이도록 집요하게 설득한다.

결국 재러드처럼 통제할 수 없는 타인의 감정과 행동을 바꾸려 애쓰는 일은 엄청난 에너지 소모를 불러올 뿐이다. 진정으로 관계를 지키는 길은 상대를 있는 그대로 받아들이고 그 모습이 나에게 맞는지 솔직히 평가한 뒤 나만의 단단한 경계를 세우는 데 있다. 정작 통제해야 할 것은 타인이 아니라 바로 나 자신의 반응과 선택이기 때문이다.

우리가 관계에서 겪는 고통의 상당 부분은 통제의 영역을 혼동하는 데서 온다. 내가 애쓸수록 관계가 수렁에 빠지는 것 같다면 지금 내가 에너지를 쏟고 있는 대상이 과연 내 힘으로 바꿀 수 있는 것인지 냉정하게 구분해 봐야 한다. 아래의 '우리가 통제할 수 없는 것'과 '우리가 통제할 수 있는 것'의 목록을 살펴보자.

우리가 통제할 수 없는 것

- 타인의 행동
- 타인의 경계
- 나의 경계에 대한 타인의 반응
- 타인의 감정
- 타인의 치유와 성장
- 타인의 관계
- 타인의 중독이나 강박

우리가 통제할 수 있는 것

- 나의 행동
- 나의 반응
- 나의 경계
- 나의 치유와 성장
- 상대를 내 삶에 들일지
- 상대와 관계를 이어 갈지
- 누구와 시간을 보낼지, 얼마나 많은 시간을 보낼지
- 누구와 소통할지, 얼마나 자주 소통할지

영향을 주는 것과 통제하는 것은 다르다

우리가 다른 사람과의 관계 속에서 어느 정도 영향력을 발휘하고 싶어 하는 것은 지극히 자연스러운 일이다. 그러나 '영향을 주는 것'과 '통제하는 것'은 분명히 다르다. 영향을 준다는 것은 내 생각과 의견, 바람을 표현하면서도 동시에 상대의 한계와 경계를 존중하는 것을 뜻한다. 또한 상대의 변화 의지가 어느 정도인지 받아들이고 선택은 결국 그들의 몫임을 인정하는 것이다.

반면 통제는 상대가 원하지 않거나 관심이 없음에도 불구하고 변화를 강요하는 것이다. 같은 마음이 아닌데도 내가 원하는 결과를 우선시하거나, 자기 요구에 관한 중요한 정보를 감춰 상대의 결정에 영향을 미치려 하고, 그들의 선택이 내게 달려 있다고 믿는 태도를 말한다.

내 행동이 영향의 범주에 속하는지 아니면 통제에 가까운지 판단하기 위해 다음과 같은 질문을 던져 볼 수 있다. 만약 대답이 '그렇다'라면 그 행동은 통제로 기울고 있다는 신호다.

상대는 변하고 싶지 않다고 분명히 말했는데 나는 여전히 상대에게 변화를 강요하고 있는가? 상대가 내가 원하는 것을 들어줄 수 없다는 사실을 마주하지 않으려 그들의 행동이나 감정을 바꾸려 들고 있는가? 나는 상대의 자율성을 해치면서까지 참견하고 있는 건 아닐까? 상대가 이런 식의 도움과 지지를 멈춰 달라고 요청했는데도 계속하고 있는가? 상대를 바꾸려 애쓰는 과정에서 내 감정과 요구, 바람을 억누르거나 무시하고 있는가? 나는 혼자 힘으로 이 상황의 결과를 좌우할 수 있다고 믿고 있는가?

내가 진행하는 워크숍에서 참가자들이 자주 하는 질문이 있다. "제 친구가 제가 세운 경계를 계속 무시합니다. 어떻게 해야 친구가 제 경계를 진지하게 받아들이게 만들 수 있을까요?", "아버지가 오랫동안 저를 함부로 대하셨습니다. 제가 그로 인해 얼마나 힘든지 말씀드려도 아버지의 행동에는 변화가 없어요. 어떻게 하면 그만두게 할 수 있을까요?", "아내의 음주 문제가 심각합니다. 아내는 도움을 받겠다고 말하지만 실제로는 행동으로 옮기지 않고 있습니다. 벌써 5년이 지났는데 어떻게 하면 아내가 문제의 심각성을 깨닫게 만들 수 있을까요?"

위의 모든 사례에서 사람들이 묻는 것은 결국 이것이다. "어떻게 하면 다른 사람을 바꿀 수 있을까요?" 그 답은 명확하다. 바꿀 수 없다. 제안이나 요청을 할 수는 있다. 하지만 상대가 기꺼이 받아들이지 않는다면 그들이 내 경계를 존중하게 만들 수는 없다.

우리는 타인이 내게 친절하도록 강제할 수 없다. 그들이 중독 문제에 대한 치료를 받게 만들 수도 없다. 특히 평생을 타인을 통제할 수 있다는 환상 속에서 살아왔다면 자신의 힘이 지닌 한계를 인정하기가 고통스러울 수 있다. 그러나 그 환상을 내려놓을 때 비로소 우리가 진정으로 통제할 수 있는 것, 즉 자기 자신에게 집중할 수 있게 된다.

'내가 통제할 수 없는 것' 목록 만들기

지금까지 살펴본 내용을 바탕으로 당신이 통제하려 애쓰고 있지만 실제로는 통제할 수 없는 것들을 목록으로 만들어 보자. 가능한 한 구체적으로 적어야 한다.

재러드의 '내가 통제할 수 없는 것' 목록은 다음과 같다.

- 나는 윌리엄이 우리 관계에서 불행하다는 사실을 바꿀 수 없다.

- 그가 관계 개선을 위해 노력할지 말지는 내가 통제할 수 없다.

- 내가 필요로 하는 사랑과 보살핌을 그가 줄지 말지는 내가 통제할 수 없다.

- 그가 커플 상담에 참여할지 말지는 내가 통제할 수 없다.

통제 가능한 것에 집중하며 살아가라

타인을 통제하려는 수많은 시도가 번번이 실패로 돌아가면 결국 우리는 지치고 무력감을 느낀다. 이제는 새로운 방식이 필요하다. 다행히 힘을 되찾을 방법이 있고 그 방법은 단순하다. 내가 통제할 수 있는 것에 책임을 지고 거기에 에너지를 집중하는 것이다.

자기 요구에 대한 책임을 지려면 먼저 자신에게 무엇이 필요한지 알아차리고 이를 충족할 방법을 실행에 옮겨야 한다. 말하지 않아도 알아서 눈치채 주기를 기대하기보다 직접 표현하고 요청해야 한다. 비록 상대가 내게 필요한 것을 채워 주지 못하더라도 그 정당성을 존중해야 한다. 또한 이 관계가 내 필요를 충족하고 있는지 솔직하게 자문하고 그에 따라 경계를 설정해야 한다.

자기 행동에 책임을 지려면 타인의 기대를 따르기보다 내가 진정으로 원하거나 필요로 하는 일을 선택해야 한다. 그리고 타인의 비난이 두렵거나 죄책감이 들어서가 아니라 나 자신의 가치관을 존중하기 때문에 이에 따라 행동해야 한다.

자기 경계에 책임을 지려면 충족되지 않은 요구를 알아차리고 내적 경계를 세워 타인에 대한 지나친 배려를 그만둬야 한다. 내 요구를 충족시키지 못한다는 것이 드러난 관계에서는 거리와 공간, 시간을 둔다.

자기 치유에 책임을 지려면 자신의 정신 건강을 위해 도움을 구하고 피플 플리징 패턴을 끊어 내야 한다. 타인의 감정적 회피나 공감 부재, 자기중심적인 태도를 끝없이 분석하는 대신 내가 애초에 왜 그런 관계에 끌리는지, 왜 나의 근본적인 요구를 충족시키지 못하는 관계를 끝내지 못하는지를 들여다봐야 한다.

마지막으로 자신의 인간관계에 책임을 지려면 한쪽으로 치우친 불균형한 관계 속에서 자신이 어떤 역할을 하고 있는지 분석하고 그 관계가 실제로 내 요구를 충족시키는지 솔직하게 자문해야 한다. 그리고 일방적이거나 불균형적이거나 건강하지 못한 관계에는 참여하지 않겠다고 단호히 선언한다. 안전하고 편안하다고 느끼는 범위 안에서만 관계를 이어 가도록 경계를 세운다.

'내가 통제할 수 있는 것' 목록 만들기

앞서 만든 통제할 수 없는 것 목록의 항목마다 이제는 어떻게 에너지를 돌려서 내가 통제할 수 있는 것, 즉 나 자신의 요구, 행동, 경계, 치유, 관계에 집중할 수 있을지를 생각해 보자.

재러드는 자신이 통제할 수 없는 것과 통제할 수 있는 것을 비교했다. 그리고 이렇게 적었다.

- 나는 윌리엄이 우리 관계에서 불행함을 느낀다는 사실을 바꿀 수

는 없지만 그로 인해 내가 느끼는 감정을 어떻게 다룰지 그리고 이 어려운 시기에 친구와 가족에게 어떻게 도와달라고 할지는 내가 통제할 수 있다.

- 나는 윌리엄이 우리 관계를 개선하기 위해 노력할 의지가 없다는 사실을 바꿀 수는 없지만, 이런 상황에서도 내가 이 관계를 계속 이어 갈 것인지는 결정할 수 있다. 또한 상대가 관계를 유지하려는 의지가 없음에도 불구하고 내가 왜 그토록 이 관계를 이어 가고 싶어 하는지를 이해하기 위해 상담 치료를 어떻게 활용할지는 내가 통제할 수 있다.
- 나는 윌리엄이 내가 원하는 사랑과 보살핌을 주지 않는다는 사실을 바꿀 수는 없지만, 그런 사랑과 보살핌을 주지 않는 사람과 계속 함께할지를 선택하는 것은 내 몫이며 내가 통제할 수 있다.
- 나는 윌리엄이 커플 상담에 관심이 없다는 사실을 바꿀 수는 없지만, 나 자신의 피플 플리징 문제를 다루기 위해 혼자서 상담을 받을지는 내가 통제할 수 있다.

내맡김을 통해 진짜 힘을 찾아라

작가 엘리자베스 길버트Elizabeth Gilbert는 이렇게 말했다. "당신이 내맡김을 두려워하는 이유는 통제를 잃고 싶지 않기 때문이다. 하지만 애초에 당신은 통제할 힘이 없었다. 오직 불안만 있었을 뿐."[1]

처음에는 통제를 내려놓는다는 생각이 두렵게 느껴질 수 있다. 하지만 처음부터 우리는 다른 사람의 행동과 감정을 통제할 수 없었다. 통제할 수 있다고 믿고 있었을 뿐이다. 이 환상을 내려놓을 때 우리는 비로소 현실과 마주하게 된다. 더 이상 절박한 희망으로 눈을 가리지 않고, 맑은 눈으로 있는 그대로를 받아들이는 과정을 시작한다. 12단계 원칙으로 운영되는 중독 회복 모임에서는 이를 기도로 간결하게 표현한다. "신이시여, 바꿀 수 없는 것을 받아들이는 평온함과 바꿀 수 있는 것을 바꿀 용기 그리고 그 둘을 구별할 지혜를 주소서."

통제할 수 있는 영역에 집중해 살아가기 시작하면 마음속에 평온이 찾아온다. 통제할 수 없는 것을 붙잡으려다 겪게 되는 좌절을 더는 느끼지 않는다. 꾸미고 조종하려는 시도를 내려놓고 풀 수 없는 문제를 억지로 해결하려 애쓰는 일도 멈춘다. 혹시라도 이번에는 상대가 바뀔지도 모른다는 불안한 기대 속에 기다릴 필요가 없다는 사실을 깨닫는다. 나를 선택해 달라고 애원하지도 않게 된다. 그 대신 처음으로 내가 나를 선택하며 이렇게 다짐한다. '너는 소중한 존재야. 난 네게 뭐가 필요한지 보여. 네 요구는 채워질 거야.' 바로 이 순간 우리는 진정한 힘을 손에 쥔다. 이것이 오래된 패턴을 깨뜨리는 열쇠이자 내 삶이 온전히 내 것임을 느끼게 하는 열쇠다.

제13장

어떤 착함은 때론
살아남기 위한 몸부림이다

억압적인 사회적 권력에 힘을 빼앗긴 사람들에게 자기 옹호는 특히 더 어려운 일이다. 인종차별, 성차별, 장애인 차별, 트랜스젠더 혐오, 성소수자 혐오, 빈곤은 개인이 자기 목소리를 낼 때 차별이나 괴롭힘, 심지어 폭력에까지 노출되도록 만든다. 사회적 약자에게는 경계를 세우는 것이 단순히 어려운 수준을 넘어 때로는 생명을 위협받을 만큼 위험한 일이 될 수도 있다.

예를 들어 경제적 자원이 부족한 사람은 지금 직장 환경이 아무리 해로워도 그만두고 다른 일자리를 구할 여력이 없을 수 있다. 트랜스젠더는 괴롭힘을 신고했다가 조직이나 사회에서 권력을 휘두르는 자들에게 더 큰 괴롭힘을 당할까 봐 두려워 안전하게 문제를 제기하지 못할 수 있다. 또 배우자의 학대에 시달리는 사람은 보복이 두려워 경계를 세우지 못할 수도 있다.

이런 경우 타인을 우선하는 피플 플리징은 말 그대로 생존 전략이다. 불평등과 억압, 폭력의 위협 속에서 자신의 안전을 지키기 위한 방식인 것이다. 침묵이 곧 안전을 의미하는 상황이라면 '진정한 자신으로 살아라'나 '경계를 세워라' 같은 말은 공허하게 들릴 수밖에 없다. 힘을 북돋아 주려는 선의의 조언이 오히려 소외된 집단의 안전 문제를 외면해 정반대의 결과를 낳을 수 있다.

이 장에서는 사회적 약자 집단이 피플 플리징과 관련해 어떤 억압에 놓여 있는지 살펴볼 것이다. 그들은 어떤 상황에서도 반드시 예의를 지켜야 한다는 압박에 시달리고, 자신의 진짜 모습을 드러냈다는 이유만으로 부정적인 결과를 감내해야 하며, 정체성을 이유로 경계를 무시당하고, 자기 옹호를 시도할 때 사회적 지지를 충분히 받지 못한다. 이들이 받는 부당하고 위험한 억압을 구체적으로 살펴보고, 이들이 억압에서 느끼는 위협과 어려움을 줄이는 단기적 전략, 이런 문제를 낳는 억압적 체제를 근본적으로 바꿔 나가기 위한 장기적 전략도 함께 살펴볼 것이다.

물론 이 장의 목적은 이런 불의를 단번에 해결하는 것이 아니다. 이는 한 편의 글, 한 권의 책으로는 결코 불가능한 일이기 때문이다. 이 장의 목적은 억압적인 사회 시스템이 어떻게 우리의 삶에 피플 플리징 패턴을 형성하고 강요하는지 알아차리도록 돕는 것이다. 우리의 정체성이 어떤 식으로 자기 옹호를 가능하게 하거나 방해하는지 인식할 때 자기 자신을 인식하는 것뿐 아니라 자신에 대한 연민도 커지기 때문이다.

재정적 한계에 부딪혀 떠나지 못할 때

누군가가 우리의 경계를 무시할 때 남은 유일한 선택은 그 환경을 벗어나려 애쓰는 것일지도 모른다. 그러나 재정적 제약 때문에 직장이나 주거지 같은 특정 환경을 떠나는 것이 극도로 어렵거나 아예 불가능하기도 하다.

에즈라는 다섯 식구를 책임지는 아버지다. 고등학교 졸업에 일자리도 드문 시골 마을에 살면서 한 회사에서 30년째 일하고 있다. 그런데 새로 부임한 관리자가 그에게 무례하게 굴고 툭하면 무시하는 행동을 하자 에즈라는 회사를 그만두고 싶은 마음이 들었다. 하지만 선택지는 좁았다. 주변에 다른 일자리가 거의 없는 데다 매달 들어오는 급여가 곧 가족의 생계와 직결되기 때문이다.

헨리와 리애나는 두 아이를 둔 부부다. 그중 한 아이는 뇌성마비로 태어나 집에서 항시 보살핌이 필요하다. 리애나가 생계를 책임지고 헨리는 전업으로 아이들을 돌본다. 하지만 헨리는 지나치게 차갑고 비판적인 아내와의 결혼 생활에서 만족을 느끼지 못한다. 그럼에도 이혼을 결심하지 못하는 이유는 그렇게 되면 아이들이 지금과 같은 생활을 유지하기가 사실상 불가능하다는 사실을 잘 알기 때문이다.

헨리와 에즈라의 재정 상황은 그들이 개인의 삶의 질과 가족의 재정적 안정을 놓고 선택해야만 하는 처지로 내몬다. 자산이나 은행 예금, 건강보험, 대대로 이어지는 가족의 재산이나 유산 같은 재정적 안전망이 없는 이들은 헨리와 에즈라처럼 새로운 직장이나 관계로 자유롭게 옮겨 가기가 쉽지 않다.

학대를 학대라고 생각하지 못하는 사람들

학대 상황에 놓인 사람들은 그 관계를 떠나야만 경계를 세울 수 있는 경우도 있다. 하지만 많은 이에게 관계 단절은 애초에 선택지조차 되지 못한다. 가해자에게 생계가 묶여 있어 안전하게 관계를 끊는 일이 사실상 불가능하기 때문이다. 장애가 있는 사람들 중에는 돌봄이나 신체적 도움을 전적으로 가해자에게 의지하기도 한다. 어떤 이들은 가해자와의 사이에 자녀가 있어 홀로 가족을 부양할 만한 재정적 여력이 없다. 게다가 어린 시절부터 학대를 겪은 이들 중에는 가해자의 행위를 학대라고 인식조차 하지 못하는 경우도 있다.

재정 및 신체적 제약이 없더라도 많은 사람이 가해자의 조종과 협박, 위협, 가스라이팅, 신체적 폭력에 갇혀 해로운 상황에서 벗어나지 못한다. 경계를 세우려는 시도가 오히려 더 큰 학대와 폭력을 불러오는 경우도 흔하다. 이런 상황에서는 갈등을 피하고 침묵을 지키며 가해자의 비위를 맞추는 것이 안전을 지킬 유일한 방법일 수 있다.

침묵과 희생을 요구하는 인종적 편견

인종적 고정관념은 사람들의 감정, 요구, 불만이 단지 인종 때문에 무시당하는 환경을 만든다. 흑인 남성의 경우 좌절이나 짜증을 조금이라도 드러내면 곧바로 '화난 흑인 남자'라는 꼬리표가 붙는다.[1] 이 고정관념은 너무 보편적이어서 이제는 하나의 전형으로 자리 잡았다.

흑인 여성 또한 기질 자체가 공격적이라는 낙인이 종종 찍힌다.[2] 연구에 따르면 백인 여성이 화를 낼 때는 특정한 상황 때문이라고 여겨질 가능성이 큰 반면, 흑인 여성의 분노는 개인의 성격적 특성으로 치부될 가능성이 훨씬 크다. 라틴계 여성들은 흔히 '매운 성격'이라는 고정관념에 갇혀 성격이 급하고 변덕스럽고 지나치게 감정적인 사람으로 묘사된다.[3] 이는 유색인종들의 자기표현을 극도로 협소한 범위 안에 가두는 인종적 편견의 한 단면에 불과하다.

직장에서는 이런 표현의 폭이 더 좁아진다. 유색인종은 이른바 코드 스위칭code-switching을 강요받는다.[4] 백인 동료들과 더 잘 어울리기 위해 옷차림, 머리 모양, 말투, 행동을 바꾸는 것이다. 코드 스위칭은 고정관념에 덜 노출되고 커리어의 성장 가능성을 높이기도 하지만 그 대가는 혹독하다.[5] 연구에 따르면 만성적인 코드 스위칭은 번아웃, 업무 성과 저하, 감정적 피로로 이어진다. 특히 백인이 다수를 이루는 지역사회나 직장, 정치 체제에 속한 유색인종들에게 진정한 자기표현은 감정적, 신체적, 재정적 안전을 희생해야 가능한 경우가 많다.

태어나면서부터 차별당하는 여성들

목소리를 내고 경계를 세우려는 여성들에게는 성차별적 고정관념의 화살이 쏟아진다. '거만하다', '까칠하다', '감정에 휘둘린다', '여성스럽지 않다', '예민하다', '요구가 많다', '집착한다', '욕심이 많다', '잔소리꾼' 같은 꼬리표가 붙는다. 이런 모욕적인 말들은 여성이 어떤 면에서, 아니

모든 면에서 너무 나댄다는 낙인을 씌운다. 결국 더 순응적이고 수용적
이며 침묵해야 한다고 압박해서 자기 자신을 숨기게 만드는 것이다.

직장에서는 구조적으로 뿌리내린 성차별 때문에 여성들이 의견을 밝
히고 목소리를 내기가 더 어렵다. 연구에 따르면 여성은 남성보다 발언
이 더 자주 끊기고 판단 역시 남성 동료들에 의해 더 쉽게 도전받는다.[6]
특히 유색인종 여성, LGBTQ+ 여성, 장애가 있는 여성들은 다른 여성
보다도 훨씬 더 자주 능력을 의심받고 평가절하를 당한다.[7]

이런 불평등을 지적하거나 주장을 굽히지 않는 여성들은 종종 보복
을 당하기도 한다.[8] 이를테면 직장에서 성희롱을 신고한 여성은 승진
기회가 줄어들 뿐 아니라 동료들로부터 도덕성 또는 인간미가 부족하다
거나 처세술이 떨어진다는 인식까지 얻는다. 직장에서 자기 권리를 주
장하는 일이 이토록 큰 대가를 치르는 것이라면 차라리 침묵을 선택하
는 것도 놀라운 일이 아니다.

이런 성차별적 이중 잣대는 직장을 넘어 가정으로까지 이어진다. 연
구에 따르면 가정에서 여성은 남성보다 더 많은 정신적 부담을 짊어진
다.[9] 가족들에게 필요한 것을 알아내고 해결해 주며 온갖 결정을 내리
고 진행 상황을 관리하는 일까지 도맡는 것이다. 여성이 남성에게 일의
분담을 요구하면 흔히 '잔소리꾼'이라는 딱지가 붙고 욕심이 많다는 비
난을 받는다.[10] 결국 여성은 불평등한 짐을 묵묵히 떠안거나 공정함을
요구했다는 이유로 벌을 받는 것 중 하나를 선택해야만 한다.

소라야 시멀리Soraya Chemaly는 《우리의 분노는 길을 만든다》에서 이렇
게 썼다.[11] "불공정함이나 부당함에 이의를 제기하는 여자아이들은 놀
림을 받고 조롱을 당한다. 성인 여성들은 '예민하다', '과장한다'라는 말

을 듣는다. … 여성들이 필요한 것, 원하는 것, 느끼는 것에 대해 침묵하는 가장 큰 이유는 바로 이런 부정적인 반응을 예상하기 때문이다.” 어린 소녀들이 예의 바른 태도를 배우는 것만큼이나 경계를 세우는 법도 배운다면 세상은 얼마나 달라질까.

성별, 성적 지향, 관계 지향의 낙인

LGBTQ+와 비독점적 관계non-monogamy를 추구하는 사람들에게 편견과 폭력의 위협은 자기표현을 억제하는 강력한 요인이다. 2020년 이후 LGBTQ+에 대한 차별은 급격히 늘어났다.[12] 미국 사법 제도 안에서 LGBTQ+ 권리 보장을 위한 장치들이 해체되고 있으며, 차별을 합법화하거나 동성 결혼을 금지하고 생명을 구하는 의료 서비스를 금지하는 새로운 법안들까지 잇따라 발의되고 있다.[13]

보고에 따르면 미국의 성소수자 70퍼센트 이상이 차별을 경험했다.[14] 트랜스젠더의 75퍼센트는 채용 거부, 괴롭힘, 사생활 침해, 신체적 폭력 등의 형태로 직장 내 차별을 겪었다.[15] LGBTQ+에게 진정한 자기표현은 권리가 아니라 특권인 셈이다. 이들이 마주한 위험이 실직, 언어폭력, 신체 폭력까지 나아간다면 자신을 희생하고 타인에게 맞추는 것이 가장 안전하고 유일한 행동처럼 느껴질 수밖에 없을 것이다.

한편 다자연애, 오픈 관계, 스와핑 같은 비독점적 관계를 추구하는 이들은 사회적 낙인 때문에 자신의 관계 지향성을 솔직하게 드러내지 못한다. 최근 몇 년 사이 비독점적 관계가 점점 더 널리 퍼지고 있음에도(2016년 연구에 따르면 미국인 다섯 명 중 한 명은 이런 관계를 경험한 적이 있다)[16] 연구 결과는 비독점적 관계를 맺는 사람들이 여전히 사회의 불관용을 마주하고 있음을 보여 준다.

이들은 친구, 가족, 사회 집단으로부터 배척당하는 것은 물론 자신의 관계 지향을 드러냈다가 직장을 잃기도 한다. 그래서 이들은 피해받지 않으려고 일부러 자신의 관계 지향을 솔직하게 드러내지 않거나 여러 파트너를 단순히 '친구'라고만 칭하기도 한다.[17]

'정상'의 기준은 무엇인가, 신경차별

신경차별은 뇌가 '정상'이라 여겨지는 방식과 다르게 정보를 처리하거나 학습하고 행동하는 신경다양성을 지닌 사람들이 받는 부당한 대우를 뜻한다.[18] 신경다양성은 자폐 스펙트럼 장애에서 ADHD에 이르기까지 폭넓은 상태를 아우르는 포괄적 개념이다.[19]

신경다양인들은 직장에서의 자리를 지키고 사회적 관계와 공동체 속 위치를 유지하기 위해 자신을 감추고, 다수에 해당하는 신경전형인이 따르는 소통 방식에 맞춰야 한다는 압박을 받는다.[20] 그래서 본래 성향과는 동떨어진 방식으로 타인과 어울리며 사회적 가면을 쓰기도 한다. 이를테면 눈을 맞추거나 상대의 몸짓을 따라 하고 대화를 이해한 척하며 맞장구를 치는 식이다. 또 몸을 꼼지락거리거나 특정 자극을 향한 충동을 억누르는 행동적 가면을 쓰기도 하고, 자신의 어려움을 드러내지 않으려 업무에 과도한 시간을 쏟아붓는 과잉 보상을 보이기도 한다.

중요한 것은 이 가면 쓰기가 사회적 소속감을 지키기 위해 자기 요구와 선호를 억누르는 행위를 포함한다는 점이다.

2017년 가면 쓰기의 영향을 다룬 한 연구에서 한 참가자는 이렇게 말했다.[21] "너무 지쳐요! 사람들의 시선을 의식하지 않고 오롯이 '진짜 나'로 있으려면 혼자만의 시간이 간절히 필요하다고 느껴요." 또 다른 이는 이렇게 썼다.[22] "사람들과 진짜로 연결된 적이 없는 것 같아 슬퍼요. 사람들과 함께 있어도 연극의 어떤 역할을 연기하고 있는 기분이라서 점점 고립되는 느낌이에요." 수년에 걸친 가면 쓰기가 초래하는 부작용에는 불안, 우울, 피로, 스트레스, 자살 위험 증가 등이 있다.[23] 그럼에도 많은 신경다양인이 신경전형인을 중심으로 설계되고 운영되는 세상에 맞춰 살아가기 위해 가면을 쓰고 그 대가를 치러야 한다.

경계를 도전으로 여기는 집단주의 문화

제1장에서 살펴봤듯이 중국, 한국, 인도와 같은 집단주의 문화는 순응, 사회적 조화, 충성을 중시하며 개인에게도 집단의 필요를 우선시하도록 가르친다.[24] 이런 문화에서는 자기 요구를 주장하거나 경계를 세우는 일이 집단 전체의 질서를 흔드는 행위로 여겨질 수 있다.[25] 그래서 그런 선택을 하는 사람은 주변이나 가족으로부터 비난과 경멸을 받기 쉽다. 예컨대 간섭이 심한 부모와 거리를 두려는 결정을 내려도 집단주의 문화에서는 이를 건강한 경계 설정으로 보지 않는다. 오히려 가족에 대한 반항, 나아가 문화적 규범에 대한 도전으로 여긴다.

이런 맥락에서 집단주의 문화권에서 개인주의 문화권으로 이주한 사람들 혹은 1세대 이민자의 자녀들은 두 문화의 가치 사이에서 갈등을 겪곤 한다. 개인주의 문화가 자아, 자율성, 경계를 강조한다면 집단주의 문화는 공동체, 연대, 희생을 강조한다. 자기 자신을 존중해야 한다는 압력과 집단을 존중해야 한다는 압력이 충돌할 때 자기 목소리를 내는 일은 한층 어려워질 수 있다.

구조적 변화를 위한 질문들

개인의 힘만으로 이런 구조적 문제를 고칠 수는 없지만 구조적 변화는 개인의 자각에서부터 시작된다. 앞서 살펴본 각 범주와 관련해 자기 자신에게 다음과 같은 질문을 던져 보자.

- 나의 정체성(인종, 성별, 성적 지향 등)은 내가 내 요구를 옹호하고 경계를 세우는 데 따르는 심리적 부담에 어떤 영향을 미치는가?
- 나의 정체성 때문에 내 감정이나 요구, 내가 세운 경계가 무시당한 적은 없었는가?
- 내가 속한 문화권의 기준에서 보편적이지 않다는 요구를 가졌다는 이유로 비난이나 차별을 경험한 적이 있는가?
- 경계에 관해, 특히 나를 함부로 대하는 사람에게서 벗어나거나 거리를 둘 수 있는 자유에 대해 내가 속한 문화로부터 어떤 메시지를 받았는가?

- 나는 정체성을 이유로 의식적 혹은 무의식적으로 타인의 필요와 바람, 경계를 간과하거나 무시하거나 판단한 적이 있는가?

이런 질문들을 곱씹는 과정에서 우리는 억압적 체제가 우리의 자기 옹호 시도에 어떤 흔적을 남겼는지 더 깊이 이해할 수 있다. 동시에 우리 역시 알지 못하는 사이에 그 억압적 구조를 떠받치는 데 일조하고 있음을 자각하고 이를 바로잡기 위한 첫걸음을 뗄 수 있다.

어떤 상황에서는 억압이 너무 강해 자기 옹호보다 안전을 우선시할 수밖에 없을 때도 있다. 이런 경우 해결책은 크게 두 가지 방향으로 나뉜다. 하나는 단기적으로 불편함을 완화하는 전략이고, 다른 하나는 장기적으로 그런 억압을 가능하게 하는 체제를 바꾸는 전략이다.

불편함을 완화하는 단기 전략

해로운 상황에서 벗어날 수 없거나 보복이 두려워 자기 옹호를 할 수 없을 때는 현재를 조금이라도 견딜 만하게 만드는 방법을 찾아 자신을 돌볼 수 있다. 부당한 상황에 직면했을 때 일단 불편함을 줄여 대응하는 단기적인 대처 전략이다. 이런 전략은 맥락에 따라 달라진다.

유해한 직장을 떠날 수 없을 때

- 동료에게 도움 요청하기
- 팀 이동, 관리자 변경, 근무지 이동 요청하기
- 업무나 책임을 다른 직원에게 위임하기
- 직장에서 사적인 이야기 범위 줄이기

- 신뢰할 수 있는 동료와 상황을 공유하고 정서적 지지 얻기
- 인사팀에 지원이나 추가 자원 요청하기
- 근무 시간 이후의 업무 관련 연락에 대해 경계 설정하기
- 직장에 안전하지 않거나 유해한 근무 환경이 있다면 익명으로 OSHA(미국 산업안전보건청. 국내에서는 고용노동부 고객상담센터에 신고할 수 있다 — 옮긴이)에 신고하기

가족이나 배우자를 포함해 유해한 관계를 떠날 수 없을 때

- 기본적인 신체적 요구 잘 챙기기
- 심호흡, 현재에 집중하는 연습, 보디 스캔 등 신경계를 진정시키는 기법 실천하기
- 불쾌하거나 갈등을 불러일으키는 대화를 줄이기 위해 회색 바위 기법(제10장에서 설명) 활용하기
- 가능한 한 접촉 횟수나 시간 줄이기
- 치료사, 상담가, 사회복지사 등 전문가의 도움 구하기

스트레스 해소가 필요할 때

해로운 상황에서 당장 벗어날 수 없더라도 몸과 마음에 쌓이는 스트레스의 영향을 줄이는 방법이 있다. 에밀리 나고스키Emily Nagoski와 아멜리아 나고스키Amelia Nagoski가 《재가 된 여자들》에서 설명하듯이, 우리가 도전적이거나 위협적인 상황(스트레스 요인이라 불리는)을 겪으면 그에 대한 반응으로 내부에서 신체적 반응이 일어나는데 이를 '스트레스'라고 한다.[26] 연구에 따르면 스트레스 요인에서 완전히 벗

어나지는 못하더라도 그 영향을 줄일 수는 있다.[27] 신체 활동 또는 심호흡을 하거나 웃거나 울거나 그림이나 춤 같은 창의적 표현을 하거나 친구 또는 가족과 긍정적인 사회적 교류를 나누는 것이다. 이런 행동들은 당장 상황을 바꿔 주지는 못하지만 잠시 숨을 고르며 몸과 마음의 균형을 회복할 수 있게 해준다.

사회적 지지가 필요할 때

우리는 부당한 상황과 씨름할 때 사회적 지지를 통해 공동체 의식과 연대감을 얻을 수 있다. 신뢰할 수 있는 친구나 사랑하는 사람에게 전화를 걸어 이야기 나누기, 치료사나 상담가 또는 사회복지사에게 상황을 털어놓고 상의하기, 대면 혹은 온라인으로 운영되는 자조 모임 가입하기, '익명의 알코올 중독자들' 모임이나 알코올 중독자의 성인 자녀 모임, 상호의존자 모임 같은 12단계 치료 프로그램 참여하기, 소셜 미디어를 활용해 비슷한 상황을 겪고 있는 사람들의 개인적인 이야기와 지지 얻기 같은 방법이 있다. 당장 도움을 받을 수 없는 상황이라면 일기를 쓰는 것도 좋은 방법이다.

사회적 정의를 위해 싸우는 장기 전략

지역사회 조직가 나키타 발레리오_{Nakita Valerio}는 "'공동체의 돌봄'을 필요로 하는 사람들에게 '자기 돌봄'을 외쳐 대는 것이야말로 그들을 저버리는 길이다."라고 했다.[28] 우리는 자기 돌봄이나 경계 설정만으로 억압적인 상황에서 벗어날 수 없다. 단기적이고 개인적인 해결책은 고통스러운 상황에서 잠시 고통을 덜어 주는 응급조치일 뿐이다.

사회적으로 소외된 집단이 안전하게 자기 옹호를 할 수 있는 환경을 만들기 위해서는 침묵을 조건으로 안전을 보장하는 억압적 체제를 바꿔야 한다. 성차별, 동성애 혐오, 경제적 불평등과 같은 억압을 완전히 없애기 위한 단일한 해법은 존재하지 않는다. 그러나 이런 억압에 맞서 싸우기 위해 취할 수 있는 구체적인 행동 방안은 있다.

정치적으로는 다음과 같은 방법이 있다. 구조적 억압에 맞서 싸우는 전국·주·지역 단위의 옹호 단체를 재정적으로 지원하기, 성차별, 인종 차별, 동성애 혐오, 소득 불평등 문제를 해결하겠다고 나서는 공직자에게 투표하기, 여성, LGBTQ+ 집단, 유색인종을 포함한 주변화된 집단에 영향을 미치는 사안들에 대해 기존 공직자들이 어떤 입장인지 널리 알리기, 사회정의 관련 정책을 지지하는 정치인들에게 이메일을 보내거나 전화 걸기, 시민 참여 활동하기(집회, 시위, 전화 홍보, 투표 독려 활동, 편지 보내기 운동 등).

공동체 안에서는 다음과 같은 방법이 있다. 푸드뱅크, 의류 모금이나 가정폭력 핫라인 같은 기관에서 자원 봉사하기, 의류·식료품·생활용품·보육 지원이 필요한 지역사회 구성원에게 기부하기, 지역 학교의 교육과정에 구조적 억압과 불의에 관한 내용이 반영되도록 하기, 초중고등학교, 대학교에서 불평등에 맞서는 운동 지원하기, 시민 단체와 학부모회, 지역 커뮤니티 센터에서 발생하는 차별 바로잡기.

직장에서 할 수 있는 일은 다음과 같다. 낙인, 괴롭힘, 차별 경험을 익명으로 제출할 수 있는 창구 마련하기, 유급 초과근무, 유급 부모 휴가, 임금 형평성, 공정한 승진을 위한 활동에 참여하기, 직장 내 성별, 연령, 인종, 장애, 성적 지향 전반에 걸친 대표성의 개선 노력 지지하기.

물론 이 모든 전략을 당장 실천해야 한다는 압박감을 느낄 필요는 없다. 다만 내가 처한 환경을 객관적으로 바라보는 것만으로도 나를 옥죄던 죄책감에서 벗어나 스스로를 향한 깊은 연민을 회복할 수 있기 때문이다. 아주 작은 부분에서라도 나의 권리를 옹호하고, 나를 지지해 줄 공동체에 손을 내밀어 보자. 그 작은 시도들이 모여 내 삶을 지키는 가장 단단한 방어선이 되어 줄 것이다.

기꺼이 거절하고
아파하며
나를 돌보라

STOP PEOPLE PLEASING

괴로운가?
잘하고 있다는 뜻이다

"불편함을 마치 죽음이 아닌 새벽처럼 마주할 용기를 갖기를."

_K. J. 램지Ramsey

자기 자신보다 타인을 우선하는 패턴에서 벗어나려 할 때 그 패턴을 알아차리고 자기 옹호를 배우는 것은 전체 과정의 절반일 뿐이다. 나머지 절반은 그 과정 전후와 도중에 찾아오는 힘든 감정을 어떻게 받아들이고, 어떻게 자신을 달래며 견뎌 낼지를 배우는 것이다. 제3부에서는 이런 성장통이 자연스러운 과정임을 인정하고 이를 용기와 자기 연민으로 마주하는 법을 살펴볼 것이다.

타인에게 무언가를 요청할 때는 그 사람이 나의 요구를 들어주지 않을까 봐 두려움이 밀려올 수도 있다. 경계를 세울 때는 다른 사람의 마음을 아프게 했다는 죄책감이 따라올 수도 있다. 통제할 수 있다는 환상을 내려놓다 보면 상대가 결코 변하지 않을 것이라는 슬픔을 받아들여야 할 때도 있다.

이는 치유와 함께 찾아오는 성장통이다. 당장은 불편하더라도 더 밝고 강인하며 자신감 있는 삶으로 나아가는 과정에서 반드시 지나쳐야 할 불길과도 같다. 우리의 과제는 이 불길을 피하는 것이 아니다. 피하는 것 자체가 불가능하기 때문이다. 우리는 이 불길을 통과하며 자기 자신을 달래고 자기 연민을 실천하는 법을 배워야 한다. 죄책감, 두려움, 슬픔, 분노라는 불길을 통과하면 전보다 더 담대해지고 예전과 다른 새로운 모습이 될 수 있다는 믿음이 필요하다.

이번 장에서는 이런 성장통을 어떻게 *기꺼이* 받아들일 수 있을지 살펴본다. 또한 불편함을 치유로 나아가기 위해 반드시 거쳐야 하는 일시적인 과정으로 이해하고, 나아가 삶의 새로운 단계에 들어설 우리를 든든히 지탱해 줄 영감 어린 미래의 비전을 어떻게 그릴지 배울 것이다.

치유와 함께 찾아오는 성장통

목소리를 내는 법을 배운다고 삶에서 어려움이 사라지는 것은 아니다. 다만 예전의 어려움 대신 새로운 도전이 찾아올 뿐이다. 그러나 이런 새로운 도전은 자기애, 자기 존중, 내면의 힘을 자양분으로 삼았기에 훨씬 더 바람직하다. 무엇보다 그 과정에서 자기 요구를 외면하지 않고 존중한다는 점에서 의미가 있다.

성장통이 우리를 혼란스럽게 하는 이유는 치유가 직선적인 과정일

거라는 기대 때문이다. 우리는 성장이 기쁨, 힘, 결단력을 가져다주리라 생각하지 슬픔이나 연약함, 두려움을 가져오리라 기대하지는 않는다. 소셜 미디어에는 강해져라, 경계를 세워라, 목소리를 내라는 격려의 메시지가 넘쳐나지만 정작 이를 실천하는 데 따르는 어려움을 인정하는 목소리는 별로 없다. 하지만 한 가지는 분명하다. 피플 플리징에서 벗어나려는 이들 중 성장통을 겪지 않는 사람은 없다. 모두가 저마다의 방식으로 이런 불편함을 마주한다.

우리는 우리의 요구를 드러내는 용기를 낼 때 두려움이란 바위에 맞닥뜨릴 수 있고, 우리의 요청에 사람들이 어떻게 반응할지 불안할 수 있으며, 경계를 세우는 행동이 소중한 사람들의 감정을 상하게 할까 봐 걱정할 수도 있다. 또 자기 안의 힘을 발견한 우리의 새로운 모습을 과연 누가 지지해 줄지 고민이 될 수도 있다.

죄책감과 마주할 수도 있다. 나의 요구를 우선시할 때, 타인의 행동이 내게 어떤 영향을 주는지 솔직히 말할 때, 건강과 평화를 지키기 위해 경계를 세울 때, 나를 함부로 대하는 사람과의 관계에서 거리를 둘 때, 더는 맞지 않는 관계를 내려놓을 때, 타인의 행동에 따르는 결과를 대신 책임져 주던 일을 멈출 때 그렇다.

또 우리는 분노와 마주할 수도 있다. 타인을 위해 얼마나 스스로를 방치했는지 깨달을 때, 우리의 요구와 경계가 무시당할 때, 억압적 체제가 우리의 목소리를 막고 침묵하게 만든다는 사실을 이해하기 시작할 때 그렇다(제13장 참조).

슬픔과 마주할 수도 있다. 계속 요청하면 언젠가 상대가 바뀔 것이라는 희망의 환상을 내려놓을 때, 사랑하지만 나를 아프게 하는 사람과

거리를 둘 때, 내가 바라는 방식으로 함께하지 못하는 연인이나 친구를 떠날 때, 어떤 관계는 이미 제 수명을 다했다는 고통스러운 현실을 받아들일 때 그렇다.

마지막으로 해로운 관계에서는 벗어났지만 그 빈자리가 아직 더 건강한 관계로 채워지지 않아 외로움과 불확실함에 맞닥뜨릴 수 있다. 오래된 사회적 관계망이나 공동체, 직장을 뒤로하고 자기 존재를 있는 그대로 존중해 줄 새로운 인연을 찾아 나서야 하는데, 과연 나와 진정으로 맞는 사람들을 만날 수 있을지 확신이 없을 수도 있다.

이때 가장 중요한 것은 이런 불편함을 어떻게 다루느냐다. 우리는 보통 죄책감을 느끼면 뭔가 잘못을 저질렀다는 신호로 해석한다. 그리고 두려움을 느끼면 계획한 일을 더 진행해서는 안 된다는 경고로 받아들인다. 그러나 피플 플리징의 패턴을 깨뜨리는 과정에서 겪는 불편한 감정만큼은 다르게 바라봐야 한다. 불편함이 잘못을 저질렀다는 뜻이 아니라 오히려 옳은 길을 가고 있다는 신호임을 알아야 한다.

고통의 이야기 다시 쓰기

힘든 감정에 대해 어떻게 이야기하느냐는 매우 중요하다. 내 경우를 예로 들면, 처음 경계를 세우기 시작했을 때 나는 죄책감에 휩싸였다. 오랜 세월 동안 친구와 가족의 감정을 떠안는 역할을 자처한 탓에 정신적으로 크게 지쳐 있었다. 그래서 나 자신을 돌보기 위해 타인의 문제에 얼마나 개입할지에 대한 경계를 세우기 시작했다.

몇 달 동안 마음을 다잡은 끝에 마침내 용기를 냈다. 한 가족 구성원에게는 부부 문제에 끼어들고 싶지 않다고 말했다. 한 친구에게는 해로운 연인 관계에 대한 하소연을 몇 시간씩 들어 주는 일을 이제는 할 수 없다고 전했다. 또 다른 친구와의 관계는 내가 주기만 하고 돌아오는 게 없는 일방적인 관계여서 결국 완전히 끝내기로 했다.

그러나 아무리 적극적으로 경계를 세웠어도, 아무리 나를 위한 옳은 선택이라고 확신해도 그 뒤에는 어김없이 죄책감이 밀려왔다. 내 머릿속은 이런 식의 이야기로 가득 찼다. '내가 지금 무슨 짓을 한 거지? 이게 정말 옳은 일이라면 왜 이렇게 속이 울렁거릴까? 분명 이 관계는 오래전부터 내게 상처만 주었는데 왜 이렇게 죄책감이 드는 거지? 도저히 못 견딜 것 같아. 나는 형편없는 인간이야. 다 취소해야겠어…'

이런 생각이 끝도 없이 이어졌다. 나는 아직 깨닫지 못했다. 나를 괴롭히는 것이 감정 자체가 아니라 그 감정에 대한 나의 해석이라는 걸 말이다. 연구에 따르면 감정을 어떻게 해석하느냐가 곧 그 감정을 경험하는 방식에 직접적인 영향을 미친다. 자신의 감정을 '나쁘다'라거나 '잘못됐다'라고 판단하는 사람들은 실제로 그 감정을 훨씬 더 부정적으로 경험한다. 반면 감정을 있는 그대로 받아들이는 사람들은 전반적으로 고통이 덜하다.[1] 자기 자신에게 이 감정은 '나쁘다', '감당할 수 없다', '내가 잘못했다는 증거다'라는 이야기를 들려줄수록 우리는 경계를 포기하고 다시 해로운 상황으로 돌아가기 쉽다.

불편한 감정을 바라보는 이야기를 바꾸면 성장통을 자연스러운 과정으로 받아들이고, 불편함을 줄이고, 앞으로 용기 있게 나아갈 길을 닦을 수 있다. 우리가 새롭게 써 내려갈 이야기는 다음과 같다.

'이 고통은 자기주장이라는 근육을 단련하고 있다는 뜻이다'

우리는 힘든 운동 뒤에 근육통이 온다고 해서 운동을 하지 말았어야 했다는 뜻으로 해석하지 않는다. 오히려 근력이 붙고 있다는 신호로 받아들인다. 통증이 불편하기는 하지만 자신이 더 강해지고 있음을 알기 때문이다.

우리가 목소리를 낼 때 느끼는 죄책감과 두려움도 비슷하다. 지금은 불편하지만 앞으로를 위해 자기주장의 근육을 단련하고 있다는 신호다. 거듭할수록 점점 더 강해지고 그만큼 불편함도 줄어든다.

'이 고통은 대대로 이어진 굴레를 끊고 있다는 뜻이다'

'세대의 고리를 끊는 사람'cycle breaker이란 가족 내 역기능적이거나 유해하거나 학대적인 행동 패턴을 인식하고 이를 끝내겠다고 결심한 사람을 말한다. 제1장에서 살펴본 것처럼 피플 플리징의 뿌리는 대개 어린 시절에서 찾을 수 있다. 조금만 더 깊이 들여다보면 이런 행동 양식이 세대를 거쳐 이어져 왔음을 발견할 것이다.

이런 경우 패턴을 끊는 일은 단지 우리 개인의 해로운 행동 패턴을 멈추는 데서 끝나지 않는다. 이는 집안 대대로 이어져 온 고리 자체를 멈춰야 하는 일이기도 하다. 이전에는 거의 혹은 전혀 본 적 없는 새로운 삶의 방식, 즉 건강한 방식을 과감하게 믿고 선택하는 것이다.

'이 고통은 마침내 내가 남보다 나를 우선시하게 되었다는 뜻이다'

지금까지 우리는 노골적인 말이나 타인의 대우 속에 담긴 신호를 통해 나 자신을 우선시하는 것은 허용되지 않는다는 암묵적인 압력을 받아 왔다. 오래전부터 주입된 그 믿음은 이제 내가 더 나은 삶을 누려야 할 자격이 있다는 확신과 맞서 싸우고 있다. 우리가 느끼는 성장통은 오래된 핵심 신념이 사라지며 남기는 메아리일 뿐이다.

홀리 휘태커Holly Whitaker는《여자들이여, 당당하게 포기하라》Quit Like a Woman에서 이렇게 말한다.[2] "당신에게 늘 '예스'를 기대하는 사람들에게 '노'라고 말하고, 경계 따위는 없다고 여겨 온 사람들에게 경계를 세우는 일은 죽음만큼이나 끔찍하게 느껴질 것이다. 실제로 이는 일종의 죽음이다. 사랑받기 위해서는 자신을 억눌러야 한다고 믿어 온 당신의 일부가 죽는 것이기 때문이다."

비포와 애프터로 그리는 새로운 삶

성장통을 마주할 때는 왜 이 힘든 과정이 가치 있는 일인지 상기할 무언가가 필요하다. 이때는 피플 플리징을 하지 않으면 삶이 어떻게 달라질지, 어떤 느낌일지를 그려 보는 것이 큰 도움이 된다.

1. 비포 쓰기

일기의 한 페이지에 '비포'에 대해 써 보자. 남을 우선하는 패턴에서 벗어나기 전의 삶을 묘사해 보는 것이다. 원망과 불만, 소진과 피로, 압도감, 목소리를 내지 못하는 기분, 자기 배신과 불신으로 인한 자신과의 단절감 등을 모조리 기록한다. 그리고 피플 플리징 때문에 겪었던 가장 고통스러웠던 경험 3~5가지를 구체적으로 적어 보자.

2. 애프터 상상하기

피플 플리징의 패턴을 끊어 낸 지 5년이 지난 모습을 상상해 보라. 성장통은 이제 아득히 멀어진 과거의 흔적일 뿐이고 그동안의 노력이 결실을 맺고 있다. 당신의 삶은 이전에는 상상조차 할 수 없을 만큼 다채롭고 즐거워졌다.

일기의 한 페이지에 지금 그 시간을 살아가고 있는 것처럼 달라진 삶을 묘사해 보라. 자기 자신과의 관계가 어떻게 달라졌는지, 매일매일 어떤 기분으로 살아가는지, 어떤 식으로 새롭고 활기차게 시간을 쓰고 있는지, 어떤 꿈과 바람을 좇고 있는지, 어떻게 서로 주고받는 인간관계를 이어 가고 있는지, 자녀나 친구 또는 공동체에 어떤 본보기가 되고 있는지를 빠짐없이 기록해 보라.

3. 비포와 애프터 비교하기

첫 번째와 두 번째 과제를 마친 뒤에는 10분 정도 시간을 내서 '비포'와 '애프터'를 나란히 비교해 보라. 두 삶이 얼마나 극명하게 다른지 세심하게 살펴보는 것이다.

이 연습은 우리에게 중요한 사실을 일깨워 준다. 변화의 고통에만 사로잡혀 있으면 정작 변화하지 않았을 때의 고통을 잊기 쉽다는 점이다. 예전의 고통은 결국 막다른 길이었다. 피플 플리징의 덫으로 더 깊이 빠져들었고 원망과 고립감만 커졌다. 그러나 지금 우리가 겪는 성장통은 다르다. 더 건강하고 행복하며 활력 있는 삶으로 우리를 이끈다. 우리가 이 길 위에 서 있는 이유는 쉽기 때문이 아니라 그만한 가치가 있기 때문이다.

이어지는 장들에서는 두려움, 죄책감, 분노, 외로움, 슬픔, 불확실함 같은 감정들에 어떻게 새로운 의미를 부여할 수 있는지 살펴볼 것이다. 또한 이런 힘든 감정을 어떻게 달래며, 상황이 힘들어져도 흔들리지 않고 앞으로 나아갈 수 있을지 함께 고민할 것이다. 궁극적으로 우리는 파도처럼 밀려오는 이 힘든 감정들이 치유의 길을 가로막는 장애물이 아니라 오히려 우리가 올바른 방향으로 걷고 있음을 알려 주는 이정표임을 확인할 것이다.

제15장

두려움과 죄책감을
용기와 자신감으로 바꾸는 법

"용감함과 두려움이 동시에 존재하는 위대한 모험을 선택하라."

_브레네 브라운Brené Brown

이 장에서는 두려움, 죄책감, 분노를 자연스럽게 받아들이는 방법에 대해 알아본다. 그리고 우리의 궁극적인 목표, 즉 더 이상 타인에 의해 휘둘리지 않는 평안과 자신감에 다가가기 위해 우리가 우리 자신을 위로할 수 있는 대처 전략들에 대해 알아볼 것이다.

고통에 대처하는 법, 근본적 수용

먼저 성장통을 무사히 이겨 내려면 근본적 수용radical acceptance이라는 토대를 세우는 일부터 시작해야 한다. 심리학자이자 불교 명상가인 타라 브랙Tara Brach은 근본적 수용을 이렇게 정의한다.[1] "지금 이 순간 내 안에서 일어나고 있는 일을 분명히 알아차리고 이를 열린 마음과 친절한 사랑의 마음으로 바라보는 것."

근본적 수용은 우리가 보통 고통에 대처하는 방식과는 크게 다르다. 사람들은 힘든 감정을 마주하지 않으려고 단단한 방어벽을 세운다. 감정을 머리로만 이해하려 하거나 도망치려 하거나 묻어 두거나 애써 외면하려 든다. 어떻게든 직접 느끼는 것만은 피하려는 것이다. 그러나 피할 수 없는 것을 벗어나려 애쓸수록 마음은 더 조급하고 절박해진다.

근본적 수용을 실천할 때는 잠시 멈춰 서서 죄책감과 두려움, 분노와 슬픔을 자기비판이 아니라 연민으로 바라보자. 이렇게 주의를 기울이는 시간은 불편한 감정을 거칠고 피해야 할 적대자가 아니라 성가시지만 피할 수 없는 여정의 동반자로 바꿔 준다.

근본적 수용의 첫걸음은 지금 내가 느끼는 감정을 그저 알아차리고 이름 붙이는 것이다. 그다음에는 그 감정이 몸에서 어떻게 느껴지는지 살핀다. 가슴이 답답하게 조여 오는가, 심장이 빨리 뛰는가, 호흡이 가빠지는가, 장이 뭉치고 꼬이는 느낌인가? 이런 감각을 부드럽게 알아차리면서 가슴에 손을 얹고 다정한 말을 자신에게 건네라. "괜찮아.", "내가 너를 지켜 줄게.", "넌 지금 안전해."

마지막으로 지금의 감정을 있는 그대로 받아들인다. 바꾸려 하지 않고 그냥 그 자리에 있도록 두는 것이다. 예를 들면 이런 말로 받아들임을 표현할 수 있다. "나는 이 두려움을 환영한다. 내가 안전하다는 걸 알기 때문이다.", "죄책감은 내가 나를 옹호할 때 나타나는 자연스러운 반응이다. 정상이다.", "지금은 이런 상태고, 나는 이를 받아들인다."

근본적 수용은 감정을 사라지게 하지는 않는다. 그러나 차분하고 단단한 토대를 마련해서 우리가 그 위에서 행동할 수 있게 해준다. 그러면 감정으로부터 도망치며 제자리만 맴도는 대신, 이제는 그것을 어떻게 진정시킬지 의도적으로 선택할 수 있게 된다.

두려움에서 결심으로 옮겨 가기까지

피플 플리징 패턴을 깨뜨리는 일은 근본적으로 기존 질서를 흔드는 일이다. 낯선 영역에 들어서고 있으니 두려움을 느끼는 것은 지극히 자연스러운 일이다. 자기 목소리를 내면 다른 사람들이 나를 좋아하지 않을까 두려울 수 있다. 내가 세운 경계가 사랑하는 이들을 아프게 하지는 않을까 걱정되기도 한다. 경계를 세운 뒤에는 관계가 불편해지지 않을까, 나를 더 존중해 달라고 요구하면 결국 혼자가 되지 않을까 두려울 수 있다.

이런 두려움은 우리가 그동안 관계 속에서 맡아 온 역할을 바꿀 때 너무나 자연스럽게 따라온다. 하우스메이트에게 설거지를 부탁하는 사소한 일이든, 학대하는 부모와 거리를 두는 중대한 일이든 예전의 수동성을 벗어나 자기주장을 실천하는 쪽으로 나아갈 때 말이다.

두려움에서 결심으로 나아가는 과정과 관련해 다니카의 이야기를 살펴보자. 다니카와 울라는 어린 시절부터 절친한 친구였다. 고등학교를 졸업한 뒤 다니카는 텍사스주 오스틴에서, 울라는 워싱턴주 시애틀에서 대학 생활을 이어 갔지만 계속 연락을 주고받았다. 20대 후반이 된 후에도 최소 한 달에 한 번은 전화로 안부를 주고받았다.

어느 날 울라는 다니카에게 뜻밖의 소식을 전했다. 직장 발령으로 오스틴으로 이사 오게 되었다는 것이다. 다니카는 크게 기뻐했고, 몇 주 뒤 울라가 도착했을 때 이삿짐을 푸는 것도 도와주었다. 그날 밤 두 사람은 함께 저녁을 먹으러 나가 자정이 넘도록 술잔을 기울이며 이야기를 나눴다. 다시 같은 지역에 살게 된 것이 무척 반가웠다.

교사로 일하는 다니카는 울라가 이사 온 후 몇 주 동안 평일 저녁과 주말마다 울라를 데리고 자신이 좋아하는 타코 트럭과 중고 상점들을 소개해 주었다. 금요일 밤에는 함께 마가리타를 마셨고 일요일 아침에는 아이스커피를 즐겼다. 다니카의 친구들도 울라를 파티와 포틀럭에 초대해 따뜻하게 맞아 주었다. 두 사람은 거의 매일 만났다.

하지만 점차 다니카는 삶의 균형이 무너지고 있음을 깨닫기 시작했다. 교사라는 직업은 에너지를 많이 소모해서 일주일에 며칠은 혼자 쉬며 충전할 시간이 필요했다. 다른 친구들과 시간을 보내고 싶은 마음도 있었지만 어느새 모든 자유 시간을 울라와 함께하는 것이 일상이 되어 있었다. 다니카는 울라와 보내는 시간을 조금 줄이고 삶의 균형을 되찾고 싶었지만 괜히 그녀의 마음을 상하게 할까 두려웠다. 울라가 아직 오스틴에서 친구를 사귀지 못했기에 혹시라도 그녀가 버림받았다고 느끼게 하고 싶지 않았다.

변하지 않을 때의 고통을 기억하라

두려움에 사로잡히면 심장이 쿵쾅거리고 가슴은 답답해지고 시야가 좁아진다. 그 순간 우리는 눈앞의 두려움 때문에 오래도록 지속될 자유에 대해서는 잠시 잊어버린다. 이럴 때는 한발 물러서서 큰 그림을 보는 것이 중요하다. 변화를 통해 얻을 수 있는 이점과 지금 이대로 머물 때 겪을 고통을 함께 바라보면 시야가 넓어지고 관점이 달라진다. 내가 진행하는 워크숍에서 참가자들은 이 연습이 두려움을 넘어서는 데 큰 도움이 되었다고 했다.

시작은 변화의 좋은 점을 그려 보는 것부터다. 우선 한발 물러서서 지금의 선택이 장기적으로 어떤 이익을 가져올지 상상해 보라. 1년 후 당신은 어떻게 좋은 쪽으로 변해 있을까? 당신의 삶은 어떻게 더 풍요로워졌을까? 시간을 어떻게 더 즐겁게 보내고 있을까? 인간관계 속에서 어떻게 더 평온함을 느끼고 있을까? 눈을 감고 그 미래의 삶을 그려 보라.

상상을 마쳤다면 같은 과정을 한 번 더 해보자. 이번에는 지금으로부터 1년이 아니라 5년 뒤를 떠올린다. 그 단계를 마친 후에는 또다시 상상하는데, 이번에는 10년 뒤를 상상한다. 피플 플리징의 패턴을 끊을 때의 이점은 시간이 흐르면서 어떻게 점점 더 쌓이고 확장되는가?

이번에는 두려움에 굴복해 자신을 지키지 못했다고 상상해 보자. 한발 물러서서 그 결정이 1년 뒤 당신의 삶에 어떤 손해를 가져올지 떠올린다. 그때 당신의 삶은 어떤 모습일까? 마음과 몸의 건강은 어떤 영향을 받을까? 인간관계에는 어떤 원망과 불만이 가득할까? 이제 앞서 했던 것처럼 5년 뒤, 10년 뒤의 삶을 그려 보라. 시간이 흐를수록 그 불이익이 어떻게 더 크게 확대되는지 주의 깊게 살핀다.

이렇게 한발 물러서서 바라보면 변화를 외면할 때 겪는 고통이 명확하게 드러난다. 두려움에 굴복하면 잠시 불편함에서 벗어날 수는 있지만 시간이 지날수록 그 불편함은 기하급수적으로 쌓이고 커진다.

다니카는 울라와 보내는 시간을 줄였을 때 얻게 될 이점을 떠올렸다. 1년 뒤의 그녀는 다시 일주일에 며칠씩 자기만의 시간을 보내며 평온함을 느낄 것이다. 또 지난 몇 달간 멀어졌던 다른 친구들과도 다시 돈독해질 것이다. 시야를 더 넓혀 5년, 10년 뒤를 그려 보면 이 평온함과 균형감은 시간이 갈수록 더 깊어지고 커질 것이다.

그다음 다니카는 만약 울라와 보내는 시간을 전혀 줄이지 않는다면 어떻게 될지 상상했다. 그러자 본능적으로 거부감이 느껴졌다. 1년 뒤 다른 친구들과 멀어지고 자기만의 시간도 거의 없어 지쳐 버린 데다 원망으로 가득한 자신의 모습이 그려졌다. 그리고 5년, 10년이 지나면서 원망과 압박감이 점점 커지고 그 과정에서 울라를 증오하게 되는 모습도 상상할 수 있었다.

이 연습을 통해 다니카는 변화가 필요하다는 사실을 깨달았다. 울라에게 말을 꺼내기가 쉽지 않겠지만 대화를 피했을 때 따라올 부작용은 훨씬 더 고통스러울 것이다.

나만의 'Why'를 기억하라

제1장에서 이야기했듯이 나만의 Why는 우리가 과거의 패턴을 끊어내려는 가장 중요하고도 가슴 깊이 와닿는 이유다. 이는 두려움과 걱정에 휩싸였을 때 우리의 불안을 달래 주는 연고와도 같아서, 단기적인 불편함을 넘어 더 평온하고 주체적이고 큰 가능성이 펼쳐진 미래를 상상할 수 있도록 돕는다. 두려움 앞에 섰을 때 나만의 이유를 기억하라.

글로 적어 눈에 잘 띄는 곳에 두고 흔들리지 않고 나아가기 위한 길잡이로 삼아라.

롤모델을 떠올려라

두려움에 맞닥뜨렸을 때 롤모델을 떠올리면 어려운 상황에 대응하는 새로운 방식을 찾을 수 있다. 한번 자기 자신에게 물어보자. 이 두려움이 지나가는 동안 내가 롤모델로 삼아 흉내 낼 수 있는 사람은 누구인가? 살아 있든, 이미 세상을 떠났든, 실제 인물이든, 허구의 인물이든 상관없다. 이 상황에서 내가 본받고 싶은 용기와 담대함, 굳건함을 지닌 사람은 누구인가?

다음번에 두려움이 느껴지면 롤모델을 머릿속에 상세하게 그려 보라. 얼굴, 옷차림, 목소리, 태도까지. 그리고 자신에게 물어보라. '이 상황에서 그 사람이라면 어떻게 할까?' 그 롤모델이 어떻게 반응할지 처음부터 끝까지 상황을 그려 본다. 과연 어떻게 반응할까? 어떻게 자신의 결정을 굳건히 지킬까? 불편함 속에서 어떻게 스스로를 격려하며 버틸까? 가능한 한 똑같이 그 사람의 발자취를 따라가 본다.

다니카는 울라와의 대화를 앞두고 친구 캘리를 롤모델로 떠올렸다. 캘리는 돌려 말하는 법이 없고 자기 의견을 거침없이 드러내는 대담한 성격의 소유자다. 애정을 표현할 때도 마찬가지로 솔직하고 숨김이 없다. 캘리가 이렇게 투명하기 때문에 다니카는 언제나 둘 사이가 어떤 상태인지 분명히 알 수 있다. 어렵고 불편한 상황에서도 캘리가 솔직하게 분명한 모습을 보여 줄 거라는 믿음이 있기에 가장 신뢰할 수 있는 친구 중 한 명이다.

다니카는 캘리라면 이 대화를 어떻게 풀어 나갈지 상상했다. 분명 그녀는 명확하게, 직설적으로 말할 것이다. 다니카가 아는 캘리라면 아마 이렇게 간단하게 말할 것이다. "울라, 이제 너도 어느 정도 이곳에 적응했으니까 나도 나 자신과 다른 친구들에게 좀 더 시간을 써야 할 것 같아. 우리 이제부터는 1~2주에 한 번씩 만나는 걸로 할까?" 다니카는 이런 식의 경계를 세우는 일을 늘 어려워했다. 그래서 캘리의 단순명료한 방식을 떠올려 보는 것만으로도 꽤 좋은 출발점이 되었다.

다음 날, 다니카는 울라와 오후 내내 쇼핑하고 그녀를 집에 데려다주었다. 울라가 그 다음 날 저녁에 술 마시러 가자고 하자, 다니카는 머릿속으로 캘리를 떠올리며 그녀의 솔직하면서도 다정한 태도를 빌려 이렇게 대답했다. "이제 너도 어느 정도 이곳에 적응이 됐으니까, 이제 나도 나 자신과 다른 친구들에게 시간을 좀 더 써야 할 것 같아. 내일은 어렵지만 다음 주에 술 마실까? 그리고 앞으로는 1~2주에 한 번씩 만나는 걸로 하면 어때?"

놀랍게도 울라는 흔쾌히 받아들였다. "당연히 괜찮지! 내가 빨리 적응할 수 있게 네가 많이 신경 써 준 거 잘 알아. 너도 할 일도 있고 신경 써야 할 사람들도 있겠지. 다음 주면 딱 좋아."

다니카는 안도감을 느꼈다. 울라의 긍정적인 반응이 뜻밖의 선물처럼 다가온 것이다. "좋아!" 다니카는 미소 지으며 대답했다. "그럼 다음 주에 보자!"

때론 나도 누군가의 롤모델이다

피플 플리징 패턴에서 벗어나는 일은 혼자서 걸어가야 하는 여정이지만 그 과정에서 우리의 관계와 공동체 전반에 깊은 영향을 미칠 수 있다. 우리의 선택과 행동은 다른 이들에게도 영감을 줄 수 있다. 자기 목소리를 내고 낡은 패턴을 끊어 내며 새로운 삶의 방식을 용기 있게 추구할 수 있도록 말이다. 나 또한 누군가에게 롤모델이 될 수 있다는 사실을 기억하면 변화에 대한 결심은 한층 단단해진다. 지금 두려움 앞에 서 있다면 자기 자신에게 이렇게 물어보라. '지금 나는 누구에게 본보기가 되고 있는가?'

어쩌면 우리는 자녀들에게 본보기를 보이고 있을지도 모른다. 아이들은 부모가 말로 가르치는 것만 배우는 게 아니다. 부모의 행동을 지켜보며 자신을 어떻게 대해야 하는지, 타인의 태도를 어디까지 받아들여야 하는지, 자신이 어떤 관계를 누릴 자격이 있는지를 배운다. 양육자는 자기희생과 순종의 습관을 물려줄 수도 있지만 자기 존중, 자기주장, 자신감 역시 물려줄 수 있다.

우리는 공동체나 직장에서 본보기가 되고 있을지도 모른다. 그 공간에서 바라는 변화를 스스로 실천하는 순간, 다른 이들이 따를 수 있는 새로운 이정표를 세우게 된다. 때로는 우리의 행동 하나가 집단의 문화를 송두리째 바꿔 놓기도 한다. 또한 우리는 같은 정체성을 지닌 사람들에게 본보기가 될 수도 있다. 비슷한 배경을 공유하는 이들에게 새로운 가능성을 열어 주는 것이다.

예컨대 남편에게 당당히 자기 목소리를 내는 여성은 결혼 생활에서 가부장제의 굴레를 끊고자 하는 다른 여성들에게 롤모델이 된다. 어느 학교에서 성별 포용적 정책을 주장하는 트랜스젠더 청소년은 억압적인 제도를 바꾸고 싶어 하는 다른 청소년들에게 영감을 준다. 누군가에게 본보기가 되고 있다는 사실을 기억한다고 해서 두려움이 완전히 사라지는 것은 아니다. 그러나 우리가 누군가에게 영감을 주고 있다는 사실을 떠올리면 두려움이 더 의미 있는 것으로 느껴질 수 있다.

인생이 짧다는 사실을 기억하라

우리에게 주어진 시간은 짧다. 단 한 번뿐인 삶을 최대한 뜻깊게 살아야 하며 두려움에 가로막혀서는 안 된다. 호스피스 간호사였던 브로니 웨어Bronnie Ware는 마지막 남은 시간이 12주 이하인 말기 환자들을 돌보며 그들에게 이렇게 물었다. "후회되는 일이 있나요? 다시 기회가 주어진다면 다르게 하고 싶은 건 무엇인가요?" 환자 수천 명과 이야기를 나눈 그녀가 가장 자주 들은 후회는 이것이었다.

"다른 사람이 아닌 내가 원하는 삶을 살 수 있도록 그때 용기를 냈더라면 좋았을 거예요."[2]

두려움에도 불구하고 앞으로 나아가야 하는 가장 강력한 이유는 무엇일까? 바로 죽음을 앞두고 지난 삶을 돌아볼 때 후회하지 않고 오히려 내 선택을 자랑스럽게 여기기 위해서다. 언젠가 당신은 이 두려움 가득한 순간을 떠올리며 이렇게 말할지도 모른다. "그때 정말 무서웠지만 하길 참 잘했어."

죄책감을 자신감으로 바꾸는 법

죄책감은 누구에게나 힘든 감정이지만 타인을 우선시하는 패턴에서 벗어나려는 사람들에게는 특히 더 고통스럽다. 우리는 평생 타인을 불편하게 하지 않으려고 그들에게 맞춰 살아왔다. 그러나 이제는 자신의 요구를 우선시하기 시작하면서 때로는 파트너나 친구, 가족의 요구를 뒤로 미뤄야 하고 그들이 보이는 실망을 마주해야 한다.

죄책감을 느끼는 경우도 많을 것이다. 친구나 사랑하는 사람들에게 경계를 세울 때, 맞지 않는 관계를 끝낼 때, 상대방에게 더 많은 것을 요구할 때, 지나친 배려를 중단할 때, 자신의 시간과 에너지, 공간에 한계를 정할 때 그럴 수 있다. 죄책감을 달랜다는 것은 다른 사람들이 내 선택에 만족할 거라고 자신을 속이는 일이 아니다. 진정으로 친밀하고 건강한 관계를 위해서는 나를 우선시해도 괜찮으며 나아가 반드시 그래야 한다는 사실을 기억한다는 뜻이다.

죄책감에서 자신감으로 나아가는 과정을 지닌의 사례를 통해 살펴보자. 지닌과 카일은 같은 친구의 생일 파티에서 처음 만났다. 첫눈에 서로에게 끌린 두 사람은 그 후로 여섯 번의 데이트를 이어 왔다.

처음에 지닌은 카일과 함께하는 시간이 즐거웠다. 카일은 매력적이고 유쾌했으며 그녀를 웃게 하는 방법을 잘 알았다. 하지만 서로에 대해 알면 알수록 그녀는 그와 인연을 이어 가고 싶다는 마음이 줄어들었다. 매우 목표 지향적인 지닌과 달리 카일은 뚜렷한 목표가 없었다. 그는 발전 가능성이 없는 직장에 불만을 품고 있으면서도 새로운 진로를 찾으려는 노력을 전혀 하지 않았다. 그리고 지닌에게는 공동체가 중요한 가치였지만 카일은 친구는 물론 지인조차 별로 많지 않았다. 지닌이 그에게 처음 느꼈던 불꽃은 점점 사그라들고 있었다.

일곱 번째 데이트에서 지닌은 용기를 내어 솔직한 마음을 전하기로 했다. 그녀는 부드럽게 말했다. "카일, 그동안 당신을 알아 가는 시간이 정말 즐거웠어요. 하지만 우리는 잘 맞지 않는 것 같아요. 친구로 지내는 건 괜찮지만 더 이상 진지한 연인 관계로 발전하고 싶진 않아요."

카일의 눈에 금세 눈물이 맺혔다. "난 우리가 잘되어 가고 있다고 생각했어요…. 내가 뭘 잘못한 거죠?"

슬퍼하는 그의 모습이 날카롭게 지닌의 마음을 찔렀다. 이렇게까지 상대를 실망시키는 건 그녀도 견디기 힘들었다. 그녀는 카일이 잘못한 게 아니라 단지 서로의 삶의 방식이 맞지 않는 것뿐이라고 설명했다. 그렇게 대화를 마치고 집으로 돌아온 지닌은 카일의 마음을 아프게 했다는 죄책감에 사로잡혔다.

모든 거절은 또 다른 수락이다

경계를 세우기 시작하면 보통은 자신이 무엇을 거절하고 있는지에만 집중하게 된다. 그러나 모든 '거절'은 더 중요한 무언가에 대한 '수락'이기도 하다. 대개 그것은 너무 오랫동안 외면해 온 자신의 요구, 바람, 자기 존중이다. 거절하거나 경계를 세우거나 어떤 관계에서 거리를 두는 일로 죄책감이 느껴질 때는 이렇게 생각해 보라. 이런 방식으로 내 목소리를 지킬 때 나는 무엇을 수락하는 것일까?

지닌은 곰곰이 생각했다. '카일과의 데이트를 거절한 것은 나와 더 잘 맞는 사람, 매력과 흥미를 느낄 수 있는 사람을 만날 가능성을 수락하는 것이다. 죄책감이나 의무감 때문에 하는 데이트를 거절함으로써 나는 관심과 호기심, 설렘으로 이뤄질 새로운 만남을 수락한다. 추진력이나 공동체 의식이 부족한 사람과의 관계를 거절함으로써 나는 내 가

치와 관심사를 함께 나눌 수 있는 파트너를 만날 가능성을 수락한다.'

남이 아닌 나에게 공감하라

심리학자 매럴린 웰스Marolyn Wells는[3] 공감은 수치심을 치유하는 자연스러운 해독제이기 때문에, 피플 플리저들은 죄책감이나 수치심을 불러일으키는 상황을 마주했을 때 타인에게가 아니라 자신에게 공감하는 법을 배워야 한다고 했다. 자신에게 공감할 때는 다른 이들의 상처나 좌절에 지나치게 집중하려는 충동을 거부하고 대신 자신의 경험에 주의를 기울여야 한다. 내가 왜 이런 결정을 내렸는지, 지금 내 몸이 어떤 감각을 느끼는지, 이 순간 내게 무엇이 필요한지를 살피는 것이다.

내가 다른 사람의 상처받은 감정을 곱씹고 있다는 걸 알아차렸다면 이렇게 물어볼 수 있다. 어떤 아프고 불편한 경험이 나를 이렇게까지 내 편을 들게 했을까? 나의 자기주장은 나 자신을 존중하는 표현이었을까? 이 경계는 어떻게 나를 지켜 주는가? 그리고 이 행동은 장기적으로 내 삶을 어떻게 더 나아지게 할까?

카일과의 마지막 데이트가 끝나고 몇 시간 동안 지닌은 온통 그 일로 머리가 복잡했다. 그녀가 털어놓은 진실을 듣고 그의 놀란 표정이 자꾸만 떠올랐다. 그녀는 카일이 자기 때문에 몹시 속상할 거라는 생각이 들었고 그 생각만으로도 마음이 무거웠다.

죄책감이 밀려오자 지닌은 더 이상 카일의 감정 속에 머물지 않기로 했다. 대신 의도적으로 자기 자신에게 공감하는 연습을 시작했다. 그녀는 카일에게 미래 계획을 물었을 때 그가 무심하게 어깨만 으쓱하던 순간 느꼈던 실망감을 떠올렸다. 그리고 카일과의 관계를 끝내는 것이야

말로 야망이 있고 공동체 의식이 강한 파트너를 바라는 자신의 바람을
이룰 수 있는 유일한 길임을 상기했다. 카일을 실망시켜서 당장은 불편
하고 마음 쓰이지만 장기적으로는 자신이 진정으로 필요한 걸 얻을 수
있는 유일한 길이라고 말이다.

상대방에게 돌아갈 이익을 떠올려라

죄책감은 마치 스포트라이트와 같다. 우리가 잘못한·일에만 시선을
집중하게 되고 다른 가능성을 생각할 여지를 거의 남기지 않는다. 우
리는 자신을 우선시하면 상대가 상처받을까 걱정하지만 내 자기주장이
상대에게도 이로울 수 있다는 점을 떠올릴 필요가 있다. 이 질문을 던
져 보면 시야가 넓어진다. 이 사람이 나의 자기주장을 통해 단기적으로
나 장기적으로 어떤 이익을 얻을 수 있을까?

나의 자기주장이 타인에게 도움이 되는 방식은 다음과 같다.

- 내가 무엇을 원하는지 말했으니 그들도 내 요구를 충족시키기가
  더 쉬워진다.
- 내가 무엇을 원하는지 말했으니 그들이 내 마음을 짐작해야 할 부
  담이 사라지고 그들이 잘못 짐작했을 때 내가 서운할 일도 없다.
- 내가 그들의 문제 되는 행동을 지적했으니 이제 그들은 행동을 바
  꾸고 나나 다른 이들과의 관계를 개선할 수 있다.
- 내가 진정으로 느끼는 감정을 말했으니 이제 그들은 내 일관적이
  지 않은 태도나 회피 때문에 혼란스러워할 필요가 없다.
- 이제 내가 그들의 문제를 대신 해결해 주지 않으니 그들은 더 독립

적으로 성장할 수 있다.

- 내가 내 경계를 분명히 했으니 나와 그들은 더 오래 지속될 수 있는 관계를 만들 기회가 생긴다.
- 내가 이 관계가 내게 맞지 않는다고 인정했으니 그들은 더 잘 맞는 친구나 파트너, 즉 진심으로 함께하기를 원하는 사람을 만날 수 있다.

적어도 거짓말하거나 진실을 흐리거나 억지로 다 좋은 척하는 것이 아니라 솔직하고 투명한 태도로 대하면 상대방에게도 도움이 된다.

지닌은 자신의 결정이 카일에게 상처를 주었다는 사실에만 집중하느라 정작 그가 이 일로 어떤 이익을 얻을 수 있을지는 생각해 보지 못했다. 만약 관계를 이어 갔다면 자신은 내내 카일이 변화하기를 바랐을 거였다. 카일은 있는 그대로의 모습을 존중해 주는 파트너를 만날 자격이 있다. 그리고 이제 두 사람이 관계를 마무리했으니 그는 그런 사람을 만날 자유가 생긴 것이다. 곰곰이 생각할수록, 죄책감 때문에 억지로 관계를 이어 가다가 결국 서로가 더 맞는 상대를 만나지 못하게 막는 것이야말로 정말 배려 없는 행동이라는 생각이 들었다.

나를 응원하는 사람과 대화하라

죄책감이 모든 것을 집어삼킬 듯 밀려올 때 사회적 지지는 우리가 여전히 좋은 사람이고 자신의 선택이 틀리지 않았음을 확인시켜 준다. 가장 깊은 죄책감의 물살을 건너갈 때 친구나 치료사, 자조 모임으로부터 위안을 얻으려는 것은 절대로 부끄러운 행동이 아니다.

믿을 수 있는 친구에게 피플 플리징의 패턴에서 벗어나려 노력 중임을 털어놓고 때때로 그 이야기를 나눌 수 있을지 물어보라. 자기주장을 연습하는 친구가 몇 명 있다면 단체 채팅방을 만들어 서로의 성과를 공유해도 좋다. 누군가에게 불편한 요청을 했거나 경계를 분명히 밝힌 뒤에는 응원해 주는 사람들에게 연락해 함께 성공을 축하하라.

일어나 몸을 움직여라

제13장에서 살펴봤듯이 도전적이거나 위협적인 상황(스트레스 요인)을 겪으면 몸속에서 스트레스라는 신체 반응이 일어난다. 스트레스를 받으면 심장이 두근거리고 가슴이 조이고 호흡이 짧아진다. 우리는 죄책감이라는 감정적 불편함을 느낄 때 스트레스가 주는 신체적 불편도 함께 느낀다. 연구에 따르면 신체 운동은 우리 몸에서 스트레스를 해소하는 데 가장 효과적인 도구다.[4]

지닌은 달리기를 하기로 했다. 발걸음을 옮길 때마다 카일에 대한 끝없는 잡념이 조금씩 멀어져 가는 것 같았다. 5킬로미터를 다 달릴 때쯤 그녀는 몸의 중심을 단단히 붙잡은 듯한 감각을 되찾았다. 죄책감이 완전히 사라진 것은 아니지만 마음을 온통 지배하던 것이 이제는 가장자리에 찍힌 작은 점처럼 느껴진다.

분노를 파괴가 아닌 창조의 힘으로 쓰려면

우리가 우리 자신을 위해 목소리를 낼수록 과거에 다른 사람 앞에서 얼마나 작아지곤 했는지가 선명하게 보인다. 예전에 자기가 바라는 것을 표현했다가 벌을 받거나 수치심을 당했던 경험이 얼마나 우리를 흔들어 놨는지도 깨닫게 된다. 진정으로 나를 생각해 주지 않는 사람들을 위해 내 안락함을 포기한 적도 수없이 많았다.

이런 깨달음에는 쓰나미처럼 몰아치는 분노가 따라올 수 있다. 양육자의 방치와 학대, 정서적 미성숙, 중독, 정신 건강 문제가 나를 자신이 아닌 남을 우선하는 사람으로 만드는 데 한몫했음을 깨달으면서 그들에 대한 분노가 솟구칠 수 있다.

내 감정을 무시하거나 조롱했던 사람들, 지극히 당연한 요구가 과하다며 깎아내리던 파트너, 경계를 분명히 세우지 못하는 점을 악용한 직장과 제도, 안전을 위해 침묵을 강요했던 억압적 체제, 심지어는 해로운 상황에 너무 오래 머물렀던 자기 자신에게까지 분노가 치밀지 모른다. 처음에 분노는 파괴적이며 복수심에 불타는 힘처럼 느껴질 수 있다. 하지만 분노가 우리를 움직이는 연료가 된다 해도 운전대를 쥐고 있는 것은 우리 자신이다. 어디로 나아갈지는 결국 우리가 결정한다.

연구에 따르면 분노는 변화를 이끄는 강력한 동기 부여가 된다.[5] 분노에는 장애물을 제거하고 부당함을 바로잡고 자신과 타인을 위해 더 나은 조건을 만들려는 노력이 수반되기 때문이다. 불안과 슬픔이 우리를 작고 위축되게 만든다면 분노는 우리를 불타오르게 하고 용맹하게 하며 적극적으로 뛰어들게 한다.[6] 궁극적으로 분노는 우리를 새로운 삶의 방식으로 이끄는 추진력이 될 수 있다.

치유의 과정에서 분노를 존중해야 한다. 분노는 거룩하고 눈부시게 뜨거우며 정화하는 힘이 깃들어 있다. 이는 우리의 가장 깊은 내면이 살아나며 터뜨리는 정당한 울분이다. 그 분노가 우리를 변화시켜 마땅히 누려야 할 것보다 적은 것에 만족하지 않는 새로운 존재로 거듭나게 해야 한다.

분노를 존중한다는 것은 다른 사람에게 소리치거나 그들을 함부로 대하거나 복수를 꾀한다는 뜻이 아니다. 분노의 에너지를 이용해 자신과 타인이 더 나은 대우를 받을 수 있도록 목소리를 내는 것이다. 이렇게 질문해 보자. 이 분노의 에너지를 어떻게 하면 파괴나 파멸이 아니라 성장과 창조에 사용할 수 있을까?

또한 분노를 동기 부여로 활용할 수도 있다. 꼭 필요한 경계를 세우고, 해로운 관계를 끊고, 과거에 우리가 겪었던 어려움을 지금 겪고 있는 이들에게 손을 내밀거나, 내 안의 힘을 일깨우는 운동(달리기, 웨이트트레이닝, 댄스, 요가, 스트레칭 등)을 시작하거나, 자신의 이야기를 담은 예술 작품이나 음악을 만들어 볼 수도 있다.

피플 플리징의 패턴을 끊어 내는 작업을 시작한 지 1년쯤 되었을 때 나는 엄청난 분노와 맞닥뜨렸다. 치료 과정에서 과거의 이야기들을 새롭게 써 내려가면서 '나는 바라는 게 너무 많다', '나는 예민하다'라는 믿음에서 '나는 있는 그대로 사랑받을 자격이 있다', '부당한 대우에 예민하게 반응하는 건 정상적이고 건강한 일이다'라는 믿음으로 서서히 이동하는 중이었다.

이 믿음의 전환은 내가 바라는 것을 하찮게 취급했던 사람들을 향한 뜻밖의 분노를 불러일으켰다. 잔인한 말에 상처받았다고 하면 예민하다며 몰아붙였던 가족들에게 분노가 치밀었다. 최소한의 일관성과 애정을 요구했다는 이유로 나를 지나치게 의존적이라고 비난했던 옛 연인들에게도 화가 났다. 자기들의 고민을 털어놓을 때만 나를 이용하고 정작 내 고민에는 조금의 관심조차 보이지 않았던 친구들에게도 서운함과 분노가 일었다. 하지만 무엇보다도 화가 난 대상은 나 자신이었다. 다른 이들의 사랑을 받을 자격을 얻기 위해서는 작아져야 하고 의견을 내면 안 된다고 믿어 버린 자신에게 말이다.

내 안의 분노는 산불처럼 거세게 타올랐다. 감정을 쏟아 낼 출구가 필요했다. 그래서 블로그에 시를 쓰기 시작했다. 필명으로 시를 썼다. 옛 연인들과의 언쟁, 여성의 목소리를 틀어막는 성차별, 나 자신을 억눌러야 한다는 고통에 관해. 처음에는 오롯이 내 감정을 쏟아 낼 생각으로 시작한 블로그였는데 글을 올릴 때마다 모르는 사람들이 감사의 댓글을 남겼다. 내 글에 공감한다며, 자신도 그런 경험이 있다며, 내 시가 평생 표현하지 못했던 좌절감을 대신 말해 주었다면서 말이다.

이렇게 분노를 풀어내는 일은 내게 큰 치유가 되었다. 나만의 경험이 아니라는 사실을 실감할 수 있었기 때문이다. 과거를 되돌릴 수는 없지만 시를 통해 비슷한 상황을 겪는 이들에게 위로와 공감을 건넬 수 있었다.

제16장

더 이상 맞지 않는 관계 떠나기

타인을 우선하는 패턴에서 벗어나려는 사람들은 기존의 관계가 더 이상 자신에게 맞지 않는 경험을 자주 한다. 애초에 그 관계를 가능하게 했던 자기 방임적 행동을 멈췄기 때문이다.

목소리를 내기 시작하면 예전에는 꼭 맞던 관계들이 답답하게 느껴지기 시작한다. 상대가 내가 바라는 것에는 관심이 없고 내가 상대에게 맞춰 주던 모습을 더 좋아했다는 사실을 알게 될 수도 있다. 친구들이 내 상황이나 감정에는 관심이 없고 그들의 고민을 들어 주거나 상담자 역할을 해줄 때만 관계를 이어 가려고 한다는 사실을 깨달을 수도 있다. 가족 관계에서 되풀이되는 파괴적인 패턴이 눈에 들어오기 시작해 부모나 형제자매 또는 다른 가족 구성원과 거리를 둘 필요성을 느낄 수도 있다.

어떤 관계는 단순히 서로 잘 맞지 않는 경우도 있다. 힘을 되찾은 우리의 새로운 모습과 더는 어울리지 않기 때문이다. 또 어떤 관계는 노골적으로 해로워서 내 목소리를 되찾겠다는 다짐을 지키려면 끊어 내야 한다. 자신을 드러내지 못하고 이해받지도 못하는 기분만 안겨 주는 건강하지 못한 관계, 우리의 건강과 행복을 해치는 관계를 벗어나도 된다고 자신에게 허락할 때 우리는 커다란 용기를 실천하는 것이다.

이 장에서는 이런 어려운 변화를 헤쳐 나가는 데 도움이 되는 도구들을 살펴본다. 자신에게 더 잘 맞도록 관계를 바꾸는 방법과 그러기 힘들 때는 관계를 완전히 끝내는 방법을 다룰 것이다.

자기 얘기만 하는 사람을 상대하는 법

마흔다섯 살의 맬은 힘든 이혼을 겪고 뉴욕으로 이주한 지 3년이 되었다. 처음에 함께 어울릴 사람들이 필요했던 그녀는 지인의 소개로 홍보 일을 하는 조디를 만나게 되었다. 첫 만남 이후 두 사람은 2주에 한 번씩 만나 술을 마시며 가까워졌다.

맬은 처음 만났을 때부터 조디가 보통 사람은 아니라고 느꼈다. 조디는 유머러스한 면도 있었지만 가끔은 독설을 퍼붓기도 했다. 마티니를 마시며 자신의 고객들에 대한 험담을 가차 없이 늘어놓았다. 처음에 맬은 그런 조디의 거침없는 성격과 끊임없이 쏟아지는 흥미로운 이야기에 이끌렸다.

하지만 함께 보내는 시간이 길어질수록 조디가 남의 이야기에는 전혀 귀 기울이지 않는다는 것을 알았다. 맬이 자기 이야기를 꺼낼 때마다 조디는 금세 대화를 자기 쪽으로 돌려 버렸다. 그렇게 몇 년이 지나는 동안 맬은 조디를 대할 때마다 자신이 투명 인간이 되는 기분을 느꼈고 그만큼 서운함과 불만도 쌓여 갔다.

어느 금요일, 맬은 조디에게서 문자를 받았다. "오늘 한잔할래?" 맬은 좋다고 했지만 퇴근 시간이 다가올수록 약속을 취소할 핑계를 찾기 시작했다. '두통이 심하다고 할까, 아니면 점심을 먹고 사무실 사람들이 전부 식중독에 걸렸다고 할까…. 아니면 고양이가 비상계단에서 떨어져서 병원에 데려가야 한다고 할까?'

맬은 점점 황당해지는 변명을 떠올리다 자신을 다그쳤다. '너 마흔다섯 살이나 먹은 성인 여잔데 지금 이게 뭐 하는 거야? 유치한 변명은 그만두고 이제는 조디에게 내 감정을 솔직하게 말하자.'

그날 밤 맬은 불안한 마음을 안고 술집에 도착했다. 칵테일을 주문하고 조디를 기다렸다. 조디는 몸에 착 달라붙는 파란색 드레스를 입고 한눈에 봐도 사람들의 시선을 끄는 차림으로 등장했다.

"아, 글쎄 방금 무슨 일이 있었는지 알아?" 조디는 도착하자마자 핸드백을 내던지듯 바에 올려놓으며 말하기 시작했다. 바텐더를 향해 손짓하면서 그녀는 악명 높은 고객과 나눈 통화 내용을 요란하게 늘어놓았고 맬은 멍하니 고개만 끄덕였다.

조디가 술을 한 모금 들이키며 잠시 숨을 고르는 순간, 맬은 재빨리 기회를 잡았다. "사실 너한테 하고 싶은 말이 있어."

맬은 긴장을 가라앉히려 깊이 숨을 들이쉬고 이어서 말했다. "조디, 우리 사이가 좀, 너무 한쪽으로 치우친 느낌이 들어. 네 얘기를 듣는 건 좋지만 내가 내 얘기를 꺼낼 땐 네가 별로 귀 기울이지 않는 것 같아.

보통은 대화를 금세 네 쪽으로 돌려 버리잖아."

맬은 잔을 들어 한 모금 마신 뒤 목을 가다듬었다. "솔직히 말해서 너랑 시간을 보내고 나면 존중받지 못했다는 기분이 들어. 난 그런 기분을 원치 않아. 우리 대화가 좀 더 균형 잡혔으면 좋겠어."

조디는 말없이 맬을 바라보며 잔을 길게 들이켰다. 잠시 정적이 흘렀다. 그러다 갑자기 웃음을 터뜨렸다. "맬, 지금 무슨 소리를 하는 거야?" 그녀가 깔깔거렸다. "너도 네 얘기했잖아. 형편없는 전남편 얘기, 지루한 직장 얘기, 네 고양이들 얘기까지…." 조디는 눈을 굴리며 덧붙였다. "솔직히 기분만 처지고 암울한 얘기밖에 없지 않아?"

맬은 할 말을 잃은 채 조디를 바라봤다. 조디가 말을 이었다. "너도 알다시피 난 유명인들이랑 일하잖아? 내 얘기는 재미있잖아. 같이 웃어야지, 궁상맞은 얘기만 늘어놓는 게 뭐가 재미있니?"

조디는 바텐더에게 술을 한 잔 더 주문했다. "아, 그러고 보니 생각났어. 지난주에 있었던 일인데 너한테 꼭 얘기해 주려고 했거든. 이 얘기 들었어?" 조디는 마치 음모를 꾸미듯 몸을 앞으로 기울이며 말하기 시작했다.

그날 밤이 어떻게 흘러갔는지 맬은 기억도 나지 않았다. 그녀는 그저 멍한 얼굴로 앉아 있기만 했다. 작별 인사를 나눈 뒤 맬은 집으로 걸어가면서 세상에 이렇게까지 배려심이 없는 사람이 있는지 기가 막혔다. 그러면서도 이런 생각이 들었다. '그런 반응을 보이다니 너무 상처야. 그런데 혹시 내가 너무 예민한 건 아닐까? 어쩌면 조디 말이 맞을 수도 있어. 내가 너무 암울한 게 문제일지도 몰라.'

그간의 관계를 돌아보기 위한 질문들

우리는 맬처럼 어떤 관계에서 처음 불만을 느낄 때는 대개 자신을 의심하거나 관계의 심각함을 부정하려 들곤 한다. 이 관계가 (현재의 형태로는) 나와 잘 맞지 않는다는 본능적인 신호를 애써 무시하거나 '내가 너무 예민해서 그렇다', '내가 너무 많은 걸 바라서 그렇다', '내가 매력이 부족해서 그렇다'라며 자기감정을 깎아내리기도 한다. 혹은 불만을 마주하지 않으려고 일이나 개인 프로젝트, 다른 관계에 과도하게 몰두하며 주의를 분산시키기도 한다.

다음 질문들은 이런 관계를 분명한 관점으로 돌아보고 앞으로의 선택을 결정하도록 도와줄 것이다.

이 관계가 시작된 뒤 어떤 변화가 있었는가?

일반적으로 관계를 지속하기 어려워지는 이유는 우리 자신이 변하거나, 상대가 변하거나, 상황이 변하기 때문이다. 구체적으로 어떤 변화가 있었는지를 짚어 보면 이 관계가 더 이상 나에게 맞지 않는다고 느껴지는 이유가 무엇인지 제대로 이해할 수 있다.

다음과 같은 질문을 던져 보자. '이 관계가 시작된 뒤 나는 어떻게 변했는가? 상대는 어떻게 변했는가? 우리의 상황은 어떻게 달라졌는가?'

이 질문에 답하다 보면 알게 되겠지만 어떤 관계가 더 이상 맞지 않게 되었다고 해서 꼭 누군가의 잘못이라는 뜻은 아니다. 많은 관계는 그저 시간이 흐르면서 당사자들의 필요나 바람, 가치관이 어긋나면서 자연스럽게 끝나기 때문이다.

맬은 이 질문들을 스스로 해보며 그동안의 일들을 생각했다. 먼저 자신이 어떻게 변했는지 돌아봤다. '음, 이제 난 남들의 비위를 맞추며 살지 않으려 노력하고 있어. 내가 원하는 것에 더 신경을 쓰기 시작했지. 내 의견을 좀 더 분명하게 드러내려고도 하고 있고. 이혼으로 받은 상처를 치유하려고 많이 노력했고 그 덕분에 나를 존중하지 않는 사람들에게 민감해졌어.'

맬은 조디가 어떻게 변했는지를 떠올려 보지만 딱히 구체적으로 떠오르는 것이 없었다. 변한 상황이 있는지에 대해서는 떠오르는 것이 하나 있었다. 맬이 뉴욕에서 산 지도 이제 3년째였다. 처음에는 이 도시에서 낯선 이방인이었기에 어떻게든 친구를 만들고 싶어 필사적이었다. 하지만 지금은 다양한 친구들이 생겼고 모임도 여럿 있어서 어떤 관계가 자신에게 잘 맞는지 분별할 수 있게 되었다.

이런 변화들을 놓고 보니 자신이 느끼는 불만에 분명한 이유가 있었다. 조디에게 쌓인 좌절감은 단순한 우연이 아니라 지난 3년 동안 일어난 변화가 모여 만들어진 자연스러운 결과였다.

나를 힘들게 하는 지속적인 패턴은 무엇인가?

반복되는 어떤 행동이나 차이, 갈등이 이 관계를 스트레스 요인으로 만들고 있는가? 모든 관계에는 실수와 순간의 서운함이 있기 마련이지만 고통스러운 행동이 반복적인 패턴으로 굳어지면 이는 두 사람이 근본적으로 맞지 않는다는 징후일 수 있다.

이를테면 상대방이 좀처럼 애정을 표현하지 않는다든가, 대화가 늘 한쪽으로 치우친다거나, 상대방이 끊임없이 당신을 바꾸려 든다든가,

상대방이 원하는 만큼의 관심을 당신이 줄 수 없다든가, 상대방이 갈등에 대한 자신의 책임을 인정하지 않는다든가, 함께하는 시간과 혼자만의 시간에 대한 요구가 서로 다르다든가, 더 이상 상대방의 과도한 음주를 감당하기 힘들다든가, 성생활이 만족스럽지 않다든가 하는 경우가 있다. 각각의 패턴에 충족되지 못한 어떤 요구가 깔려 있는지 생각해 보자. 이 사람과의 관계는 더 깊은 연결이나 균형, 독립성, 애정을 갈망하게 만드는가?

맬은 자신을 힘들게 하는 지속적인 패턴을 떠올려 봤다. '조디가 대화를 독점해서 함께 있을 때마다 존중받지 못하는 기분을 느껴.' 맬은 이 패턴 아래에서 충족되지 못한 균형, 상호성, 경청, 중요성에 대한 자신의 요구를 확인했다.

내 몸은 무엇을 말해 주었는가?

종종 가볍게 여겨지지만 우리의 몸은 깊은 본능적 지혜를 품고 있다. 누군가와 함께 있을 때 몸이 어떻게 반응하는지는 그 관계 안에서 우리가 얼마나 안전하고 존중받으며 편안한지를 알려 주는 중요한 단서가 된다. 머릿속에서는 불만을 별것 아닌 일이라며 넘기려 해도 몸이 전하는 감각은 더 솔직하고 진실한 이야기를 들려줄 수 있다.

그 사람과 시간을 보내거나 대화를 나누거나 떠올릴 때 스스로 물어보자. '지금 내 몸에서 어떤 감각이 느껴지는가? 가슴이 조이거나 심장이 빨리 뛰는가? 숨이 가빠지는가? 장이 꼬이는가? 아니면 무감각해지는가? 그 사람과 만나고 나면 에너지가 채워지는가, 아니면 진이 다 빠지는가?'

맬은 조디와 함께 있을 때 자신의 몸이 어떤 반응을 보이는지 생각해 본 적이 없었다. 부엌 식탁에 앉아 눈을 감고 조디가 옆에서 또다시 고객 이야기를 장황하게 늘어놓는 장면을 떠올렸다. 그러자 가슴이 조여들고 관자놀이에 은은한 통증이 이는 걸 느꼈다. 그리고 조디를 만나고 집에 돌아오면 온종일 고된 일을 마친 것처럼 기진맥진해 곧장 침대에 쓰러지곤 했다는 사실도 떠올랐다.

그제야 맬은 자신의 몸이 그동안 어떻게 불만을 드러냈는지를 깨닫고 확신을 얻었다. 조디와의 관계에서 느끼는 감정은 단순히 마음속에서 스쳐 지나가는 예민함이 아니었다. 온몸이 이미 이 관계에 문제가 있음을 분명하게 알려 주고 있었던 것이다.

내가 바라는 것을 분명하게 표현한 적이 있는가?

맬과 같이 상대방에게 우선권을 내주는 이들은 정작 자신이 원하는 것을 한마디도 꺼내지 못한 채 관계를 끝내 버리는 경우가 많다. 자기 요구를 드러내는 일 자체가 너무 불편하게 느껴지기 때문이다.

내가 지금 무엇이 필요한지 말하지 않아도 상대가 알아야 한다고 생각할 수 있다. 그러나 직접 표현하기 전에는 그들이 정말 그 요구를 들어줄 수 있는지 알 길이 없다(물론 폭력이나 학대는 예외다. 그런 행동을 하지 말라고 요구할 필요 자체가 없기 때문이다). 말하지 못한 채 쌓인 서운함이 곪아 결국 관계를 멀어지게 만든다면 우리는 그 관계가 더 나아질 기회조차 주지 않는 셈이다.

맬은 3년 동안 서운함을 꾹꾹 눌러 담은 끝에 마침내 균형 있는 관계를 원한다는 말을 꺼낸 자신이 자랑스러웠다. 조디의 반응은 불쾌했지만 적어도 자신의 요구를 분명히 전했다는 점에서 할 일은 한 셈이었다.

이 네 가지 질문에 대한 답을 곱씹으며 맬은 마음속에서 확신이 또렷해지는 것을 느꼈다. 패턴은 이미 분명했다. 몸은 계속해서 신호를 보내왔고, 그녀의 요구는 채워지지 않았으며, 진심 어린 요청에도 조디는 조금의 배려도 보여 주지 않았다. 이제는 무언가 달라져야 한다는 사실을 맬은 굳건히 받아들였다.

꼭 '유해한 관계'가 아니어도 돌아보라

궁극적으로 관계를 끝낼 만큼 '충분히 그럴 만한 이유'는 오직 우리 스스로만 정할 수 있다. 이 결정은 개인의 경험과 가치관, 동시에 여러 관계를 유지할 수 있는 역량에 크게 좌우된다. 꼭 독이 되거나 해를 끼쳐서가 아니라 단지 잘 맞지 않는다는 이유로 관계를 정리할 때는 상대방이 우리의 결정을 이해하지 못하거나 못마땅해할 수도 있다. 그러나 내 삶을 살아가야 하는 사람은 상대방이 아니라 나다.

변화로 나아가기 위한 계획 세우기

이 관계가 더 이상 자신의 요구를 충족시키지 못한다는 사실을 확인했다면 이제 앞으로 어떤 방향으로 나아갈지 결정해야 한다. 경우에 따라선 관계에 작은 변화를 주는 것만으로도 감당할 만해질 수 있다. 그러나 때로는 관계를 완전히 끝내는 것이 유일한 선택지가 되기도 한다.

사운드보드 접근법으로 작은 변화 만들기

콘서트장에 가 본 적이 있다면 뒤쪽에서 음향 엔지니어가 사운드보드(믹싱 콘솔)를 다루는 모습을 본 기억이 있을 것이다. 사운드보드에는 보통 다이얼과 슬라이더가 잔뜩 달려 있는데 각각 키보드, 보컬, 고음, 저음 등 소리의 다른 요소를 조정할 수 있다. 제대로 제어한다면 완벽한 균형을 이루는 음향이 만들어진다.

사운드보드로 음향을 조율하듯 관계의 여러 요소를 조금씩 조정하면 감당할 만한 수준으로 만들 수 있다. 상대방에게 요청했는데도 변화가 없다면 그 사람을 억지로 바꿀 순 없다. 하지만 스스로 이렇게 물어볼 수는 있다. '내 요구를 충족해 주지 못하거나 충족해 줄 의지가 없는 이 사람과 나는 얼마나 가깝게 지내고 또 얼마나 자주 연락할 것인가?'

사운드보드의 슬라이더를 이리저리 제어하듯 관계의 여러 요소를 조정함으로써 친밀함과 연결의 정도를 바꾸면 감당할 수 있는 새로운 균형을 찾을 수 있다. 우리가 조정할 수 있는 것은 다음과 같다.

- 함께 시간을 보내는 빈도(연 1회, 월 1회, 주 1회)
- 한 번 만날 때 함께하는 시간(30분, 두 시간, 주말 내내)
- 소통 방식(문자, 전화, 화상 통화)
- 대화 주제(정치, 종교, 가족, 일)
- 얽힌 부분(하우스메이트, 동업, 반려동물 공동양육 등)
- 내주는 자원(시간, 에너지, 돈)
- 관계에 두는 기대치

이런 요소들을 필요에 따라 조정함으로써 그 관계를 더 지속시킬 수 있다.

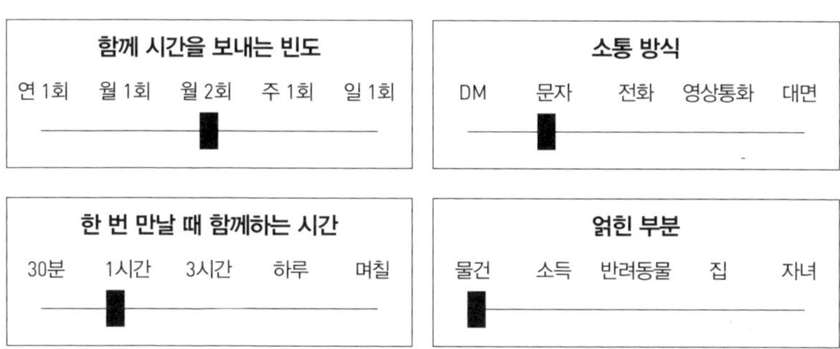

친구 사이인 올리비아와 티토의 관계는 시간이 지날수록 점점 더 껄끄러워졌다. 티토는 오랫동안 정신적으로 힘든 시간을 보내 왔고 올리비아는 할 수 있는 한 곁에서 힘이 되어 주려 했다. 하지만 티토는 올리비아를 만날 때마다 그녀가 감당할 수 있는 것보다 훨씬 많은 시간을 함께 보내길 원했다.

그렇다고 올리비아가 이 관계를 완전히 끝내고 싶었던 것은 아니다. 그녀는 여전히 티토를 아끼고, 오래 함께하긴 벅차지만 잠시 함께할 때는 즐거움을 느꼈다. 그래서 이 관계를 조금 더 감당하기 쉽도록 올리비아는 두 가지 경계를 세웠다. 티토에게 2주에 한 번만 만날 수 있고 문자 메시지는 안부를 나누는 수단이 아니라 약속을 조율할 때만 쓰겠다고 알렸다.

두 사람이 예전만큼 자주 만나지 않고 그사이에 티토가 쏟아 내던 문자 세례도 사라지자, 올리비아는 티토를 만날 때면 좀 더 여유롭게 그의 감정을 받아 줄 수 있었다. 무엇보다도 스스로 자신의 한계를 지키기 시작하자 더 이상 티토를 원망하는 마음이 들지 않았다.

타인과의 관계에서 작은 경계를 세우는 것만으로도 이전에는 상상하지 못했던 편안함과 자유를 누릴 수 있다. 그 과정에서 자신의 요구를 주장하는 연습도 하게 된다. 물론 모든 관계는 언제나 두 사람 모두의 동의가 필요하다. 우리가 관계의 이런저런 요소를 새롭게 조정하면 상대방 역시 이 새로운 형태가 자신의 요구를 충족시키는지 판단할 수 있다. 만약 우리의 새로운 경계가 그들의 요구와 맞지 않는다면 그 관계는 더 이상 유지되기 어려울 수도 있다. 이 사운드보드 접근법이 효과가 없거나 상대가 받아들이시 않더라도, 우리는 관계가 나아질 수 있도록 상대에게 기회를 주었다는 확신을 가진 채 앞으로 나아갈 수 있다.

전등 스위치 접근법으로 관계 끊기

사운드보드와 달리 전등 스위치는 켜짐과 꺼짐, 두 가지만 가능하다. 전등 스위치식 접근은 관계에서 완전히 손을 떼는 방식이다. 이 방법은 상대가 노골적으로 내게 해를 끼치거나 나를 학대할 때, 어떤 형태로든 그 관계가 편안하게 느껴지지 않을 때, 지속적으로 불안과 불편을 주는 상대의 행동이 여러 차례 요청에도 불구하고 전혀 바뀌지 않을 때 가장 효과적이다.

관계를 완전히 끝낼 때는 상대가 혹시라도 제대로 알아듣지 못하는 일이 없도록 그 결정을 직접 전달하는 것이 좋다. 예를 들어 이렇게 말할 수 있다. "많이 고민해 봤는데 더 이상 이 관계가 내게 맞지 않는다는 결론에 이르렀어.", "우리가 서로를 대하는 방식이 더는 나한테 맞지 않는 것 같아. 안타깝지만 그래서 이 관계를 이어 갈 수 없어.", "나는 여전히 너라는 사람을 아끼지만, 세월이 지나며 우리 상황이 많이 달라져서 이제는 서로 잘 맞지 않는 것 같아."

지난번 만남에서 2주가 흐른 뒤 맬은 책상에 앉아 글을 쓰다가 조디에게서 문자를 받았다. "오늘 한잔할래?" 맬은 분노가 치밀어 답장을 하지 않았다. 며칠 뒤 다시 문자가 왔다. "왜 이렇게 연락이 안 돼? 오늘 한잔?" 맬은 휴대전화를 바라보다가 깨달았다. 이렇게 자기밖에 모르는 사람과 가벼운 우정을 이어 갈 마음이 없다는 것을.

맬이 이혼 후 겪은 치유의 과정은 고통스러웠지만 변화로 이어졌다. 그 경험은 이렇게 한쪽으로 치우친 관계에 발을 담그기엔 인생이 너무 짧다는 것을 가르쳐 주었다. 그래서 맬은 전등 스위치 기법으로 조디와의 관계를 끝내기로 했다.

맬은 잠시 생각을 가다듬은 뒤 조디의 메시지에 대한 답장을 썼다. "조디, 오랫동안 고민했는데 이제는 이 우정이 더 이상 내게 맞지 않는 것 같아. 네가 술자리에서 내 걱정을 가볍게 넘기는 걸 보고 우리 사이가 한쪽으로 기울어 있다는 걸 실감했어. 난 그런 관계가 편하지 않아. 지금까지 고마웠고 앞으로 좋은 일만 있길 바랄게." 전송 버튼을 누르는 순간 맬의 심장은 미친 듯이 뛰고 있었다.

진정성을 지키면서 관계를 정리하는 법

어떤 관계가 더 이상 자신에게 맞지 않는다는 사실을 깨달으면 감정이

격해질 수 있다. 자신이 어떤 식으로든 무시당하고, 부정당하며, 방치당했다는 사실을 깨닫기 시작하면 분노, 좌절, 원망이 치밀어 오르는 것은 자연스러운 일이다. 우리는 당연히 이런 감정을 느낄 자격이 충분하지만 가능한 한 마음을 가라앉히고 우리 자신을 지키면서 관계를 정리하는 것이 중요하다. 신중하고 차분하게 행동하면 나중에 뒤돌아봤을 때 화가 폭발하거나, 상대를 함부로 대하거나, 상대와 똑같이 무례한 태도로 대응한 것을 후회하지 않을 수 있다.

사운드보드 방식을 쓰든, 전등 스위치 방식을 쓰든 우리가 진정성 있는 행동을 위해 취할 수 있는 몇 가지 방법이 있다. 이런 질문을 던져보자. 관계를 정리하는 과정에서 직접 대화를 나누는 것이 옳다고 느껴지는가? 이 대화를 직접 만나서 해야 할까 전화로 해야 할까 아니면 이메일로 해야 할까? 상대에게 얼마나 자세한 설명을 해줄 의향이 있는가? 또 상대가 이유를 캐묻거나 이의를 제기한다면 대화를 풀어 갈 마음이 있는가?

이런 점들을 미리 생각해 두면 관계를 마무리 지은 방식에 대해 나중에 의심이나 후회가 남을 가능성도 줄어든다.

죄책감은 자기연민으로 바꿔라

관계를 정리하는 것이 자신을 위해 옳은 선택이라는 확신이 있더라도 죄책감을 느끼는 건 자연스러운 일이다. 특히 상대방이 상처받거나 화를 내거나 슬픔을 드러낸다면 더 그렇다. 이런 불편한 감정이 찾아올 때 아래의 방법들과 제15장에서 다룬 전략들을 활용해 보자. 어려움 속에서도 흔들림 없이 버티고 성장통을 자기연민으로 바꿀 수 있을 것이다.

변하지 않을 때의 해로움 인식하기

우리는 관계를 끝내는 것이 상대에게 상처를 줄 수 있다는 점에만 집중하고, 맞지 않는 관계를 지속하는 것 역시 상대방에게 상처가 될 수 있다는 사실은 잊곤 한다. 더 이상 맞지 않는 관계를 억지로 지속하면 그 불만은 결국 바람직하지 않은 방식으로 드러나게 된다. 전화나 메시지를 피하거나, 차갑게 대하거나 은근히 불만을 드러내거나, 다른 사람들에게 상대방에 대한 불평을 쏟아 내거나, 그들의 단점에만 집착하거나, 점점 마음의 문을 닫거나, 작은 일에도 날카롭게 반응하거나, 상대의 고통에 공감하지 못하고 외면할 수 있다.

이런 행동들은 상대를 상처 주고 속상하게 만들 수 있다. 여기서 시선을 바꿔 상상해 보자. '만약 누군가가 나와의 관계에서 불편하거나 불행함을 느끼고 있다면 어떨까? 그 사람이 단지 의무감이나 죄책감, 동정심 때문에 곁에 머무른다면 나는 정말로 그 관계가 계속되길 바랄까? 그들이 나와 함께할 때마다 그 시간이 싫어서 마음은 늘 다른 곳에 가 있다면 나는 그 시간을 원할까?'

이렇게 시선을 바꿔 보면 더 이상 맞지 않게 된 관계를 지속하는 것은 결코 친절한 행동이 아니다. 오히려 정직하지도 않고 상대를 얕잡아 보는 처사에 가깝다.

맬은 자신이 조디와의 관계에서 보였던 반응들을 하나하나 떠올렸다. 분노와 원망, 아프다고 핑계를 대며 약속을 취소하고 싶었던 충동, 좌절감 속에서 밤마다 곱씹던 생각들, 함께 시간을 보낸 뒤에는 어김없이 찾아오던 극심한 두통, 조디의 이기적인 태도를 다른 친구들에게 하소연하던 순간들까지. 그러고는 이렇게 물었다. '만약 어떤 친구가 내게 이런 부정적인 감정을 품으면서도 단지 죄책감 때문에 관계를 이어 가고 있다면 나는 어떤 기분일까?'

생각만 해도 속이 뒤틀렸다. 그런 상황이라면 자신에게 솔직하지 못하고 진심 없는 관계로 시간을 허비하게 만든 그 친구에게 분노했을 것이다. 이 새로운 관점은 맬에게 중요한 깨달음을 안겨 주었다. 비록 관계를 끝내는 일이 처음에는 소니에게 싱처가 되더라도 장기적으로는 조디가 가짜 우정을 이어 가는 사람들이 아니라 정말로 그녀와 함께하고 싶어 하는 사람들과 인연을 맺을 수 있으리라는 것이다.

흑백논리에서 벗어나기

타인이 내 경계에 부정적으로 반응하면 우리는 그들의 부정적인 평가를 곧이곧대로 받아들이기 쉽다. 때론 이렇게 생각하기도 한다. "이 정도 일에 이렇게 거슬려 하면 안 되지.", "나는 너무 예민해.", "나는 형편없는 친구야.", "나는 너무 이기적이야.", "나는 관계를 제대로 이어 가지 못해."

위의 예시에서 보듯이 우리의 부정적인 판단은 극단적인 흑백논리로 흘러가기 쉽다. 그러나 흑백논리를 의심하고 자세히 들여다보면 상황과 우리 자신을 더 균형 잡힌 시선으로 바라볼 수 있다. 부정적인 판단을 반박하거나 다른 관점을 더해 주는 구체적인 증거들을 모아 목록으로 만들어 보자(이 증거는 우리가 벗어나려는 관계뿐 아니라 원하는 만큼 여러 다양한 관계에서 끌어와도 좋다).

예를 들어 '너무 이기적이다'라는 부정적인 이야기로 자신을 몰아가고 있다면 이렇게 반박할 수 있다. 사랑하는 사람들에게 기꺼이 시간과 감정적 에너지를 내주고, 음식과 자원을 나누며, 대화할 때 주의 깊게 듣고 호기심을 보이며 가족의 생일이나 명절마다 정성껏 선물을 준비하는 나의 모습을 떠올리는 것이다.

'너무 예민하다'라는 이야기를 자신에게 들려주고 있다면 이렇게 되짚어 볼 수 있다. 나는 평소 나를 존중하는 사람이 던진 농담은 기꺼이 받아들이고 관계에서의 불균형이 잠시뿐이라면 너그러이 감내한다고, 민감하게 반응하는 순간은 내가 부당하게 대우받는다고 느낄 때뿐이며, 그런 상황에 예민하다는 것은 오히려 건강한 태도라는 점도 떠올릴 수 있다.

이처럼 세세한 증거로 흑백논리에 맞서면 자신과 자신의 반응을 더 분명하고 정확하게 바라볼 수 있다.

이 관계가 내 빛을 가린다는 것을 기억하라

죄책감이 밀려올 때는 관계를 정리하겠다는 결심이 옳았음을 확인해 주는 여러 기억을 떠올려야 한다. 이 관계가 나를 아프게 하고, 작아지게 만들고, 빛을 흐리게 했다는 사실을 되새겨 보는 것이다. 이 관계에서 나의 어떤 부분이 감춰져야 했는가? 관계를 유지하기 위해 나는 무엇을 희생해야 했는가? 만약 이 관계를 끝내지 않고 계속 이어 갔다면 어땠을까? 1년, 5년, 10년이 지난 뒤에 어떤 결과가 쌓였을까?

맬은 일기에 첫 번째 질문의 답을 적었다. "이 관계에서 내 어떤 부분이 감춰져야만 했는가?" 맬은 이렇게 썼다.

나는 조디와의 관계에서 늘 작아지는 느낌을 받았다. 다른 친구들은 내가 재미있고 활발한 성격이라고 말하지만 조디 앞에서 나는 그림자처럼 위축되곤 했다. 내 이야기에 전혀 귀 기울이지 않는 조디를 보면서 나 자신이 재미없는 사람이라는 생각이 점점 커져 갔다. 세상과 사람, 인간관계에 대한 내 생각을 조디와는 하나도 나눌 수가 없었다. 우리의 대화에서 내가 차지하는 자리는 너무 작아서 나는 마치 목소리가 없는 사람처럼 느껴졌다. 내 지성과 유머 감각, 나아가 나 자신에게 의심마저 들기 시작했다. 결국 나는 그녀가 일방적으로 떠들어 대는 이야기를 들어 주는 귀에 불과했다.

맬은 제법 만족을 느끼면서 펜을 내려놓았다. 하지만 일기에 적은 답을 다시 읽어 보자 서글픔이 밀려왔다. 돌이켜 보니 이 우정이 그녀의 자존감에 얼마나 깊은 상처를 남겼는지가 분명해진 것이다. 맬은 확신했다. 무언가 바뀌어야만 했다. 그리고 이 관계를 지속하는 것은 선택지가 될 수 없었다.

그 관계에서 무엇을 배웠는지 떠올려라

모든 관계가 영원히 지속될 수 있는 것은 아니다. 어떤 관계는 우리를 성장시키기 위해 잠시 스쳐 가는 스승일 뿐이다. 관계를 스승으로 바라보면 그 관계의 의미와 목적, 쓰임새를 발견할 수 있다. 비록 끝난 관계라도 분명 우리 삶에서 중요한 역할을 한 것이다.

우리가 배운 교훈을 정리하려면 이런 질문을 던져 볼 수 있다. 이 관계가 진정한 행복과 만족을 위해 꼭 필요하다고 가르쳐 준 것은 무엇인가? 앞으로의 관계에서 어떤 경고 신호들을 유심히 살펴야 할까? 이 관계를 통해 깨달은, 이전에는 단순한 희망 사항이라고 여겼지만 사실은 꼭 충족되어야 할 요구는 무엇인가? 이 관계에서 소홀히 다뤘던 내 요구 중 앞으로의 관계에서 더 중요하게 다루고 싶은 것은 무엇인가?

때론 비워야만 채울 수도 있다

결국 관계를 정리한다는 것은 더 이상 맞지 않는 인연을 끊는 것만을 의미하지 않는다. 새로운 건강한 관계가 들어올 수 있도록 공간을 마련하는 일이기도 하다. 불행한 관계에 머물러 있으면 원망이 쌓이고 마음이 어지러워지며 자기 비난에 시달리게 된다.

그러나 해로운 관계를 내려놓으면 마음이 한결 평온해지고 나아가 서로 지지해 주는 관계를 찾을 여유가 커진다. 그 과정에서 우리는 우리 자신에게 행동으로 증명한다. 우리는 존중과 균형이 살아 있는 관계를 누릴 자격이 있으며 이제는 그보다 못한 관계로 만족하지 않겠다는 것을.

제17장

모든 이별과 변화에는
골짜기가 있다

"있는 그대로의 나로 살아가면 많은 사람으로부터 배척당한다. 그러나 타인이 원하는 대로 따르다 보면 자기 자신으로부터 배척당한다. 이는 견디기 힘든 갈등이지만 감내해야만 하는 일이다. 그러나 무엇을 선택할지는 분명하다."

_클라리사 에스테스Clarissa Estés,《늑대와 함께 달리는 여인들》

피플 플리징의 패턴을 끊어 내면 우리의 관점과 행동이 달라지고 그 변화는 결국 관계와 직장, 공동체에도 변화를 일으킨다. 그 과정에서 우리는 이별이나 이혼을 경험할 수도 있고 오랜 우정이나 공동체를 떠날 수도 있다. 때로는 진로가 바뀌고 신앙을 내려놓으며 오래 붙들고 있던 신념을 내려놓아야 할 때도 있다. 어떤 끝맺음은 스스로 선택한 것이지만 또 어떤 끝맺음은 우리의 의지와 상관없이 찾아온다. 그러나 어느 쪽이든 우리를 혼란과 깊은 슬픔 속에 빠뜨리고 버팀목 없는 채 떠돌게 만든다.

하지만 피플 플리징에서 벗어나려는 이들에게 이런 끝맺음과 전환은 뜻밖의 선물이 되기도 한다. 남이 아닌 자신을 우선으로 두면서 단단한 자존감을 토대로 새로운 관계를 쌓아 갈 기회가 열리기 때문이다.

이번 장에서는 오래된 관계를 끝내며 마주하게 되는 다양한 형태의 슬픔을 살펴볼 것이다. 또한 더 건강한 관계를 바라며 이전보다 높아진 기준을 세우고, 그 기준에 부합하는 사람들이 삶에 들어오기까지 이어지는 고독의 시간을 어떻게 자연스러운 과정으로 받아들일 수 있는지도 함께 다룬다. 마지막으로 관계의 끝맺음과 전환이 불러오는 어려움에 현명하게 대처할 수 있는 구체적인 도구들을 소개할 것이다.

관계의 끝, 전환의 시작

미나와 그녀의 남편 개빈은 결혼한 지 18년이 되었다. 처음 만났을 때 미나는 개빈의 카리스마와 의욕 넘치는 모습에 끌렸고 개빈은 미나의 다정함과 따뜻한 배려심에 매료되었다. 두 사람은 함께 보낼 미래를 꿈꾸며 밤마다 긴 이야기를 나누곤 했다. 어디로 여행을 갈지, 어떤 곳에서 어떤 보금자리를 함께 만들어 갈지….

18년이 흐른 지금은 많은 것이 달라졌다. 그들에게는 열일곱 살 크리스토퍼와 열네 살 일라이자가 있다. 크리스토퍼가 태어난 지 얼마 지나지 않아 미나와 개빈의 관계에는 문제가 싹트기 시작했다. 아이들이 생기자 미나는 불안이 커졌다. 연약한 두 존재가 오롯이 자신에게 의존하고 있다는 사실이 그녀를 두렵게 했다. 하지만 미나가 개빈에게 불안한 마음을 털어놓으며 지지와 위로를 구하려 할 때마다 그는 마음의 문을 닫곤 했다. 자신도 스트레스가 많고 아이를 키우는 일이 생각했던 것보다 훨씬 버겁다면서 말이다.

세월이 흐르면서 두 사람 사이에는 원망의 씨앗이 점점 더 깊게 뿌리내렸다. 6년 전 개빈은 아버지가 세상을 떠나자 깊은 우울감에 빠졌고 그 늪에서 끝내 빠져나오지 못했다. 이미 서로 꽤 멀어진 상태에서 그는 더 무뚝뚝하고 완고해졌다. 게다가 술도 예전보다 더 많이 마시기 시작했고 늘 취한 상태로 지냈다.

처음에 미나는 그의 슬픔을 위로하려 애썼다. 그가 좋아하는 음식을 해주고 등을 주물러 주고 마음 상태가 어떤지 살폈다. 그러다 보면 하루이틀은 다시 예전처럼 가까워진 듯했다. 그럴 때 개빈은 어둠 속에서 잠시 빠져나와 미나와 함께 웃으며 편안한 하루를 보냈다. 하지만 곧 그는 다시 술병을 집어 들고 자기 안으로 숨어 버렸다. 미나가 치료를 받아 보는 게 어떻겠냐고 제안하면 그는 방을 나가 몇 시간 동안 입을 꾹 다물었다.

지난 6년 동안 미나는 그녀를 잠식해 버린 외로움과 씁쓸함을 들여다보려 하지 않았다. 개빈과 함께했던 초기의 기억을 떠올릴 때마다 너무 가슴이 아팠기 때문이다. 미나는 수없이 그에게 부탁했다. 아이들에게 관심을 가져 달라고, 술을 줄여 달라고, 자신에게 조금이라도 애정을 보여 달라고. 그럴 때마다 개빈은 발끈하며 그녀의 말을 완전히 무시하거나 하루이틀 애쓰는 척하다가 원래대로 돌아가곤 했다. 처음에 미나는 이런 작은 희망에 매달렸다. '그이가 드디어 내 말을 들어 주는구나!' 그러나 번번이 허사로 돌아가자 그가 절대로 변하지 않을 거라는 아픈 현실을 조금씩 받아들이기 시작했다.

개빈의 음주 문제가 점점 심각해지면서 미나는 이 결혼 생활이 자신과 아이들에게 더 이상 건강한 환경이 아니라는 사실을 직시하게 되었다. 수개월 동안 밤잠을 설친 끝에 미나는 마침내 용기를 내어 개빈에게 이혼하고 싶다고 털어놓았다. 그 대화는 예상보다 훨씬 더 힘들었다. 그녀는 몇 달 만에 그의 얼굴에 진심 어린 감정이 스치는 것을 봤다. 하지만 그는 그녀에게 떠나지 말라고 애원하지도, 다시 한번 노력해 보자고 말하지도 않았다. 그저 조용히 그녀의 말을 다 들은 뒤 아무 말 없이 방을 나가 버렸다.

그 후 감당하기 힘든 슬픔 속에서 미나는 각종 절차를 밟고 여러 가지 일을 정리했다. 4개월의 시간이 빠르게 지나갔다. 개빈은 집을 나갔고, 미나는 변호사를 선임해 아이들과 이야기를 나누었으며 가족과 친구들에게도 이혼 소식을 전했다. 옳은 선택이었지만 그 사실이 이 과정의 고통을 덜어 주지는 못했다.

세상에 슬프지 않은 이별은 없다

보통 우리는 슬픔을 죽음과만 연결 짓지만 사실 슬픔은 어떤 상실이나 끝맺음에도 찾아올 수 있다. 이혼, 소원해진 관계, 직장이나 공동체를 떠나는 것, 종교를 버리는 것, 우정을 끝내는 것 등 다양하다. 심지어

나에게 해롭다는 것을 알고 끝낸 관계일지라도 상실감과 자부심, 슬픔과 단호함, 절망과 안도감이 뒤섞인 낯선 감정을 느낄 수 있다. 어느 날은 자신의 선택이 만족스럽게 느껴지다가도, 어느 날은 추억이 밀려와 허전해질 수 있다.

이럴 때는 어느 한 감정에만 얽매이지 말고 이 뒤섞인 감정들이 자연스러운 것임을 받아들이자. 그리고 그 모든 감정을 지나는 동안 자신을 부드럽게 다독여 주어야 한다.

만약 타인의 비판 때문에 힘들다면

어떤 관계나 공동체를 떠나는 용기 있는 선택을 할 때 타인의 부정적인 반응은 우리의 슬픔을 더 커지게 할 수 있다. 이때 우리가 마주할 수 있는 상황들은 다음과 같다.

첫째, 경계를 세운 사람이 문제의 당사자로 몰린다. 가족의 중독, 배우자의 학대, 공동체의 해로운 패턴에 경계를 세우면 우리가 되레 원흉처럼 인식되고 희생양이 될 수 있다. 이렇게 건강하지 못한 관계를 정면으로 마주하는 순간 그 왜곡된 모습이 드러난다. 그럼에도 다른 구성원들은 이를 직시할 준비가 되어 있지 않거나 받아들이려 하지 않을 수 있다. 그럴 때 그들은 불편한 감정을 우리에게 떠넘기며 괜히 분란을 일으켰다고 비난하기도 한다.

둘째, 가까운 사람들이 나의 경계를 지지하지 않아 상처받기도 한다. 어떤 관계나 공동체를 떠나기로 하는 결정은 지극히 개인적인 것이다. 수없이 잠 못 이루는 밤을 보내고, 믿을 만한 사람들에게 속마음을 털어놓고 눈물 섞인 대화를 나누며, 도저히 맞춰지지 않는 것을 억지로 맞춰 보려는 절박한 시도 끝에 내리는 선택이기 때문이다. 그렇기에 믿었던 가족이나 친구 같은 가까운 사람들이 우리가 세운 경계를 지지하지 않을 때 그 상처는 더 아프게 다가온다.

상처 주는 부모와 거리를 두려 하면 "과민 반응이야."라는 말을 들을 수 있고, 만족스럽지 않은 결혼을 끝내면 "최선을 다하지 않았네."라는 비난이 돌아올 수 있다. 이런 비난은 멈추지 않고 떨어지는 물방울처럼 자기 의심으로 이어진다. '혹시 그 사람 말이 옳은 걸까? 내가 과민하게 반응한 건 아닐까? 나는 나쁜 사람인가? 큰 실수를 저지른 건 아닐까?'

이럴 때일수록 중요한 것은 그들이 내가 겪은 이 관계를 그대로 경험하지 않았다는 사실을 기억하는 것이다. 남들은 인스타그램에 올린 사진이나 모임 자리에서의 환한 웃음 같은 겉모습만을 볼 뿐이다. 그러나 남들이 보지 못하는 곳에서 그 관계가 내 자존감과 정신 건강에 어떤 영향을 끼쳤는지는 오직 나만이 안다.

슬픔이라는 불 속에서 살아남기

평생 애도를 피하려고만 한다면 우리는 끝내 자신을 해치는 관계와 공동체, 환경에 갇힌다. 그러니 고통스럽더라도 치유되려면 슬픔의 불길이라는 통과의례를 거쳐야 한다. 이는 삶의 다음 장으로 용기 있게 발을 내디디는 과정이기도 하다. 다음의 도구들은 애도의 시간을 지나는 동안 우리에게 어느 정도나마 위안이 되어 줄 것이다.

하루씩 버텨라

깊고 검은 슬픔의 바닷속에 잠겨 있을 때 우리는 이 고통을 빨리 없애 줄 해답을 찾고 싶어진다. 끝도 없이 글을 읽고 자기계발서를 뒤지고 팟캐스트를 들으며 어떻게든 이 감정을 빨리 없애 버리고 싶어 한다. 하지만 슬픔에는 즉각적인 해결책이 없다. 고통을 없앨 방법을 더 열심히 찾아야 한다는 생각은 내려놓아도 된다. 해야 할 유일한 과제는 슬픔을 느끼는 것뿐이다. 감당하기 벅찰 만큼 아프게 다가올 때는 12단계 회복 프로그램에서 전하는 말처럼 이렇게 기억하면 된다. '한 번에 하루씩 버티면 된다.' 그 하루조차 버겁다면 한 번에 한 시간, 아니 단 1분이라도 견디면 된다.

개빈이 집을 나간 뒤 미나는 아이들이 학교에 간 사이 집을 정리했다. 침실에 들어가자 그의 옷장이 반쯤 비어 있고 침대 옆 탁자도 텅 비어 있는 게 보였다. 순간 현실감이 미나의 가슴을 세게 강타했다. '정말 끝났구나.' 미나는 몰려드는 슬픔에 무릎을 꿇었다. 원치 않아도 기억이 밀려들었다. 모든 것이 가능해 보였던 개빈과의 연애 시절, 드물지만 행복했던 날들, 아이들과 함께 부엌 식탁에 둘러앉아 웃음을 나누던 순간들.

그녀는 흐느끼며 슬픔이 온몸을 휘감도록 내버려 두었다. '앞으로 어떻게 견디지? 이 아픔은 도대체 언제 사라질까?'

앞으로 이어질 막막한 시간이 떠올라 마음이 요동치려 할 때마다 미나는 하루씩만 살아 내자고 스스로 다독였다. 오늘 해야 할 일은 집을 정리하고, 일라이자를 소프트볼 연습장에서 데려오고, 저녁을 차리고, 오늘 밤 기분이 나아질 만한 무언가를 하는 것이다. 따뜻한 목욕을 하든, 아무 생각 없이 TV를 보든, 친구에게 전화를 걸어 실컷 울어 버리든…. 미나는 깊게 숨을 들이쉬었다. 오직 오늘에만 집중하자고 생각하자 슬픔이 조금 덜 버거운 것 같았다.

얻은 것을 기억하라

슬픔에 휩싸여 있으면 오로지 잃어버린 것들로 주의가 쏠리기 때문에 이 변화를 통해 우리가 얻은 것이 있다는 사실을 잊기 쉽다. 가장 소중한 나 자신을 되찾았다는 것 말이다.

자기 자신에게 질문을 던져 보자. 이 선택을 통해 나는 무엇을 얻었는가? 내 삶을 스스로 결정할 수 있다는 주체성? 더 깊어진 자존감과 자기 신뢰? 몸과 마음의 건강? 더 건강하고 균형 잡힌 관계를 맺을 가능성?

미나는 개빈과의 좋은 기억이 떠올라 회상에 잠길 때마다 이렇게 물었다. '나는 이 선택을 통해 무엇을 얻었지?' 그녀는 지난 몇 년간의 결혼 생활이 얼마나 공허했는지 떠올렸다. 개빈과의 관계는 끊임없는 고통과 스트레스의 원인이었다. 그녀의 하루 대부분은 개빈이 술을 얼마나 마셨는지, 집안일에 얼마나 손 놓고 있었는지, 아이들에게 말할 때 얼마나 화를 냈는지를 걱정하는 데 쓰였다. 지금 그녀는 그의 부재에 분명 슬픔을 느끼지만 그 아래에는 낯선 평화가 깔려 있음을 깨달았다. 더 이상 그의 행동이나 결정에 신경 쓸 필요가 없었다. 이제 그녀가 생각해야 할 것은 오직 자신과 아이들뿐이었다.

미나는 한동안 자신이 매력 없는 사람처럼 느껴지기도 했다. 개빈의 냉담함과 무관심에 그 원인이 자신에게 있는 건 아닐까 하는 생각을 떨칠 수 없었다. 수년 동안 그녀는 마음속으로 이렇게 되뇌곤 했다. '내가 더 예뻤더라면 그의 관심을 붙잡을 수 있었을 텐데. 내가 더 흥미로운 사람이었다면 그가 내 말에 귀 기울였을 텐데…' 이런 부정적인 생각들이 끊임없이 머릿속을 맴돌았다.

이제 미나는 냉담하고 무관심하고 한쪽으로 치우친 관계를 끝내기로 한 것이야말로 자신을 존중하는 강력한 선택이었음을 깨달았다. 물론 아프고 힘들었다. 그러나 동시에 묘하게 힘이 솟았다. 그녀를 힘들고 아프게 했던 결혼 생활에서 벗어남으로써 그녀는 스스로 이렇게 증명한 것이다. '그래, 나는 더 나은 대우를 받을 자격이 있어.' 연애를 다시 시작하기엔 너무 이르지만 개빈을 떠남으로써 진정한 사랑을 만날 가능성이 열렸다는 걸 그녀는 깨달았다.

애도 의식을 하라

치유의 과정에서 슬픔이 밀려올 때 작은 의식을 통해 상실의 의미를 기릴 수 있다. 애도 의식은 슬픔을 자연스러운 과정으로 받아들이고 체계적으로 다루며 애도의 과정을 잘 거치도록 돕는다.[1] 실제로 연구에 따르면 이런 의식은 슬픔의 강도를 줄여 주는 효과가 있다.

상실을 기리는 방법에는 여러 가지가 있다. 끝난 것을 기리는 마음으로 촛불을 밝히거나, 놓아주려는 마음을 종이에 적어 불 속에 던지거나, 상실을 상징하는 사진들을 한곳에 모으거나, 관계에서 특별한 의미가 있었던 장소를 다시 찾아가거나, 끝나가는 인생의 이 장을 위한 추도사를 쓰거나, 명상이나 기도로 침묵의 시간을 보내는 것이다.

오르내리는 슬픔을 기록하라

밀물과 썰물처럼 슬픔도 밀려왔다가 물러나기를 반복한다. 아침에 커피를 마시며 울음을 터뜨리다가도 점심 무렵에는 발걸음이 가벼워질 수 있다. 저녁에는 다시 침울해지지만 한 시간 뒤에는 좋아하는 코미디 영화를 보며 웃고 있을지도 모른다. 이런 기복은 우리가 슬픔 속에서도 다른 감정, 더 나은 상태를 느낄 수 있다는 사실을 알려 준다.

감정의 오르내림을 음미하라. 마음이 한결 가벼워진 감각, 시야가 좀 더 트인 것 같은 느낌, 미래를 긍정적으로 바라볼 수 있는 여유를 알아차려라. 미래의 자신에게 짧은 편지를 쓰거나 짧은 영상을 남기는 것도 좋다. 그리고 이렇게 밝아진 순간이 분명 있었다는 사실을 기억하고 싶을 때 꺼내 보라.

어느 날 미나는 아들 크리스토퍼와 함께 일라이자를 소프트볼 연습장에서 데려왔다. 따스한 5월 저녁이었고 그해 처음으로 들판 위에 반딧불이들이 반짝였다. 집에 돌아가는 길에 일라이자가 아이스크림을 먹고 가자고 했다. 개빈이 집을 나간 후 줄곧 돈을 아껴 쓰고 있었지만 미나는 문득 이런 생각이 들었다. '그래, 어때. 지금 우리 모두에게 꼭 필요한 거야.'

아이스크림 가게 앞에서 줄 서 있을 때 일라이자가 기분이 좋은 듯 발끝으로 폴짝거리며 연습 때 홈런을 친 이야기를 들려주었다. 미나는 미소를 지은 채 딸의 이야기를 들으면서 해가 저무는 분홍빛 하늘을 바라봤다. 문득 그녀는 지금 자신이 진심으로 행복하다는 사실을 깨닫고 놀랐다. 아이들을 꼭 끌어안자 아이들은 엄마의 공개적인 애정 표현에 민망해하며 투덜거렸다. 일라이자가 찡그리며 "아, 엄마, 하지 마. 여기 우리 학교 애들도 있단 말이야."라고 말했다. 미나는 아랑곳하지 않고 웃기만 했다.

그날 저녁 미나는 하루를 기록했다. 세세한 부분까지 기억을 빠짐없이 적어 내려갔다. 분홍빛 하늘, 딸의 환한 얼굴, 아들의 어색한 미소, 반딧불이들까지. 미나는 이렇게 일기를 끝맺었다. "앞으로도 힘든 날들이 있겠지…. 하지만 다음번에 슬픔이 밀려오면 이런 행복도 가능하다는 걸 기억하자." 그녀는 일기를 덮으며 다시 힘을 얻고 싶을 때마다 오늘 적은 내용을 다시 읽어 보겠다고 다짐했다.

끝맺음을 새롭게 바라보기

우리의 삶에서 가장 소중한 것들은 대게 어떤 끝맺음 뒤에 찾아온다. 지금 당신이 자랑스럽게 여기거나 기쁘게 느끼는 무언가를 떠올려 보라. 그리고 이렇게 되기까지 얼마나 많은 이야기가 마무리되어야 했는지 생각해 보라.

어쩌면 평생의 사랑을 만나기 위해서는 먼저 고통스러운 이별을 겪어야 했을지도 모른다. 예전 직장에서 해고당했기에 지금의 더 보람 있는 일을 발견할 수 있었을지도 모른다. 혹은 오래된 인간관계를 정리한 덕분에 비로소 자신과 진정으로 잘 맞는 친구들을 만날 수 있었을지도 모른다. 당시에는 이런 끝이 도저히 견딜 수 없는 고통이었을 것이다. 그러나 돌이켜 보면 지금 이 자리에 이르기 위해 반드시 거쳐야 했던 과정이다.

피플 플리징 패턴에서 벗어나며 겪는 상실 역시 고통스럽지만 반드시 지나야 하는 이정표와 같다. 끝과 새로운 시작 사이의 틈에 대해 자주 글을 쓰는 홀리 휘태커는 이렇게 말했다.[2] "어느 순간 우리는 깨닫게 된다. 잘못된 선택, 실수, 후퇴, 정체기라 여겼던 것들이 사실은 길에서 벗어난 것이 아니라 그 길의 불가결한 일부였음을, 때로는 그 길에서 가장 중요한 부분이었음을. 하지만 정작 그 상황 속에 파묻혀 있을 때는 결코 그렇게 느껴지지 않는다. 우리는 놀라운 변화로 이어지는 지옥 같은 불길 속에서 '이건 당연히 일어나야 하는 일이야'라고 생각하지 않는다. 그런 생각은 오직 기쁘고 바라던 일들에 대해서만 하게 된다."

그렇다면 지금 겪고 있는 이 변화와 그에 따른 슬픔도 사실은 반드시 일어나야 하는 과정이 아닐까? 지금 느끼는 이 불편함과 불안함은 자연스럽게 겪어야 할 감정이 아닐까?

비우고 채우기까지, 골짜기의 시간

우리가 사람들과의 관계에 더 건강한 기준을 세우기 시작하면 그 순간부터 그 기준에 맞는 사람들로 삶이 채워지기까지 잠시 공백의 시간이 찾아온다. 나는 이 과도기를 '골짜기'라고 부른다. 골짜기는 과거와 미래, 옛 자아와 새 자아, 익숙한 것과 불확실한 것 사이에 놓인 전환의 공간이다. 우리는 변화하는 과정에서 이 골짜기에 들어서게 된다.

- 예전에는 그 '사람들'과 연결되어 있었는데 이제는 혼자다.

- 예전에는 그 '집단'의 일원이었는데 이제는 내가 속할 곳이 어딘지 모르겠다.
- 예전에는 그 '일'을 했지만 이제는 내 길이 무엇인지 모르겠다.
- 예전에는 그런 '믿음'이 있었는데 이제는 무엇을 믿는지 모르겠다.

골짜기에 머무를 때 가장 힘든 점 중 하나는 이전의 관계는 끝났지만 새로운 관계는 아직 없는 상태에서 밀려오는 외로움이다. 우리는 오랫동안 타인을 돕고 기쁘게 하고 인정받는 데서 우리의 정체성을 확인했기에 이런 단절의 시기에는 어색하고 불완전하며 목적을 잃은 듯한 공허함을 느끼기 쉽다. 마지 낯선 사람과 이색한 첫 데이트를 하는 듯한 기분이 들 수 있는데, 어떤 의미에서는 실제로 그렇다. 그 낯선 사람은 바로 오랫동안 외면해 왔던 나 자신이기 때문이다.

깊은 외로움 속에서 우리는 자신을 지키기로 한 결심을 의심할 수도 있다. 사람들과의 관계에서 상호성, 존중, 친절을 요구하는 자신이 너무 까다롭게 보일지도 모른다(그렇지 않다). '그냥 더 낮은 기준에 만족했어야 했을까?'라는 생각이 스칠 수도 있다(절대 안 될 일이다!).

스스로 세운 기준을 저버린다면 계속 실망만 주는 관계에 머물 수밖에 없다. 지금 느끼는 외로움은 사람들과의 관계에서 기쁨과 상호성을 경험하기 위해 반드시 거쳐야 하는 전제 조건이다. 피플 플리징의 패턴에서 벗어나면 누군가 보여 주는 작은 관심에 무턱대고 관계를 시작하는 일은 더 이상 없다. 인정받고 싶다는 갈증 때문에 자잘한 관심에 매달리지 않는다. 이제는 우리를 충분히 채워 줄 풍요로운 관계를 기다린다.

새로운 것도, 변화도 없었다

개빈이 집을 나간 지 여섯 달이 지났다. 가장 거센 슬픔의 파도는 지나갔지만 여전히 미나의 마음은 정처 없이 이리저리 떠도는 듯하고 외로웠다. 자신이 있어야 할 곳이 어디인지, 누구와 함께해야 할지 알 수 없었다.

미나와 개빈은 아이들 문제로 연락을 주고받지만 대화에서는 서로 예의를 차리며 일정한 거리를 유지했다. 미나는 개빈의 누나나 어머니와도 가까웠지만 별거 이후 그들과의 관계 역시 멀어졌다. 그들은 미나가 조금만 더 노력했더라면 부부 사이가 이렇게까지는 되지 않았을 거라고 생각했다.

우정도 흔들리고 있었다. 결혼 생활 동안 어울렸던 친구들 대부분이 부부였기에 그들 또한 어느 한쪽의 편을 들어야 한다는 부담을 느끼는 것 같았다. 미나는 삶의 거의 모든 면이 변화하고 있다고 느꼈다. 새로운 삶이 시작되기만을 기다리고 있는 듯한 기분을 떨칠 수 없지만 지금 그녀가 손에 쥔 것은 과거의 흔적들뿐이다.

골짜기의 시간을 활용하는 법

우리는 하루빨리 이 낯설고 외로운 골짜기에서 벗어나기를 바라지만 이 시간 속에는 다른 어디에서도 얻을 수 없는 중요한 선물이 숨어 있다. 오직 이곳에서만 흐려지지 않은 눈으로 새로운 가능성을 볼 수 있다. 오직 이곳에서만 우리는 예전에는 감히 하지 못했던 일, 자신을 주저함

없이 최우선에 두는 일을 할 수 있다. 이 시간을 가장 잘 활용할 수 있
도록 돕는 네 가지 도구를 소개한다.

이 시간에 목적을 부여하라

제15장에서 살펴봤듯이 우리가 힘든 감정을 어떻게 해석하느냐에 따
라 그 감정을 얼마나 강하게 느끼는지가 달라진다. 골짜기에서 겪는 불
편함이나 외로움을 '잘못된 것'이나 '영원히 혼자가 될 거라는 징후'로
여긴다면 불필요하게 자신을 더 아프게 만들 뿐이다.

그러나 이 시간을 다르게 바라볼 수도 있다. 오랜 자기 방치를 끝내
고 자신과의 관계를 깊게 나질 기회로, 새로운 취미나 열정 속에서 의
미를 발견할 기회로 삼을 수 있다. 신체적 건강과 정신적 안정, 창조적
활동을 최우선에 두는 시간으로 만들 수도 있고, 홀로 있는 시간을 통
해 의도적으로 영적인 삶을 탐구하라는 초대장으로 받아들일 수도 있
다. 결국 계곡은 타인과 단절된 시간이 아니라 자기 자신과 다시 연결되
는 시간으로 이해할 수 있다.

미나의 지난 17년은 개빈과 아이들을 돌보는 데 집중된 시간이었다.
이제 그녀는 골짜기에서의 시간을 통해 자기 자신과 마주하면서 그동안
잃어버렸던 자신감을 다시 채우고 싶다고 생각했다. 오랫동안 자신의
필요와 바람을 우선순위에 두지 않고 살아왔기에 이런 생각을 하는 것
만으로도 미소가 번졌다.

결혼 생활 내내 해보고 싶었지만 시간을 내지 못해 아쉬웠던 일들
이 많았다. 일라이자가 아기였을 때 사 놓은 피아노는 거실 한쪽에 놓
인 채 한 번도 손길을 받지 못했고, 지난해 어머니의 날에 선물로 받은

마사지 이용권은 아직도 지갑 속에 그대로 남아 있었다. 대학 친구들이 몇 번이고 만나자고 연락을 해왔지만 시간을 한 번도 내지 못했다.

'이제 나를 위한 시간을 쓰자.' 미나는 일정을 확인하고 마사지 이용권을 쓸 날을 골랐다. 그리고 대학 친구에게 문자를 보내기 위해 휴대전화를 집어 들었다.

배운 것을 점검하라

골짜기에서 보내는 시간은 우리가 뒤로한 관계를 날카롭고 분별력 있는 눈으로 되돌아보게 한다. 무엇이 효과적이었고, 무엇이 그렇지 않았는지, 그 경험에서 무엇을 배웠는지를 점검하기에 더없이 좋은 시간이다. 예전에는 당연하다고 여겼던 행동들이 이제는 도저히 받아들일 수 없는 것으로 보일 수 있다. 진리처럼 믿었던 생각들이 허약하고 실체가 없는 것처럼 느껴질 수도 있다. 타인의 편안함을 위해 자신을 억눌러왔음을 처음 깨달으면서 과거의 패턴들에 깜짝 놀라기도 한다.

이런 통찰은 골짜기에서 얻는 새로운 시각 없이는 불가능하다. 여기서 우리는 우리 자신에게 물어볼 수 있다. 그때는 당연하게 받아들였지만 지금은 용납할 수 없거나 건강하지 않다고 여겨지는 것들은 무엇인가? 관계를 유지하기 위해 나는 어떤 식으로 자신을 억누르고 희생했는가? 그 경험은 어떻게 내가 자유롭게 자신을 표현하지 못하게 했는가? 그 경험은 앞으로 맺을 관계에서 내가 무엇을 필요로 하는지에 대해 어떤 깨달음을 주었는가? 지금까지 배운 것을 바탕으로 앞으로 새로운 관계를 맺을 때 자신을 희생하는 태도를 어떻게 경계해야 하는가?"

새로운 경계와 기준을 세워라

골짜기에서 우리는 새로운 기준선을 세울 수 있다. 과거의 압박에서 벗어난 지금, 더 이상 타인의 부정적인 반응을 두려워하지 않고 경계를 정할 수 있다. 고독의 한 가지 장점은 우리가 백지상태로 있을 수 있다는 것이다. 지금 우리는 원하는 조건에 맞춰 삶을 새롭게 설계할 기회를 얻은 셈이다.

새로운 경계를 정할 때 스스로 물어보자. 이전에는 어떻게 자신을 지나치게 희생했는가? 그때 소홀히 했던 삶의 어떤 부분을 이제는 더 이상 외면하고 싶지 않은가? 과거에는 받아들였지만 앞으로 거절하고 싶은 것은 무엇인가? 나의 새로운 기준선은 무엇인가? 앞으로 절대 용납할 수 없는 행동이나 패턴은 무엇인가?

미나는 골짜기에서 몇 달을 보낸 뒤 자신이 다시 데이트를 시작할 준비가 되었다고 느꼈다. 설레면서도 두려웠다. 새로운 사람을 만나고 싶지만 결혼 생활이 너무 고통스러웠던 탓에 과거의 패턴을 되풀이할까 봐 두려웠다. 미나는 새로운 연인에게 바라는 경계와 기준선을 일기에 적어 내려갔다. "술을 지나치게 마시지 않을 것. 말과 행동으로 애정을 아낌없이 표현할 것. 자신의 정신 건강을 적극적으로 돌볼 것. 그리고 내 감정이든 상대의 감정이든 감정에 관한 대화를 피하지 않을 것."

그리고 미나는 다시는 반복하고 싶지 않은, 자신을 지나치게 희생했던 일들을 떠올렸다. "앞으로의 관계에서는 데이트나 함께할 시간을 조율하는 일을 나 혼자만 떠맡지 않을 것이다. 나는 균형 잡힌 상호적인 관계가 필요하다. 집안일과 육아 역시 혼자 떠맡지 않을 것이다. 반드시 함께 나눠야 한다. 다른 사람들 앞에서 상대가 무례하거나 공격적으로 행동하더라도 내가 대신 사과하지 않을 것이다. 성인이라면 자기 행동의 결과에 스스로 책임져야 하기 때문이다. 다툼이 있을 때마다 나 혼자만 화해하려 애쓰지도 않을 것이다. 나는 갈등이 생겼을 때 함께 회복을 위해 노력할 수 있는 파트너가 필요하다.”

이 답들을 되짚어 보며 미나는 처음으로 자신이 자기 편이 되어 준데에 든든한 안도감을 느꼈다.

나에게 다정하라

골짜기에서 얻는 배움이 아무리 크다고 해도 골짜기가 결코 편안한 공간은 아니다. 불확실성이 몸과 마음을 지치게 만들 수 있으므로 그 시간을 지날 때는 자신을 다정하게 대하는 것이 무엇보다 중요하다.

골짜기에서 보내는 시간은 저절로 내적 변화를 불러오므로 늘 의식적으로 변화를 위한 작업에 매진할 필요는 없다. 사실 배려와 다정함으로 자신을 돌보게 된 것만 해도 예전과 완전히 달라진 모습이기에 다정함 자체가 곧 내적 변화일지도 모른다. 골짜기에 머무는 동안에는 자신에게 걸었던 기대를 조금 내려놓아도 좋다. 충분히 쉬고, 자연 속에서 시간을 보내고, 사랑하는 이들이 건네는 보살핌과 지지를 마음껏 느끼자.

데이트를 시작한 지 몇 주가 지난 금요일 저녁, 두 아이가 모두 밖에 나가고 집에 홀로 있던 미나는 고요함 속에서 알 수 없는 불안을 느꼈다. 그녀는 자신이 새로 쌓아 가고 있는 삶이 자랑스러웠다. 좋은 예감이 드는 만남이 몇 번 있었고, 옛 친구 두어 명과 다시 연락이 닿았으며, 피아노를 치며 많은 시간을 보내기도 했다. 하지만 그래도 가끔 버겁게 느껴질 때가 있었다. 그녀는 이 밤을 어떻게 보낼지 곰곰이 생각했다. 자기계발서를 읽을까 잠시 고민했지만 솔직히 이제는 자신을 끝없는 개선 프로젝트처럼 대하는 데 지쳐 있었다. 사실 그녀는 그냥 피곤했다. 고요함 속에서 미나는 중얼거렸다.

"힘들다." 그녀의 목소리가 텅 빈 부엌에 메아리쳤다. 용기가 솟은 듯 그녀는 다시 외쳤다. "아, 진짜 힘들다!"

자신이 힘들다는 사실을 인정한 순간, 이상하게도 위로받은 기분이 들었다. 미나는 생각했다. '오늘 저녁에 내가 할 일은 오직 나 자신을 돌보는 것뿐이야.' 그녀는 멀리 다른 주에 사는 친구 리즈에게 전화를 걸었다. 신호음이 울리자마자 리즈가 전화를 받았다.

"안녕." 미나는 곧바로 말을 건넸다. "나 최악의 금요일 저녁을 보내고 있어. 기분이 엉망이야. 나랑 와인 마시면서 〈더 배철러〉The Bachelor(미국 ABC의 연애 리얼리티 프로그램 ― 옮긴이) 얘기나 할래?"

리즈는 웃으며 좋다고 했다. 한 시간 뒤 미나는 파자마 차림에 슬리퍼를 신고 와인 잔을 손에 든 채 리즈의 말에 깔깔 웃고 있었다. 미나는 영원히 골짜기에 머무르지 않을 것이다. 이렇게 가볍게 웃고 떠드는 시간만으로도 앞으로 나아갈 힘을 얻을 수 있기 때문이다.

건강한 토대 위에서 맞이하는 새로운 시작

새로운 시작에 마음을 열었다면 기회가 언제나 요란하게 찾아오는 것은 아니라는 사실을 기억해야 한다. 때로는 전혀 뜻밖의 방식으로 우리 앞에 나타나기도 한다. 《내 삶에 변화가 찾아올 때》Transitions의 저자 윌

리엄 브리지스 William Bridges 는 이렇게 말했다.[3]

> 과거에 있었던 중요한 시작들을 떠올려 보라. 몇 년 만에 우연히 마주친 옛 친구가 막 그날 아침에 자리가 났다는 자기 회사의 일자리를 알려 준다. 별로 가고 싶지 않아 빠지려던 파티에서 미래의 배우자를 만난다. 홍역을 앓으며 회복하는 동안 기타를 배우고, 스페인어 수업은 아침 8시라 일찍 일어나는 게 싫어서 대신 프랑스어를 공부하게 된다…. 이 모든 경험이 알려 주는 교훈은 우리가 새로운 시작을 위한 준비가 되었을 때 기회가 찾아온다는 것이다.

새로운 우정, 연애, 직업, 공동체, 신념은 우리의 삶에 조용히 그리고 불쑥 다가올 수 있다. 우연한 만남에서, 동네 게시판에 붙은 전단지에서, 낯선 이의 미소에서 그 모습을 드러낼 수도 있다. 힘들게 쌓은 자신감과 자기 신뢰, 자기 존중의 토대 위에 새로운 관계를 단단히 쌓아 올리는 일만큼 보람 있는 것도 없다.

때론 성숙한 어른처럼, 때론 어린아이처럼 나를 풍요롭게 하라

STOP PEOPLE PLEASING

제18장

나 없는 우리는 없다

제4부에서는 자기 자신보다 타인을 우선하는 패턴에서 벗어날 때 우리의 삶이 얼마나 풍성해질 수 있는지를 살펴본다. 이 패턴을 끊어 낼 때 얻는 가장 큰 선물은 마침내 타인과 진정으로 친밀한 관계를 맺을 수 있게 된다는 점이다. 그전에 우리는 늘 가면 뒤에 숨어 살았다. 사람들이 진짜 나를 알 기회조차 주지 않았다. 사랑과 행복, 소속감을 얻으리라는 기대 속에서 내 의견을 억누르고, 갈등을 피하고, 요구를 외면했다. 하지만 그 결과 우리는 오히려 친밀함으로부터 멀어졌다. 사람들이 우리의 가면을 아무리 좋아해 주어도 진짜 나는 드러나지 않았고 이해받지 못한다는 느낌이 언제나 따라다녔다.

'친밀함'intimacy이라는 단어는 '가장 안쪽'을 뜻하는 라틴어 'intimus'에서 유래되었다.[1] 친밀함에 마음을 열려면 자신의 내면 깊은 곳을 다른 사람에게 드러내야 한다. 즉 마음속 깊은 열정과 꿈을 함께 나눠야 한다. 비록 쉽지 않더라도 우리가 느끼는 것과 필요한 것을 솔직하게 드러내야 한다. 결국 친밀함을 받아들인다는 것은 그동안 숨죽이고 움츠러들었던 나를 더 많이 드러내는 일이다.

이 장에서는 관계 속에서 진정한 친밀감을 키우는 세 가지 열쇠를 살펴본다. 자신을 작게 만드는 것이 관계를 맺는 비결이라는 믿음을 버리고, 갈등을 무조건 피해야 한다는 생각에 정면으로 맞서며, 타협이 언제나 최선이라는 관념을 내려놓는 법을 배울 것이다.

내가 작아지면 관계는 틀어진다

지난 2년 동안 시아라는 피플 플리징 패턴을 끊기 위해 노력했다. 쉽지 않았지만 그만큼 보람도 컸다. 이제 그녀는 예전보다 훨씬 편안하게 자기가 원하는 것을 요청하고 경계를 세울 수 있게 되었다. 파트너인 채드가 자신의 정서적 요구를 충족시키지 못한다는 사실이 분명해지자 그녀는 관계를 끝냈다. 이는 6개월 전 일이고 이제 그녀는 다시 데이트할 준비가 되었다.

피플 플리징에서 벗어나려고 노력하는 사람들이 대체로 그렇듯 시아라 역시 만족스럽지 못한 연애를 반복한 경험이 있었다. 과거 데이트를 할 때 그녀는 상대방에게 무조건 맞추고 자기 목소리를 내지 않으려 애썼다. 남자들이 일이나 취미, 친구들에 대해 이야기할 때면 그녀는 조용히 귀 기울일 뿐이었다. 데이트 상대가 질문을 던지면 시아라는 어색하게 화제를 돌리곤 했다. "아, 제 일은 너무 지루해서 말할 가치도 없어요. 주말에는 보통 뭘 하고 지내세요?"

시아라는 데이트 상대에게 아낌없이 칭찬을 퍼붓고, 상대의 취미에 억지로 관심을 보이며, 자신의 감정이나 요구나 꿈은 거의 이야기하지 않았다. 그래서 그녀의 파트너들은 대부분 말이 많고 카리스마 있고 지배적인 사람들이었다. 그들은 자신에게 온전히 집중해 주고 요구하는 것이 거의 없는 시아라와의 관계에 만족했다.

하지만 시아라는 늘 자신이 가려지고 있다는 느낌을 받았다. 그녀는 자신에 대해 알고 싶어 하고, 한쪽으로 치우치지 않는 균형 잡힌 관계를 중요시하고, 자신이 보이는 만큼의 관심을 돌려주는 파트너를 갈망했다. 지금 돌아보면 사랑을 얻기 위해 스스로 작아졌던 것이 오히려 정반대의 결과를 가져왔음을 알 수 있었다. 그녀는 자신이 원하는 사랑을 줄 수 없는 사람들과의 관계만 끌어들였던 것이다.

왜 내가 작아져야 관계를 얻을 수 있다고 믿을까?

어린 시절 우리는 우리 자신의 요구를 억누르고 감정을 감추며 관심사를 타인에게 억지로 맞추는 대가로 안전, 안정감, 애정, 감사, 보살핌이라는 보상을 받았다. 그러면서 자기 억압이야말로 관계를 얻는 비결이라고 믿게 되었다. 새로운 친구나 파트너와 관계를 쌓을 때도 우리는 이런 기존의 전략에 의존했다. 어떤 면에서는 이 방식이 효과를 발휘하기도 했다. 자신을 작게 만들면 분명 새로운 관계가 맺어지긴 했으니까. 그러나 대부분은 우리가 진정으로 원하는 관계가 아니었다.

타인의 애정을 얻기 위해 나의 요구와 감정을 억눌렀던 때를 떠올려 보자. 그 노력은 나를 제대로 보고 이해하며 가치를 인정해 주는 친구 또는 파트너와 이어지게 했는가? 내가 원하는 균형 잡힌 관계를 맺을 수 있었는가? 아니면 시아라처럼 자신을 보이지 않는 존재처럼 느끼며 원망에 사로잡혔는가? 주기만 하고 돌려받지 못하는 관계에 갇힌 채 '내가 진짜로 느끼는 것과 원하는 것을 드러낸다면 이 사람은 내 곁에 머물지 않을 거야'라고 생각하지 않았는가?

우리의 관계 이력만 봐도 자신을 작게 만드는 태도가 잘못된 관계를 불러온다는 사실은 분명하다. 우리가 목소리를 내지 않으면 바로 그 침묵에 끌리는 사람들이 다가오고, 경계를 세우지 않으면 바로 그 무경계에 끌리는 사람들이 다가온다.

아이러니하게도 사랑받기 위해 요구를 감추는 일은 오히려 우리를 온전히 사랑하지 못하거나 사랑하려 하지 않는 사람들의 품으로 이끈다. 그러나 새로운 관계에서 자신을 드러내는 방식을 바꾸고 처음부터 자신을 있는 그대로 보여 줄 때, 우리는 마침내 우리를 있는 그대로 받아들이는 친구 또는 파트너를 만날 수 있다.

작아지려고 한다는 건 어떤 행동일까?

피플 플리저들이 스스로 작아지는 가장 흔한 방식은 상대와의 관계에서 거울이 되는 것이다.[2] 필요와 바람, 이야기와 의견을 솔직히 표현하는 대신 상대가 원하는 것, 필요로 하는 것, 믿는 것을 거울처럼 그대로 비춰 보여 주는 것이다. 관심사를 상대의 관심사에 맞추고, 꿈을 상대의 꿈에 포개고, 결국은 상대의 성격에 완전히 가려진다.

심리치료사 에스더 페렐Esther Perel은 이런 식의 융합에서는 진정한 친밀함이 나올 수 없다고, 오직 자신과 타인의 상호작용에서만 친밀함이 생겨난다고 강조한다. 그녀는 《왜 다른 사람과의 섹스를 꿈꾸는가》Mating in Captivity에서 이렇게 썼다.

> 누군가와 함께하고 싶은 요구는 분리의 요구와 함께 존재한다. 하나가 없으면 다른 하나도 존재할 수 없다. 너무 멀리 떨어져 있으면 연결될 수 없다. 하지만 너무 가까워지면 두 독립된 존재가 가진 분리성이 사라진다. 그러면 더 이상 초월할 것도 없고 둘을 이어 주는 다리를 지나 건너편에 있는 상대방을 방문할 필요도 없고 상대방의 내면으로 들어갈 일도 없어진다. 두 사람이 나로 뒤섞여 버리면 더 이상 연결이 이뤄질 수 없다. 이어질 대상 자체가 없기 때문이다.

피플 플리징의 패턴에서 벗어난 후 우리는 친밀한 관계를 쌓으려면 있는 그대로의 꾸밈없는 자신을 드러내야 한다는 사실을 알게 된다. 그래서 새로운 친구 또는 파트너와 관계를 맺을 때는 자신의 이야기를 나누며 존재감을 발휘해야 한다. 의견을 말하고 관심사를 나눈다. 그래야 관계에서 마땅히 우리 몫인 절반의 공간을 차지할 수 있다.

예전에 스스로 작아졌을 때는 그런 모습을 좋아하는 사람들을 끌어당겼듯, 당당한 존재감을 드러내면 그 모습을 좋아하는 사람들이 다가온다. 감정을 표현하면 감정 표현을 좋아하는 사람들이 다가온다. 진짜 모습을 드러내면 그 진짜 모습을 좋아하는 사람들이 다가온다.

이 찬란한 조화는 우리의 관계를 더욱 넓고 다채롭고 생기 넘치게 만든다. 그제야 비로소 관계가 관계답게 느껴진다. 더 이상 메아리만 울리는 공간이 아니다.

상대가 부정적일 땐 어떻게 해야 할까?

내가 진짜 모습을 드러냈을 때 누군가가 나를 좋아하지 않는다고 해서 그게 내 원래 모습이 잘못되었다는 뜻은 아니다. 단지 서로 맞지 않는다는 의미일 뿐이다. 애초에 우리는 모든 사람과 잘 맞도록 태어나지 않았다.

피플 플리징 패턴에 갇혀 있었을 때는 상대가 관심을 보이지 않으면 이렇게 생각했을 것이다. '내가 바라는 걸 줄여야 저 사람이 날 좋아할까?', '저 사람이 싫어하는 내 모습을 감추면 될까?' 이제는 다르다. 누군가가 내게 관심을 보이지 않더라도 그 사실을 오히려 다행이라고 여기거나 최소한 담담히 수용할 수 있다. 결국 내 감정과 요구를 존중하지 않는 사람과 억지로 관계를 쌓는 수고를 덜어 준 셈이기 때문이다.

모든 사람에게 잘 보이려는 집착을 내려놓을 때 비로소 우리는 우리 자신에게 있는 그대로의 모습으로 살아갈 자유를 허락한다. 그리고 진짜 나로 살아가야만 꾸며 낸 모습이 아니라 있는 그대로의 나를 알아주고 사랑해 줄 사람들을 만날 수 있다.

나를 그대로 드러내면 어떤 변화가 생길까?

다시 데이트를 시작한 시아라는 더 이상 스스로 작아지지 않겠다고 다짐했다. 데이트 상대와 저녁을 먹는 자리에서 질문만 던지지 않고 자기 자신에 대해서도 이야기했다. 그녀는 비영리 단체에서 일하는 것의 장단점이나 친구들에 대한 일화를 들려주었고 언젠가 세계 여행을 하고 싶은 꿈도 털어놓았다. 처음에는 이렇게 자신을 드러내는 일이 어색했지만 동시에 기분이 좋았다.

어떤 남자들은 그녀의 이야기에 호기심과 관심을 보였다. 함께 웃고 질문을 던지며 자신의 이야기를 해주기도 했다. 이런 순간마다 시아라는 진솔한 관계가 맺어지고 있음을 느꼈다. 이제 그녀는 자신을 드러내고 있었고 상대도 그 모습을 기꺼이 받아들였다.

안타깝게도 몇몇 남자들은 그녀의 이야기를 대수롭지 않아 했다. 그녀의 감정에 공감하지 못하거나 그녀의 관심사를 가볍게 여겼다. 용기 있게 자신을 드러냈다가 무시당하면 상처받기도 했지만 시아라는 그럴 때마다 이렇게 상기했다. '어차피 오래가지 못했을 거야.'

그리고 최근 몇 주 동안 시아라는 네이선이라는 남자와 두 번째, 세 번째, 네 번째 만남을 이어 갔다. 그는 매력적이고 다정했다. 사이가 가까워질수록 시아라는 이렇게 아낌없는 애정과 배려를 받는 일이 낯설게 느껴졌다. 네이선은 시아라를 밴드 공연에 초대했고 몇 주 뒤에는 시아라가 자신이 일하는 비영리 단체의 자선 만찬에 그를 파트너로 초대했다. 낯선 사람들로 가득한 자리에서도 그는 자신감 있게 어울렸고, 두 사람이 손을 맞잡고 집으로 돌아가는 길에 그가 그녀에게 속삭였다. "정말 좋았어. 당신이 정말 자랑스러워."

여섯 달 뒤 시아라와 네이선은 행복한 연인이 되어 있었다. 서로의 친구들을 만났고 각자가 좋아하는 식당에도 함께 갔으며, 각자의 불안과 두려움에 대해서도 솔직하게 이야기를 나눴다. 너무도 만족스럽고 따뜻한 관계라 시아라는 믿기지 않을 정도였다. '누군가와의 관계가 이렇게까지 좋을 수 있을까?'

그러던 어느 날 네이선이 그녀를 진심으로 아끼는 것이 맞는지 의문을 품게 만드는 일이 벌어졌다.

갈등은 친밀한 관계에서 피할 수 없다

매년 여름이 되면 네이선은 대학 동기들과 함께 하루 동안 래프팅과 바비큐 파티를 즐긴다. 네이선이 시아라에게 함께 가자고 했을 때 그녀는 몹시 들떴다. 예전부터 그에게 이 모임에 대해 자주 들은 데다 그의 친구들과 가까워질 기회였기 때문이다.

그들이 강가에 도착했을 때는 주차장에 10대의 차가 서 있었고, 네이선의 친구들이 장비를 내리고 고무보트에 바람을 넣고 있었다. 네이선은 여기저기 돌아다니며 인사와 포옹을 나누었다. 시아라는 네이선이 자신을 친구들에게 소개해 주기를 기다리며 어색하게 서 있었는데, 그가 친구들과의 대화에 빠져 있는 걸 보고는 먼저 인사를 건네고 차에서 짐을 내리기 시작했다.

래프팅을 시작할 때가 되자 모두 모여서 보트를 어떻게 나눠 탈지 상의했다. 네이선은 친구 조의 어깨에 팔을 두르더니 말했다.

"우리 둘이 같이 타자." 그러곤 그의 가슴을 툭 치며 덧붙였다. "2학년 때 기숙사 룸메이트였던 시절로 돌아가 보자고."

사람들이 짝을 지어 보트에 타기 시작하자 시아라는 자신이 잊힌 듯한 기분이 들었다. 여기 있는 친구들을 하나도 모르는데 네이선이 자신을 좀 더 배려해 주길 바랐다. 결국 그녀는 로렌과 세이지라는 두 여성과 함께 보트에 탔다. 강을 따라 내려가며 그녀는 두 사람과 즐겁게 대화를 나눴고 피부에 닿는 햇살도 좋았지만, 마음은 무거웠다.

남은 시간도 비슷하게 흘러갔다. 래프팅이 끝난 뒤 모두가 피크닉 장소에 자리를 잡고 바비큐와 모닥불 파티를 시작했다. 네이선은 여전히 친구들 속에 파묻혀 종일 시아라와는 거의 대화를 나누지 않았다. 그녀는 속이 상했다. '나한테 이렇게 신경 쓰지 않을 거라면 왜 초대한 거야? 나랑 같이 있고 싶어서 부른 거 맞아?'

드디어 자리가 마무리되고 다들 주차장으로 향했다. 네이선과 함께 차를 타고 집으로 돌아오는 동안 시아라는 가슴이 답답했다.

"정말 멋진 하루였어." 네이선이 두 손을 운전대에 올린 채 들뜬 목소리로 말했다. "조랑 나, 바위에 정면으로 부딪칠 뻔한 적도 있었어! 간신히 피했다니까."

시아라는 최대한 환하게 웃어 보였다. "그런 일이 있었어? 어떻게 된 건데?" 네이선은 신이 나서 이야기했고 그녀는 집중하려 애썼다. 둘은 그의 집에 도착해 현관문을 지나 안으로 들어섰다. "오늘 어땠어?" 그가 재킷을 벗으며 물었다. "진짜 재미있었지?"

시아라는 뭐라고 말해야 할지 알 수가 없었다. 상처받은 건 사실이지만 그렇다고 저녁 시간마저 망치고 싶지는 않았다. 게다가 두 사람은 아직 한 번도 다툰 적이 없었다. 혹시라도 언쟁이 이 순조로운 관계의 끝을 불러올까 두려웠다.

갈등은 어떻게 관계를 더 단단하게 만들까?

회복 중인 피플 플리저에게 갈등만큼 두려운 것도 드물다. 그도 그럴 것이 지금까지 우리는 늘 갈등을 피하려 애써 왔다. 감정을 검열하고 요구를 숨기며 불만을 꾹꾹 눌러 담아 평화를 지켜 냈다. 온전한 자신을 포기하는 대신 완벽한 조화라는 환상을 택한 것이다.

하지만 시간이 흐르면서 그 대가는 고스란히 우리에게 돌아왔다. 우리는 관계 속에서 괴롭게 침묵해야 했을 뿐 아니라 때로는 견디기 힘들 만큼 외롭기도 했다. 말할 수 없는 서운함을 느끼며 혼자만 덩그러니 남겨진 듯한 기분에 휩싸여야 했다. 하지만 갈등을 피하기 위해 자신을 감췄고, 그렇게 함으로써 진정한 친밀감이 싹틀 가능성마저 피하고 말았다.

갈등은 친밀한 관계에서 자연스러운 것일 뿐 아니라 피할 수 없는 일이기도 하다. 우리는 분명 상대의 마음을 상하게 할 것이고, 상대 역시 우리의 마음을 다치게 할 것이다. 우리는 인간이고 인간은 누구나 실수하기 마련이다. 피할 수 없는 실수와 어긋남, 차이를 마주했을 때 우리는 선택할 수 있다. 갈등을 피하고 침묵하며 상처를 마음 깊이 묻어 두거나, 아니면 솔직하게 목소리를 내거나. 비록 듣기 쉬운 이야기는 아니겠지만 상대가 나를 진정으로 아낀다면 내가 무엇을 느끼고 무엇을 원하며 어디서 상처받았는지를 알고 싶어 한다는 사실을 믿어야 한다.

물론 그렇다고 상대가 언제나 내 감정을 인정해 주거나, 모든 요구를 들어주거나, 내 불만에 완벽하게 반응해 주는 것은 아니다. 하지만 건강한 관계에서는 불편하더라도 솔직한 것이 거짓말하는 것보다 낫다. 거짓은 결국 시간이 지날수록 곪아가는 불신과 원망을 낳는다. 서로 솔직해져야만 한 팀이 되어 이런 질문을 하고 함께 살펴볼 수 있다. "어디를 고쳐야 할까?", "어디에서 타협점과 공감을 찾을 수 있을까?", "어떻게 하면 앞으로 나아갈 수 있을까?" 진정으로 친밀한 관계에서 갈등 해결은 침묵 속에서 혼자 평화를 지키려 발버둥질하는 과정이 아니라 함께 협력하는 과정이다.

관계의 종말을 부르는 네 가지 행동

가트맨 연구소의 보고에 따르면 관계의 성공과 실패를 가르는 것은 갈등 자체가 아니다.[3] 중요한 것은 갈등을 어떻게 다루느냐다. 갈등을 다루는 방식에 따라 결과는 크게 달라진다. 어떤 방식은 파괴적이어서 갈등을 더욱 키우고 해결 가능성을 줄이며 악의를 증폭시킨다. 또 어떤 방식은 생산적이어서 이해의 길을 트고 공감대를 찾을 가능성을 높인다.

가트맨 연구소는 갈등을 악화시키고 심지어 부부 관계의 종말을 부르는 네 가지 행동을 발표했다.[4] 이른바 '종말의 네 기사'Four Horsemen는 다음과 같다.

- **비난**: 특정 행동이나 사건이 아니라 상대방의 성격이나 인격 자체를 문제 삼으며 부정적인 감정을 표현한다("당신이 파티 준비를 도와주지 않아서 속상해."가 아니라 "당신은 정말 게을러."라고 말한다).
- **경멸**: 상대를 존중하지 않고 자신이 우위에 있다는 태도로 불만을 드러낸다. 주로 비꼼, 냉소, 눈을 굴리는 행동, 조롱 등으로 나타난다("겨우 풍선 몇 개 불어놓는 것밖에 못 해? 너한테 기대한 내가 잘못이지.").
- **방어**: 피해자인 양 행동하면서 책임을 상대에게 돌린다("왜 맨날 잔소리야? 그래, 무엇 하나 제대로 하는 게 없는 내가 항상 문제지.").
- **담쌓기**: 갈등을 피하거나 불만을 드러내기 위해 대화를 차단한다(대화 도중 휴대전화를 보고 눈을 피하며 아무 말도 하지 않는다).

회복 중인 피플 플리저들에게는 이 '종말의 네 기사'가 낯설지 않을 것이다. 우리가 아는 갈등은 이런 모습밖에 없었기 때문이다. 많은 사람이 어렸을 때 가정에서 비난, 경멸, 방어, 담쌓기를 목격해서 성인이 된 뒤에도 배우자나 친구에게서도 그런 행동을 예상했을 것이다. 그렇기에 어떻게 해서든 갈등을 피해야 한다고 믿는 것도 당연하다.

이제 더 건강한 관계를 쌓기 시작했으니 갈등이 오히려 기회가 될 수 있음을 깨달았을 것이다. 서로의 걱정을 알게 되고 자기가 끼친 피해를 책임지며 신뢰를 다시 쌓음으로써 대화와 조율, 회복을 통해 오히려 관계가 더욱 단단해질 기회임을 말이다. 갈등이 회복으로 마무리될 때 커다란 치유의 힘이 생겨난다. 사랑받기 위해 자신을 버릴 필요가 없다는 사실을 온몸으로 배우는 경험이 되는 것이다.

상대가 비난이나 경멸로 대응할 때는 이렇게 하라

그렇다면 갈등이 잘 풀리지 않을 때는 어떻게 해야 할까? 상대가 비난이나 경멸, 조롱이나 평가로 대응한다면? 갈등을 빌미로 오히려 우리의 마음을 더 상하게 하거나 우리를 깎아내릴 때는 어떻게 해야 할까? 상대가 갈등에 부정적으로 반응한다고 해서 우리가 자신을 표현하지 말았어야 했다는 뜻은 아니다. 오히려 우리가 중요한 정보를 얻었다는 의미다. 어디에 경계가 필요한지, 이 관계가 장기적으로 조화롭게 지속될 수 있을지 알게 된 것이다.

갈등은 우리에게 많은 것을 가르쳐 준다. 상대가 자신과 다르더라도 우리의 요구와 감정을 존중할 수 있는지, 자신이 준 상처에 책임을 질 수 있는지, 함께 타협점을 찾아가려고 노력할 수 있는지(이 부분은 곧 다룰 것이다), 사과하고 잘못을 인정할 수 있는지를 알게 해준다. 이런 정보가 모이면 상대방의 갈등 대처 방식이 내 요구와 경계에 부합하는지 판단할 수 있다.

순간의 어려움이 꾸준한 사랑을 만든다

시아라는 네이선에게 솔직한 마음을 털어놓지 않으면 감정이 곪아 원망으로 바뀔 것이라고 생각했다. 그녀는 재킷을 벗으며 말을 꺼냈다. "당신 친구들을 만나서 정말 즐거웠어. 다들 다정하고 유쾌하더라." 어려운 이야기는 이제부터다. "그런데 사실 난 조금 상처받았어."

네이선은 신발을 벗다 시아라를 쳐다봤다. "상처받았다고?" 그의 얼굴에 걱정스러운 기색이 스쳤다. "왜?"

시아라는 자신의 두 손을 꼭 움켜쥐고 말했다. "소외된 기분이 들었어. 당신이 나를 직접 친구들에게 소개해 주거나, 보트에 같이 타자고 하거나, 바비큐를 할 때 나한테 신경을 써 줬으면 했어. 거기 아는 사람이 아무도 없어서 많이 어색했거든…. 그래서 혹시 자기가 날 마지못해 그 자리에 데려간 건 아닐까 싶었어."

네이선은 아무 말도 하지 않은 채 괴로운 표정을 지었다. 시아라는 숨을 죽이며 이렇게 생각했다. '분명 내가 너무 예민한 거라고 하겠지?' 마침내 네이선이 길게 숨을 내쉬며 말했다. "시아라, 나 전혀 몰랐어. 이리 와." 그가 두 팔을 벌리자 시아라는 두근거리는 가슴을 안고 그의 품에 안겼다. "미안해." 그가 말했다. "난 정말로 당신이 오늘 같이 가 줘서 정말 좋았어. 오래된 친구들이라 너무 반가워서 다른 건 생각을 못 한 것 같아."

"고마워." 그녀가 작은 목소리로 말했다. 네이선이 시아라를 꼭 끌어

안으며 말했다. "내가 진짜 멍청했네. 왜 진작 말하지 않았어? 당신이 그런 기분을 느끼고 있는 줄 알았다면 좀 더 편하게 어울릴 수 있도록 신경을 썼을 텐데."

시아라는 얼굴을 찡그리며 몸을 조금 떼어 냈다. "따로 얘기할 기회가 거의 없었는걸." 그녀가 조심스럽게 설명했다. "게다가 남자 친구의 친구들 앞에서 날 신경 써 달라고 말하는 건 좀 창피하잖아?"

"응, 이해해." 그가 고개를 끄덕이며 말했다. "앞으로는 당신이 소외감 느끼지 않도록 내가 더 신경 쓸게. 이해해 줘. 내가 워낙 활발하다 보니 가끔 너무 산만해지기도 하잖아." 시아라는 고개를 끄덕였다. 그건 사실이었다. 그의 매력적이고 사교적인 성격은 애초에 그녀가 그에게 끌린 이유이기도 했다.

"혹시라도 다른 사람들이랑 또 소외된 기분이 들면 말해 줄 수 있어?" 네이선이 물었다. "길게 얘기하지 않아도 돼. 그냥 옆으로 와서 팔짱을 끼든가, 아니면 귓속말로 '지금 당장 네가 더 필요해'라고 속삭이면 돼." 반쯤은 농담이었다. 시아라도 웃으며 장난스럽게 눈을 흘겼다. "알았어. 그렇게 할게."

그가 그녀를 꼭 끌어안자 시아라는 긴장이 풀리고 안도감이 몰려왔다. 그녀는 자신의 감정을 기꺼이 받아 준 네이선이 고마웠고, 사실대로 말한 자기 자신에게도 고마운 마음이 들었다. 어렵지만 꼭 필요한 대화를 무사히 마치고 나니 그와 한층 가까워진 기분이 들었다. 첫 갈등 이후 시아라와 네이선의 관계는 더욱 깊어졌다. 물론 가끔은 부딪힐 때도 있었지만 최대한 서로의 감정을 존중하고 상대가 바라는 것을 들어주려 애썼다.

시아라와 네이선이 사귄 지도 어느덧 2년이 되었다. 이들은 또 한번 어려운 순간에 맞닥뜨렸다. 이제 때가 되었다 싶어서 함께 살기 시작했는데, 함께 지내다 보니 시간을 어떻게 쓰는지가 새로운 문제로 떠오른 것이다. 비영리 단체에서 일하는 시아라는 사람을 상대하는 직업이다 보니 온종일 회의와 대인 활동에 치여 집에 돌아오면 늘 지쳐 있었다. 그녀가 바라는 이상적인 저녁은 네이선과 함께 TV를 보며 긴장을 풀고 휴식을 취하는 것이었다.

반면 네이선은 데이터 엔지니어고 재택근무를 했다. 종일 컴퓨터 앞에 앉아 복잡한 코드를 다루다 보니 오후 다섯 시쯤 되면 사람들과 어울리고 싶어 안달이 나곤 했다. 네이선이 꿈꾸는 이상적인 저녁은 외식하러 나가거나, 콘서트를 보러 가거나, 친구들과 어울리는 것이었다.

두 사람이 함께 살기 전에는 이런 차이가 문제가 되지 않았다. 주로 주말에만 함께 시간을 보냈기 때문이다. 하지만 동거를 시작해 평일 저녁에도 함께 시간을 보내게 되자 서로의 요구가 다른 것이 문제가 되었다.

관계를 잘 만드는 사람은 타협할 때를 알고 있다

예전 같았으면 시아라는 네이선에게 지나치게 맞추다가 결국 지쳐 버렸을 것이다. 하지만 이제 그녀는 다른 방식으로 문제를 다뤄야 한다는 것을 알고 있었다.

필요와 바람, 가치관, 꿈이 완전히 똑같은 사람은 없다. 피할 수 없는 차이와 불일치를 넘어 관계를 지속하려면 스스로 다음과 같이 물어야

한다. '내가 기꺼이 타협할 수 있는 것과 절대 타협할 수 없는 것은 무엇인가?'

피플 플리징 패턴에서 벗어나기 전에는 모든 것이 타협의 대상이었다. 우리의 요구는 쉽게 꺾였고, 바람은 언제든 버려질 수 있었으며, 가치관은 아무 의미도 없었다. 관계를 유지하기 위해 어떻게든 자신을 비틀어 상대가 원하는 모습으로 맞추려 했다. 오직 상대의 애정을 지키기 위해서였다. 하지만 이제 우리는 이렇게 남에게 맞춰 나를 바꾸는 방식이 장기적으로 만족스럽거나 상호적인 관계로 이어지지 않는다는 것을 안다(실제로 연구에 따르면 이런 식의 잦은 타협은 우울증과 불안의 위험을 높인다[5]). 지금노 우리는 어전히 타협할 수 있지만 그건 특정한 조건에서만이다.

타협할 때는 다음 네 가지 상황을 기억하자. 자신의 신체적, 정서적 안전이 위협받지 않을 때, 두 사람이 함께 기꺼이 타협점을 찾아가려 할 때, 서로의 필요를 충족시킬 다양한 방안을 함께 모색할 때, 우리의 핵심 요구(안녕과 가치, 삶의 목표를 위해 기본적으로 충족되어야만 하는 것)가 그 과정에서 희생되지 않을 때만 타협하는 것이다. 이 네 가지 상황을 좀 더 구체적으로 살펴보자.

자신의 신체적, 정서적 안전이 위협받지 않을 때 타협하라

나의 안전을 희생해야 하는 관계는 결코 건강하게 지속될 수 없다. 신체적, 정서적 안전을 위한 핵심적이고 타협 불가능한 조건은 다음과 같다(물론 이에 국한되지 않는다). 상대가 나를 신체적으로 해치지 않을 것. 비웃거나 모욕하거나 깎아내리지 않을 것. 나를 질타하거나 위협하거나 협박하지 않을 것. 외모를 비난하지 않을 것. 내 성적 경계를 존중하고 어떤 방식으로든 강요하지 않을 것. 자신의 잘못을 인정하고 사과할 수 있을 것. 서로가 정한 관계의 규칙을 따를 것(예: 서로 배타적 연애 관계를 맺기로 했다면 다른 사람과 잠자리를 하지 않을 것). 그리고 대부분의 약속을 지키고 책임을 다할 것.

두 사람이 기꺼이 함께일 때 타협하라

오랫동안 혼자만 퍼 주는 관계에 익숙했던 우리는 이제 한쪽만 상대의 요구나 선호를 맞추는 관계를 경계해야 한다. 나 혼자 맞추는 것은 타협이 아니다. 관계를 유지하기 위해 한 사람만 양보하고 돌아오는 것이 거의 없거나 전혀 없다면 원망으로 이어질 수밖에 없다.

두 사람이 바라는 바가 어긋날 때 성공적인 타협을 이루려면 두 사람 모두의 협력, 열린 마음, 존중이 필요하다. 두 사람 모두가 이렇게 물어야 한다. '어떻게 하면 두 사람의 요구를 충분히 충족시키는 해결책을 함께 찾을 수 있을까?' 심리치료사 존 가트맨 John Gottman은 이렇게 말했다. "타협은 결코 완벽하게 느껴지지 않는다. 모든 당사자가 무언가를 얻는 동시에 무언가를 잃는다. 중요한 것은 이해받고 존중받고 가치를 인정받는 것이다."[6]

건강한 타협은 두 사람 모두 상대의 요구가 정당하다는 사실을 인정한다. 비록 들어줄 수 없더라도 말이다. 두 사람 모두 서로의 입장을 이해하려 애쓰고 여러 가지 해결책의 장단점을 함께 살펴야 한다. 만약 한 사람이 자신의 요구나 바람을 양보하면 다른 사람은 그 결정을 존중하고 그에 대한 고마움을 표현한다.

협력을 통해 끌어낸 타협은 한쪽이 상대방의 요구를 무시하거나 하찮게 여긴 끝에 이뤄지는 타협과는 분명히 다르다. 후자의 경우는 수치심과 눈치, 무언가를 잃을까 봐 두려워 선택한 타협이다. 이 타협은 진정한 타협이 아니라 회유에 불과하다.

시아라와 네이선은 서로의 요구가 얼마나 중요한지 잘 알고 있었다. 그는 그녀가 힘든 하루를 보낸 뒤에 조용한 휴식 시간을 원한다는 것을 이해했다. 그녀 역시 교류를 원하는 그의 요구가 별것 아니라고 생각하지 않는다. 두 사람은 바라는 것은 다르지만 서로를 이해할 수는 있다. 이런 상호 이해가 두 사람이 함께 해결책을 찾아 나서게 한다.

두 사람이 함께 여러 가지 전략을 모색할 때 타협하라

두 사람의 요구가 서로 맞지 않을 때는 어느 정도 충족시킬 방안을 함께 찾아보며 타협을 향해 나아갈 수 있다. 이 과정에서 우리는 자기가 원하는 것을 원하는 방식 그대로 얻을 수는 없다는 사실을 받아들이게 된다. 동시에 타협이 자신의 한계를 넘어서는 일이 없도록 경계를 세워야 한다.

시아라는 '휴식에 대한 요구를 어느 정도 충족시킬 방법은 무엇일까?'라는 질문을 던졌고, 다음과 같은 답을 찾았다. '평일 저녁에 대부분 집에서 쉰다면 목요일이나 금요일에는 네이선과 함께 밖에 나갈 에너지가 충분히 생길 것이다. 퇴근 후 함께 나갈 때는 단둘이 저녁이나 디저트를 즐기는 정도는 괜찮지만, 친구들과의 파티처럼 에너지가 많이 소모되는 모임은 주말로 미뤄야 한다. 내가 집에서 쉴 때는 네이선이 혼자 나가도 괜찮다.'

네이선은 '사회적 교류에 대한 요구를 어느 정도 충족시킬 방법은 무엇일까?'라는 질문을 던졌다. '시아라와 함께 집에 있기로 한 날에는 일을 마친 후 잠시 밖으로 나가 달리기를 할 수 있다. 일주일에 이틀 정도는 저녁에 집에 있어야 한다고 해도 나머지 날에는 밖에 나갈 수 있다면 괜찮다. 밖에 나가지 않는 날에는 보드게임을 하거나 함께 요리하는 식으로 활동적인 일을 하면 충분히 자극이 될 것이다. 또 어떤 날은 나 혼자 친구들을 만나러 나가고 시아라는 집에서 쉴 수도 있다.'

핵심 요구를 희생하지 않아도 될 때 타협하라

우리의 요구 중에는 타협할 수 없는, 반드시 지켜져야 할 것들이 있다. 누구에게나 절대 타협할 수 없는 핵심 요구가 있으며 그 핵심 요구는 사람마다 다를 수 있다.

어떤 사람들에게는 연인과 같은 도시에 거주하는 것이 핵심 요구일 것이다. 장거리 연애는 너무 멀게 느껴지고 함께 있다는 느낌과 친밀감을 채워 주지 못하기 때문이다. 반면 어떤 사람들은 연인과 같은 도시에 살기를 바라지만 상황에 따라, 예를 들면 한 학기 교환학생이나 직장 이동 같은 장거리 연애를 받아들일 수도 있다. 아쉽기는 하지만 그렇다고 감당 못 할 일도 아니기 때문이다.

결국 무엇이 핵심적인 요구고 무엇이 타협 가능한 요구인지는 각자가 스스로 판단해야 한다. 다음 질문 가운데 하나라도 '그렇다'에 해당한다면 핵심 요구일 가능성이 크다.

- 이 요구를 타협하면 내 건강이나 행복에 근본적인 영향을 미칠까?

- 이 요구를 타협하면 오랫동안 품어 온 목표나 꿈을 이루지 못할까?
- 이 요구를 타협하면 나의 가치관에 어긋나는가?
- 이 요구를 타협하면 결국 상대방을 오래도록 원망하게 되지 않을까?

잘만 하면 타협만큼 더 깊은 사랑도 없다

시아라와 네이선은 마주 앉아 서로 함께 떠올린 전략들을 비교해 봤다. 두 사람 모두 집에 머무는 날이나 밖에 나가는 날의 횟수에서 약간의 타협은 기꺼이 감수할 수 있었다. 함께 시간을 보내는 방식도 조정할 마음이 있었다.

마침내 두 사람은 타협점을 찾았다. 일주일에 한 번은 둘만의 데이트를 위해 저녁 식사나 술, 디저트를 즐긴다. 주중 두 번은 집에서 함께 보드게임을 하거나 TV를 보며 시간을 보내기로 한다. 나머지 두 번은 따로 저녁 시간을 보내기로 한다. 네이선은 친구들을 만나러 나가고, 시아라는 집에서 쉬며 에너지를 충전하는 것이다.

이렇게 타협한 덕분에 두 사람은 각자의 요구를 충족하면서도 함께 의미 있는 시간을 보낼 수 있었다. 물론 상대방이 자신과 똑같은 것을 원했으면 하는 마음도 있었지만, 결국 두 사람은 상대에게 왜 그런 요구가 있는지 이유를 이해했다. 그리고 서로의 요구를 존중하며 서로의 배려에 고마움을 느꼈다.

진정한 친밀함에는 용기가 필요하다. 오랫동안 가면을 쓰고 타인에게 맞추며 살아온 우리는 있는 그대로의 자신을 드러내는 일이 벅차게만 느껴질 수 있다. 그러나 진실한 관계를 오랫동안 지속하는 길은 그뿐이

다. 우리는 이미 다른 사람과의 관계에서 자신을 억누를 때 어떤 결과
가 따르는지 경험했다. 평화를 지키겠다며 감정을 억누르다 보니 원망
이 쌓였고, 자신에게 중요한 부분을 지나치게 양보해 행복이 무너져 내
리는 모습을 봐 왔다.

시아라의 이야기에서 볼 수 있듯이 친밀함은 우리를 훨씬 더 적나라
하게 드러내지만 동시에 끝없는 보상을 안겨 준다. 갈등과 타협 속에서
자신을 온전히 드러낼 때 우리는 사랑받기 위해 자신을 버릴 필요가 없
다는 사실을 깨닫는다.

제19장

피플 플리징과 성*

감정적으로 친밀한 관계를 쌓으려면 자신의 욕구를 분명히 표현하고 경계를 세우며, 뭔가 잘못되었을 때 주저하지 않고 목소리를 내야 한다. 이 원칙은 만족스러운 신체적 친밀감을 형성하는 데도 똑같이 적용된다. 섹스는 우리 안의 가장 깊은 깊숙한 부분을 타인과 나눌 기회를 준다. 그러나 그만큼 쉽게 무방비해지는 영역이기에, 다른 삶의 영역에서는 피플 플리징 패턴을 벗어났더라도 성적인 문제 앞에서는 여전히 상대에게 자신을 맞추려는 모습을 보이기 쉽다.

성적 피플 플리징은 원치 않는 성관계에 동의하거나, 쾌락을 온전히 받아들이지 못하거나, 오르가슴을 가장하거나, 자신의 선호를 드러내지 못하는 방식으로 드러난다. 이 장에서는 이런 패턴의 원인을 살펴보

---

* 이 장에는 성적 트라우마에 대한 내용이 포함되어 있다.

고 자기 욕구를 분명히 인식하고 존중하는 데 도움이 되는 다양한 방법들을 다룰 것이다. 특별히 성별과 성적 지향이 다양한 사람들과의 인터뷰 내용을 폭넓게 담았다. 이들의 이야기를 통해 이 패턴이 얼마나 흔한 것인지 확인하고 나만의 일이 아니라는 안도감을 느끼길 바란다.

원치 않는데 자발적으로 동의하는 관계의 아이러니

많은 피플 플리저가 원치 않는 성관계에 자발적으로 동의한 경험이 있다.[1] 여기서 말하는 '원치 않는 성관계'란 강요나 압박, 위협이나 죄책감 때문에 어쩔 수 없이 응한 게 아니다. 스스로 동의했음에도 불구하고 마음은 전혀 원하지 않았던 관계를 뜻한다(강요나 압박에서 비롯된 성관계는 성폭력의 범주에 속하며 이 장의 논의 대상에서 벗어난다. 여기서는 자발적 동의로 이뤄진 상황들에 초점을 맞출 것이다).

때로 우리는 호감을 얻거나 인정을 받고 싶어서, 어떤 식으로든 친밀감을 느끼고 싶어서 원치 않는 성관계에 동의하기도 한다. 곧 살펴보겠지만 이런 동의는 과거의 트라우마나 성별에 따른 사회적 기대에서 비롯되기도 한다. 이런 경우 우리가 실제로는 즐기고 있지 않다는 사실이 상대에게는 명확히 드러나지 않을 수 있다. 결국 세상에서 가장 노련한 연기자가 된다. 속으로는 어떤 감정을 느끼면서도 겉으로는 전혀 다른 감정을 드러내는 데 능숙한 것이다.

마흔두 살인 도미니크는 이런 이야기를 들려주었다. "저는 열일곱 살 때부터 남편과 함께였어요. 원하지 않았는데도 그와의 잠자리에 동의했던 횟수는 세기도 어려울 정도예요. 오랜 시간 관계를 이어 오다 보니 아주 당연하다고 생각했어요. 때로는 며칠씩 마음을 다잡으며 분위기를 맞추려 애쓰곤 했죠. 잠자리는 점점 의무가 되어 버렸고 그냥 빨리 끝내야 한다는 생각뿐이었어요. 이 시간이 얼른 지나가길 바라면서 다음에 또 남편과 섹스를 '해야 한다'는 압박을 느끼기 전까지는 그래도 잠시 숨을 돌릴 수 있다며 자신을 달래곤 했어요."

도미니크 같은 사례는 흔하다. 그럴 기분이 아니지만 부부가 데이트하는 날이니까 의무적으로 응하는 아내, 친구를 기숙사 방에서 그냥 내보내기가 어색해 관계를 맺는 대학생, 내키지 않지만 상대의 애정을 얻기 위해 사귀기도 전에 성관계에 동의히는 젊은이 등.

서른두 살 칼리는 이런 경험을 들려주었다. "장기 연애를 했는데 상대와 정서적으로 연결되어 있다는 느낌을 받지 못했어요. 그래서 섹스에 대한 흥미도 사라졌죠. 하지만 여자 친구로서 해야 할 의무라고 느꼈어요. 그것만이 우리 관계를 이어 주는 유일한 끈처럼 느껴졌거든요. 하지만 점점 더 무감각해지고 내 몸과도 동떨어진 느낌이 들었어요. 나중엔 내가 무엇을 원하는지조차 생각하지 않게 되었고 그냥 온몸이 달힌 것처럼 느껴졌어요. 회복하는 데 오랜 시간이 걸렸죠."

칼리의 이야기가 보여 주듯 원치 않는 성관계에 자발적으로 동의한다고 해도 우리 몸이 그 이유까지 이해하는 것은 아니다. 결국 몸은 원치 않는 신체적 경험을 그대로 겪게 되고, 그 여파는 가벼운 후회에서부터 심각한 외상 후 스트레스에 이르기까지 다양하게 나타난다.

가해자 없는 성적 트라우마

2022년 4월, 나는 원치 않는 성관계에 자발적으로 동의했던 경험을 인스타그램에 올렸다. 몇 년 전 한 남자와 데이트를 했을 때 나는 그와 함께 침대까지 가고 싶지 않았지만 솔직하게 말할 용기를 내지 못했다. 그는 어떤 방식으로도 나를 압박하거나 강요하거나 죄책감을 주지 않았다. 하지만 나는 마치 즐겁다는 듯 적극적인 태도를 가장했고 결국 그와 하룻밤을 보냈다.

아마도 그를 실망시키는 게 두려웠던 걸지도 모른다. 혹은 내 내면의 감정을 알아차리지 못한 채 '별일 아니겠지'라고 생각하며 그냥 상황에 맡겼을 수도 있다. 그러나 내 몸에는 결코 별일 아닌 일이 아니었다. 그 뒤 몇 주, 몇 달, 아니 몇 년 동안 나는 불현듯 되살아나는 기억과 공황 발작 같은 성적 트라우마 증상에 시달렸다. 나는 이런 반응을 도저히 이해할 수 없었다. 어떤 기준으로 봐도 성폭력을 당한 것은 아니었기 때문이다. 내 경계를 넘은 사람은 다름 아닌 나 자신이었다. 그럼에도 내 몸은 두려움과 혐오로 그 기억을 강하게 거부했다.

나는 인스타그램 게시글에서 팔로워들에게 자신의 경험을 나눠 달라고 요청했다. 혹시 내 경험에 공감할 수 있을지 궁금했기 때문이다. 그리고 나는 정말 깜짝 놀랐다. 수백 개의 댓글과 메시지가 쏟아진 것이다. 어떤 이들은 원치 않는 성관계에 동의한 뒤 후회와 불편함, 수치심을 느꼈다고 말했다. 또 어떤 이들은 나와 마찬가지로 불현듯 되살아나는 기억, 원치 않는데도 반복해서 떠오르는 생각, 공황 발작 같은 증상을 겪었다고 털어놓았다. 수십 년이 지난 뒤에도 여전히 사라지지 않은 사례도 있었다.

우리의 경험은 자발적으로 동의했지만 원치 않았던 것이기에 그 고통과 혼란을 정확히 담아 낼 언어를 찾기가 어려웠다. 우리는 성폭력을 당했다고 느끼지 않았다. 오히려 스스로 배우자나 연인, 오래된 파트너와의 신체적 친밀함에 적극적으로 동의했기 때문이다. 그런데도 우리의 몸은 배신과 고통을 드러내고 있었다.

한 댓글 작성자는 이렇게 썼다. "저도 똑같은 경험을 했는데 그 일은 제 삶을 완전히 흔들어 놨죠. 그 일을 어떻게 받아들여야 할지 알 수 없었어요. 손가락질할 가해자가 없으면 그 피해는 인정받지 못한 채 사라져요. 그런데 제가 관계를 맺었던 남자는 가해자가 아니에요. 제가 동의했으니까요. 하지만 그렇다고 그 경험이 트라우마를 남기지 않은 건 아니에요."

우리가 원치 않는 성관계에 자발적으로 동의한 경험에 대해 좀처럼 소리 내어 이야기하지 않는 것은 여러 이유 때문이다. 대개 그런 침묵은 자신을 그렇게 배신한 사실에 대한 수치심에서 비롯된다. 이 장의 첫머리에서 자신의 이야기를 들려주었던 도미니크는 이렇게 말했다. "그때 무슨 일이 벌어지고 있는지 말로 설명할 방법이 없었어요. … 너무 부끄러웠어요. 남편과의 섹스를 하기 싫다는 말을 대체 누구에게 할 수 있었겠어요? 분명 잘못된 건 나 자신이라고만 생각했죠."

또한 우리는 원치 않는 성관계에 자발적으로 동의한 경험을 이야기하는 것이 성폭력을 겪은 사람들의 경험에 의심을 불러일으키지 않을까 우려하기도 한다. 성폭력 생존자이자 10년 넘게 폭력 반대 운동에 힘써온 크리스 애시Chris Ash는 이렇게 설명한다.[2]

"우리가 성적 피해에 관한 대화에 세세한 맥락을 보태는 것을 두려워하는 이유는 그 맥락이 법정이나 언론 그리고 가해자들에 의해 생존자들을 공격하는 무기로 쓰일 수 있다는 걸 알기 때문이죠. 성폭력은 결코 피해자의 잘못이 아닙니다. 그리고 우리는 자신의 성적 경계를 완전히 이해하지 못할 때도 있습니다. 하물며 그것을 명확히 상대에게 표현하는 일은 더 어렵죠. 많은 사람이 제대로 된 성교육을 거의 받지 못했고, 성적 경계를 어떻게 조율해야 하는지에 대한 본보기와 사례 또한 우리 문화 속에서 거의 찾을 수 없다는 현실을 생각하면 더욱 그렇습니다."

크리스의 말처럼 우리 문화에는 '가해자 없는 합의된 성관계에서 비롯된 성적 트라우마'를 설명할 언어 자체가 부족하다. 이런 방식으로 피플 플리징에 빠진 많은 사람이, 이 경험을 이야기하는 것이 배우자나 연인, 성적 파트너를 부당하게 가해자로 몰아세우는 결과가 되지 않을까 두려워한다.

이처럼 원하지 않는 성적 경험에 스스로 동의했다는 사실은 커다란 혼란과 좌절감을 가져온다. 그리고 몇 시간, 며칠, 몇 년이 지나서까지 돌아보며 자책한다. '내가 왜 그랬을까?' 하면서 말이다. 이에 대한 몇 가지 설득력 있는 해석을 연구에서 찾아볼 수 있다.

과거의 트라우마로 인한 아첨 반응

과거에 트라우마를 겪은 사람들은 아첨 반응을 보이기도 한다.[3] 이는 스트레스 상황에서 타인의 바람과 필요, 요구에 맞춤으로써 안전을 확보하려는 반응이다. 불안을 불러일으키는 상황, 예를 들면 좋아하는 사람에게 호감을 얻고 싶거나, 관심 없는 상대의 마음을 다치게 할까 봐 걱정될 때는 전혀 원하지 않는 친밀함에도 동의할 수 있다. 게다가 어린 시절 반복적인 학대를 경험한 사람들은 학습된 무기력 상태에 빠지기도 한다. 이는 자신이 처한 상황에 스스로 아무런 힘을 행사할 수 없다고 느끼는 상태다. 이런 사람들은 오직 자신의 내면에서만 도피할 수 있다는 사실을 배운다.[4]

정신과 의사이자 트라우마 전문가인 베셀 반 데어 콜크Bessel van der Kolk는 성적 학대 생존자들이 "감정 상태를 바꾸는 데 초점을 맞춘 감정 기반 대처emotion-focused coping 방식을 발달시키기 쉬우며, 즉 감정을 불러일으키는 상황 자체를 바꾸기보다 그로 인해 생겨난 자신의 감정을 다스리는 데만 몰두하는 상태에 놓인다."라고 설명한다.[5] 트라우마 이력이 있는 이들은 상대방에게 성적 관심이 없음을 표현하거나 경계를 세우는 대신 해리 상태에 빠질 수 있다. 몸은 그 자리에 있지만 정신은 해당 상황에서 분리해 버리는 것이다.

아첨은 꼭 당장의 위험에 대한 반응만은 아니다. 전반적인 피플 플리징과 마찬가지로 과거의 위험에 대응하기 위해 발전시킨 대처 방식일 수 있다. 우리는 다정하고 친절하며 세심한 배려를 아끼지 않는 성적 파트너와 함께 있을 때 안전하다고 느끼면서도 과거의 트라우마 때문에 아첨 반응을 보일 수 있다.

각 성별에 부여되는 잘못된 믿음들

성 각본sexual script이란 성별에 따라 성적 상황에서 어떻게 행동해야 한다고 여겨지는, 널리 퍼진 믿음을 말한다.[6] 서구의 성 각본은 남성을 성관계를 갈망하고 적극적으로 표현하는 존재로, 여성을 수동적이고 성적 태도가 모호한 존재로 그려 낸다. 이런 각본은 고통스러울 만큼 제한적일 뿐 아니라 트랜스젠더와 논바이너리들을 아예 배제하기도 한다. 그 결과 성적으로 허용되는 행동 범위가 극도로 제한적이라는 믿음을 더욱 굳힌다.

'남자는 스킨십에 적극적이어야 한다'

서른여덟 살인 론은 이런 이야기를 들려주었다. "2년 전 한 여성과 세 번째 데이트를 마치고 집까지 데려다주었어요. 서로 잘 맞았지만 아직 잠자리를 가진 적은 없었죠. 그녀의 집 문 앞까지 함께 걸어가 굿나잇 키스를 하고 돌아서려던 순간, 그녀가 제 셔츠 소매를 붙잡으며 물었어요. '들어오고 싶지 않아?'라고요."

그는 말을 이었다. "전 너무 서두르지 않는 게 좋거든요. 그런데 남자라면 세 번째 데이트쯤에는 그녀와 자고 싶어 해야 한다는 압박감이 느껴졌어요. 게다가 그 압박은 그녀가 아니라 저 자신에게서 나온 거였어요. 전 그녀가 정말 마음에 들었고 혹시나 그녀가 자기에게 관심이 없다고 생각할까 봐 두려웠던 거예요. 그래서 좀 더 기다리고 싶다고 말하지 못하고 결국 잤어요. 하지만 기분이 좋지 않았어요. 제가 스스로 편안한 선을 넘어 지나치게 서둘렀다는 느낌이 들었거든요."

론의 이야기는 드문 사례가 아니다. 1994년의 연구에 따르면 원치 않는 성적 접촉을 경험한 이성애 남성들은 상대방을 거부하면 자신의 이성애 정체성에 의문이 제기될까 걱정스럽다고 밝혔다.[7] 2019년에 중학생, 고등학생, 대학생 87명을 대상으로 진행한 연구에서는 절반이 넘는 이들이 부모, 가족, 친구, 팀 동료 그리고 미디어로부터 성관계를 해야 한다는 압박을 '사방에서', '지속적으로' 느낀다고 답했다.[8]

성 연구자 미셸 클레멘츠-슈라이버Michele Clements-Schreiber는 "남성이 성적 기회에 적극적으로 반응하지 않는 것은 문화적으로 용납되지 않는다."라고 설명한다.[9] 이처럼 이성애 남성들이 성적 기회에 억지로 열정적인 태도를 보이는 깃은 자신의 남성성을 지키고 이성애자임을 증명할 유일한 방법일 수 있다.

'게이 남성은 문란하다'

마찬가지로 게이 남성을 '과도하게 문란한' 존재로 그리는 성 각본은 그들이 욕구를 적극적으로 드러내서 퀴어 정체성을 지켜야 한다는 압박을 느끼게 한다.[10] 2021년에 진행된 한 연구에서는 게이, 양성애자, 퀴어 남성 24명을 조사했는데, 참가자 대다수가 '게이는 이럴 것이다'라는 기대에 떠밀려 원치 않는 관계를 맺는다고 답했다.[11]

한 참가자는 이렇게 말했다.[12] "피하려고 했지만 왠지 의무처럼 느껴졌어요. 창피당하지 않고 빠져나올 방법이 없는 것 같았달까요? 결국 하긴 했지만 거의 집중하지 못했고 빨리 자리를 뜨고 싶다는 생각뿐이었어요." 또 다른 참가자는 이렇게 털어놓았다.[13] "저를 그런 쪽으로만 좋아했던 친구들이 있었어요. 저는 마음이 없었는데도 그냥 맞춰 줬어

요. 상처 주고 싶지 않았으니까요. 하지만 좋은 결과로 이어지지 않을
거라는 건 알고 있었어요."

게이 남성들이 원치 않는 성적 관계에 억지로 적극적인 태도를 보이
는 것은 자신의 퀴어 정체성을 확인하고, 사회적 소속감을 지키며, 게
이 공동체 안에서 긍정적인 평판을 얻기 위한 필수 조건일 수 있다.

'관계에 적극적인 여자가 쿨하다'

상당수의 여성은 파트너와의 관계를 유지해야 한다는 책임감이나 의
무감 때문에 원치 않는 성관계를 감내하곤 한다. 2009년 진행된 한 연
구에 따르면 장기적인 관계를 맺고 있는 여성 중 많은 이가 상대의 요구
를 거절했을 때 "상대와의 신뢰가 깨지거나 관계 자체가 흔들릴까 봐"
우려하는 것으로 나타났다.[14] 이들은 파트너가 원하는 것을 우선으로
충족시켜야 한다는 내면의 목소리를 거부하지 못한 채 자신의 감정보다
관계의 안정을 선택하곤 한다.[15]

이런 패턴은 새로운 관계를 시작할 때도 비슷하게 나타난다. 상대에
게 좋은 인상을 남기고 싶거나 '까다로운 사람'으로 보이고 싶지 않아 마
음에도 없는 선택을 하는 것이다. 서른네 살 엘라는 과거의 경험을 이렇
게 회상했다. "20대 초반까지만 해도 제가 경험한 섹스 중 상당수는 진
심으로 원해서 한 것이 아니었어요. 누군가 강요한 건 아니었지만 당시
엔 '내숭 떨지 않고 상대를 실망시키지 않는 쿨한 사람'이 되어야 한다
는 무언의 압박을 느꼈거든요. 키스했다면 그다음 단계로 나아가는 것
이 당연한 규칙처럼 여겨졌고 그 흐름을 끊으면 관계를 망치는 사람이
될 것 같아 두려웠던 거죠."

정서적 친밀감을 원해서 허락하는 경우

어떤 이들은 상대방과 더 가까워지고 싶거나, 식어 버린 애정을 회복하거나, 파트너와의 정서적 유대감을 더 돈독하게 하고 싶어서 원치 않는 스킨십에 응하기도 한다. 물론 진심으로 원한다면 이는 친밀감을 높이는 아주 효과적인 방법이 될 수 있다. 하지만 그 때문에 몸의 솔직한 반응을 자꾸 무시한다면 문제가 될 수 있다.

쉰다섯 살인 카렌은 이렇게 말했다. "전남편과 저는 몇 년 동안 이혼할지 말지를 두고 아슬아슬하게 줄타기를 했어요. 크게 다툰 후면 며칠 동안 서로 눈치를 보디기 꼭 정해진 순서처럼 그가 다가와 말없이 포옹했죠. 그러고 나면 우리는 침대에 함께 있었어요. 사실 전 원하지 않았지만 그때는 우리 사이가 너무 멀어져 있었죠. … 그래서 관계를 회복할 유일한 방법이라고 생각했던 것 같아요. 몇 분 동안만이라도 그의 품에 안겨 있으면 그동안 우리 사이를 멀어지게 했던 모든 게 다시 괜찮아지는 느낌이었으니까요."

연구에 따르면 관계에서 불안을 느끼는 사람들은 파트너에게서 안심을 얻거나, 존재를 확인받거나, 거절을 피하기 위해 스킨십에 의존하는 경우가 많다.[16] 그 결과 이들은 스킨십에 더 과도하게 의존하게 되고 진지한 관계에서나 그렇지 않은 관계에서나 원치 않는 합의된 성관계를 경험할 가능성이 더 커진다.[17]

합의했지만 원치 않는 성관계의 배경을 이해하면 수치심을 넘어 자기 연민을 기를 수 있다. 모든 형태의 피플 플리징이 그렇듯 이 패턴 역시 연습과 의지를 통해 깨뜨릴 수 있다. 제10장에서 살펴본 경계 설정 도구들을 포함해 다음 연습들은 우리가 우리의 성적 경계를 존중하도록 도와준다.

하고 싶은 말을 입에 붙도록 연습하라

원치 않는 관계를 하게 될 상황이 닥쳤을 때 경계를 세우는 것이 어렵게 느껴진다면, 미리 말할 내용을 연습해 두면 도움이 된다. 예를 들면 이렇게 말할 수 있다. "함께 있는 게 좋지만 이 이상은 원하지 않아.", "오늘은 키스까지만 하자.", "너에게 느끼는 유대감은 연인보단 친구 사이에 더 가까워.", "나는 너와 자고 싶지 않아."

진심에 가까운 표현을 몇 가지 골랐다면 소리 내어 연습해 보자. 거울 앞에서 말해 보거나, 친구와 역할극을 해보거나, 치료사와 함께 연습하는 것도 좋다.

논바이너리인 퀸은 대학 신입생이다. 그녀는 원치 않는 여러 번의 원나이트 경험 뒤에 좌절감을 느꼈다. 캠퍼스에서는 모두가 가볍게 만나고 잠자리를 하는 분위기여서, 어색한 대화를 이어 가느니 차라리 기대에 맞추는 편이 더 쉽다고 느껴져 그랬던 것이었다.

퀸은 성적 경계를 단단히 세우기로 마음먹고 "오늘은 원 나이트할 기분이 아니야."라는 단순한 문장을 골라 거울 앞에서 연습했다. 룸메이트인 헤이든에게 역할극까지 부탁했다. 헤이든이 뻔한 작업 멘트를 쏟아 내자 퀸은 웃음을 터뜨리면서도 계속해서 같은 대답을 반복했다. "오늘은 원 나이트할 기분이 아니야."

일주일 정도가 지나자 그 문장을 너무 많이 반복해서 머릿속에 깊이 새겨졌다. 주말에 퀸은 좋아하는 옷을 입고 근처 기숙사에서 열리는 파티에 갔다. 그리고 예상대로 몇 시간 뒤 퀸은 또 다른 논바이너리 학생 제이와 대화를 나누고 있었다. 제이는 퀸의 어깨에 팔을 두르며 물었다. "있잖아, 내 방으로 갈래?"

퀸은 순간 가슴이 철렁했다. 대화는 즐겁지만 제이의 방으로 가고 싶진 않았다. 가슴이 쿵쾅거리고 초조해졌다. 그와 동시에 퀸은 번개처럼 빠른 속도로 말했다. "오늘은 원 나이트할 기분이 아니야."

제이는 고개를 갸웃하며 퀸을 바라봤다. "미안, 뭐라고 했어? 잘 못 들었어."

퀸은 깊게 숨을 들이마시며 마음을 진정시키고 이번에는 더 천천히 말했다.

"오늘은 원 나이트할 기분이 아니야."

"아, 그래. 알겠어." 제이가 대답했다. 잠시 후 제이는 정중하게 대화를 마무리했다.

퀸은 제이를 거절한 뒤 약간의 죄책감이 남았지만 묘하게 홀가분한 기분도 들었다. 자신의 선택을 지켜 냈다는 사실이 뿌듯했다. 나중에 기숙사 방으로 돌아온 퀸은 편안한 잠옷으로 갈아입고 침대에 누웠다. 미소를 머금고 홀로 있는 그 시간이 어느 때보다 행복했다.

경계를 미리 세워라

그래도 경계를 세우는 게 어렵게 느껴진다면 미리 세우는 방법을 시도해 보자. 분위기가 자연스럽게 스킨십을 시도하는 쪽으로 흘러가기 전에 문자 메시지나 전화 혹은 대면으로 이야기함으로써 미리 경계를 설정할 수 있다.

예를 들면 이런 메시지를 보낼 수 있다. "미리 알려 주는데, 오늘은 네 방으로 가고 싶지 않아.", "나는 순간적으로 경계를 세우는 게 어려워서 미리 말할게. 스킨십은 천천히 하고 싶어.", "오늘은 그냥 친구처럼 놀자. 잘 통한다 싶으면 다음에 진도 나가도 되잖아.", "오늘은 너랑 자고 싶은 기분이 아니야. 대신 껴안고 영화 볼까?"

경계를 미리 정해 두면 막상 상황이 닥쳤을 때 무슨 말을 해야 할지 생각하는 압박감을 줄일 수 있다. 이후 좀 더 친밀한 사이로 발전하고 싶다면 그때 가서 언제든 다시 경계를 조율할 수 있다.

왜 원한다고 말했는지 동기 파악하기

정서적 친밀감을 위해 스킨십을 선택해 왔다면 스킨십을 시도하거나 동의할 때 내 동기가 무엇인지 파악하는 연습을 해볼 수 있다. 그저 상황에 휩쓸려 자동으로 따르기보다 스스로 확인하는 습관을 들여 보자. '지금 내가 이 사람을 정말로 원하고 있는가? 내가 진짜 원하는 게 신체적 접촉인가, 아니면 애정이나 다정함, 따뜻함, 사랑처럼 정서적 바람인가? 나는 지금 단절감이나 거리감, 원망, 외로움, 슬픔을 느끼고 있는가? 그리고 이런 감정과 그 아래에 있는 충족되지 않은 요구에 대해 이 사람과 이야기해 본 적이 있는가?'

신체적 접촉을 향한 요구가 사실은 더 깊은 요구(정서적 친밀감이나 안심, 사랑)를 가리고 있다는 사실을 발견했다면 이에 대해 파트너와 이야기해 보는 것이 좋다.

캐서린의 남편 피터는 출장으로 2주 동안 집을 비웠다. 그는 업무 때문에 자주 출장을 다니는데, 보통 집을 떠나 있을 때는 이틀에 한 번꼴로 캐서린에게 전화하고 틈틈이 문자를 보내곤 했다. 그런데 이번에는 평소와 다르게 조용했다. 몇 차례 짧은 문자만 보냈을 뿐 전화는 전혀 없었다. 출장 마지막 날이 되자 캐서린은 불안해지기 시작했다. 별별 생각이 다 들었다. '나한테 화난 일이라도 있나? 혹시 출장 중에 다른 여자를 만난 건 아닐까? 회사 동료와 시간을 보낸 건 아닐까?'

피터가 집에 돌아왔을 때 캐서린은 초조한 마음으로 현관에서 그를 맞았다. 피터는 캐서린에게 입을 맞추고 허리에 손을 두르며 미소 지었다. "보고 싶었어. 침실로 갈까?"

캐서린은 그러자고 할 뻔했지만 잠시 멈추고 머릿속으로 이렇게 질문했다. '지금 내가 정말 그와 침실로 가길 원하는 걸까, 아니면 이건 내가 더 간절히 원하는 다른 목적을 위한 수단일 뿐일까?' 몸의 감각에 주의를 기울이자 가슴이 막힌 듯 답답하고 턱에 힘이 잔뜩 들어가 있다는 것을 알아차렸다.

성욕은 전혀 느껴지지 않았고 여전히 불안이 그녀 안에 자리하고 있었다. 지금 그녀가 가장 원하는 것은 피터가 여전히 자신을 사랑하고 자신이 그에게 소중한 존재라는 걸 확인하는 일이었다. 또 그가 왜 출장 중에 연락을 거의 하지 않았는지 그 이유를 알고 싶었다. 그녀는 그의 가슴에 살며시 손을 얹으며 말했다. "잠깐만. 먼저 좀 정리하고, 출장 얘기도 해줘."

피터가 짐을 풀고 샤워를 마친 뒤 두 사람은 그의 출장에 대해 이야기를 나눴다. 캐서린은 불안감에 대해 솔직히 털어놓았다. 피터는 처음에는 다소 민감하게 반응했지만 곧 연락을 자주 하지 않은 것에 대해 사과했다. 그는 마감 때문에 스트레스가 심했다며 그 사실을 미리 알려서 그녀가 걱정하지 않도록 했어야 했다고 말했다.

대화를 나눈 뒤 캐서린의 걱정은 누그러졌다. 그날 밤 침대에 나란히 누웠을 때 그녀의 몸 안에서 비로소 진짜 욕망이 일렁였다. 어둠 속에서 그녀는 남편에게 손을 뻗었다. 이제는 더 깊이 연결되어 있다는 확신 덕분에, 관계를 이어 가기 위해서가 아니라 정서적 안정감 위에 자연스럽게 더해진 쾌락을 누릴 수 있었다.

받는 것이 어려운 사람들

피플 플리저들은 대체로 자기가 남에게 무언가를 해줄 때 가장 편안함을 느낀다. 그렇다 보니 육체적 즐거움에 집중하기가 쉽지 않을 수 있다. 파트너에게 관심을 주어야 한다는 압박을 느끼거나, 상대방이 나를 기분 좋게 해주려는 과정을 즐기지 못하는 건 아닐까 걱정하거나, 괜히 상대방을 불편하게 만들지 않으려는 마음에 서두르거나 집중하지 못할 수 있다.

우리는 파트너가 나와의 관계를 어떻게 느끼고 있는지에 지나치게 집중한 나머지 정작 자신의 즐거움은 옆으로 밀려나 버릴 때가 많다. 이를 관객화spectatoring라 부르는데, 관계 도중에 자신의 감각이나 파트너에 집중하지 않고 마치 제3자의 시선으로 자신을 바라보는 상태를 뜻한다.[18] 무엇이든 제대로 해야 한다는 생각에 사로잡혀 자신의 외모, 냄새, 맛, 소리 같은 것에 너무 신경 쓰다 보면 정작 지금 경험하고 있는 순간을 온전히 음미하지 못하게 된다.

성교육가이자 작가인 엘라 도르발 홀Ella Dorval Hall은 이렇게 설명한다.[19] "나는 파트너가 얼마나 만족하는지, 나를 어떻게 생각하는지에 너무 신경 쓰느라 정작 관계의 즐거움에 집중할 수 없었다. 관계 내내 내 기술을 평가하고, 파트너가 나를 어떻게 보고 있을지 분석하고, 그들이 무엇을 원할지 미리 짐작하려 애쓰느라 시간을 보냈다. 그런 생각들은 가혹했다. 나는 불안한 나머지 마치 방 안에 나를 평가하는 또 다른 사람이 있는 것처럼 느껴졌다. 하지만 그 사람은 다름 아닌 내 머릿속의 목소리였다. 그 목소리는 내가 파트너를 만족시키지 못하고 있다는 증거를 하나하나 들이밀며, 바로 그런 이유로 상대가 나를 좋아하지 않을 거라고 속삭이고 있었다."

주의가 산만해지고 자신이 느끼는 감각에서 단절될수록 오르가슴을 느끼기는 더 어려워진다. 물론 오르가슴 같은 성적 쾌감을 느끼는 것이 성 경험의 유일한 기준은 아니지만 그러지 못하면 파트너가 실망할까 걱정한다. 그러다 보면 아이러니하게도 불안이 현실이 되어 버리고, 불안할수록 관계는 더욱 힘들어진다.

오르가슴은 불안과 관련된 뇌 영역이 비활성화될 때 일어난다.[20] 절정에 이르려면 모든 것을 내려놓고 감각에 자신을 맡겨야 하는 것이다. 하지만 제대로 긴장을 풀지 못할 때 우리는 파트너를 만족시키기 위해 오르가슴을 느끼는 척하기도 한다. 한 연구에서는 남성의 28퍼센트, 여성의 67퍼센트가 오르가슴을 연기한 경험이 있다고 답했다. 가장 흔한 이유 네 가지는 이렇다.[21] 도달하기 힘들 것 같아서, 빨리 끝내고 싶어서, 분위기를 망치고 싶지 않아서, 파트너를 기쁘게 해주고 싶어서.

피플 플리징 패턴을 끊으려면 자신의 필요와 바람에 귀 기울여야 하

듯, 성적 피플 플리징의 패턴을 벗어나려면 자신의 쾌락과 욕구에 주파
수를 맞춰야 한다.

마사지를 이용해 받는 법 연습하기

안마나 등 마사지처럼 신체적 긴장이 덜한 가벼운 스킨십을 주고받
는 법을 연습할 수 있다. 파트너와 함께 한 시간 동안 서로에게 마사지
를 해주자. 마사지를 받을 때는 오직 받는 데만 집중하고, 마사지를 하
는 쪽은 오직 주는 데만 집중한다. 억지로 소리를 내거나 표정을 연기
해야 한다는 부담을 내려놓자. 이 경험이 평소의 성적 상호작용과 어떻
게 다른지 주의를 기울여 보자.

그다음에는 역할을 바꿔서, 이번에는 오직 주는 데만 집중하고 파트
너는 오직 받는 데만 집중하도록 한다. 서로가 똑같이 주고받는 시간을
가진다는 사실만으로도 파트너를 위해 지나치게 맞춰 줘야 한다는 압
박감을 덜 수 있다. 이 연습의 목적은 어떤 결말을 목표로 하기보다 그
저 즐거운 신체적 감각 속에 몸을 맡기고 즐기는 것이다.

만족시켜야 한다는 압박감 버리기

오르가슴에 이르기 어렵다면 미리 파트너에게 그 사실을 이야기한
다. 그렇게 하면 불안이 줄어들고 성적 경험에 대해 서로 편안한 기대치
를 세울 수 있다. 예를 들면 이렇게 말할 수 있다. "나는 우리 관계의 목
표가 육체적 쾌락이라고 생각하지 않아. 우리가 이 과정 자체를 즐기는
게 좋아.", "미리 알려 주고 싶은데, 나는 절정에 이를 때까지 시간이 꽤
걸려.", "나는 정말 너무 좋을 때도 절정에 이르지는 못해. 내 몸이 원래

그래."

이런 말을 덧붙이면 파트너가 상황을 좀 더 이해할 수 있겠지만 궁극적으로는 자신을 위한 일이다. 압박감 없이 편안하게 긴장을 풀 수 있는 여유를 자신에게 허락하는 것이다.

원하는 것을 구체적으로 솔직히 말하라

관계를 할 때 어떤 방식을 선호하는지 솔직하게 말하는 일은 쉽지 않다. 이는 피플 플리서뿐 아니라 대부분이 그렇다. 파트너가 어떻게 생각할지 걱정하느라 내 취향을 드러내지 못하기도 한다. 이를테면 나는 좀 더 거친 방식을 원하지만 파트너는 부드러운 방식을 선호하는 것 같을 수도 있다. 새로운 기구를 시도해 보고 싶지만 파트너가 이상하게 생각할까 봐 걱정스러울 수도 있다.

때로 우리는 파트너의 마음을 상하게 할까 봐 자신이 원하는 걸 쉽게 말하지 못한다. 예를 들어 입맞춤이 조금 더 부드러웠으면 하거나, 체위에 변화를 주고 싶다는 바람이 있어도 입 밖으로 꺼내지 못하는 것이다. 취향을 말하는 것이 어렵게 느껴질 수 있지만 건강한 관계에서는 만약 내가 즐기지 못하는 행동이 있다면 분명 파트너가 알고 싶어 하리라는 사실을 기억해야 한다. 잠깐의 어색한 대화를 나누는 것이 원치 않는 방식의 스킨십을 이어가는 것보다 훨씬 낫다.

솔직하게 자신이 원하는 걸 말하고 피드백을 주는 일은 어색할 수 있다. 대부분의 사람이 이에 대해 솔직하게 소통하는 법을 배우지 못했기 때문이다. 그러나 그것만이 두 사람 모두 만족스러운 경험을 보장하는 유일한 길이다. 내가 직접 알려 주지 않으면 파트너는 내 몸의 언어를 읽을 수 없다. 피드백에는 내가 좋아하는 것뿐 아니라 별로 좋아하지 않는 것에 대한 점도 포함된다.

입장을 바꿔 생각해 보자

파트너에게 피드백을 전하는 것이 불안하게 느껴진다면 잠시 입장을 바꿔 보자. 당신은 파트너에게 최선을 다하고 있는데 파트너는 즐기지 못하고 있다. 당신은 그 사실을 꿈에도 모른 채 파트너가 별로 좋아하지 않는 방식을 계속 시도한다. 이런 상황이라면 당연히 끔찍하게 느껴질 것이다. 이렇게 입장을 바꿔 보면 잠깐 어색한 분위기가 감돌더라도 파트너가 마음에 들지 않는 부분을 솔직히 말해 주길 간절히 바랄 것이다. 그러니 우리도 용기를 내어 어떤 점이 잘 맞고 어떤 점이 맞지 않는지 이야기함으로써 파트너를 배려할 수 있다.

침실 밖에서 대화하기

자신이 원하는 것을 말하거나 피드백을 주는 일이 어렵게 느껴진다면 침실 위에서가 아닌 일반적인 상황에서 대화를 시작해 보자. 저녁 식사 자리나 아침 커피를 함께 마실 때처럼 편안한 상황에서 대화를 나눠 보는 것이다.

이런 식으로 대화를 시작할 수 있다. "혹시 새롭게 해보고 싶은 거 있어? 나도 생각해 봤는데 몇 가지 아이디어가 있어.", "오늘 재미있는 생각이 떠올랐어. 들어 볼래?", "우리 이걸 주제로 대화해 볼까? 내 생각도 얘기하고 네 생각도 듣고 싶어."

피드백을 전할 때는 이렇게 말할 수 있다. "보통 우리가 그 자세로 하잖아. 다음에는 이런 식으로 해보면 어떨까 싶어.", "당신이 날 기쁘게 해주는 방식이 정말 좋아. 그리고 이렇게 하면 더 좋을 것 같아.", "며칠 전에 이런 방식에 대해 들었는데, 괜찮다면 같이 해보고 싶어."

이런 대화에서는 제10장에서 다룬 가감 없는 '솔직히' 전달법을 활용해도 좋다. 예를 들면 이렇게 말할 수 있다. "이 얘기를 꺼내는 게 좀 어색하긴 한데, 솔직히 나라면 꼭 알고 싶었을 것 같아.", "솔직히 우리가 이런 피드백을 주고받는 게 어색할 수 있다는 거 알아. 그래도 괜찮다면 한 가지 얘기하고 싶어.", "이 얘기를 꺼내려니 좀 쑥스럽긴 한데, 나중에 꼭 한번 시도해 보고 싶은 게 있어."

앤드리아와 코디는 몇 주째 좋은 만남을 이어 오고 있었다. 대화도 잘 통하고 서로에게 강하게 끌렸지만 한 가지 문제가 있었다. 앤드리아는 코디의 키스 방식이 자신과 맞지 않는다고 느꼈다. 코디는 다소 과감하고 열정적인 방식을 선호했지만, 앤드리아는 보다 섬세하고 부드러운 교감을 원했기 때문이다. 그녀는 이 차이를 어떻게 설명해야 할지 몰라 난감했다.

어느 날 앤드리아는 결단을 내렸다. 불편한 대화를 피하려고 관계 자체를 포기하기엔 코디가 너무나 매력적인 사람이었기 때문이다. '이건 우리 두 사람의 즐거움을 위한 일이야'라고 스스로 다독인 그녀는 코디를 만난 날, 조심스럽게 입을 뗐다.

"쑥스럽긴 한데, 내가 좋아하는 방식에 대해 이야기해도 될까?" 코디가 고개를 끄덕이자 그녀는 솔직하게 털어놓았다. "나는 사실 부드럽고 가볍게 닿는 입술과 혀의 감촉을 더 좋아해. 우리 이번엔 그런 느낌에 집중해서 서로를 느껴 보면 어때?"

순간 코디의 얼굴이 붉어졌다. 자신의 방식이 상대에게 만족스럽지 않았을지도 모른다는 생각에 민망함이 밀려온 것이다. 앤드리아는 코디의 얼굴을 보고 미안함에 가슴이 뛰었지만, 곧바로 그의 팔에 손을 얹으며 진심을 전했다. "정말 어색한 상황이라는 거 알아. 하지만 난 너와 함께 하는 시간이 너무 소중하고 우리 관계를 더 멋지게 키워 가고 싶어. 사람마다 취향이 다르니까 서로 맞춰 가는 과정이 있다면 우리 둘 다 훨씬 더 행복해지지 않을까?"

코디는 잠시 생각에 잠기더니 이내 미소를 지으며 고개를 끄덕였다. "솔직히 조금 당황스럽긴 했지만 네 말이 맞아. 그럼 이제 네가 어떤 느낌을 좋아하는지 직접 나에게 알려 줄래?"

앤드리아는 그의 유연하고 유머러스한 태도에 고마움을 느끼며 웃음을 터뜨렸다. 비록 처음엔 조금 서툴고 어색했지만 두 사람은 솔직한 대화를 통해 서로에게 가장 완벽하게 어우러지는 리듬을 찾아내는 데 성공했다.

모든 관계에서 소통은 근본이다

결국 피플 플리징의 패턴을 끊으려는 노력은 삶의 모든 영역에 영향을 미친다. 일상에서 스스로 목소리를 내고 요구를 표현하는 데 익숙해질수록 파트너와의 관계 속에서도 자신을 드러내는 일이 훨씬 편안해진다.

안전하고 솔직하게 소통할 수 있는 파트너를 찾는 것은 주체적인 성을 향한 여정에서 가장 중요한 단계다. 우리는 상대가 나의 경계와 바람, 피드백에 어떻게 반응하는지 세심히 살펴야 한다. 강압적이거나 성적으로 압박을 가하거나 피드백을 무시하거나 나의 즐거움에 관심을 두지 않는 사람은 애정을 줄 만한 대상이 아니다.

피플 플리징의 패턴에서 벗어나는 과정에서 우리는 몸이 원하는 것에 귀 기울이고, 몸이 보내는 신호를 따르며, 무엇보다도 몸의 한계를 존중하는 법을 배운다. 그리고 섹스가 '누군가를 위해' 하는 일이 아니라 두 사람이 서로의 진짜 욕구를 나누는 경험임을 깨닫게 된다.

나를 다시 발견하는
놀이의 즐거움

남에게 잘 보이려 애쓰고 평소 가면을 쓰고 연기하는 이들에게 삶은 고역이다. 얼굴에는 늘 억지웃음이 걸려 있고 에너지는 전부 남을 돌보는 데 소모된다. 앞 장에서 살펴본 것처럼 이들은 일상은 물론 성생활에서도 원망과 의무감만이 있을 뿐이다.

하지만 이런 패턴을 끊어 내려 애쓰기 시작하면 처음에는 힘겨워도 점차 편안함과 여유가 이어지는 날들이 찾아온다. 인생에 다소 굴곡이 있더라도 전반적으로 우리의 요구는 충족되고, 바람은 표현되며, 새로운 경계가 우리를 지켜 준다. 우리는 더 이상 생존 모드에 머물지 않는다. 그리고 낯선 평온함 속에서 문득 깨닫는다. 자신에게 마음껏 놀아도 된다고 허락한 지가 얼마나 오래되었는지.

연구에 따르면 놀이Play는 자존감과 행복감을 높이는 직접적인 효과가 있다.[1] 놀이가 삶에 유쾌함과 몰입, 다채로움을 불어넣어 일상의 의무와는 전혀 다른 활력을 선사하는 것이다. 놀이는 흔히 아이들의 영역으로 여겨지지만 피플 플리징에서 회복 중인 이들에게는 타인 중심적 사고를 치유하는 데 꼭 필요한 해독제다.

놀이는 각자의 고유한 욕구에서 비롯된다. 이는 타인보다 자기 자신을 우선시하는 경험을 몸으로 체감하는 것이다. 오랫동안 자신의 존재 이유가 남을 편안하게 해주는 데 있다고 믿어 온 사람에게, 오로지 나의 욕구와 즐거움만을 위해 무언가를 하는 것은 그 자체로 근본적인 치유 행위다.

이 장에서는 놀이의 다양한 형태를 살펴보고 그동안 우리가 왜 놀이와 멀어졌는지 그 이유를 짚어 본다. 또한 놀이를 즐기는 마음가짐을 어떻게 기를 수 있는지 배우고 기쁨과 즐거움의 감각을 다시 회복하는 연습을 해볼 것이다.

다시 나를 삶으로 불러내는 놀이의 힘

전미놀이연구소National Institute for Play를 설립한 정신과 의사 스튜어트 브라운Stuart Brown은 놀이는 특정 활동 자체가 아니라 이를 대하는 마음가짐에 달려 있다고 말했다. 그의 말에 따르면 모든 놀이는 "몰입과 즐거움을 제공하고 시간과 장소를 잊게 하며 결과보다 과정 그 자체가 더 중요하다."[2]

어떤 사람에게는 피아노 연습이 놀이일 수 있다. 어떤 사람은 강에서 노를 저으며 놀고, 어떤 사람은 우표를 모으거나 새로운 요리를 시도하며 논다. 이런 활동들을 놀이로 묶어 주는 공통점은 내적 동기에서 비롯된다는 것이다. 놀이는 미래의 성과를 위해서가 아니라 오롯이 그 순간의 즐거움 때문에 하는 것이다.

어린 시절 이후에는 놀이를 '오락'recreation이라 부르기 시작하는데, 아마도 좀 더 점잖게 들리기를 바라는 마음에서일 것이다. 흥미롭게도 'recreation'이라는 단어는 라틴어 're'(다시)와 'creare'(창조하다, 불러내다)에서 비롯되었으며, 14세기에 '병든 이를 치유한다'라는 의미로 처음 쓰였다. 즉 오락은 누군가를 다시 삶으로 불러내는 것이었다. 이 번역은 현대 사회에 깊은 울림을 준다. 피플 플리징에 시달리는 사람들뿐만 아니라 사실상 모든 현대인이 기쁨과 즐거움, 놀이와 단절된 채 살아가고 있기 때문이다. 너무나 많은 사람이 끝없는 의무라는 쳇바퀴 속에서 하루하루를 버틴다.

놀이는 진화적으로 우리 몸에 새겨져 있다.[3] 모든 포유류가 그렇다. 그런데도 많은 사람이 노는 방법을 알지 못한다고 느낀다. 그런 자신이 어딘가 망가진 것 같아 당혹스러울 수도 있다. '노는 법은 자연스럽게 알아야 하는 건데 왜 난 모르지?'

우리가 노는 법을 잊은 이유

무수히 많은 사회적, 문화적 요인이 우리의 놀이 본능을 억누른다. 놀이는 우리가 잃어버린 기술이라기보다 현대 문화 속에서 쉽게 드러나지 않지만 우리 안에 있는 타고난 특성이라고 보는 편이 더 적절할지도 모른다. 사실 놀이는 어른들만이 아니라 아이들 사이에서도 1955년 이후 꾸준히 줄어들고 있다.[4] 전문가들은 그 이유로 헬리콥터식 양육의 확산, 자연에서 보내는 시간의 감소, 학업의 과도한 압박, 디지털 기기 사용의 증가를 꼽는다. 그리고 언제나 같은 결론에 이른다. 애초에 허락받지 못한 일을 편안하게 하기란 어렵다는 것이다.

아이든 어른이든 이제는 디지털 기기의 화면을 들여다보는 일이 가장 흔한 여가 활동이 되었다. 우리는 창의적이고 몰입하는 놀이에서 벗어나 수동적인 미디어 소비로 옮겨 갔다. 미디어 소비가 여가 활동처럼 보일 수도 있겠지만(사실 그마저도 논란의 여지가 있다) 이는 확실히 놀이가 아니다.[5] 수천 건의 연구에 따르면 미디어 소비는 오히려 불안과 우울을 심화시킨다.

우리가 놀이에서 멀어진 가장 큰 이유는 현대 문화가 돈을 벌고 지위를 얻고 생산성을 높이는 것에 가치를 두기 때문이다. 자본주의가 낳은 산물인 성과지상주의grind culture는 우리가 올리는 성과만큼만 가치 있는 존재라고 주장한다. 이런 틀 속에서 놀이는 중요하지 않을 뿐 아니라 소중한 시간을 낭비하는 일로 전락한다.

《휴식은 저항이다》의 저자 트리샤 허시Tricia Hersey는 이렇게 썼다.[6] "성과지상주의 문화는 우리에게 상상력과 시간뿐만 아니라 즐거움과 취미, 여가와 실험까지 빼앗아 갔다. 우리는 끊임없이 분주하게 뛰어다니고 일하는 반복의 굴레에 갇혀 있다. 이제 우리는 바쁨 중독을 인정하고 삶을 단순화하고 내려놓아야 한다."

바쁨과 생산성에 중독된 삶에는 놀이가 끼어들 틈이 거의 없다. 나이가 들수록 우리의 자유 시간은 끝없이 늘어나는 '해야 할 일' 목록에 잠식된다. 텔레비전을 보는 동시에 이메일에 답하고, 신호가 바뀌기를 기다리면서도 문자를 주고받는다.

겨우 놀이와 창작을 위한 시간을 마련하더라도 성과지상주의 문화는 그 활동을 수익화하라고 부추긴다. 그림을 잘 그리면 작품을 팔아야 하고, 유머 감각이 뛰어나면 소셜 미디어 활동으로 팔로워를 모아야 한다는 식이다. 그렇게 되면 놀이의 목적은 더 이상 그 순간의 경험이 아니라 돈과 명성, 지위 같은 외적 보상이 되어 버린다. 놀이를 성과의 수단으로 바꿔 버리면 결과보다 과정이 더 중요하다는 놀이의 가장 근본적인 원칙이 사라진다.

성과지상주의는 완벽주의를 낳는다. 무언가를 완벽하게 해내지 못한다면 애초에 할 가치조차 없다는 사고방식이다. 많은 사람이 자신이 결코 그 분야에서 최고가 될 수 없다는 사실을 깨닫는 순간 놀이를 멈춘다. 많은 사람이 놀이와 멀어진 계기는 자신이 '완벽하게' 놀지 못했다고 느낀 순간이었다. 경기에 졌다고 축구를 그만두고, 웃음을 끌어내지 못했다고 즉흥극을 접고, 공연 후 받은 평가 한마디에 작곡을 포기한다. 완벽주의와 놀이는 결코 함께할 수 없다.

이 모든 요인이 겹쳐지며 놀이는 중요하지 않다는 착각이 굳어진다. 하지만 놀이에 서툴다고 해서 그것이 개인의 결함은 아니다. 오히려 이는 생산성과 성취, 성과를 위해 사회의 규칙을 철저히 따랐다는 증거다. 잃어버렸던 놀이의 즐거움을 다시 발견하기 위해서는 이 뿌리 깊은 태도를 파헤치고 놀이가 우리에게 꼭 필요한 활력의 원천임을 기억해야 한다.

명상을 통해 놀이 기억해 내기

다음 글을 읽고 편안히 앉아 눈을 감은 채 몇 분간 떠올려 보자.

어린 시절에 놀았던 기억을 떠올려 보라.

바닷가나 숲 같은 자연 속에서 노는 모습일지 모른다.

거실에서 형제나 친구와 함께 놀았을 수도 있다.

햇살 아래 운동장에서 뛰고 있었을 수도 있다.

아니면 상상력을 벗 삼아 혼자 놀고 있었을 수도 있다.

마음속에서 그 장면을 떠올려 보라.

주변 환경을 떠올려 보라. 눈에 보이는 모습, 들려오는 소리, 스며드는 냄새까지.

그 장면에서 놀고 있는 어린 시절의 자신에게로 시선을 향하라.

생생하게 그려 보라. 얼굴, 미소, 웃음소리.

그때의 나는 온전히 그 순간에 존재했다.

아무 걱정도 없었다.

순간에 깊이 몰두하며 살아 있음을 느꼈다.

어린 시절의 나를 떠올릴 때 어떤 감정이 느껴지는지 살펴보라.

그리움이 느껴지는가?

간절함이 드는가?

슬픔이나 쓸쓸함이 찾아오는가?

지금 마음과 몸에 스며드는 이 감정을 그저 알아차려라.

이렇게 말해도 좋다. "듣고 있어. 내가 여기 있어."

준비가 되면 천천히 눈을 뜬다.

나는 강연에서 이 명상을 제안할 때마다 사람들의 강렬한 반응에 놀라곤 한다. 명상을 끝내고 눈물이 뺨을 타고 흘러내리는 사람도 있고, 눈을 뜨며 황홀한 표정으로 이렇게 중얼거리는 사람도 있다. "이렇게 좋은 기분이었던 걸 잊고 있었어."

스물여덟 살 수즈는 자신의 명상에 대해 이런 이야기를 들려주었다. "제 기억 속에서 저는 여섯 살, 일곱 살쯤이고 뒷마당의 물웅덩이를 뛰어다니고 있어요. 폭우가 쏟아진 뒤였죠. 저는 큼지막한 빨간 장화를 신고 첨벙거리며 웃고 있고, 여동생 안나에게 따라오라고 신나게 외쳤어요. … 우리는 함께 상상의 세계를 만들었어요. 웅덩이마다 보물이 숨겨져 있어서 그 보물을 손에 넣으려면 반드시 뛰어들어야 한다고요. … 정말 몇 시간이나 그렇게 놀았던 것 같아요. 그때를 떠올리면 즐겁지만 슬프기도 해요. 그렇게 단순한 일에 푹 빠졌던 게 언제인지 기억조차 나지 않거든요. 이제는 그 작은 소녀가 낯선 사람처럼 느껴져요."

쉰 살의 말리크는 이렇게 회상했다. "열 살 때 축구팀에 들어갔습니다. 매주 일요일에 공원에 모여 연습했는데 지금까지도 기억에 남는 날이 있어요. 바람이 세차게 불고 코끝에는 갓 깎은 풀 냄새가 스쳤죠. 그날 저는 미드필더로 뛰며 공을 쫓았는데 얼마나 열심히 달렸는지 꼭 몸이 하늘로 떠오르는 듯했어요. 그 순간 제가 느낀 건, 말로 다 할 수 없는 환희였습니다. 살아 있음을 온몸으로 느꼈죠. 두 시간 내내 다른 어떤 생각도 하지 않았습니다. 그런데 지금은 이메일을 확인하지 않고 5분을 버틸 수 있다면 운이 좋을 정도예요."

이런 성찰을 통해 우리는 성과지상주의의 논리를 초월하는 차원에서 놀이의 필요성을 온몸으로 느낄 수 있다. 놀이는 돈을 벌게 해주지도 않았고 지위나 명성을 주지도 않았다. 그러나 그때의 감각, 즉 순수하게 놀이에 몰입하는 느낌과 살아 있다는 생생함 그리고 기쁨은 수많은 세월이 지난 지금까지도 우리가 간절히 갈망하는 것이다.

나는 어떤 유형의 놀이 성격을 지녔을까?

많은 사람이 자기가 다시는 놀이를 즐길 줄 모르는 사람이 되어 버린 건 아닐까 걱정한다. 어떤 이들은 자신이 내향적인 성향이라며 시끄러운 파티의 과한 자극보다는 책과 함께하는 고요함을 선호한다. 또 어떤 이들은 자기는 유쾌한 성격이 아니라서 놀 줄 모르고 사람들을 웃길 줄도 모르며 놀 시간도 없다고 느낀다.

너무 좁은 시각으로 놀이를 바라보면 생각만으로도 주눅이 들 수 있다. 하지만 놀이는 누구에게나 똑같은 모습일 필요가 없다. 앞에서 소개한 스튜어트 브라운은 수천 건의 인터뷰에서 여덟 가지 놀이 성격play personality을 발견했다. 이 여덟 가지 유형은 놀이가 사람마다 얼마나 다르게 나타날 수 있는지를 보여 준다.[7]

- **수집가**collector 는 사물(우표, 자동차, 동전, 책 등)이나 경험(좋아하는 밴드의 콘서트 관람)을 모으는 데 즐거움을 느낀다.
- **경쟁자**competitor 는 규칙이 있는 구조화된 게임을 즐기며 승리를 목

표로 한다.

- **창조가/예술가**creator/artist는 작곡, 뜨개질, 목공 작업, 그림 등, 새로운 것을 만드는 데서 즐거움을 느낀다.
- **감독**director은 경험과 이벤트를 기획하고 조직하며 이끄는 것을 즐긴다.
- **탐험가**explorer는 새로운 장소뿐 아니라 새로운 아이디어, 음식, 사람, 관점 등을 발견하고 경험하는 데서 즐거움을 얻는다.
- **익살꾼**joker은 장난을 치고 농담을 하며 다른 사람들을 웃게 만드는 것을 좋아한다.
- **활동가**kinesthete는 춤, 걷기, 요가, 스포츠처럼 몸을 움직이는 활동을 즐긴다.
- **스토리텔러**storyteller는 상상력을 발휘해 글쓰기, 춤, 강연, 영상 등 다양한 매체를 통해 이야기를 만들어 내는 것을 좋아한다.

이 여덟 가지 놀이 성격은 각자에게 어떤 놀이가 가장 자연스럽게 다가오는지를 파악하는 틀을 제공한다. 어쩌면 당신은 한 번도 놀이라고 생각해 본 적 없는 활동이 이미 일상 속에 자리하고 있다는 사실을 발견하고 놀랄지도 모른다.

서른일곱 살의 스튜어트는 늘 진지한 성격이었다. 고등학교 때는 모든 과목 시험에서 만점을 받았고 대학 시절에도 거의 매일 밤을 기숙사 방에서 공부하며 보냈다. 파티나 코미디, 시끌벅적한 무리에는 한 번도 낀 적이 없었기에 그는 자신이 외향적이지 못하고 놀 줄 모르는 재미없는 사람이 아닐까 걱정하곤 했다.

하지만 여덟 가지 놀이 성향 중 '탐험가'에 관한 설명을 읽는 순간 그는 자신의 성향과 정확히 맞아떨어지는 것을 느꼈다. 스튜어트는 사람, 장소, 사물에 관한 별난 사실들을 알아 가는 것을 무척 좋아했다. 아무리 생소하고 특이한 주제라도 그의 호기심을 꺾을 순 없었다. 어린 시절에는 늘 할머니와 함께 퀴즈쇼 〈제퍼디!〉Jeopardy!를 봤고, 성인이 된 지금은 일하는 중에도 짬이 날 때마다 위키피디아를 뒤지며 흥미로운 정보를 찾아다닌다.

그는 이런 활동을 한 번도 놀이로 생각해 본 적이 없었다. 그저 새로운 것을 발견할 때 느껴지는 짜릿함을 즐겼을 뿐이다. 하지만 이제 그는 자신이 아이디어 탐험가라는 사실을 알게 되었다. 그리고 놀이를 즐길 수 있는 방식을 어떻게 확장할 수 있을지 생각했다.

그는 어린 시절 퀴즈쇼에 열광했던 기억을 떠올리며 단골 술집 중에서 퀴즈 대회가 열리는 곳이 있는지 찾아봤다. 평소 사람들과 어울리는 자리를 불편해하는 편이지만 퀴즈 문제를 함께 푸는 것처럼 공통의 목적이 있다면 괜찮을 것 같았다. 또 낯선 환경에서 새로운 정보를 모을 수 있는 재미있는 방법이 될지도 모른다고 생각하면서 다큐멘터리 상영회를 구글에서 검색했다.

두 달 뒤 스튜어트는 동네 수제 맥줏집에서 수요일 밤에 열리는 퀴즈 대회에 나갔고 시내에서 열린 다큐멘터리 상영회에도 이미 다녀왔다. 탐험을 위한 시간을 내기 시작하자 그의 삶은 이전보다 훨씬 생동감이 넘쳤다.

스튜어트처럼 자신의 놀이 성향을 알면 이를 바탕으로 놀이의 방식과 가능성을 한층 다양하게 넓힐 수 있다. 이를테면 '경쟁자'는 대련할 수 있는 운동을 배워 보거나 '익살꾼'은 즉흥극 모임을 알아볼 수 있으며 '창조가'는 미술 학원에 등록할 수 있다.

스마트폰 게임도 놀이일까?

요즘은 누구나 한 번쯤 이런 생각을 하게 된다. '틱톡을 스크롤하는 것도 놀이일까? 영화를 보는 건? 휴대전화로 스도쿠를 푸는 건 어떨까?' 스크린 타임 역시 놀이가 될 수 있다. 다만 이를 어떻게 사용하느냐가 중요하다. 어떤 경험이 놀이가 되려면 즐거워야 한다. 그리고 정신적으로든 신체적으로든 적극적으로 참여해야 한다. 화면에서 정보를 수동적으로 받아들이기만 한다면(우리가 흔히 소셜 미디어에서 그러듯) 놀이가 아니라 여가일 뿐이다.

심리학자 미하이 칙센트미하이Mihaly Csikszentmihalyi는 저서 《몰입》에서 여가가 적절히 필요하긴 하지만 대부분 사람은 이를 특별히 즐겁다고 느끼지 않으며 전반적인 행복감이 올라가지도 않는다고 했다. 그의 설명에 따르면 여가란 "어떤 기술을 쓰거나 새로운 행동의 기회를 탐색하지 않은 채 수동적으로 정보를 받아들이는 것이다.[8] 그 결과 삶은 개인이 거의 통제할 수 없는 지루하고 불안한 경험들의 연속으로 흘러간다." 이 설명은 소셜 미디어가 등장하기 이전에 쓰인 것이지만 오늘날 인스타그램 화면을 오래 스크롤하거나 넷플릭스를 너무 많이 시청한 뒤 우리가 느끼는 상태와 놀라울 만큼 비슷하다.

반대로 놀이는 (신체적으로든, 정신적으로든) 능동적이고 몰입하게 만들며 즐거움을 준다. 대개 놀이는 어느 정도 스스로 도전하는 과정을 수반하는데, 이는 곧 '자신의 능력을 시험하는 과제를 수행할 때 도달할 수 있는 집중 상태'인 몰입으로 이어진다. 몰입 상태에서는 그 활동에 완전히 빠져들어 시간을 의식하지 못한다. 앞서 말리크는 어린 시절 축구를 하면서 느낀 몰입을 이렇게 묘사했다. "그 순간 느낀 건…, 말로 다 할 수 없는 환희였습니다. 살아 있음을 온몸으로 느꼈죠. 두 시간 내내 다른 어떤 생각도 하지 않았습니다."

아마 당신도 미술 작품을 만들거나, 산을 오르거나, 기타를 치거나, 마라톤을 준비할 때 잠시나마 몰입을 경험해 본 적이 있을 것이다. 칙센트미하이가 최적 경험이라고 부른, 이런 시간 가는 줄 모르는 집중의 순간은 인생에서 가장 즐거운 순간이다.[9]

흥미롭게도 연구에 따르면 몰입 상태에 들어가면 자아의식은 사라지는 듯 보이지만 활동이 끝난 뒤에는 오히려 더 강해진다.[10] 특히 피플 플리징 패턴을 끊어 내려는 이들에게 몰입 상태는 큰 도움이 된다. 독립적인 자아감을 더 또렷하게 해주기 때문이다.

이 점을 기억한다면 스크린 타임도 놀이가 될 수 있다. 디지털 기기를 사용해 능동적이고 몰입을 끌어내는 행동을 한다면 말이다. 예를 들어 도전적인 게임을 하거나 창작 활동을 하거나(글쓰기, 작곡, 그래픽 디자인, 영상 편집 등) 새로운 아이디어를 탐구할 수 있다. 하지만 여가의 대부분이 스크린 타임으로 채워져 있다면 이제는 디지털 기기를 벗어난 현실에서의 놀이를 우선시하는 것이 좋다. 자리에서 일어나 몸을 움직이고, 주변 환경을 탐색하고, 친구들과 어울리고, 공동체 속에서 함께하는 놀이 말이다.

놀이 마인드셋 기르기

놀이는 오늘날 만연한 성과지상주의와 정반대이기 때문에 놀이 감각을 회복하려면 새로운 마음가짐을 갖춰야 한다. 바로 '놀이 마인드셋'이다. 성과지상주의 문화가 완벽주의, 성취, 생산성을 중요시하는 반면 놀이 마인드셋은 현재에 머물기, 가벼움, 즉흥성, 새로움, 공동체를 우선시한다.

놀이 마인드셋을 어떻게 기를 수 있을지 쉰아홉 살 머라이어의 사례를 살펴보자. 그녀는 2년 넘게 피플 플리징 패턴을 끊기 위해 노력해 왔다. 이제는 타인보다 자신의 요구를 우선시하고 경계를 세우는 데도 능숙해졌지만 여전히 기쁨과 놀이를 위한 시간을 내는 데는 어려움을 겪고 있었다.

머라이어의 놀이 유형은 창조가/예술가 유형이다. 어린 시절 그녀는 스케치, 조각, 수채화 그리기를 좋아했고 방 안은 늘 작품들로 가득했다. 하지만 나이가 들면서 점차 창의성과 멀어졌다. 부모는 그녀의 미술 활동을 크게 제지하지는 않았지만 학업적으로 성취를 이뤘을 때 더 큰 칭찬을 해주었다. 그 결과 머라이어는 부모의 기대에 부응하기 위해 시험에서 좋은 성적을 냈고 명문대에 입학했다. 그리고 커리어를 쌓아 성공을 향해 나아가는 데 모든 열정을 쏟았다.

대학 졸업 후 머라이어는 회계사가 되었다. 이후 30년간 사업체를 운영하면서 그녀의 하루는 온통 일로 채워졌다. 그녀는 많은 돈을 벌었고 지금 당장 근무 시간을 절반으로 줄이더라도 평생 안락하게 살 수 있을 만큼 재정적 여유도 있었다. 하지만 그녀는 휴가도 내지 않았고 자주 점심을 걸렀으며 밤과 주말에도 일했다.

이렇게 30년을 쉴 틈 없이 달려온 머라이어는 지쳐 버렸고 마음은 텅비었다. 일을 가장 우선시하는 삶은 그녀에게 휴식도, 균형도, 즐거움도 주지 못했다. 이제 그녀도 나이가 꽤 들었고 남은 수십 년도 회계사라는 직업에만 매여 있고 싶지는 않았다. 하지만 그저 즐거움을 위해 무언가를 만든다는 생각은 지금의 그녀에게 너무도 낯설게 느껴졌다.

결과보다 과정이 중요하다는 마음으로

비록 잠시일지라도 무언가를 이루고 성과를 내고자 하는 열망을 내려놓기는 쉽지 않다. 성공에 대한 욕심을 놓기가 어렵다면 놀이라는 맥락에서 성공의 의미를 새롭게 바라보는 연습을 해볼 수 있다. 놀이에서의 성공은 완벽한 풍경화를 그리거나, 코미디 대회에서 우승하거나, 흠잡을 데 없는 노래를 만드는 것이 아니다. 그림을 그리고, 농담을 던지고, 노래를 만드는 것 자체가 성공이다. 놀이에서 성공은 하는 것 그 자체에 있다.

머라이어는 목표 지향적인 유형이다. 바로 그 점이 그녀를 성공으로 이끈 원동력이었다. 그녀는 할 일 목록에서 하나씩 항목을 지울 때 느껴지는 성취감을 사랑한다. 그래서 그런 구조가 없는 놀이를 떠올리면 불안해졌다. 결국 그녀는 매주 두 차례, 30분씩 창작을 위한 시간을 내기로 했다. 나중에 시간을 좀 더 늘릴 수 있기를 바라지만 처음에는 작더라도 시작이 중요하다고 생각했다.

첫 번째 놀이 시간에 그녀는 부엌 식탁에 앉아 스케치북을 펼쳤다. 발끝은 바닥을 산만하게 두드렸고, 입으로는 연필 끝을 물어뜯었다. 억지로 예술 작품을 만들기 위한 시간을 냈다는 어색한 사실에 웃음이

터져 나올 지경이었다. 그녀는 부엌 조리대를 스케치하기로 했다. 그러나 종이 위에서 손이 움직이는 동안 비판의 목소리가 계속 흘러나왔다. '진짜 못하네! 그림 그리는 법은 기억이나 나니?'

그런 의심 속에서도 머라이어는 계속 그렸다. 한번 하기로 한 일을 포기하는 성격이 아니었기 때문이다. 30분이 끝났을 때 그녀의 앞에는 부엌 조리대를 대강 옮겨 그린 그림이 놓여 있었다. 내면의 목소리가 형편없는 그림이라고 속삭였지만 그녀는 다시 한번 마음에 새겼다. 잘하는 것이 목표가 아니라 그저 작품을 만드는 시간을 마련하는 것이 목표라고 말이다. 그녀는 스케치북을 덮으며 자신이 계획한 일을 해냈다는 성취감을 느꼈다.

어색함을 즐겨라

놀이와의 관계를 다시 쌓아 가는 과정에서 긴장이나 초조함, 자기 의심은 지극히 자연스러운 일이다. 머라이어처럼 내면의 부정적인 목소리를 인정하되 장벽이 되지 않도록 하라. 지금 자신의 환경에서 쉽게 볼 수 없는 낯선 행동이라는 것을 마음속으로 되뇌며 어색함을 받아들이자. 또 속으로 이렇게 물어볼 수도 있다. '내 삶에 큰 즐거움을 불어넣을 수 있다면 약간의 어색함 정도는 기꺼이 감수할 수 있지 않을까?'

화이트 스페이스를 만들어라

화이트 스페이스란 외부 세계로부터 아무런 자극도 받지 않는 시간이다. 휴대전화를 보지 않고 TV를 시청하지 않으며 책을 읽거나 팟캐스트를 듣지도 않고 다른 사람과 대화하지 않는 시간이다.

오늘날 화이트 스페이스는 드문 자원이 되었다. 사람들은 마트에서 줄을 서 있을 때나 버스를 기다릴 때조차 문자 메시지, 밈, 팟캐스트를 소비한다. 그러나 화이트 스페이스는 놀이를 위해 꼭 필요하다. 정보에 반응하느라 바쁘지 않을 때 우리의 마음은 자유롭게 흘러가며 탐색하고, 자신을 표현하고, 호기심을 품고, 무언가를 창조할 수 있다. 외부의 자극에 끊임없이 반응하지 않을 때 우리는 스스로 놀랄 만큼 색다른 생각과 더 큰 시야를 마주할 수 있다.

화이트 스페이스를 만들려면 단 10분이라도 시간을 따로 내서 그저 가만히 그 시간 속에 머물면 된다. 휴대전화 없이 느긋하게 산책을 하거나 소파에 조용히 앉아 공상에 잠기거나 풀밭에 누워 별을 바라보는 식이다.

처음에 머라이어는 화이트 스페이스라는 개념 자체가 달갑지 않았다. 지난 30년 동안 그녀는 온종일 스크린에서 눈을 떼지 않은 채 지냈다. 아주 가끔 일하지 않는 밤에도 TV를 음소거로 해놓고 좋아하는 팟캐스트를 켜 두었다. 솔직히 아무것도 하지 않기로 선택한 마지막 순간이 언제였는지조차 기억나지 않았다. 그나마 몸을 움직이면 화이트 스페이스가 조금은 견딜 만해지리라고 생각한 그녀는 다음 날 가까운 호수 주변을 짧게 산책하기로 했다.

다음 날 머라이어는 얼굴을 찡그리며 휴대전화를 집에 두고 나섰다. 처음 15분 동안 머라이어의 머릿속에는 잡념이 가득했다. 무심코 이메일을 확인하려고 했다가 휴대전화가 없다는 사실을 깨닫고 순간 당황했다. 그녀는 끝없이 맴도는 생각에서 잠시나마 벗어날 수 있기를 바라며 호수를 바라봤다. 그러다 물빛과 구름 한 점 없는 하늘빛이 꼭 닮았다는 사실에 마음을 빼앗겼다. 저 멀리 수평선을 따라 늘어선 나무들이 아니었다면 하늘과 물은 끝없이 이어진 하나의 푸른 띠처럼 보였을 것이다. 그녀는 이 장면을 수채화로 그려 〈하늘 위의 하늘〉이나 〈위와 아래가 같도다〉 같은 기발한 제목을 붙여 보는 상상을 했다.

주변 환경 속의 무언가에 영감을 받은 것은 무척 오랜만이었다. 어떤 장면을 그리고 싶다는 충동을 느낀 것도 마찬가지였다. 머라이어는 앞으로도 종종 휴대전화를 두고 밖으로 나가 세상 속에서 영감을 찾아보기로 마음먹었다.

삶의 유한함을 기억하라

오늘의 업무와 내일의 집안일, 다가오는 마감에 온통 주의를 빼앗기면 놀이는 하찮고 의미 없는 것처럼 느껴질 수 있다. 해야 할 일이 산더미 같은데 산책하거나 멍하니 공상에 잠기는 사소한 일에 시간을 써야 할 이유가 없어 보이는 것이다.

하지만 언젠가 우리가 죽음을 앞두고 지나온 인생을 되돌아보는 순간이 오면 놀이의 중요성은 단숨에 선명해질 것이다. 그 마지막 순간에 머라이어처럼 끝없는 이메일과 마감과 휴대전화 화면만으로 채워진 삶이었다는 사실을 괴롭게 깨닫고 싶지는 않을 것이다. 그때 우리는 자신이 걸어 온 삶이 아름다움과 창의성, 생동감과 웃음으로 가득하기를 바랄 것이다. 놀이가 전혀 내키지 않을 때 이렇게 관점을 바꾸면 무엇이 진정으로 중요한지 다시금 깨달을 수 있다.

놀이와 창의성을 위한 시간을 내기 시작한 지 넉 달이 지나자 머라이어의 삶은 눈에 띄게 달라졌다. 저녁이 되면 그녀는 사무실에서 스프

레드시트에 파묻혀 있지 않았다. 대신 부엌에 앉아 저물어 가는 햇빛을 받으며 시간 가는 줄도 모른 채 그림을 그렸다. 매일 아침 커피를 내릴 때마다 그녀의 눈길은 냉장고에 붙어 있는 2주 과정 창작 워크숍 홍보 전단으로 향했다. 아직 당장 도전할 준비가 된 것은 아니지만 언젠가는 반드시 하게 되리라는 확신이 있었다.

머라이어의 그림 실력은 40년 전만 못하지만 그녀는 개의치 않았다. 그림이 삶에 기쁨과 몰입을 가져다주기 때문이었다. 스케치북과 함께하는 시간은 그녀에게 휴식이자 그녀 자신과 상상력에 다시 이어지는 순간이었다. 더 일찍 놀이를 되찾지 못한 게 후회되기도 하지만 연필을 스케치북에 대는 그 순간 모든 걱정과 후회, 근심은 창조의 고요한 침묵 속으로 사라졌다.

놀이를 다시 발견하기 위한 연습

자신의 놀이 성격을 파악하고 놀이 마인드셋을 기르기 시작했다면 이제 다음과 같은 연습을 통해 다시 놀이를 시작해 보자.

일단 10분으로 시작하라

처음에는 놀이를 위한 시간을 따로 내는 일이 쉽지 않을 수 있다. 하지만 놀이를 위해 인생을 송두리째 바꾸거나 하루의 일정까지 뒤엎을 필요는 없다는 사실을 기억하는 것이 중요하다. 매일 꾸준히 10분 정도만 놀이 활동을 해도 놀이가 점점 더 편안하고 자연스럽게 느껴질 것이다.

놀이를 다시 발견하는 여정을 시작할 때는 짧고 가벼운 놀이 활동을 실천하겠다고 스스로 약속하는 것이 성공의 비결이다. 예를 들어 (놀이 성격에 따라) 이런 활동을 10분만 해볼 수 있다. 거실에서 춤추기, 친구와 캐치볼 하기, 흥미로운 주제에 관해 검색하기, 친구에게 농담하기, 성대모사 연습하기, 퍼즐 풀기, 찰흙으로 모형 만들기, 기타 연주하기, 농구하기, 짧게 산책하기 등.

하비에르는 홀로 두 딸을 키운다. 그는 컨설턴트로 일하며 딸들이 학교에 가 있는 동안 집에서 회의를 진행한다. 아이들이 집에 돌아오면 그의 저녁은 눈코 뜰 새 없이 바쁘게 흘러간다. 저녁을 만들고 아이들의 숙제를 도와주고 잠들기 전 아이들에게 책을 읽어 준다. 운이 좋으면 자신도 책을 몇 페이지 읽다가 잠이 든다.

하루하루가 정말로 바쁘다. 빡빡한 일정 때문에 관심 있는 분야의 수업을 듣는다거나 취미 모임에 들어가는 건 불가능했다. 하지만 하비에르는 자신의 삶에 놀이가 들어오기를 간절히 원했다. 그는 하루하루가 끝이 없는 '해야 할 일' 목록처럼 느껴지는 현실에 지쳤다.

어느 날 아이들이 학교에 간 사이 놀이방을 청소하던 그는 소파 밑에서 카드 한 벌을 발견했다. 순간 대학 시절 온갖 카드 마술에 능숙했던 친구가 떠올랐다. 그러자 재미있는 생각이 스쳤다. '나도 마술 몇 가지쯤 배워 볼까? 그렇게 어렵지도 않을 거고 아이들도 좋아할 거야.'

그는 시계를 확인했다. 다음 회의까지 10분이 남아 있었다. 카드를 집어 먼지를 털고 책상에 앉아 유튜브를 켰다. 10분 뒤 그는 간단한 마술의 기초를 익힐 수 있었다. 더 연습이 필요했지만 가볍고 즐거운 일에 에너지를 쏟으니 기분이 상쾌했다.

이렇게 짧은 놀이 시간을 이어 간 지 2주가 지났고 그는 그동안 배운 마술을 딸들에게 보여 주었다. 아이들은 환호하며 "또! 또 해줘!"라고 외쳤다. 즐거워하는 딸들의 모습에 하비에르도 웃음을 터뜨렸다. 그렇게 시작된 마술 시간은 자연스레 일상으로 자리 잡았고, 그는 주말마다 그 주에 새로 익힌 마술을 딸들에게 선보였다.

비록 하비에르의 전체 일정에서 보면 아주 작은 변화였지만 이 시간은 일상의 스트레스에서 벗어나게 해주는 소중한 휴식이 되었다. 매일 몇 분 동안 그는 아이로 돌아간 듯한 기분을 느꼈고 그 가벼움은 내일을 버틸 힘이 되어 주기에 충분했다.

즉흥성과 새로움을 받아들여라

현대 사회의 끊임없는 압박 속에서 하루하루를 살아가다 보면 편하고 익숙한 것에 기대어 긴장을 풀고 싶어진다. 그래서 많은 사람이 매일 밤 넷플릭스를 보거나 소셜 미디어를 스크롤하며 시간을 보내곤 한다. 그러나 놀이의 감각을 되찾으려면 익숙한 안전지대에서 벗어나 낯선 것을 기꺼이 받아들이는 용기가 필요하다. 새로운 시도와 즉흥적인 활동 자체가 곧 놀이고, 그렇게 도전을 받아들일 때 어떤 일이 우리의 흥미를 자극하는지 뜻밖의 발견을 할 수 있다.

즉흥성을 받아들인다는 건 동네에서 본 행사 전단지를 보고 직접 찾아가 보거나, 새로운 밴드 공연을 보러 가거나, 충동적으로 낯선 동네를 탐험하는 일일 수도 있다. 카페에서 모르는 사람에게 말을 걸거나, 친구가 하이킹이나 해변 나들이에 초대했을 때 선뜻 응하는 것도 그렇다.

그룹 놀이에 참여하라

평생 놀이 본능을 억누르며 살아왔다면 혼자 힘으로 다시 깨우기 쉽지 않다. 다른 사람들과 함께하는 놀이는 영감과 소속감, 안정된 생활 패턴을 선물한다. 한 번도 해본 적 없는 활동이어도 걱정할 필요 없다. 초보자들이 모여 함께 배우고 즐길 수 있는 모임이 얼마든지 있다. 취미 스포츠팀에 들어가거나 독서 모임에 참여해 볼 수도 있다. 뜨개질 모임, 등산 모임, 글쓰기 모임, 사진 모임, 와인 모임에 나가 보는 것도 좋은 방법이다.

장난기 많은 사람과 시간을 보내라

스트레스와 과로라는 늪에 빠져 허우적거릴 때 장난기 넘치는 사람과 함께 시간을 보내면 그 늪에서 빠져나올 수 있다. 언제나 새로운 모험을 즐길 준비가 되어 있는 친구나 친척이 주변에 있을 것이다. 아기와 아이들은 놀이의 수호자다. 자녀가 없다면 조카와 시간을 보내거나 아동 관련 활동을 하는 지역 단체에서 자원봉사를 할 수도 있다. 동물과 함께 시간을 보내는 것도 현재에 머물며 즉흥성을 추구하는 데 큰 도움이 된다.

제너비브는 올해 직장에서 승진했지만 책임이 늘어난 만큼 그 어느 때보다 스트레스와 불안을 느끼고 있다. 놀이를 즐기고 싶지만 불안감이 발목을 잡았다. 새로운 활동에 도전하러 밖에 나갈지, 아니면 집에서 TV를 볼지 선택해야 할 때면 늘 집이 더 편하게 느껴졌다. 힘든 한 주가 끝난 어느 토요일, 그녀는 잠옷만 입고 소파에 앉아 있었다. 그때 친구 저널에게서 문자가 도착했다. "뭐해? 보고 싶다! 만나자!"

두 사람은 대학교에서 처음 만났다. 제너비브는 저넬의 시원한 웃음과 활달한 성격에 끌렸다. 저넬은 언제나 놀이를 주도하는 친구였다. 나서서 공연 티켓을 사고, 소풍을 준비하고, 즉흥적으로 주말여행을 계획했다. 제너비브는 그런 저넬을 좋아하지만 이번만큼은 그냥 집에 있고 싶은 마음이었다. 그녀는 이렇게 답장을 보냈다. "글쎄, 이번 주에 너무 힘들었고 좀 우울해. 괜히 너까지 우울해질까 봐 걱정돼."

저넬이 곧바로 회신을 보냈다. "그건 문제없지. 30분 안에 갈게! 얼굴 보면 기분이 좋아질 거야. :)"

제너비브는 저도 모르게 웃음이 터졌다. 저넬이라면 언제나 자신을 기운 나게 해줄 거라는 걸 잘 알고 있었디. 30분 뒤 낡은 지프차를 몰고 저넬이 도착했다. 창문을 활짝 연 채 신나는 댄스 음악을 크게 틀어 놓고 있었다. 제너비브는 조수석에 올라탔고 저넬의 시원한 웃음소리와 능청스러운 유머에 금세 마음이 풀렸다. 두 사람은 시내에서 아이스크림을 사 먹고 중고 가게를 둘러본 뒤 풍경 좋은 곳으로 드라이브를 가 노을을 바라보았다.

집에 데려다주고 떠나는 저넬을 보며 제너비브는 자신이 몇 시간 동안 일 생각을 잊고 있었다는 사실을 깨달았다. 최근 몇 주간 거의 느껴 보지 못했던 가벼움이 온몸에 퍼졌다. 그녀는 다짐했다. 스트레스를 받을 때일수록 저넬처럼 장난기 있는 친구와 보내는 시간을 우선순위에 두겠다고. 그럴 때야말로 놀이가 가장 필요한 순간이기 때문이다.

제21장

경계를 지키면서도
유연해지는 지혜

이제 우리는 비로소 놀이와 창조, 소망에 온전히 몸을 맡길 자유를 얻었다. 그 과정에서 자신과의 관계는 그 어느 때보다 깊어졌고, 그 연결을 바탕으로 어려운 결정을 내리는 데 꼭 필요한 자기 신뢰와 분별력을 키울 수 있게 되었다.

이제 자신을 우선하는 연습을 해온 만큼 여러 측면을 살펴 더 정교하고 깊이 있는 결정을 내릴 수 있다. 단호한 경계를 세우는 법을 알게 되었으니 때로 그 경계를 조금 풀어도 괜찮은지 스스로 판단할 수 있다. 자신의 필요를 먼저 챙기는 법을 익혔으니 가끔 사랑하는 이의 필요를 우선하는 선택도 할 수 있다.

피플 플리징의 패턴을 끊어 내다 보면 새로 다져진 자기주장과 공감 사이에서 갈등하게 될 때가 있다. 이를테면 이미 벅찰 만큼 일이 쌓여 있는데도 누군가가 도움을 청할 수 있고, 사랑하는 이들이 우리의 한계를 넘어서는 요구를 해올 수도 있다. 때로는 서로의 가치관이나 필요, 욕구가 달라 관계를 유지하기 위해 타협이 필요할 때도 있다. 이런 순간에 꼭 필요한 것이 바로 분별력이다. 여러 요소를 살펴 종합한 뒤 자신의 가치와 어긋나지 않는 의식적인 선택을 내려야 한다.

예전에 우리는 늘 남을 먼저 생각했고 상대의 요구를 거절하지 못해 억지로 받아들이곤 했다. 하지만 이제 우리는 우리 자신의 필요를 채우고, 경계로 자신을 지키며, 불편한 감정도 이겨 낼 수 있다. 자기 자신을 든든히 떠받칠 수 있게 된 지금 우리는 자기 신뢰를 바탕으로 더 큰 유연함을 발휘할 수 있다.

이번 장에서는 공간과 자기주장이 충돌할 때 어떻게 어려운 결정을 내릴 수 있는지, 흑백논리를 벗어나 어떻게 균형 잡힌 시각을 가질 수 있는지 살펴본다. 또한 실수를 자연스러운 과정으로 받아들이고 그 안에서 어떤 배움을 얻을 수 있는지도 함께 탐구할 것이다.

내가 세운 경계와 내가 지향하는 가치가 어긋날 때

재스민은 2년 동안 알코올 중독에 빠진 레슬리라는 여성과 결혼 생활을 했다. 결혼 내내 레슬리의 음주는 두 사람 사이에 늘 갈등의 불씨가 되었다. 레슬리는 밤새 집에 들어오지 않기도 했고, 술집에서 만난 낯선 사람과 잠자리를 했으며, 재스민을 멸시하곤 했다. 결국 재스민은 이런 학대와 모욕을 더는 견딜 수 없었다. 그들의 이혼은 6개월 전에 마무리되었다.

당연히 재스민은 레슬리에 대한 분노와 원망을 안고 있었고, 자신이 치유되는 가장 빠른 길은 모든 연락을 끊는 것이라 믿었다. 그녀는 소셜 미디어에서 레슬리를 차단하고 휴대전화에서 번호를 지웠다. 이혼 후 지난 6개월 동안 재스민은 자신만의 삶을 다시 일구기 위해 최선을 다해 왔다.

그러던 어느 날 밤 11시, 초인종이 울렸다. 재스민은 문으로 다가가 문구멍으로 밖을 살폈다. 그곳에는 레슬리가 서 있었다. 혼란과 고통이 얼굴에 가득했고 술에 취한 기색이 역력했다. 재스민이 문을 열자 코를 찌르는 술 냄새가 확 퍼졌다. 레슬리는 초점 잃은 눈빛에 혀가 꼬인 목소리로 하룻밤만 재워 달라며 애원했다. 갈 곳도, 의지할 사람도 없다고 했다. 술에 취해 하는 말이었지만 재스민은 그 말이 사실임을 알고 있었다. 레슬리가 알코올 중독 때문에 이미 오래전에 친구와 가족에게서 버림받았다는 걸 알기 때문이다.

그 순간 재스민의 가치관이 현실과 충돌했다. 레슬리는 그녀에게 지울 수 없는 상처를 남겼고 그녀의 경계를 전혀 존중하지 않았으며 납득할 수 없을 만큼 모질게 굴었다. 그래놓고 이렇게 뻔뻔하게 집 앞까지 찾아와 도와달라는 모습은 경악스러울 지경이었다. 하지만 다른 한편으로 레슬리가 심각한 고통에 빠져 있다는 것도 분명했다. 재스민은 문을 닫아 버리면 레슬리가 길바닥에서 밤을 보내다 위험에 처하지는 않을까 걱정됐다. 그녀가 자신에게 깊은 상처를 주었지만 그렇다고 해서 불행하기를 바라지는 않았다.

이 순간 재스민은 끝까지 자신의 경계를 지켜야 할까, 아니면 잠시 타협해야 할까?

재스민처럼 난처한 상황에 놓이면 분별력을 발휘해야 한다. 눈앞의 정보를 저울질해 자신의 가치에 맞는 결정을 내려야 한다. 언제나 정답을 보장해 줄 완벽한 규칙 따위는 없다는 생각과 함께, 흑백의 이분법 대신 입체적인 중간지대를 받아들이는 것이다. 우리가 해야 할 일은 자신을 존중하는 태도를 지키면서도 우리 존재의 본질인 연민을 잃지 않는 행동을 선택하는 것이다. 다음의 지침들은 사려 깊고 입체적인 결정을 내리는 데 도움이 된다.

잠시 멈춰라

어려운 순간에는 충동적으로 행동하고 싶은 유혹이 찾아온다. 지금 당장 눈앞의 난처한 상황과 불편한 감정을 어떻게든 해소하고 싶어진다. 그러나 충동적인 행동은 우리가 자신의 가치를 되짚으며 앞으로 나아갈 수 있는 여러 방법을 살펴볼 시간을 주지 않는다. 분별력을 발휘하려면 반드시 거쳐야 할 과정들이다.

잠시 멈추고 깊게 숨을 들이쉬며 몸에 의식을 집중하면 마음을 한결 차분하게 가라앉힐 수 있다. 때로는 재스민의 경우처럼 단 몇 초 안에 결정을 내려야 할 때도 있다. 하지만 결정을 미룰 여유가 있을 때는 푹 자고 난 다음 날에 결론을 내리는 편이 더 나을 수 있다.

재스민에게 주어진 시간은 많지 않았다. 그녀는 레슬리에게 현관 앞 계단에 앉아 있으라고 하고, 어떻게 할지 몇 분간 곰곰이 생각했다.

장기적으로 생각하라

복잡한 결정을 내릴 때는 시야를 넓혀 큰 그림을 바라봐야 한다. 각 선택이 현재뿐 아니라 미래에도 어떤 영향을 미칠지 살펴보라. 어떤 길이 내가 원하는 삶에 더 도움이 될까?

진정으로 이로운 선택은 당장은 힘들고 불편할 수 있지만 결국에는 장기적인 자유로 이어진다. 그러나 단기적인 이점만 좇다 보면 이런 길은 아예 눈에 들어오지 않는다. 지금 당장은 기분이 좋을지 몰라도 결국에는 공허와 단절감을 남기고 자신의 가치와도 어긋나는 선택을 하게 될 수 있다. 그러니 장기적인 안목을 가지려면 5년 후의 자신을 떠올리며 이렇게 물어보자. '나중에 돌이켜 볼 때, 내가 어떤 선택을 했을 때 가장 자랑스럽게 느껴질까?'

'정답'에 연연하지 마라

어려운 결정을 내릴 때 우리는 열심히 찾기만 하면 분명 객관적으로 맞는 답이 있을 거라 믿는다. 그 정답만 찾으면 모든 것이 단순해지고 행복과 편안함이 보장될 거라고 말이다. 그러나 대부분의 경우, 특히 관계가 얽힌 문제라면 완벽한 해답 같은 것은 존재하지 않는다. 앞으로 나아가는 여러 갈래가 있으며 그중 어떤 길이 우리의 가치와 조금 더 가깝게 맞닿아 있을 뿐이다. 대체로 모든 길에는 이득도, 희생도, 불편함도 어느 정도 다 섞여 있다. 정답이 있다는 생각을 내려놓을 때 지금의 자신에게 가장 알맞은 길을 선택할 자유를 얻게 된다.

각자의 길은 다르다

분별력을 발휘하려면 모든 상황에 똑같이 들어맞는 해답은 없다는 사실을 기억해야 한다. 사람마다 경험, 문화, 필요와 욕망, 가치와 꿈,

두려움이 모두 다르기 때문이다. 이 모든 요소가 우리의 선택에 영향을 미친다. 내게 가장 알맞은 길이 다른 사람에게도 꼭 맞는 길일 필요는 없다. 외부의 조언을 참고하는 건 도움이 되지만 어디까지나 최종 결정을 내리는 데에 보조적인 역할에 그칠 뿐이다.

재스민이 생각하기에 친구들과 가족은 레슬리의 갑작스러운 등장에 모두 다른 태도를 보일 것이다. 부모는 딸을 함부로 대했던 레슬리의 등장에 분노하며 당장 경찰을 부르라고 했을 것이다. 교회 친구들은 그에게 따뜻한 잠자리를 내주고 다음 날 돌려보내라고 권했을 게 분명했다.

어느 쪽도 절대적으로 옳거나 그르다고 할 수는 없었다. 단지 서로의 경험과 가치, 우선순위가 다를 뿐이다. 결국 이 결정은 재스민 스스로 내려야 했다.

레슬리의 상태를 보니 재스민은 문을 열어 주고 싶은 마음이 들었다. 하지만 그렇게 하면 그동안 애써 온 모든 노력이 무너질까 두려웠다. '다시는 레슬리와 엮이지 않겠다고 약속했잖아. 오늘 밤 레슬리를 재워 준다면 나 자신을 배신하는 행동이지 않을까? 그동안 쌓아 온 모든 노력이 물거품이 되지는 않을까?'

극단적 행동을 충동질하는 흑백논리 깨뜨리기

흑백논리에 사로잡히면 세상을 극단적으로 보게 된다.[1] 사람은 선하거나 악하거나, 결정은 옳거나 완전히 그르거나 둘 중 하나라고 말이다. 바로 이런 이유로 흑백논리는 분별력의 가장 큰 적이다. 세상을 복잡하고 불확실하며 끊임없이 변하는 본래 모습 그대로 바라보지 못하게 만들기 때문이다.

피플 플리징의 패턴을 끊는 과정에서는 다음과 같은 흑백논리에 빠지기 쉽다. '나는 절대로 다른 사람의 요구를 내 요구보다 중요하게 생각하지 않을 거야', '내 경계를 절대로 그 누구에게도 설명할 필요가 없어', '완벽하지 않은 관계는 단칼에 끊겠어', '내가 경계를 세운다고 화를 내는 사람은 내게 해로운 사람이야', '내 모든 요구를 하나도 빠짐없이 채워 주지 못한다면 그 사람은 나와 맞지 않는 거야.'

처음에는 이런 태도가 매력적으로 느껴질 수 있다. 나 자신을 확실하게 최우선에 두게 해주기 때문이다. 모든 상황에 똑같이 적용되는 단 하나의 단순한 규칙이 있다는 생각에서 위안을 느낄 수도 있다. 그러나 분별력 있게 선택하려면 흑백 논리를 벗어나 진실은 그보다 더 입체적일 수 있음을 고려해야 한다. 예를 들면 다음과 같다.

흑백논리: 이제부터는 절대로 다른 사람의 요구를 내 요구보다 우선으로 삼지 않을 것이다.

- 입체적 관점: 오랫동안 타인을 우선시해 오다가 이제는 그러지 않으려 노력하고 있으니, 나를 우선시하는 연습을 의식적으로 하자.
- 입체적 관점: 때로는 타인의 요구를 우선시하는 것이 불가피하다. 서로의 요구가 엇갈릴 때 타협점을 찾고 관계를 지키기 위해서다.
- 입체적 관점: 나의 가치관을 지킨다는 것은 간혹 타인을 먼저 생각하는 것을 의미하기도 한다. 특히 누군가가 절실히 내 도움이 필요할 때 그렇다.

흑백논리: 나는 내 경계를 누구에게도 설명할 필요가 없다.

- 입체적 관점: 내 경계를 고의로 왜곡하고 오해하려 드는 사람에게는 굳이 설명하지 않음으로써 나 자신을 지킬 수 있다.
- 입체적 관점: 때론 설명이 상대가 내 경계를 더 잘 받아들이게 해 주는 경우도 있다.

흑백논리: 관계가 완벽하지 않으면 단칼에 끊어 버리겠다.

- 입체적 관점: 나는 합의와 평화, 조화를 최대한 제공하는 관계를 우선시할 수 있다.
- 입체적 관점: 어떤 관계도 완벽할 수는 없다. 아무리 건강한 관계라도 불일치와 갈등 그리고 타협이 따른다.

흑백논리: 내가 경계를 세운다고 화를 내는 사람은 해로운 존재다.

- 입체적 관점: 누군가가 내 경계에 분노, 가스라이팅, 죄책감 떠넘기기로 반응한다면 나는 그 상황에서 물러날 것이다. 그런 반응은 용납할 수 없으며 내가 감내할 필요도 없다.
- 입체적 관점: 내가 관계에 거리를 두면 상대가 슬픔을 느끼는 것은 자연스러운 일이다. 상대가 내 경계에 대해 부정적인 감정을 가지더라도 존중하는 모습을 보여 줄 수도 있다.

흑백논리: 내 요구를 하나도 빠짐없이 충족시키지 못한다면 그 사람은 나와 맞지 않는다.

- 입체적 관점: 오랫동안 내 요구를 비난하거나 무시하는 사람들과

의 관계로 만족해 왔기에 이제는 내 요구를 충족시키고자 진심으로 노력하는 이들과의 관계에만 관심을 두려 한다.

- 입체적 관점: 누군가가 내 요구를 충족시키고 싶어 한다 해도 모든 것을 언제나 다 채워 줄 순 없다. 어떤 요구는 결코 타협할 수 없고, 어떤 요구는 상황에 따라 타협할 수 있는지 판단하는 것은 내 몫이다.

재스민은 상황을 곱씹으면서 레슬리를 돕는다면 그동안 피플 플리징을 끊으려고 애써 왔던 게 모두 물거품이 된다는 흑백논리에 사로잡혀 있다는 사실을 깨달았다. 이에 좀 더 섬세한 시각으로 바라보자 몇 가지 결론에 이룰 수 있었다.

'두 해 동안 피플 플리징에서 벗어나려고 노력했는데 그 노력이 단 한 번의 행동으로 무너지는 일은 없을 것이다. 누군가 내 도움이 필요할 때 나의 경계를 잠시 풀기로 내가 정하는 것도 나의 가치관에 귀 기울이는 것이다. 거절하기 힘들어서 레슬리를 돕는 것과 내 선택으로 레슬리를 돕는 것은 전혀 다르다. 전자는 피플 플리징이고 후자는 친절이다.'

선택의 기로에서 분별력 있게 행동하는 법

복잡한 상황과 씨름할 때는 이런 의문이 들 수 있다. 어느 길을 선택해야 할지 어떻게 알 수 있을까? 타인을 우선하는 일이 나를 배신하는 일일 때는 언제고 단순한 배려의 표현일 때는 언제일까? 혼란스러운 시기를 견디고 관계를 계속 이어 가야 할지, 놓아야 할지를 어떻게 알 수 있을까? 이 어려운 질문들의 답을 찾는 데 도움이 될 만한 몇 가지 도구가 있다.

최대한 많은 선택지를 떠올려라

시간을 들여 창의적으로 생각해 보면 대개 어떤 상황에서든 두 가지 이상의 길을 발견할 수 있다. 눈에 뻔히 보이는 선택지가 있고(A와 B) 그 사이에는 타협의 요소가 담긴 여러 중간 선택지도 존재한다. 흑백논리의 관점에서라면 재스민에게는 두 가지 선택만 있다. 레슬리를 집 안에 들여 하룻밤 재워 주거나, 이니면 레슬리의 부탁을 거절하고 들이지 않는 것이다.

재스민은 잠시 멈춰 여러 선택지를 떠올려 보고 두 가지 길만 있는 것이 아님을 깨닫는다. 레슬리를 집 안에 들이되 손님방이 아닌 거실 소파에서 자게 할 수도 있고, 먹을 것과 마실 것을 내주되 잠은 다른 곳에서 자도록 할 수도 있다. 비응급 도시 서비스를 통해 상황을 처리할 수도 있고, 지역 긴급 서비스나 보호 시설에 연락해 레슬리가 하룻밤 머물 곳을 마련해 줄 수도 있다. 아니면 재활 센터에 전화를 걸어 레슬리를 받아 줄 자리가 있는지 알아볼 수도 있다.

두 개의 가치 바퀴를 비교하라

제4장에서 살펴봤듯이 어려운 결정을 내려야 할 때는 두 개의 가치 바퀴를 나란히 놓고 비교해 봄으로써 어느 쪽이 내 가치관에 더 잘 맞는지 분별할 수 있다. 우선 자신이 가장 중요하게 여기는 여덟 가지 가

치를 파악해야 한다.

1. 원을 그리고 마치 피자처럼 여덟 조각으로 나눈다. 그런 다음 각 조각의 가장자리에 자신이 지향하는 가치를 적는다. 이 원은 선택 A를 나타낸다.

2. 옆에 똑같은 원을 하나 더 그리고, 마찬가지로 가장자리에 가치를 적는다. 이것은 선택 B를 나타낸다.

3. 선택 A부터 바퀴에 적힌 가치마다 질문을 던진다. 1점(매우 낮음)부터 10점(매우 높음)까지 점수를 매긴다면 선택 A는 이 가치를 얼마나 반영하는가?

4. 답에 따라 조각을 안쪽부터 색칠한다. 점수가 10점이면 조각 전체를 칠하고, 5점이라면 절반만 칠하면 된다. 1점은 아주 조금만 칠한다.

5. 선택 A의 모든 조각에 이 과정을 반복한다. 어떤 가치가 현재의 결정과 어떻게 연결되는지 잘 모르겠다면 그 조각은 선으로 표시한다. 이렇게 하면 선택 A가 당신의 가치를 얼마나 반영하는지를 시각적으로 확인할 수 있다.

6. 이제 선택 B에 대해서도 같은 과정을 거친다. 그리고 두 개의 바퀴를 비교해 보면 어떤 결정이 더 많은 가치를 반영하는지 확인할 수 있다.

재스민이 완성한 가치 바퀴는 다음 페이지에서 확인해 보라.

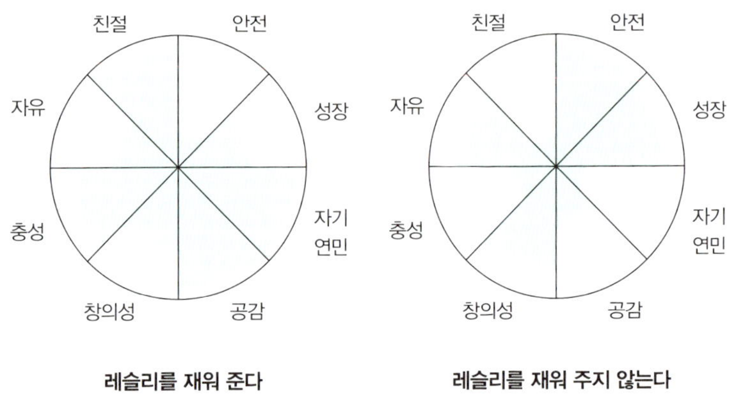

시간을 건너뛰어 보라

우리는 당장의 불편함을 가장 빨리 달래 줄 선택에 끌리기 마련이다. 그러나 자신의 진실성과 가장 잘 맞는 길을 고르려면 미래를 내다보고 판단해야 한다. 선택지마다 스스로 물어보라. 이 길을 택한다면 한 시간 뒤 내 삶은 어떨까? 일주일 뒤는? 1년 뒤는? 5년 뒤는 어떨까?

먼저 재스민은 자신의 경계를 단호히 지켜 레슬리를 집에 들이지 않는 경우를 떠올렸다. '한 시간 뒤에는 레슬리가 잘 있는지, 다치진 않았는지 신경 쓰여서 잠을 이루지 못하겠지. 일주일 뒤에는 레슬리에게 무슨 일이 생긴 건 아닌지 궁금해하며 관련 뉴스가 올라오진 않았는지 지역 신문이나 페이스북 그룹을 뒤지고 있을 거야. 1년 뒤에는 아마 후회할지도 몰라. 도움이 절실했지만 다른 갈 곳이 없던 사람을 내 자존심 때문에 외면한 건 아닐까란 생각에 말이야.'

그다음 재스민은 레슬리를 집에 들이는 경우를 떠올렸다. '한 시간 뒤에는 나를 그렇게 함부로 대했던 사람을 내 집에서 재워 준다는 사실에 답답함과 분노가 밀려올 거야. 레슬리와 다시는 엮이지 않기로 한 경계를 스스로 무너뜨렸다고 자책할지도 몰라. 하지만 일주일 뒤에는 레슬리가 더 이상 이곳에 없을 거야. 그녀가 찾아왔던 일에는 계속 분노가 치밀 순 있지만 적어도 레슬리에게 무슨 일이 생긴 건 아닌지 신경 쓰며 마음을 졸이지는 않을 거야. 그리고 1년 뒤에는 그저 아득한 기억으로 남아 있겠지.'

장단점의 사분면을 채워라

오래된 방식인 장단점 목록 작성하기를 새롭게 변형해 단기적인 장단점과 장기적인 장단점을 나눠 각각의 선택지를 평가해 보자. 두 사분면을 나란히 비교함으로써 두 선택지를 전체적으로 더 분명하게 파악할 수 있다.

재스민이 완성한 장단점 사분면은 다음과 같다.

선택 A: 레슬리를 집에 들인다

단기적 장점	장기적 장점
· 레슬리가 안전하다. · 레슬리가 다치진 않았는지 걱정하며 계속 곱씹지 않아도 된다.	· 그날 밤 레슬리가 어떻게 됐을지 궁금해 하지 않아도 된다. · 개인적인 상처에 연연하지 않고 절실히 도움이 필요한 사람을 도와준 자신이 자랑스러울 수 있다.
단기적 단점	**장기적 단점**
· 오늘 밤 제대로 자지 못할 것이다. · 레슬리와 함께 있는 것이 불편하거나 예민한 기억을 자극할 수 있다.	· 오늘 밤 레슬리를 도우면 다시는 레슬리와 엮이지 않기로 한 경계를 어기는 일이 된다. · 이번에 도와주면 레슬리가 앞으로 또 도와 달라고 할지도 모른다.

선택 B: 레슬리를 집에 들이지 않는다

단기적 장점	장기적 장점
· 레슬리를 상대하지 않아도 된다.	· 내 생각을 지키고 경계를 존중했다는 자부심을 느낄 수 있다.

단기적 단점	장기적 단점
· 레슬리가 아프거나 다칠 수 있다. · 특히 레슬리가 실제로 다친다면 내 결정에 후회나 죄책감을 느낄 수 있다.	· 도움이 필요한 사람을 외면했다는 죄책감을 떠안을 것이다. · 후회가 남을 수도 있다.

재스민은 여러 선택지를 충분히 짚어 본 끝에 균형점을 찾았다. 이번 한 번만 레슬리를 돕는 것은 자신이 중요하게 여기는 연민, 공감, 친절의 가치와 맞닿아 있었기에 받아들일 수 있었다. 그러나 손님방에 머물게 하는 건 불필요하게 거리를 좁히는 일이라 불편했으므로 대신 집 안으로 들여 거실 소파에서 자게 했다.

그날 밤 재스민은 뒤척이며 제대로 잠들지 못했다. 다음 날 아침 일찍 눈을 뜬 그녀는 가운을 걸치고 거실로 나가 레슬리를 깨웠다. 레슬리는 여기가 어디인지 가늠하지 못한 듯 어리둥절했고 아직 술기운도 완전히 가시지 않은 상태였다.

재스민은 인사치레를 생략한 채 단호하게 말했다. "어젯밤 네가 잘 곳이 없다고 해서 내가 소파에서 자게 해줬어. 하지만 이번이 마지막이야. 또다시 찾아온다면 집에 들이지 않을 거고 경찰을 부를 수밖에 없어." 재스민은 이 말을 레슬리를 위해서만이 아니라 자기 자신을 위해서도 했다. 이번 도움은 단 한 번뿐이며 다시는 반복되지 않을 것임을 분명히 하고 싶었던 것이다.

"이제 가." 재스민이 말했다. 그녀는 곧장 현관으로 가서 문을 활짝 열었다. 레슬리는 고개를 끄덕이며 알아들을 수 없는 말을 중얼거리더니 느릿한 걸음으로 밖으로 나갔다. 재스민은 문을 닫으며 그동안 붙들고 있던 숨을 길게 내쉬었다. 그리고 부엌으로 가 자신의 결정이 어떤 감정을 남겼는지 돌아봤다. 집에 레슬리를 들인 일은 분명 불편했고 마음은 어수선했다. 하지만 만약 문을 열어 주지 않았다면 그날 밤 내내 잠을 이루지 못했을 것이다. 한밤중 거리에 있을 레슬리가 신경 쓰여 밤새 뒤척거렸을 게 뻔했다.

결국 재스민은 자신이 내린 균형 잡힌 선택에 자부심을 느꼈다. 그 선택은 피플 플리징이 아니라 도움이 필요한 이에게 기꺼이 손을 내민 단 한 번의 친절임을 분명히 했기 때문이다. 무엇보다도 이번 선택은 자신의 가치에 근거해 의도적이고 신중하게 내린 결정이었기에 과거의 충동적인 선택과는 전혀 다른 의미로 다가왔다.

어떤 결정도 완벽하지는 않음을 받아들여라

물론 모든 상황이 재스민의 경우처럼 늘 긍정적으로만 흘러가지는 않는다. 아무리 분별력을 기르려 애써도 시간이 지나고 나서 보면 자신이 원하는 것과 어긋나는 길을 선택했음을 깨닫는 순간이 있다. 뒤늦게 알고 보니 타협 불가능한 핵심 요구를 양보했을 수도 있고 가치관의 차이 때문에 친구 관계를 끝냈다가 그 결정을 후회할 수도 있다. 때로는 지나치게 경계를 세웠다가 너무 융통성 없었다는 죄책감에 시달릴 수도 있다.

피플 플리징의 패턴을 끊어 내는 과정에서 우리는 얼마든지 나중에 후회할 결정을 내릴 수 있다. 이는 지극히 자연스러운 일일 뿐 아니라 피할 수 없는 과정이다. 우리는 실수할 수밖에 없는 인간이라는 사실을 받아들이자. 그래야 매번 완벽한 선택을 해야 한다는 압박에서도 벗어날 수 있다. 사실 가장 깊이 있는 교훈은 실수를 겪고 이를 바로잡는 과정에서만 얻을 수 있다.

다음 질문들은 잘못된 결정을 마주했을 때 그 안에 숨어 있는 보석 같은 배움을 발견하도록 도와준다.

- 이 실수를 통해 내게 가장 중요한 것이 무엇인지 어떤 깨달음을 얻었는가? 그리고 앞으로 그 배움을 어떻게 실천할 수 있을까?
- 어쩌면 이 소중한 깨달음은 바로 이 실수를 통해서만 얻을 수 있었던 건 아닐까?
- 이번 경험을 통해 나는 내 가치관에 대해 무엇을 배웠는가? 전에는 알지 못했던 깊은 내면의 가치를 알게 되었는가? 혹은 어떤 가치가 생각보다 훨씬 더 중요하다는 사실을 새롭게 깨달았는가? 그렇다면 앞으로 이 배움을 어떻게 삶 속에서 실천할 수 있을까?
- 지금의 배움을 토대로 앞으로 비슷한 상황에 놓였을 때 나는 어떻게 대처할 수 있을까?
- 이번 경험을 통해 나의 의사결정 과정에 대해 무엇을 알게 되었는가? 앞으로 그 방식을 어떻게 다듬어야 할까?
- 이 경험에서 얻은 교훈으로 사람들을 어떻게 도울 수 있을까?

복잡하고 변화하는 삶에서 잘못된 선택이라는 것은 없다. 모호함 속에서 우리는 시행착오를 거치며 자신이 누구인지, 무엇을 소중히 여기는지 배운다. 실수처럼 느껴지는 선택 하나하나는 나와 맞지 않는 방식이 무엇인지 알려 주고 그 배움을 이후의 선택에 반영할 수 있다. 경험은 삶의 고유한 청사진을 그려 가는 과정에서 가장 위대한 스승이 된다.

우리는 수년간 사람들에게 늘 'Yes'라고 해야 한다는 압박 속에서 살아왔지만 이제 마침내 스스로 선택할 수 있게 되었다. 진정한 자유란 항상 'No'라고 말하는 데 있지 않다. 내가 무엇을 가치 있게 여기고 무엇을 느끼며 어떤 사람이 되고 싶은지에 따라 'Yes'와 'No'를 선택할 수 있는 힘, 그것이 자유다.

○

사랑받으려 살던 삶에서 나를 사랑하는 삶으로

상대를 우선하는 패턴에서 벗어나면 나눔의 기쁨을 새롭게 경험할 수 있다. 묘하지 않은가? 사람들의 비위를 맞추려는 습관을 버린다는 건 덜 주고, 덜 관대하고, 덜 친절하며, 덜 연민하는 일이라 생각하기 쉽다. 그러나 실제로는 풍요롭고 새로운 나눔의 세계로 들어가는 관문이다. 그곳에서의 나눔은 진실하고 진정성이 있으며 경계가 분명하다.

이제 우리의 친절은 의무가 아니다. 오로지 자발적인 선택이다. 죄책감이 아니라 선의가 그 원동력이 된다. 우리는 당당하게 '노'라고 말할 수 있고 진심을 담아 '예스'라고 말할 수 있다. 그렇게 이뤄지는 나눔은 억눌린 원망이나 의무감을 가린 껍데기가 아니라 타인에 대한 돌봄과 연민을 담은 진정한 마음의 표현이 된다. 우리는 비로소 나눔이 주는 진짜 기쁨을 맛볼 수 있다. 타인에게 베푸는 기쁨 그리고 자기 자신에게 건네는 기쁨까지.

타인에게 주는 기쁨을 알게 되다

내가 피플 플리징에 갇혀 살던 시절, 남에게 무언가를 주며 기쁨을 느낀 적은 거의 없었다. 매일같이 내 한계를 넘어 뼛속까지 피로와 압도감에 잠기면서도 '억지로' 베풀었다.

그때의 나눔은 곧 나 자신을 버리는 것과 다름없었다. 늘 산더미처럼 쌓여 있던 '남을 위해 해야 하는 일' 목록에 새로운 약속 하나가 덧붙여지곤 했다. 내가 원하는 일이든 아니든, 시간과 여유와 에너지가 있든 없든 상관없었다. 그렇게 이어진 나눔은 오히려 내가 돕고자 했던 사람들에 대한 원망만 키웠다. 텅 빈 잔에서 억지로 따라 주려 했던 탓에 몸과 마음은 늘 큰 대가를 치러야 했다.

하지만 이제 내 잔은 대체로 가득 차 있다. 나는 내 감정과 필요와 욕구를 꾸준히 돌본다. 내 평화를 해칠 약속에는 단호히 '노'라고 말하고, 내게 되돌려주는 관계에만 마음을 쏟는다. 단단한 자기 돌봄의 토대를 세운 덕분에 시간과 에너지와 정서적 여유가 생겼다. 그래서 내 요구를 희생하지 않으면서도 지속 가능한 방식으로 타인에게 다가가는, 경계 있는 나눔을 실천할 수 있다.

이렇게 새롭게 맺은 나눔의 관계는 뜻밖의 기쁨이자 내가 사랑하는 이들과 깊이 이어지는 원천이 되었다. 친구가 다음 날 새벽 네 시에 공항까지 태워 줄 수 있냐고 물으면 나는 먼저 생각해 본다. '내 일정으로 가능한가? 필요하면 내일 짧게라도 눈 붙일 시간을 낼 수 있나?' 그 답이 '노'라면 나는 안 된다고 말한다. 과한 나눔을(거기서 싹트는 원망도) 미리 막는다. 하지만 답이 '예스'라면 나는 기꺼이 수락한다. 그리고 다음 날 새벽 네 시에 공항으로 향하는 도로 위에서 나는 도움이 필요한 친구를 도울 수 있음에 행복해한다. 향긋한 커피를 손에 쥔 채 고속도로를 달리며 사랑하는 이를 위해 좋은 일을 했다는 충만한 만족감을 느낀다.

사랑하는 사람들이 불안한 하루를 보낸 뒤 내게 위로를 받고 싶다고 말하면 나는 이런 질문을 던진다. '지금 내게 마음의 여유가 있는가? 그들의 감정을 받아 줄 만큼 내 자원이 충분한가?' 답이 '노'라면 거절한다. 하지만 답이 '예스'라면 받아들인다. 그리고 그들이 불안을 털어놓으면 내 마음은 연민으로 가득 찬다. 그들이 자신의 걱정을 내게 털어놓는다는 사실이 고맙고 연약한 속내를 보여 주는 그들에게 더 큰 애정을 느낀다. 나의 한계 안에서 나눔을 실천하면 진정한 친절과 연민, 관대함을 전할 수 있다. 타인에게 주는 이런 기쁨은 먼저 나 자신에게 주는 기쁨을 경험하지 않았다면 불가능할 것이다.

자신에게 주는 기쁨을 누리다

오랫동안 오직 타인에게만 향했던 돌봄과 관심을 마침내 자신에게 건네는 일은 놀라울 만큼 큰 치유 효과가 있다. 모든 사람의 경험이 다 같다고는 할 수 없지만 적어도 내 경험은 이렇다.

이제 내 시간은 온전히 내 것이 되었다. 여전히 일도 해야 하고 돈도 벌어야 하지만 이제는 원치 않는데도 죄책감에 떠밀려 수락했던 약속들이 내 자유 시간을 어지럽히지 않는다. 에너지가 있을 때는 친구들의 파티나 콘서트, 포틀럭 모임 초대를 기꺼이 받아들이고, 그렇지 않을 때는 차 한 잔과 좋은 책을 벗 삼아 조용하게 휴식을 즐긴다.

이제는 뼛속 깊이 알고 있다. 나의 요구는 사치가 아니라 최우선이라는 것을. 나는 병원 검진 예약을 잡고 주기적으로 장을 보러 가며 달리기와 명상을 하고 소셜 미디어를 잠시 차단하는 시간도 즐긴다. 나는 내가 예민한 사람이고 내향적이라는 사실을 받아들였다. 수년간 나 자신을 '지나치게 예민하다'라며 나무랐지만 이제는 고요한 혼자만의 시간에 대한 나 자신의 요구와 싸우지 않는다.

내 욕구와 즐거움을 우선순위에 두는 일은 그리 쉽지 않았지만 점점 더 익숙해지고 있다. 작년에는 드디어 키보드를 샀다. 열여덟 살에 피아노가 있는 집을 떠나 독립한 뒤로 줄곧 원해 왔던 것이었다. 최근에는 더 많은 놀이를 갈망하는 내 마음을 존중해 즉흥 연기 수업에 덜컥 등록했다. 이 배움은 내 삶에 커다란 기쁨과 가벼움을 안겨 주고 있다.

나는 내 목소리를 찾으면서 오래된 인간관계를 많이 정리했다. 나 자신을 억누르던 시절에 맺었던 인연들은 결국 진짜 나와는 맞지 않는 관계인 경우가 많았다. 물론 여러 관계를 정리하는 과정은 쉽지 않았다. 때로는 상실의 슬픔이 몇 달이나 이어졌고 과연 내가 이 골짜기를 무사히 지나갈 수 있을까 의문이 들기도 했다. 그러나 골짜기의 시간이 지난 뒤로는 있는 그대로의 나를 받아들이고 사랑해 주는 사람들과의 연결을 우선순위에 두게 되었다.

이제 나는 사람들과의 관계에서 내 요구를 분명히 표현한다. 가족에게는 지지를 요청하고, 친구들에게는 한쪽으로 치우치지 않은 상호적인 관계를 요구하며, 파트너에게는 그렇게 말고 이렇게 만져 달라 솔직히 말한다. 예전 같으면 이런 부탁을 꺼내기까지 몇 주나 걸렸다(대부분은 아예 용기도 내지 못했다). 이제는 내 요구를 표현하는 일이 자연스럽게 몸에 뱄다. 물론 항상 편안한 것은 아니다. 여전히 죄책감이나 두려움이 불쑥 찾아오곤 한다. 하지만 나는 알고 있다. 말하지 않은 채 원망이 쌓이고 곪도록 두는 것보다 불편하더라도 대화를 나누는 편이 훨씬 낫다.

그 결과 내 인간관계에는 솔직함과 진정한 친밀감이 흐르게 되었다. 누군가가 내 마음을 다치게 하면 나는 편안하게 그 사실을 알릴 수 있고 상대 역시 그렇게 할 것이라 믿는다. 상처에 대해 나누는 어려운 대화는 어색함을 가져오기도 한다. 그 어색함이 한 시간에 그칠 때도 있고 여섯 달이나 이어질 때도 있다. 하지만 이런 경험을 통해 나는 어려운 대화와 솔직한 소통이 있어야 관계가 성장하고 전보다 훨씬 더 단단해질 수 있다는 사실을 배운다.

마찬가지로 나는 사랑 안에서 진정한 친밀감의 기쁨을 알게 되었다. 예전에는 내가 작아져야만 사랑받을 수 있다고 믿었다. 감정을 덜 드러내고, 의견을 덜 내고, 나 자신을 덜 보여야 한다고 생각했던 것이다. 그 결과 나는 늘 상대가 주인공인 이야기에서 말없이 헌신하는 조연에 머물러야 했다.

그러나 내 진짜 감정과 요구를 처음부터 드러내기 시작했을 때 어떤 이들은 놀라 떠나기도 했지만 어떤 이들은 오히려 더 가까이 다가왔다. 결국 나는 날마다 놀라움을 안겨 주는 파트너를 만나게 되었다. 그는 내가 작아지지 않고 온전히 나 자신으로 존재하기를 바라며, 요동치는 감정까지도 너그럽게 받아들이고, 그저 원하기 때문에 아낌없이 사랑을 준다. 그의 수용 덕분에 나 역시 나 자신을 더 깊이 받아들일 수 있게 되었다.

가족과의 관계에서도 나는 큰 선물을 받았다. 만약 내일 그들이 세상에서 사라진다 해도 우리 사이에 미처 하지 못한 말은 남아 있지 않다는 확신이 생겼다. 나는 가족들에게 오래된 불만을 털어놓았고 새로운 경계를 세웠다. 가족들은 내가 상상했던 것보다 훨씬 큰 너그러움과 연민으로 응답했다(물론 모든 사람이 가족 관계에서 이런 치유의 특권을 누리는 것은 아니라는 걸 안다. 그래서 이 선물을 결코 당연하게 여기지 않는다). 어린 시절의 나는 지금의 우리 가족이 나누는 이 위로와 솔직함을 상상조차 하지 못했을 것이다.

관계 속에서 일어난 이런 변화들은 크고 깊은 치유를 안겨 주었지만 내가 목격한 가장 놀라운 변화는 나 자신과의 관계에서 일어났다. 나는 지금껏 알지 못했던 주체성과 자기 신뢰, 자기 존중을 발견할 수 있었다. 오랫동안 나는 내가 타인의 요구와 행동에 끌려다니는 피해자인 것처럼 느꼈다. 하지만 이제는 무엇을 줄지, 무엇을 감내할지를 스스로 선택할 수 있음을 깨달았다.

그렇다고 선택이 언제나 간단한 것은 아니다. 오히려 고통스러울 때가 많다! 그럼에도 분명한 사실은 이제 내게는 선택권이 있다는 점이다. 나는 'No'라고 말할 수 있고 경계를 세울 수 있으며 내 요구를 충족하지 못하는 관계에서는 스스로 물러날 수 있다. 예전에는 힘이란 타인을 바꾸거나 타인이 나를 우선시하게 만드는 것이라고 생각했다. 하지만 이제는 내 삶에 대한 책임과 주도권이 내게 있음을 인정하는 것이야말로 진정한 힘에 이르는 길임을 안다.

삶의 주도권을 받아들인 덕분에 나는 아무리 힘든 날에도 나 자신을 지켜 낼 수 있다고 확신하게 되었다. 내 요구를 우선시하고 상대에게 당당히 요청하며, 경계를 세우고 그 과정에서 겪은 성장통을 달래는 동안 나는 자신에게 분명히 보여 주었다. 나는 결코 나를 버리지 않을 것임을, 언제나 이 자리에서 나와 함께할 것임을 말이다. 타인의 평가 앞에서도 나는 나를 지켜 낼 수 있다고 믿는다. 남들이 나를 어떻게 보느냐도 중요하지만 내가 나를 어떻게 보느냐가 훨씬 더 중요하다.

이렇게 자신에 대한 신뢰가 쌓인 끝에 나는 오랜 바람대로 마침내 지금의 나를 존중하게 되었다. 그렇다고 해서 불안하지 않거나 자신을 평가하지 않거나 비판하지 않는다는 뜻은 아니다. 나 역시 매번 그런 순간을 겪는다. 그런 경험이 없는 사람은 세상에 없을 것이다. 그러나 전체적으로 볼 때 나의 행동은 나의 말과 일치하고, 나의 말은 나의 가치와 맞닿아 있다.

내면의 나와 외면의 내가 하나가 되었다. 피플 플리징이라는 가면 뒤에 숨어 지냈던 오랜 세월을 지나 마침내 이렇게 진실한 나로 살아가게 되리라고는 꿈에도 생각지 못했다. 이 오래된 패턴을 끊어 내는 일은 결코 쉽지 않다. 그러나 그 모든 어려움은 충분히 가치 있다. 너머에서 나의 목소리와 기쁨 그리고 힘이 나를 기다리고 있기 때문이다.

○

이 책의 가능성을 처음부터 믿어 준 에이전트 멕 톰슨Meg Thompson에게 감사드린다. 이 책이 세상에 나올 수 있도록 힘써 주고 어려운 순간마다 나를 격려해 준 은혜를 잊지 못할 것이다. 예리하고 통찰력 있는 시선으로 이 책의 모든 과정에 함께해 준 편집자 이먼 돌런Eamon Dolan에게도 깊이 감사드린다. 그의 손길 덕분에 글이 훨씬 명료해지고 힘을 얻을 수 있었다. 언어를 다루는 그의 솜씨에 감탄할 따름이다!

이 책이 해외 독자들에게 닿을 수 있도록 도와준 외국어 판권 담당자 샌디 호지먼Sandy Hodgman에게도 감사드린다. 교정과 마케팅, 홍보 등 다양한 방식으로 이 책이 세상에 나오기까지 힘써 준 사이먼 앤드 슈스터 팀에도 큰 빚을 졌다. 이 책을 위한 더 좋은 보금자리는 없을 것이다. 또한 첫 번째 초고를 읽어 준 칼리, 앤디, 제리, 조에게도 고맙다. 수년 전 가장 초기의 원고를 다듬을 수 있도록 기꺼이 힘을 보태 주었다.

케이티, 칼리, 앤디, 세라, 그레이스에게도 감사의 말을 전한다. 이들에게서 나는 회복력 있는 우정을 쌓아 가는 법을 배울 수 있었다. 그리고 위대한 우정은 불편한 대화를 견뎌 내고 이전보다 더 단단하고 아름답게 피어날 수 있다는 사실도. 또한 이 책을 끝까지 응원해 주고 늦은 밤마다 격려의 말을 건네며 내가 버틸 수 있도록 도와준 것에도 깊이 감사드린다.

부모님 매기와 에드에게도 감사드린다. 내가 목소리를 찾아 가는 과정을 사랑과 너그러움, 수용으로 지켜봐 주었다. 내가 꺼낸 이야기가 때로는 듣기 힘들었을 텐데도 말이다. 언젠가 내가 부모가 되었을 때 본받고 싶은 사랑의 본보기를 보여 주어서 감사하다. 늘 나를 믿어 주고, 응원해 주고, 웃게 해주어 감사하다.

마지막으로 사랑받기 위해 내가 작아질 필요가 없다는 것을 일깨워 준 사람, 에런에게 깊은 감사를 전한다. 이 책을 완성하는 내내 변함없이 보내 준 그의 응원 덕분에 끝까지 버틸 수 있었다. 나의 요구와 때로 크게 요동치는 감정까지 있는 그대로의 나를 받아 준 그의 수용은 내 인생에서 가장 큰 선물이었다. 사랑하고 사랑받는 법을 가르쳐 준 그에게 정말 고맙다.

제01장 착한 사람이 되려다 내가 사라졌다

1 Pete Walker, "Codependency, Trauma, and the Fawn Response," Pete Walker, January 2003, https://pete-walker.com/codependencyFawnResponse.htm.

2 Pete Walker, "The 4Fs: A Trauma Typology in Complex PTSD," Pete Walker, 2023, accessed September 5, 2023, http://pete-walker.com/fourFs_TraumaTypologyComplexPTSD.htm.

3 Tian Dayton, *Emotional Sobriety: From Relationship Trauma to Resilience and Balance* (Deerfield Beach, FL: Health Communications, 2008), 79.

4 Diana Baumrind, "Child Care Practices Anteceding Three Patterns of Preschool Behavior," *Genetic Psychology Monographs* 75, no. 1 (February 1, 1967): 43–88.

5 Edward Teyber and Faith Holmes Teyber, *Interpersonal Process in Therapy: An Integrative Model* (Boston: Cengage Learning, 2010), 201.

6 같은 책.

7 같은 책.

8   Cathy W. Hall and Raymond E. Webster, "Risk Factors among Adult Children of Alcoholics," *International Journal of Behavioral Consultation and Therapy* 3, no. 4 (January 1, 2007): 494–511.

9   같은 자료.

10   Gus Wezerek and Kristen R. Ghodsee,"Opinion: Women's Unpaid Labor Is Worth $10,900,000,000,000," *New York Times*, August 11, 2020, https://www.nytimes.com/interactive/2020/03/04/opinion/women-unpaid-labor.html.

11   Marshall B. Rosenberg and Deepak Chopra, *Nonviolent Communication: A Language of Life: Life-Changing Tools for Healthy Relationships* (Encinitas, CA: PuddleDancer Press, 2015), 84.

12   Britni De La Cretaz, "How to Get Your Partner to Take on More Emotional Labor," *New York Times*, May 8, 2020, https://www.nytimes.com/article/emotional-labor.html.

13   Karina Schumann and Michael Ross, "Why Women Apologize More than Men," *Psychological Science* 21, no. 11 (September 20, 2010): 1649–55.

14   Alice Robb, "Sheryl Sandberg Is Right about the Word 'Bossy.' This Data Proves It," *New Republic*, March 19, 2014, https://newrepublic.com/article/117076/sheryl-sandbergs-ban-bossy-campaign-right-about-one-thing.

15   Kelly Gonsalves, "Study Shows Men Still Feel Judged When They Talk about Their Feelings," mindbodygreen, October 16, 2019, https://www.mindbodygreen.com/articles/men-think-expressing-emotions-threatens-masculinity-study-shows.

16   Nick Boettcher et al., "Men's Work-Related Stress and Mental Health: Illustrating the Workings of Masculine Role Norms," *American Journal of Men's Health* 13, no. 2 (March 1, 2019): 155798831983841.

17   Sjoerd Beugelsdijk and Christian Welzel, "Dimensions and Dynamics of National Culture: Synthesizing Hofstede with Inglehart," *Journal of Cross-Cultural Psychology* 49, no. 10 (October 2, 2018): 1469–1505.

18   같은 자료.

19   Aaron Beck, "Cognitive Therapy of Depression: New Perspectives," in *Treatment of Depression: Old Controversies and New Approaches*, eds. Paula J. Clayton and James Elmer Barrett (Philadelphia: Lippincott Williams &

Wilkins, 1983), 265–84.

20   Peter Bieling, Aaron T. Beck, and Gregory K. Brown, "Stability and Chan－
      ge of Sociotropy and Autonomy Subscales in Cognitive Therapy of Depre－
      ssion," *Journal of Cognitive Psychotherapy*18, no. 2 (April 1, 2004): 135–48.

21   Diane R. Gehart, "Intergenerational and Psychoanalytic Family Therapies,"
      in *Mastering Competencies in Family Therapy: A Practical Approach to Theory and
      Clinical Case Documentation* (Boston: Cengage Learning, 2017), 263–309.

22   "Introduction to the Eight Concepts," Bowen Center for the Study of the
      Family, accessed September 5, 2023, https://www.thebowencenter.org/
      introduction-eight-concepts.

23   Jeffry A. Simpson and W. Steven Rholes, "Adult Attachment, Stress, and
      Romantic Relationships," *Current Opinion in Psychology* 13 (February 1, 2017):
      19–24.

24   Carrie A. Springer, Thomas W. Britt, and Barry R. Schlenker, "Codepen－
      dency: Clarifying the Construct," *Journal of Mental Health Counseling* 20, no. 2
      (April 1, 1998): 141–58.

25   Rachel Bachner-Melman and Barbara Oakley, "Giving 'Till It Hurts': Eating
      Disorders and Pathological Altruism," in *Bio-Psycho-Social Contributions to
      Understanding Eating Disorders*, eds. Yael Latzer and Daniel Stein (New York:
      Springer, 2016), 91–103.

26   Beth J. Seelig and Lisa S. Rosof, "Normal and Pathological Altruism,"
      Journal of the American Psychoanalytic Association 49, no. 3 (September 1, 2001):
      933–59.

27   Scott Barry Kaufman and Emanuel Jauk, "Healthy Selfishness and Pathol－
      ogical Altruism: Measuring Two Paradoxical Forms of Selfishness," *Frontiers
      in Psychology* 11 (May 21, 2020): https://doi.org/10.3389/fpsyg.2020.01006.

28   Bachner-Melman and Oakley, "Giving 'Till It Hurts.'"

29   같은 자료.

30   Kaufman and Jauk, "Healthy Selfishness and Pathological Altruism."

31   Mostafa Bahremand et al., "Emotion Risk-Factor in Patients with Cardiac
      Diseases: The Role of Cognitive Emotion Regulation Strategies, Positive
      Affect and Negative Affect (A Case-Control Study)," *Global Journal of Health*

Science 8, no. 1 (May 17, 2015): 173.

제02장 남을 챙기는 데 익숙한 착함 중독자들

1   Tian Dayton, *Emotional Sobriety: From Relationship Trauma to Resilience and Balance* (Deerfield Beach, FL: Health Communications, 2008), 153.

2   Hillary L. McBride, *The Wisdom of Your Body: Finding Healing, Wholeness, and Connection through Embodied Living* (Grand Rapids, MI: Brazos Press, 2021), 137.

3   Roy Richard Grinker, *Nobody's Normal: How Culture Created the Stigma of Mental Illness* (New York: W. W. Norton, 2021), 27.

4   Lauri Nummenmaa et al., "Maps of Subjective Feelings," *Proceedings of the National Academy of Sciences of the United States of America* 115, no. 37 (August 28, 2018): 9198–9203.

5   같은 자료.

6   McBride, *The Wisdom of Your Body*, 123.

제03장 '아무거나 괜찮아', 사실 괜찮지 않다

1   Rosenberg and Chopra, *Nonviolent Communication*, 84.

2   Suzy Braye, D. Orr, and Michael PrestonShoot, "Learning Lessons about Self-Neglect? An Analysis of Serious Case Reviews," *Journal of Adult Protection* 17, no. 1 (February 9, 2015): 3–18.

3   Kaufman and Jauk, "Healthy Selfishness and Pathological Altruism."

4   "Need," *Merriam-Webster's Collegiate Dictionary*, accessed September 2, 2023, https://www.merriam-webster.com/dictionary/need.

제04장 원하는 게 무엇인지 모르겠다면 가치부터 찾아라

1   Kristine Klussman et al., "The Importance of Awareness, Acceptance, and Alignment with the Self: A Framework for Understanding Self-Connection,"

Europe's Journal of Psychology 18, no. 1 (February 25, 2022): 120–31.

2   John W. Berry, Ype H. Poortinga, and Janak Pandey, "Values," in *Handbook of Cross-Cultural Psychology: Basic Processes and Human Development*, vol. 3 (Boston: Allyn & Bacon, 1997), 77–118.

3   Matthew McKay, Jeffrey C. Wood, and Jeffrey Brantley, *The Dialectical Behavior Therapy Skills Workbook: Practical DBT Exercises for Learning Mindfulness, Interpersonal Effectiveness, Emotion Regulation, and Distress Tolerance* (Oakland, CA: New Harbinger, 2019), 36–38.

4   이 연습은 매릴린 앳킨슨과 에릭슨코칭인터내셔널의 예술과 과학 코칭에서 발췌해 각색한 것이다.

제05장 나를 찾는 선언, '나는 이런 사람이다'

1   J. A. Bailey, "Self-Image, Self-Concept, and Self-Identity Revisited," *Journal of the National Medical Association* 95, no. 5 (May 1, 2003): 383–86.

2   Raymond M. Bergner and James R. Holmes, "Self-Concepts and Self-Concept Change: A Status Dynamic Approach," *Psychotherapy* 37, no. 1 (January 1, 2000): 36–44.

3   같은 자료.

4   Sanaz Talaifar and William B. Swann, "Self-Verification Theory," in *Encyclopedia of Personality and Individual Differences* (New York: Springer, 2017), 1–9.

5   같은 자료.

6   Hazel Rose Markus and Elissa Wurf, "The Dynamic Self-Concept: A Social Psychological Perspective," *Annual Review of Psychology* 38, no. 1 (January 1, 1987): 299–337.

7   같은 자료.

8   같은 자료.

9   Gretchen Rubin, "Act the Way You Want to Feel," *Slate*, November 6, 2009, https://slate.com/human-interest/2009/11/act-the-way-you-want-to-feel.html.

제06장 나는 원한다, 내게 허락된 모든 것을

1 W. Gerrod Parrott and Richard H. Smith, "Distinguishing the Experiences of Envy and Jealousy," *Journal of Personality and Social Psychology* 64, no. 6 (January 1, 1993): 906–20.

2 Richard H. Smith and Sung Hee Kim, "Comprehending Envy," *Psychological Bulletin* 133, no. 1 (January 1, 2007): 46–64.

3 Szu-Chi Huang, Liyin Jin, and Ying Zhang, "Step by Step: Sub-Goals as a Source of Motivation," *Organizational Behavior and Human Decision Processes* 141 (July 1, 2017): 1–15.

제08장 모든 선 긋기는 나와의 약속에서 시작한다

1 Howard J. Klein et al., "When Goals Are Known: The Effects of Audience Relative Status on Goal Commitment and Performance," *Journal of Applied Psychology* 105, no. 4 (April 1, 2020): 372–89.

제10장 가까울수록 기분 나쁘지 않게, 분명하게 경계 짓기

1 Zawn Villines, "What Is Gray Rocking?," *Medical News Today*, January 10, 2023, https://www.medicalnewstoday.com/articles/grey-rock.

2 Gehart, "Intergenerational and Psychoanalytic Family Therapies," 263–309.

3 Manuel J. Smith, *When I Say No, I Feel Guilty* (New York: Bantam, 1975): 60–62.

4 Silvy Khoucasian, "Sometimes One Person's Boundaries Are Incompatible with Another Person's Needs," Instagram, 2023, accessed January 10, 2024, https://www.instagram.com/p/CwdYBUqvEb7/.

제11장 그들의 불만은 내 잘못이 아니다

1 Lindsay C. Gibson, *Adult Children of Emotionally Immature Parents: How to Heal*

from Distant, Rejecting, or Self-Involved Parents (Oakland, CA: New Harbinger, 2015), 70.

2 Gehart, "Intergenerational and Psychoanalytic Family Therapies," 263–309.

3 Stephen Covey and Alex Pattakos, *Prisoners of Our Thoughts: Viktor Frankl's Principles for Discovering Meaning in Life and Work* (National Geographic Books, 2017), IV.

4 Valerie Thomas, *Using Mental Imagery in Counselling and Psychotherapy*: A Guide to More Inclusive Theory and Practice (New York: Routledge, 2015), 55–56.

제12장 내가 바꿀 수 있는 것과 놓아야 할 것

1 Elizabeth Gilbert, "You are afraid of surrender because you don't want to lose control," Facebook, July 12, 2020, https://www.facebook.com/Gilbe-rtLiz/photos/a.356148997800555/3234180116664081.

제13장 어떤 착함은 때론 살아남기 위한 몸부림이다

1 Brea Love, "NAACP Explains the 'Angry Black Person' Bias," ABC10, March 31, 2021, https://www.abc10.com/article/news/local/naacp-explains-angry-black-person-bias/103-dce57751-10bd-403e-81fd-4e7cec058671.

2 Daphna Motro et al., "Race and Reactions to Women's Expressions of Anger at Work: Examining the Effects of the 'Angry Black Woman' Stereo-type," *Journal of Applied Psychology* 107, no. 1 (January 1, 2022): 142–52.

3 Dana Mastro and Elizabeth Behm-Morawitz, "Latino Representation on Primetime Television," *Journalism & Mass Communication Quarterly* 82, no. 1 (March 1, 2005): 110–30.

4 Courtney L. McCluney, "The Costs of Code-Switching," *Harvard Business Review*, January 28, 2021, https://hbr.org/2019/11/the-costs-of-codes-witching.

5 같은 자료.

6 Alexis Krivkovich et al., "Women in the Workplace 2022," McKinsey &

Company, October 18, 2022, https://www.mckinsey.com/featured-insights /diversity-and-inclusion/women-in-the-workplace.

7   같은 자료.

8   Chloe Grace Hart, "The Penalties for Self-Reporting Sexual Harassment," *Gender & Society* 33, no. 4 (May 1, 2019): 534–59.

9   Allison Daminger, "The Cognitive Dimension of Household Labor," *American Sociological Review* 84, no. 4 (July 9, 2019): 609–33.

10   Gemma Hartley, "Women Aren't Nags—We're Just Fed Up," *Harper's Bazaar*, July 8, 2019, https://www.harpersbazaar.com/culture/features/a12063822/ emotional-labor-gender-equality/.

11   Soraya Chemaly, *Rage Becomes Her: The Power of Women's Anger* (New York: Simon & Schuster, 2018), 14.

12   Sarah Kate Ellis, "Executive Summary: Accelerating Acceptance 2022," in *Executive Summary: Accelerating Acceptance 2022*, GLAAD, May 12, 2023, https:// glaad.org/publications/accelerating-acceptance-2022/.

13   "Mapping Attacks on LGBTQ Rights in U.S. State Legislatures," American Civil Liberties Union, September 1, 2023, https://www.aclu.org/legislative- attacks-on-lgbtq-rights.

14   같은 자료.

15   Sandy James et al., "Executive Summary of the Report of the 2015 Transgender Survey," National Center for Transgender Equality, December 2016, https://transequality.org/sites/default/files/docs/usts/USTS-Executive- Summary-Dec17.pdf.

16   Elisabeth Sheff, "Polyamorous Women, Sexual Subjectivity and Power," *Journal of Contemporary Ethnography* 34, no. 3 (June 1, 2005): 251–83.

17   같은 자료.

18   Ariane Resnick, "What Does It Mean to Be Neurodivergent?," Verywell Mind, July 5, 2023, https://www.verywellmind.com/what-is-neurodiver– gence-and-what-does-it-mean-to-be-neurod–ivergent-5196627.

19   같은 자료.

20   Billie Olsen, "What Is Masking and Why Do Neurodivergent People Do It?," LGBTQ and ALL, September 24, 2021, https://www.lgbtqandall.com/

what-is-masking-and-why-do-neurodiver—gent-people-do-it/.

21 Laura Hull et al., "'Putting on My Best Normal': Social Camouflaging in Adults with Autism Spectrum Conditions," *Journal of Autism and Developmental Disorders* 47, no. 8 (May 19, 2017): 2519–34.

22 같은 자료.

23 Rebecca Stanborough, "Autism Masking: To Blend or Not to Blend," Healthline, November 19, 2021, https://www.healthline. com/health/auti—sm/autism-masking#effects.

24 Hazel R. Markus and Shinobu Kitayama, "Culture and the Self: Implications for Cognition, Emotion, and Motivation," *Psychological Review* 98, no. 2 (April 1991): 224–253.

25 Eftychia Stamkou et al., "Cultural Collectivism and Tightness Moderate Responses to Norm Violators: Effects on Power Perception, Moral Emotions, and Leader Support," *Personality and Social Psychology Bulletin* 45, no. 6 (November 3, 2018): 947–64.

26 Emily Nagoski and Amelia Nagoski, *Burnout: The Secret to Solving the Stress Cycle* (New York: Ballantine Books, 2019), 27–49.

27 같은 자료.

28 Nakita Valerio, "This Viral Facebook Post Urges People to Rethink Self-Care," *Fashion*, July 13, 2021, https://fashionmaga—zine.com/flare/self-care-new-zealand-muslim-attack/.

제14장 괴로운가? 잘하고 있다는 뜻이다

1 Brett Q. Ford et al., "The Psychological Health Benefits of Accepting Negative Emotions and Thoughts: Laboratory, Diary, and Longitudinal Evidence," *Journal of Personality and Social Psychology* 115, no. 6 (December 1, 2018): 1075–92.

2 Holly Whitaker, Quit like a Woman: *The Radical Choice to Not Drink in a Culture Obsessed with Alcohol* (New York: Dial Press, 2019), 147.

제15장 두려움과 죄책감을 용기와 자신감으로 바꾸는 법

1 Tara Brach, *Radical Acceptance: Embracing Your Life with the Heart of a Buddha* (New York: Bantam Books, 2003), 27.

2 Bronnie Ware, *Top Five Regrets of the Dying: A Life Transformed by the Dearly Departing* (London: Hay House, 2019), 42.

3 Marolyn Wells, Cheryl Glickauf-Hughes, and Rebecca Jones, "Codependency: A Grass Roots Construct's Relationship to Shame-Proneness, Low Self-Esteem, and Childhood Parentification," *American Journal of Family Therapy* 27, no. 1 (January 1, 1999): 63–71.

4 Nagoski and Nagoski, *Burnout: The Secret to Solving the Stress Cycle*, 27–49.

5 Charles S. Carver and Eddie Harmon-Jones, "Anger Is an Approach-Related Affect: Evidence and Implications," *Psychological Bulletin* 135, no. 2 (January 1, 2009): 183–204.

6 같은 자료.

제17장 모든 이별과 변화에는 골짜기가 있다

1 Francesca Gino and Michael Norton, "Why Rituals Work," *Scientific American*, May 14, 2013, https://www.scientificamerican.com/article/why-rituals-work/.

2 Holly Whitaker, "#34 You Are Doing It. This Is the It," Recovering, November 17, 2022, https://hollywhitaker.substack.com/p/34-you-are-doing-it-this-is-the-it.

3 William Bridges and Susan Bridges, *Transitions: Making Sense of Life's Changes* (New York: Da Capo Lifelong Books, 2019), 139.

제18장 나 없는 우리는 없다

1 Richard E. Sexton and Virginia Staudt Sexton, "Intimacy: A Historical Perspective," in *Intimacy*, ed. M. Fischer et al. (New York: Plenum Press, 1982), 1–20.

2 Pete Walker, "The 4Fs," in Esther Perel, *Mating in Captivity: Unlocking Erotic Intelligence* (New York: HarperCollins, 2009), 25.

3 "The Four Horsemen: The Antidotes," Gottman Institute, February 5, 2023, https://www.gottman.com/blog/the-four-horsemen-the-antidotes/.

4 같은 자료.

5 Wei-Fang Lin et al., "We Can Make It Better: 'We' Moderates the Relation—ship between a Compromising Style in Interpersonal Conflict and Well-Being," *Journal of Happiness Studies* 17, no. 1 (October 5, 2014): 41–57.

6 Ellie Lisitsa, "Manage Conflict: The Art of Compromise," Gottman Institute, December 28, 2020, https://www.gott—man.com/blog/manage-conflict-the-art-of-compromise/.

제19장 피플 플리징과 성

1 Lucia F. O'Sullivan and Elizabeth Rice Allgeier, "Feigning Sexual Desire: Consenting to Unwanted Sexual Activity in Heterosexual Dating Relation—ships," *Journal of Sex Research* 35, no. 3 (August 1, 1998): 234–43.

2 2023년 4월 크리스 애시와 나눈 대화.

3 Walker, "The 4Fs."

4 Bessel Van Der Kolk, "Posttraumatic Stress Disorder and the Nature of Trauma," *Dialogues in Clinical Neuroscience* 2, no. 1 (March 31, 2000): 7–22.

5 같은 자료.

6 Sarah Bonell et al., "Benevolent Sexism and the Traditional Sexual Script as Predictors of Sexual Dissatisfaction in Heterosexual Women from the U.S.," *Archives of Sexual Behavior* 51, no. 6 (July 5, 2022): 3063–70.

7 Cindy Struckman-Johnson and David Struckman-Johnson, "Men Pressured and Forced into Sexual Experience," *Archives of Sexual Behavior* 23, no. 1 (February 1, 1994): 93–114.

8 Kiera D. Duckworth and Mary Nell Trautner, "Gender Goals: Defining Masculinity and Navigating Peer Pressure to Engage in Sexual Activity," *Gender & Society* 33, no. 5 (July 26, 2019): 795–817.

9 Michele Clements-Schriber, John Rempel, and Serge Desmarais, "Women's

Sexual Pressure Tactics and Adherence to Related Attitudes: A Step toward Prediction on JSTOR," *Journal of Sex Research* 35, no. 2 (May 1998): 197–205.

10 Diane Felmlee, David Orzechowicz, and Carmen E. Fortes, "Fairy Tales: Attraction and Stereotypes in Same-Gender Relationships," *Sex Roles* 62, nos. 3–4 (January 5, 2010): 226–40.

11 Virginia Braun et al., "Sexual Coercion among Gay and Bisexual Men in Aotearoa/New Zealand," *Journal of Homosexuality* 56, no. 3 (April 1, 2009): 336–60.

12 같은 자료.

13 같은 자료.

14 Rachel Jones and Elsie E. Gulick, "Reliability and Validity of the Sexual Pressure Scale for Women-Revised," *Research in Nursing & Health* 32, no. 1 (February 1, 2009): 71–85.

15 같은 자료.

16 Susan M. Johnson and Dino Zuccarini, "Integrating Sex and Attachment in Emotionally Focused Couple Therapy," *Journal of Marital and Family Therapy* 36, no. 4 (September 30, 2009): 431–45.

17 Amy L. Gentzler and Kathryn A. Kerns, "Associations between Insecure Attachment and Sexual Experiences," *Personal Relationships* 11, no. 2 (April 27, 2004): 249–65.

18 Paul D. Trapnell, Cindy M. Meston, and Boris B. Gorzalka, "Spectatoring and the Relationship between Body Image and Sexual Experience: Self-Focus or Self-Valence?," *Journal of Sex Research* 34, no. 3 (January 1, 1997): 267–78.

19 Ella Dorval Hall, "I'm a Recovering People Pleaser. Now That I Know What I Want and Need, I Have Better Sex," *Insider*, March 31, 2023, https://www.insider.com/enjoy-sex-healing-people-pleasing-habits-performance-anxiety-2023-3.

20 Johnson and Zuccarini, "Integrating Sex and Attachment in Emotionally Focused Couple Therapy."

21 Charlene L. Muehlenhard and Sheena K. Shippee, "Men's and Women's Reports of Pretending Orgasm," *Journal of Sex Research* 47, no. 6 (November

2, 2010): 552–67.

제20장 나를 다시 발견하는 놀이의 즐거움

1　Tamlin S. Conner, Colin G. DeYoung, and Paul J. Silvia, "Everyday Creative Activity as a Path to Flourishing," *Journal of Positive Psychology* 13, no. 2 (November 17, 2016): 181–89.

2　Jennifer Wallace, "Why It's Good for Grown-Ups to Go Play," *Washington Post*, May 20, 2017, https://www.washingtonpost.com/national/health-science/why-its-good-for-grown-ups-to-go-play/2017/05/19/99810292-fd1f-11e6-8ebe-6e0dbe4f2bca_story.html.

3　"Play Science: What We Know So Far," National Institute for Play, accessed September 6, 2023, https://www.nifplay.org/play-science/summary-of-key-findings/.

4　Esther Entin, "All Work and No Play: Why Your Kids Are More Anxious, Depressed," *Atlantic*, October 12, 2011, https://www.theatlantic.com/health/archive/2011/10/all-work-and-no-play-why-your-kids-are-more-anxious-depressed/246422/.

5　K. C. Madhav, Shardulendra P. Sherchand, and Samendra Sherchan, "Association between Screen Time and Depression among US Adults," *Preventive Medicine Reports* 8 (December 1, 2017): 67–71.

6　Tricia Hersey, *Rest Is Resistance: A Manifesto* (New York: Little, Brown Spark, 2022), 73.

7　"Play Personalities," National Institute for Play, accessed September 6, 2023, https://www.nifplay.org/what-is-play/play-personalities/.

8　Mihaly Csikszentmihalyi, *Flow: The Psychology of Optimal Experience* (New York: HarperCollins, 2009), 68.

9　Marino Bonaiuto et al., "Optimal Experience and Personal Growth: *Flow* and the Consolidation of Place Identity," *Frontiers in Psychology* 7 (November 7, 2016): https://doi.org/10.3389/fpsyg.2016.01654.

10　Csikszentmihalyi, *Flow*, 49.

제21장 경계를 지키면서도 유연해지는 지혜

1   Dan Brennan, "Black and White Thinking," WebMD, March 30, 2021, https://www.webmd.com/mental-health/black-and-white-thinking.